Petra Beckerhoff

Konkurrenz nachrichtendienstlicher und strafprozessualer Befugnisse zur Telekommunikationsüberwachung

Juristische Schriftenreihe

Band 317

LIT

Petra Beckerhoff

Konkurrenz nachrichtendienstlicher und strafprozessualer Befugnisse zur Telekommunikationsüberwachung

Eine Betrachtung zum hypothetischen Ersatzeingriff

LIT

Erster Berichterstatter: Prof. Dr. Michael Heghmanns
Zweiter Berichterstatter: Prof. Dr. Moritz Vormbaum
Dekan: Prof. Dr. Peter Oestmann
Tag der mündlichen Prüfung: 01. 07. 2024

D 6

∞

Gedruckt auf alterungsbeständigem Werkdruckpapier entsprechend
ANSI Z3948 DIN ISO 9706

Bibliografische Information der Deutschen Nationalbibliothek
Die Deutsche Nationalbibliothek verzeichnet diese Publikation in der Deutschen Nationalbibliografie; detaillierte bibliografische Daten sind im Internet über https://dnb.dnb.de abrufbar.

ISBN 978-3-643-15640-2 (br.)
ISBN 978-3-643-35640-6 (PDF)
Zugl.: Münster (Westf.), Univ., Diss. der Rechtswissenschaftlichen Fakultät, 2024

Verlagskontakt:
Fresnostr. 2 D-48159 Münster
Tel. +49 (0) 2 51-62 03 20
E-Mail: lit@lit-verlag.de https://www.lit-verlag.de

Auslieferung:
Deutschland: LIT Verlag, Fresnostr. 2, D-48159 Münster
Tel. +49 (0) 2 51-620 32 22, E-Mail: vertrieb@lit-verlag.de

Inhalt

Vorwort

Diese Arbeit wurde im Wintersemester 2023/2024 von der Rechtswissenschaftlichen Fakultät der Universität Münster als Dissertation angenommen.

Herrn Professor Dr. Michael Heghmanns danke ich sehr herzlich für die Betreuung der Arbeit. Er stand mir stets mit seinem hochgeschätzten Rat und wertvollen Anregungen zur Seite. Zugleich ließ er mir die wissenschaftliche Freiheit, mit der Bearbeitung des Themas auch Neuland zu betreten.

Besonderer Dank gilt Herrn Professor Dr. Moritz Vormbaum für die Übernahme und sehr zügige Erstellung des Zweitgutachtens.

Münster, im September 2024

Einleitung

Seit dem Volkszählungsurteil vom 15. Dezember 1983[1] sind in allen Rechtsbereichen stetig Regelungen zur Datenverarbeitung sowohl auf bundesgesetzlicher als auch auf landesgesetzlicher Ebene erfolgt. Damit soll den vom Bundesverfassungsgericht aufgestellten Anforderungen an die Einschränkung des Rechts auf informationelle Selbstbestimmung Rechnung getragen werden. Das vom Bundesverfassungsgericht aus dem allgemeinen Persönlichkeitsrecht (Art. 2 Abs. 1 i.V.m. Art. 1 Abs. 1 GG) abgeleitete Recht auf informationelle Selbstbestimmung gibt dem Einzelnen das Recht, grundsätzlich selbst zu entscheiden, wann und in welchem Umfang personenbezogene Informationen über ihn offenbart werden. Beschränkungen des Rechts, die aus Gründen eines überwiegenden Allgemeininteresses zulässig sind, müssen vom Gesetzgeber bereichsspezifisch und präzise bestimmt werden.[2]

Mit der Umsetzung dieser Maßgaben sind neben den Beschränkungen des Rechts auf informationelle Selbstbestimmung zugleich aber auch Eingriffe in die weitaus sensibleren Grundrechte, wie Art. 10, 13 GG und das Grundrecht auf Gewährleistung der Vertraulichkeit und Integrität informationstechnischer Systeme, vorgenommen worden. Die Beschränkungen dieser Grundrechte haben den Sicherheitsbehörden - den Nachrichtendiensten, den Strafverfolgungsbehörden (und auch den Polizeien als Gefahrenabwehrbehörden) - ein weitreichendes Instrumentarium zum verdeckten Einsatz technischer Mittel für die Informationsgewinnung eröffnet. Gerechtfertigt wurde und wird die nicht unbestrittene Erforderlichkeit der Eingriffsbefugnisse mit den Bedrohungen durch die sog. Organisierte Kriminalität und den internationalen Terrorismus sowie der Anpassung an kommunikationstechnische Entwicklungen.[3] Letztere haben einerseits zu neuen Kriminalitätsformen geführt, bieten andererseits aber auch die Nutzung moderner Ermittlungsmethoden zu einer effektiven Verbrechensbekämpfung.

Im Vordergrund der fortdauernden rechtspolitischen Diskussion über die Einführung neuer und die Erweiterung bestehender Befugnisse stehen

---

1 BVerfG, Urteil v. 15.12.1983, 1 BvR 209/83, NJW 1984, 419.

2 BVerfG, Urteil v. 15.12.1983, 1 BvR 209/83 Rn 148, 149, 153, NJW 1984, 419 (422).

3 Z.B. BR-Drs. 722/04, S. 1; BT-Drs. 13/8651, S. 1; BT-Drs. 14/5655, S. 1; BT-Drs. 18/12785, S. 46.

dabei die Zugriffsmöglichkeiten auf Telekommunikationsdaten für die Nachrichtendienste und die Strafverfolgungsbehörden, die daher auch den Gegenstand des Befugnisvergleichs dieser Arbeit bilden sollen. Die bereits 1968[4] für diese Sicherheitsbehörden eingeführte Fernmeldeüberwachung stellt die erste Regelung der Abhörbefugnisse dar und konnte als Vorbild und Maßstab für die Struktur und Gestaltung späterer Überwachungstatbestände, wie beispielsweise die akustische Überwachung von Wohnungen und außerhalb von Wohnungen, fungieren; sie hat gleichwohl wiederum selbst im Laufe der Jahre Anpassungen auf Grund aktueller Bewertungen der Zulässigkeit von Überwachungsmaßnahmen erfahren.[5] Überdies bildet die Telekommunikationsüberwachung ein unverzichtbares Mittel sowohl der nachrichtendienstlichen Aufklärung als auch vor allem der strafprozessualen Ermittlungen, bei denen die Anordnungszahlen seit Mitte der neunziger Jahre erheblich gestiegen sind.[6] Neben der Kontrolle der klassischen Telefonie über Festnetz oder Mobilfunk sind auf Grund der technischen Neuerungen der Computer- und Internettelefonie sowie einer zunehmend erfolgenden Verschlüsselung von Daten die hierzu technisch angepassten Überwachungsmöglichkeiten der Quellen-Telekommunikationsüberwachung (Quellen-TKÜ) und Online-Durchsuchung in den Fokus der jüngeren bundesrechtlichen Normensetzung geraten.[7] So ist die Strafprozessordnung durch Gesetz vom 17. August 2017[8] um die entsprechenden Befugnisse erweitert und das G10[9] im Jahr 2021[10] durch die Quellen-TKÜ ergänzt worden. Diese Gesetzesanpassungen veranschaulichen

4 Gesetz zur Beschränkung des Brief-, Post- und Fernmeldegeheimnisses (Gesetz zu Artikel 10 Grundgesetz) (G10) v. 13.08.1968, BGBl. I 1968, S. 949.

5 Beispiele hierfür sind die Einschränkungen zum Schutz des Kernbereichs der privaten Lebensgestaltung sowie die Ausweitungen der Straftatenkataloge.

6 Bundesamt für Justiz, Statistiken der Rechtspflege, Telekommunikationsüberwachung, abrufbar unter: https://www.bundesjustizamt.de/DE/Service/Justizstatistiken/Justizstatistiken_node.html, (abgerufen am 28.09.2022); Albrecht/Dorsch/Krüpe-Gescher, Rechtswirklichkeit, S. 2; zur Bedeutung der strategischen Fernmeldeaufklärung durch den BND: Löffelmann/Zöller, NachrichtendienstR, Rn C.45; zur Bedeutung für den Staatsschutz: Thiel, in: HB Sicherheit und Staatsschutz, § 24 Rn 4; zur Bedeutung der Telekommunikationsüberwachung auch: Singelnstein/Stolle, StraFo 2005, 96 (98).

7 Letztere Befugnisse waren teilweise ohne eine besondere gesetzliche Ermächtigung als zulässig angesehen und durchgeführt worden, BVerfGE 120, 274 (277).

8 Gesetz zur effektiveren und praxistauglicheren Ausgestaltung des Strafverfahrens v. 17.08.2017, BGBl. I 2017, S. 3202.

9 Gesetz zur Beschränkung des Brief-, Post- und Fernmeldegeheimnisses (Artikel 10-Gesetz -G10).

10 Gesetz zur Anpassung des Verfassungsschutzrechts v. 5.07.2021, BGBl. I 2021, S. 2274.

exemplarisch, dass den Sicherheitsbehörden infolge der Entwicklungen der letzten Jahre überwiegend gleichartige Mittel und Methoden bei der Überwachung zur Verfügung gestellt worden sind.

Ungeachtet dieser Angleichung des Instrumentariums sind den einzelnen Behörden die jeweils übereinstimmenden Überwachungsformen nur unter sehr unterschiedlichen formellen und materiellen Voraussetzungen und Folgen eingeräumt worden. Dies liegt darin begründet, dass die gesetzlichen Regelungen grundrechtsbeeinträchtigender Maßnahmen stets aus einer Abwägung zwischen der Bedeutung des tangierten Grundrechts und dem Gewicht der mit der Maßnahme verfolgten Interessen hervorgehen. Der Gesetzgeber muss bei der konkreten Ausgestaltung der Maßnahme - wie bei jedem staatlichen Handeln - den Grundsatz der Verhältnismäßigkeit wahren. Bei der Abwägung der Einbußen an grundrechtlich geschützter Freiheit mit den Gemeinwohlinteressen, denen die Grundrechtsbeschränkung dient, sind insbesondere das Gewicht und die Dringlichkeit der mit der Maßnahme verfolgten Ziele von Bedeutung. Die den einzelnen Sicherheitsbehörden obliegenden Aufgaben, zu deren Erfüllung sie sich der Überwachungsbefugnisse bedienen, basieren auf höchst unterschiedlichen Zielsetzungen. Die Nachrichtendienste haben die Aufgabe, die Informationen zu sammeln, auszuwerten und an die Bundesregierung sowie an andere Bundes- und Landesbehörden weiterzugeben, die zur Früherkennung einer Gefahr für die freiheitliche demokratische Grundordnung, die Sicherheit des Bundes oder eines Landes erforderlich sind. Während im Nachrichtendienstrecht damit eine präventive Zielsetzung im Vordergrund steht, ist im Bereich der Strafverfolgung die Verletzung eines Rechtsguts bereits eingetreten und soll durch repressive Maßnahmen aufgeklärt und sanktioniert werden. Die Andersartigkeit der Zielsetzung bedingt damit unterschiedliche Abwägungsentscheidungen bei der Ausgestaltung der Maßnahmen und rechtfertigt mithin, dass die Eingriffsvoraussetzungen im Nachrichtendienstrecht anders bestimmt sind als im Strafprozessrecht. Die Ausgewogenheit der Eingriffe wird dabei durch die Kombination der jeweiligen formellen und materiellen Tatbestandselemente gewährleistet. Die Unterschiede bei den Voraussetzungen zeigen zugleich aber auch die den Behörden damit gesetzten unterschiedlichen Eingriffsgrenzen auf.

Unter dem Gesichtspunkt der Effektivität und der in der rechtspolitischen Diskussion mehr und mehr in den Vordergrund gerückten Aufgabe einer umfassenden und frühzeitigen Verbrechens- und Terrorismusbekämpfung können Befugnisbeschränkungen zunehmend als Arbeitsbehinderung und Hemmung angesehen werden.[11] Die spezifische Problematik entsteht jedoch im Konkurrenzbereich der Zuständigkeiten dort, wo sich die Aufgabenbereiche und Regelungsbereiche der Befugnisse überschneiden. Insofern die Sicherheitsbehörden mit der Erforschung desselben Gegenstandes befasst sind, müssen ihnen die im Vergleich zu der rechtlichen Ausstattung des Überwachungskonkurrenten jeweils enger gezogenen Eingriffsgrenzen erst recht als eigenes Zuständigkeitsdefizit und bürokratisches Hindernis erscheinen.[12]

Nun ergeben sich Bedenken gegen eine Doppelzuständigkeit nicht schon allein aus dem Nebeneinander der Überwachungskonkurrenten; denn die den Behörden bei divergenten Voraussetzungen eingeräumten Befugnisse betreffen mit den präventiven und repressiven Zielsetzungen unterschiedliche Aufgabenschwerpunkte. Das System der unterschiedlich austarierten Eingriffsbefugnisse und verfahrensrechtlichen Bedingungen kann seine Wirkung jedoch nur dann entfalten, wenn die Überwachungsbehörden getrennt und ihre Zuständigkeitsbereiche voneinander abgekapselt sind.[13]

Die gesetzliche und tatsächliche Realität zeigt indes das Gegenteil einer strikten Zuständigkeitstrennung. Zahlreiche Rechtsvorschriften zur Zulässigkeit einer wechselseitigen Übermittlung und Verwendung[14] von Daten durch die Behörden ermöglichen eine informationelle Zusammenarbeit zwischen den Nachrichtendiensten und Strafverfolgungsbehörden und bilden die Grundlage für eine institutionalisierte Kooperation, wie die Gemeinsamen Zentren zur Terrorismus- und Extremismusabwehr.[15] Dem Informationsaustausch zwischen den Behörden wird dabei große Bedeutung beigemessen, und insbesondere im Bereich des Terrorismus, des Staatsschutzes und der Proliferation vor allem für die Strafverfolgungsbehörden als unverzichtbar bezeichnet.[16]

Eine uneingeschränkte Weitergabe und Verwendung von Daten hätte jedoch zur Konsequenz, dass die auf Grund der jeweils eigenen Befugnis erlangten Kenntnisse dem anderen Überwachungskonkurrenten zur Verfügung gestellt werden, obgleich dieser diese Informationen nicht - oder zumindest nicht unter den Bedingungen - hätte erlangen können. Die für

11 Allgemein Welp, DÖV 1970, 267 (268/9).
12 Welp, DÖV 1970, 267 (269).
13 Welp, DÖV 1970, 267 (269).
14 Die Begriffe Verwendung und Verwertung werden in dieser Arbeit synonym gebraucht; zu einer Unterscheidung von Verwertungs- und Verwendungsverboten: Dencker, FS für Meyer-Goßner, S. 237 (255).
15 Dietrich/Eiffler-Greßmann, HB d. ND, IV § 3 C Rn 44.
16 Gazeas, S. 42; Droste, Verfassungsschutzrecht, S. 474.

jeden Bereich gesondert getroffene Abwägungsentscheidung für die von den Betroffenen hinzunehmenden Einschränkungen ihrer Freiheit würde unterlaufen. Darüber hinaus würde die Vereinigung je für sich zulässiger Eingriffsmaßnahmen zu einer erheblichen Eingriffsintensivierung und Machtkonzentration führen.

Als Bedingung, unter der ein Datentransfer zwischen den Überwachungskonkurrenten zugelassen werden kann, und damit als Schranke zur Wahrung der unterschiedlichen Eingriffsgrenzen ist der Rechtsgedanke des hypothetischen Ersatzeingriffs bzw. der hypothetischen Datenneuerhebung von zentraler Bedeutung. Dieser vom Bundesverfassungsgericht für die Zulässigkeit einer zweckändernden Nutzung von Daten vorausgesetzte Maßstab[17] liegt auch der Regelung des § 161 Abs. 3 StPO für die strafprozessuale Verwendung verfahrensexterner Erkenntnisse zugrunde.[18] Die Grundidee beruht auf der hypothetischen Frage, ob die gewonnenen Erkenntnisse, die nach einem anderen Gesetz erlangt worden sind, mit einer entsprechenden Maßnahme auch in dem neuen Verwendungszusammenhang hätten erhoben werden dürfen. Die Reichweite und inhaltlichen Anforderungen dieses Ansatzes werden im Einzelnen jedoch sehr streitig diskutiert und seine dogmatische Herleitung wenig beachtet. Ziel dieser Arbeit ist es daher, eine Begründung für den Leitsatz des hypothetischen Ersatzeingriffs zu finden und daraus die Vorgaben für eine konkrete Ausgestaltung des Rechtsgedankens zu entwickeln.

In dem 1. Teil der Arbeit werden zunächst die nachrichtendienstlichen und strafprozessualen Befugnisse zur Überwachung der Telekommunikation miteinander verglichen. Für die vergleichende Betrachtung kommen dabei zwei methodische Ansätze in Betracht. Zum einen könnten die präventiven und repressiven Ermächtigungsgrundlagen der jeweiligen Überwachungsart geordnet nach Tatbestandselementen einem Vergleich unterzogen werden. Zum anderen können die präventiven und repressiven Rechtsgrundlagen nacheinander dargestellt und erläutert werden, um anschließend die identischen und divergenten Strukturen und Voraussetzungen der Eingriffsbefugnisse herauszustellen. Der zweite Weg ist für die Regelungen zur Überwachung der traditionellen Telekommunikation gewählt worden, da eine Erörterung der zahlreichen im Detail bestehenden Auslegungsfragen zu den einzelnen Tatbestandsmerkmalen im Rahmen des Vergleichs der Übersichtlichkeit abträglich wäre. Für den Vergleich der Befugnisse zur Quellen-TKÜ in Teil 2 und zur Online-Durchsuchung

---

17 BVerfG, Beschluss v. 7.12.2011, 2 BvR 2500/09 Rn 133, 147, NJW 2012, 907 (912, 913); BVerfG, Urteil v. 20.04.2016, 1 BvR 966/09 Rn 287, NJW 2016, 1781 (1801).

18 BT-Drs. 16/5846, S. 64 zum entsprechenden § 161 Abs. 2 StPO a.F.

in Teil 3 ist dann die erstgenannte Vorgehensweise auf Grund des geringen Umfangs vorgezogen worden.[19]

Die unterschiedlichen Eingriffsgrenzen bezeichnen dabei die Überwachungsbedingungen, die bei einem uneingeschränkten Austausch der Erkenntnisse je unterlaufen würden. Die Gemeinsamkeiten konturieren den Konkurrenzbereich, in dem die Sicherheitsbehörden mit demselben Gegenstand befasst sind und die jeweils engeren Eingriffsmöglichkeiten besonders offenkundig werden.

Anschließend werden im 4. Teil der Arbeit die möglichen Rechtfertigungsgründe für die Rechtsfigur des hypothetischen Ersatzeingriffs zur Beschränkung eines Datenaustausches zwischen den Nachrichtendiensten und den Strafverfolgungsbehörden erörtert und die inhaltlichen Anforderungen, die sich daraus für die Ausgestaltung des Rechtsprinzips ergeben, abgeleitet. Abschließend werden in einer kurzen Übersicht die bestehenden Datenübermittlungs- und Verwendungsregelungen in Bezug auf ihre Übereinstimmung mit den erkannten Vorgaben in den Blick genommen.

---

19 Auf die gesonderten Befugnismöglichkeiten zur Erhebung von Verkehrs- und Vorratsdaten kann im Rahmen der Betrachtung nicht eingegangen werden, da dies den Umfang der Arbeit überdehnen und einen zusätzlichen, über die dargestellte Konkurrenzsituation hinausgehenden Aussagewert nicht erzielen würde. Überdies ist die stets kontrovers diskutierte Vorratsdatenspeicherung, die bereits mehrfach Gegenstand gerichtlicher Beurteilung gewesen ist (EuGH, Urteil v. 8.04.2014, AZ C - 293/12, NJW 2014, 2169; BVerfG, Urteil v. 2.03.2010, 1 BvR 256/08, NJW 2010, 833), aktuell auf Grund des Verzichts auf ihre Durchsetzung seitens der Bundesnetzagentur aus Anlass eines Beschlusses des OVG Münster vom 22.06.2017 (AZ 13 B 238/17, NVwZ-RR 2018, 43) faktisch ausgesetzt. Auf Grund der Entscheidung des EuGH vom 20.09.2022 (AZ C - 793/19, NJW 2022, 3135), wonach die deutschen Regelungen zur Vorratsdatenspeicherung nicht mit EU-Recht vereinbar sind, soll die Speicherpflicht gestrichen werden. Die Entscheidung des EuGH eröffnet jedoch eine Möglichkeit für eine Speicherung zum Schutz der nationalen Sicherheit, zur Bekämpfung schwerer Kriminalität und zur Verhütung schwerer Bedrohungen für die öffentliche Sicherheit. Ob es auf Grund dessen zu einer Einigung auf eine erneute Regelung zur Datenbevorratung auf europäischer oder nationaler Ebene kommen wird, bleibt abzuwarten. Nach Äußerungen von Seiten der deutschen Regierung ist hingegen dem Alternativverfahren, dem Quick-Freeze-Verfahren, der Vorzug zu geben (Bundesministerium der Justiz, FAQ zur Vorratsdatenspeicherung und „Quick-Freeze-Verfahren“ vom 29.09.2022 - Frage 6, abrufbar unter: https://www.bmj.de/SharedDocs/Meldungen/DE/2022/0920_Vorratsdatenspeicherung _ FAQ.html, (abgerufen am 7.10.2022)).

Teil 1 Vergleich nachrichtendienstlicher und strafprozessualer Befugnisse zur Überwachung der Telekommunikation

Die detaillierte Gegenüberstellung der nachrichtendienstlichen und strafprozessualen Befugnisse zur Überwachung der Telekommunikation in Bezug auf ihre Unterschiede und Gemeinsamkeiten erfordert zunächst die Darstellung der entsprechenden Ermächtigungsgrundlagen, um den jeweiligen Anwendungsbereich und den Inhalt der Tatbestände zu bestimmen.

Im Vordergrund stehen dabei die 1968[1] zu einem Gesetzesvorhaben verbundenen und für das Nachrichtendienstrecht und das Strafprozessrecht eingeführten Beschränkungsmöglichkeiten des Fernmeldegeheimnisses. Während die entsprechenden Eingriffsgrundlagen für die Strafverfolgung mit § 100a StPO in die Strafprozessordnung eingefügt worden sind, ist aus Artikel 1 der Initiative das eigenständige Regelwerk des Gesetzes zur Beschränkung des Brief-, Post- und Fernmeldegeheimnisses (Artikel 10-Gesetz - G10) für alle deutschen Nachrichtendienste hervorgegangen.

Ausgehend von der Zielsetzung der zeitgleich eingeführten Maßnahmen sind dabei zunächst die präventiv ausgerichteten nachrichtendienstlichen und sodann die repressiven Befugnisse zur Überwachung der Telekommunikation darzustellen.

A. Nachrichtendienstliche Überwachungsbefugnisse nach dem G10

Das G10 eröffnet den Verfassungsschutzbehörden des Bundes und der Länder, dem Militärischen Abschirmdienst und dem Bundesnachrichtendienst die Möglichkeit, zur Abwehr der in § 1 Abs. 1 G10 bestimmten Gefahren die Telekommunikation zu überwachen und aufzuzeichnen. Unterschieden werden dabei die gegen einen konkreten Telefonanschluss gerichtete Individualüberwachung in Abschnitt 2 und die auf internationale Telekommunikationsbeziehungen bezogene strategische Kontrolle nach Abschnitt 3 des Gesetzes.

1 Gesetz zur Beschränkung des Brief-, Post- und Fernmeldegeheimnisses (Gesetz zu Artikel 10 Grundgesetz) (G10) v. 13.08.1968, BGBl. I 1968, S. 949.

Das ursprünglich geltende Gesetz vom 13. August 1968[2] hat dabei eine wesentliche Aktualisierung durch Artikel 1 des Gesetzes zur Neuregelung von Beschränkungen des Brief-, Post- und Fernmeldegeheimnisses vom 26. Juni 2001[3] erfahren, wodurch die Vorgängerbestimmungen durch eine umstrukturierte Neufassung ersetzt worden sind. Spätere Änderungen betreffen zumeist die Erweiterung der Befugnisse durch die Begründung neuer oder Ergänzung vorhandener Überwachungstatbestände sowie verfassungsrechtlich begründete Anpassungen und Folgeänderungen.

I. Neufassung des G10 durch Gesetz vom 26. Juni 2001

Auf Grund der Vielzahl der Änderungen, die mit dem Gesetz zur Neuregelung von Beschränkungen des Brief-, Post- und Fernmeldegeheimnisses vorgenommen worden sind, sah sich der Gesetzgeber seinerzeit veranlasst, mit dem Gesetz vom 26. Juni 2001[4] ein neues Stammgesetz zu schaffen. Die Novellierung sollte den Beanstandungen Rechnung tragen, die das Bundesverfassungsgericht in seiner Entscheidung vom 14. Juli 1999[5] zur strategischen Fernmeldeaufklärung des Bundesnachrichtendienstes dargelegt hat.[6] Gegenstand der Entscheidung ist § 3 G10 in der Fassung des Verbrechensbekämpfungsgesetzes aus dem Jahre 1994[7], durch das der zuvor bestehende Regelungsinhalt des § 3 G10 a.F. zur strategischen Kontrolle neugefasst und hinsichtlich der Überwachungsanlässe erheblich erweitert worden war.

Neben der Umsetzung der höchstrichterlichen Vorgaben sollten mit der G10-Novelle von 2001 aber auch Änderungen im Hinblick auf die fortschreitende technische Entwicklung - wie die Ausdehnung der strategischen Fernmeldekontrolle auf eine leitungsgebundene Telekommunikationsübertragung - vorgenommen und Lücken des bisherigen Gesetzes

---

[2] Gesetz zur Beschränkung des Brief-, Post- und Fernmeldegeheimnisses (Gesetz zu Artikel 10 Grundgesetz) (G10) v. 13.08.1968, BGBl. I 1968, S. 949.

[3] Gesetz zur Neuregelung von Beschränkungen des Brief-, Post- und Fernmeldegeheimnisses v. 26.06.2001, BGBl. I 2001, S. 1254; dazu: Hetzer, Kriminalistik 2001, 347; Huber, NJW 2001, 3296; Paeffgen, StV 2002, 336; Wollweber, ZRP 2001, 213.

[4] Gesetz zur Neuregelung von Beschränkungen des Brief-, Post- und Fernmeldegeheimnisses v. 26.06.2001, BGBl. I 2001, S. 1254.

[5] BVerfG, Urteil v. 14.07.1999, 1 BvR 2226/ 94, NJW 2000, 55; zur Entscheidung: Arndt, NJW 2000, 47; Huber, NVwZ 2000, 393; Paeffgen, StV 1999, 668; Staff, KJ 1999, 586.

[6] BT-Drs. 14/5655, S. 1.

[7] Gesetz zur Änderung des Strafgesetzbuches, der Strafprozeßordnung und anderer Gesetze (Verbrechensbekämpfungsgesetz) v. 28.10.1994, BGBl. I 1994, S. 3186 und der Änderung durch Gesetz v. 17.12.1997, BGBl. I 1997, S. 3108.

bezüglich einiger Überwachungsnotwendigkeiten geschlossen werden.[8] Damit hat die Gesetzesinitiative zugleich zu einer erneuten Ausweitung der bereits existierenden Befugnisse geführt. Im Weiteren sind die vom Bundesverfassungsgericht für die strategische Kontrolle geltenden Grundsätze bezüglich des Umgangs mit erhobenen Daten auch auf den Bereich der Individualkontrolle übertragen worden. Dasselbe gilt für Modifikationen bei der Anordnung der Überwachung, dem Benachrichtigungsausschluss bezüglich der von der Maßnahme Betroffenen und den Berichtspflichten des G10-Gremiums gegenüber dem Deutschen Bundestag. Ferner sind die eine Einzelüberwachung rechtfertigenden Katalogtaten um den Tatbestand der Volksverhetzung und einige in § 129a StGB enthaltenen Delikte erweitert worden.

Mit der Umstrukturierung des G10 ist auch die vorherige Nummerierung der Regelungen verändert worden. Den Gegenstand der §§ 5 bis 8 G10 bildet seitdem die strategische Beschränkung, wohingegen die §§ 3 bis 4a G10 nunmehr die Vorschriften zur Individualkontrolle beinhalten. Die Grundbestimmung für die Maßnahmen nach dem G10 enthält wie zuvor § 1 des Gesetzes.

II. Individualkontrolle nach § 1 Abs. 1 Nr. 1 i.V.m. § 3 G10

Die Voraussetzungen der Individualkontrolle ergeben sich aus § 1 Abs. 1 Nr. 1 i.V.m. § 3 G10.

§ 1 G10 bestimmt als Grundnorm des G10 in allgemeiner Form, zu welchen Zwecken Maßnahmen zur Überwachung der Telekommunikation zulässig sind, und legt damit die Rahmenvoraussetzungen fest. Die Basisvorschrift wird sodann durch die zusätzlichen Voraussetzungen der §§ 3 ff G10 näher definiert. Neben den konkretisierenden Tatbestandsvoraussetzungen des § 3 G10 müssen bei der Individualkontrolle danach auch die allgemeinen Anforderungen des § 1 Abs. 1 Nr. 1 G10 eingehalten werden. Dies wird insbesondere auch durch die Verweisung auf die Voraussetzungen des § 1 Abs. 1 Nr. 1 G10 in § 3 Abs. 1 G10 ausdrücklich noch einmal klargestellt.

1.) Eingriffsvoraussetzungen des § 1 Abs. 1 Nr. 1 G10

Grundvoraussetzung für die Überwachung der Telekommunikation ist nach § 1 Abs. 1 Nr. 1 G10 die Abwehr von drohenden Gefahren für die freiheitliche demokratische Grundordnung oder den Bestand oder die Sicherheit des Bundes oder eines Landes einschließlich der Sicherheit der in der

---

8 BT-Drs. 14/5655, S. 1.

Bundesrepublik Deutschland stationierten Truppen der nichtdeutschen Vertragsstaaten des Nordatlantikvertrages.

Diese Formulierungen der Gefahrenart bzw. der Rechtsgüter finden sich mehr oder weniger ähnlich in Tatbeständen des Strafgesetzbuches, des Bundesverfassungsschutzgesetzes und des Grundgesetzes[9] wieder. Im Einzelnen besteht hinsichtlich des Inhalts und des Umfangs der Umschreibungen jedoch keine Einigkeit.[10]

a) Abwehr drohender Gefahren

Für die Eröffnung des Anwendungsbereichs des § 1 Abs. 1 G10 ist zunächst die Tatbestandsvoraussetzung der „Abwehr von drohenden Gefahren“ zu konkretisieren.

Der Begriff der „Abwehr“, der dem polizeirechtlichen Wortschatz entnommen ist, umfasst grundsätzlich alle Maßnahmen, die darauf gerichtet sind, die Gefahr zu beseitigen oder zu mindern.[11] Da der Regelungsinhalt des G10 jedoch nur die in § 1 Abs. 1 G10 gesetzlich zugelassenen Überwachungsformen erfasst, kommen auch nur die dort genannten Mittel als Abwehrmaßnahmen in Betracht.

Bei dem Begriff der „Gefahr“ bzw. hier der „drohenden Gefahr“ handelt es sich ebenfalls um eine Terminologie, die überwiegend im Bereich des Polizeirechts vorherrscht. Zuletzt stand der Begriff der „drohenden Gefahr“ auf Grund einer Neuregelung des bayerischen Polizeiaufgabengesetzes im Blickpunkt der sicherheitsrechtlichen Diskussion.[12] Unter Bezugnahme auf die Entscheidung des Bundesverfassungsgerichts[13] zur Verfassungsmäßigkeit des BKA-Gesetzes erlaubt die bayerische Neufassung polizeiliche Eingriffe beim Vorliegen einer drohenden Gefahr. Im polizeirechtlichen Sinne setzt der Begriff der Gefahr im Rahmen der

---

9 Wie z.B. § 92 StGB; § 3 Abs. 1 BVerfSchG, Art. 18 GG, Art. 21 Abs. 2 GG.

10 V. Münch/Kunig-Krebs/Kotzur, Art. 18 Rn 17 zur freiheitlichen demokratischen Grundordnung; Borgs-Maciejewski/Ebert, § 1 G10 Rn 7 zur Sicherheit des Bundes oder eines Landes.

11 Haedge, S. 270.

12 Art. 11 Abs. 3 bayPAG a.F., eingeführt durch Gesetz v. 24.07.2017, bayGVBl. I 2017, S. 388; dazu: Holzner, DÖV 2018, 946; Leisner-Egensperger, DÖV 2018, 677; Möstl, BayVBl 2018, 156; Shirvani, DVBl. 2018, 1393; Weinrich, NVwZ 2018, 1680; die geltende Bestimmung zur drohenden Gefahr ist durch Gesetz v. 23.07.2021 (bayGVBl. I 2021, S. 418) als gesonderter Artikel in Art. 11a bayPAG normiert, der die Subsidiarität gegenüber der konkreten Gefahr zum Ausdruck bringt und im Vergleich zu Art. 11 Abs. 3 bayPAG a.F. einige Einschränkungen bezüglich der umfassten Rechtsgüter vorgenommen hat.

13 BVerfG, Urteil v. 20.04.2016, 1 BvR 966/09, NJW 2016, 1781.

polizeilichen Generalermächtigung bisher traditionell das Vorliegen einer konkreten Gefahr voraus. Eine konkrete Gefahr ist danach eine im Einzelfall bestehende Sachlage, die in absehbarer Zeit mit hinreichender Wahrscheinlichkeit zu einem Schaden für die in Bezug genommenen Rechtsgüter führen würde.[14] Auch die drohende Gefahr im Sinne des bayerischen Polizeigesetz wird unter Bezugnahme auf den Einzelfall als konkrete Gefahr bezeichnet, bei der nur auf eine besondere Nähe zum Schadenseintritt verzichtet werden soll.[15]

Im Zusammenhang mit den Vorschriften des G10 ist jedoch zu berücksichtigen, dass die Polizei und die Nachrichtendienste bei gleichermaßen präventiv ausgerichteter Zielsetzung grundsätzlich unterschiedliche Aufgaben erfüllen. Nach dem traditionellen Aufgabenverständnis obliegt der Polizei die Abwehr konkreter Gefahren für die öffentliche Sicherheit. Infolgedessen verfügt sie über Eingriffs- und Zwangsbefugnisse, um bevorstehende Gefahren abzuwehren und aktuelle Störungen zu beseitigen. Die Nachrichtendienste dienen dem Schutz der verfassungsmäßigen Grundordnung. Die Abwehr und Bekämpfung verfassungsfeindlicher Bestrebungen beginnen mit der Beschaffung möglichst genauer Informationen über die Gegner der Verfassung und ihre Pläne. Die Aufgabe der Nachrichtendienste besteht daher in einer langfristigen Beobachtung von Strukturen und Verhaltensweisen in den Bereichen des politischen Extremismus, des Terrorismus, der Spionageabwehr und der außen- und sicherheitspolitisch relevanten Aktivitäten.[16] Um diese frühzeitige Aufklärung staatsfeindlicher Bedrohungen gewährleisten zu können, liegt die Arbeit der Nachrichtendienste - im Unterschied zu der der Polizei - häufig weit im Vorfeld konkreter Gefahren.[17] Der Begriff der Gefahr kann im Rahmen der Auslegung des G10 somit nicht eng im polizeirechtlichen Sinne verstanden werden. Die Anbindung des G10 an das Merkmal der „drohenden Gefahr“ zeigt jedoch, dass das Vorfeld der konkreten Gefahr für den Einsatz der Telekommunikationsüberwachung nicht unbegrenzt eröffnet ist.

Wie der das Vorfeld konkreter Gefahren umschreibende Gefahrenbegriff zu bestimmen ist, wird in der nachrichtendienstlichen Literatur und Rechtsprechung unterschiedlich beurteilt. Während für den

---

14 Drews/Wacke/Vogel/Martens, Gefahrenabwehr, S. 410; Götz/Geis, POR, § 12 Rn 3; Schenke, POR, § 3 II 7 Rn 74; ähnlich Kingreen/Poscher, POR, § 8 Rn 9.

15 BayLT-Drs. 17/16299, S. 9; Art. 11a Abs. 1 bayPAG; Gefahr im Einzelfall auch in § 12 Abs. 2 S. 1 Nr. 2b) BKA-Gesetz.

16 Zu den Aufgaben der Nachrichtendienste im Unterschied zur Polizei: Denninger, KritV 1994, 232 (235 ff).

17 Borgs-Maciejewski/Ebert, § 1 G10 Rn 4; Riegel, § 1 G10 Rn 10; Dietrich/Eiffler-Warg, HB d. ND, V § 1 A Rn 7.

Gefahrenbegriff des G10 teilweise ausdrücklich auf die abstrakte Gefahr abgestellt wird,[18] werden von anderen Stimmen Begriffsbestimmungen wie „die entfernte Möglichkeit einer Schädigung“[19], eine Lage der „Gefahrerforschung“[20] oder der existenziellen Bedrohung, bei der es keiner Wahrscheinlichkeitsprognose bedürfe[21], herangezogen. An anderer Stelle wird wiederum für die Annahme einer Gefahr ein Sachverhalt gefordert, der sich bei einer gebotenen ex-ante Betrachtung zu einer konkreten Gefahr verdichten könnte, wenn nicht rechtzeitig Maßnahmen zur Verhinderung bzw. Abwehr getroffen würden.[22] Die bloße Möglichkeit des Schadenseintritts reicht hiernach nicht.

Die mit den Begriffsbestimmungen zum Ausdruck kommenden unterschiedlichen Anforderungen an die Gefahrensituation spiegeln die grundsätzlich bestehenden Meinungsverschiedenheiten zur Abgrenzung der konkreten Gefahr von der abstrakten wider. Die Abgrenzung wird dadurch erschwert, dass teilweise in ein und demselben Zusammenhang verschiedene Begriffselemente verwendet werden.[23] Einigkeit besteht jedoch weitgehend darin, dass sich die Definitionen der Gefahr innerhalb einer Kombination verschiedener Tatbestandselemente bewegen. Maßgeblich sind danach das prognostische Element, die zeitliche Komponente und das quantitative Merkmal sowie die daraus ableitbaren Kombinationsmöglichkeiten.[24]

Das prognostische Element bezieht sich auf den Grad der Wahrscheinlichkeit eines Schadenseintritts. Nach der Auffassung des Bundesverwaltungsgerichts[25] und der ihm folgenden Literaturmeinung[26] sind für die Gefahrenarten, die konkrete und abstrakte, dasselbe Maß an Wahrscheinlichkeit, die hinreichende Wahrscheinlichkeit, vorauszusetzen. Diese Aussage gilt jedoch nicht absolut, sondern wird auf Grund des Verhältnismäßigkeitsprinzips je nach der Bedeutung des betroffenen Schutzgutes relativiert. An die Wahrscheinlichkeit des Schadenseintritts können

---

18 Gröpl, S. 327.

19 Borgs-Maciejewski/Ebert, § 1 G10 Rn 4.

20 Huber, in: Erbs-Kohlhaas, § 1 G10 Rn 14; Huber, in: SicherheitsR, § 1 G10 Rn 33.

21 Dietrich/Eiffler-Löffelmann, HB d. ND, VI § 4 D Rn 33.

22 Riegel, § 1 G10 Rn 10.

23 Walker, S. 98, 109.

24 Zu den einzelnen Begriffselementen: Walker, S. 97 ff.

25 BVerwG, Urteil v. 26.06.1970, IV C 99.67, DÖV 1970, 713 (715).

26 Drews/Wacke/Vogel/Martens, Gefahrenabwehr, S. 223, 410; Götz/Geis, POR, § 12 Rn 22.

danach entsprechend geringere Anforderungen gestellt werden, wenn der möglicherweise eintretende Schaden sehr groß ist.[27]

Auf Grund des hohen Ranges der Schutzgüter des G10 kommt eine Absenkung der Anforderungen an die Wahrscheinlichkeit im Rahmen der nachrichtendienstlichen Überwachung danach durchaus in Betracht. Angesichts der zur Verbrechensbekämpfung eingefügten Gefahrentatbestände, wie beispielsweise § 5 Abs. 1 S. 3 Nr. 4 G10, ist jedoch das Ausmaß möglicher Schäden verschieden. Die Relativierung des erforderlichen Wahrscheinlichkeitsmaßstabs kann folglich nicht generell im Rahmen der Definition der Grundnorm, sondern nur bei der Anordnung der konkreten Maßnahmen erfolgen. Für den Begriff der Gefahr im Sinne des § 1 Abs. 1 G10 ist die Prognoseentscheidung danach auf der Basis der hinreichenden Wahrscheinlichkeit im Anordnungsfall zu treffen.

Unter dem Gesichtspunkt der zeitlichen Komponente werden die gegenwärtige Gefahr mit einer Einzelprognose und die zukünftige Gefahr mit einer Doppelprognose unterschieden. Dabei werden zumeist die Einzelprognose der konkreten Gefahr und die Doppelprognose der abstrakten Gefahr zugeordnet.[28] Die Doppelprognose bedeutet die hinreichende Wahrscheinlichkeit einer Gefahr, was der hinreichenden Wahrscheinlichkeit einer hinreichenden Wahrscheinlichkeit eines Schadens entspricht. Die Einzelprognose ist dagegen die hinreichende Wahrscheinlichkeit eines Schadens.[29]

Für die Annahme, dass der abstrakten Gefahr die Doppelprognose zuzuordnen ist, spricht im Rahmen der G10-Auslegung die Funktion der Nachrichtendienste. Die Nachrichtendienste sollen als „Frühwarnsystem"[30] die freiheitliche demokratische Grundordnung vor verfassungsfeindlichen Bestrebungen schützen. Die Aufgabenerfüllung erfordert eine langfristige Beobachtung von Organisationen und sozialen Verhaltensweisen und rechtfertigt mithin eine zeitliche Vorverlegung der Tätigkeit. Nur durch die Doppelprognose, die bereits in einem frühen Zeitpunkt getroffen werden kann, kann die zeitlich weit vor der Rechtsgutbeeinträchtigung erfolgende Aufnahme nachrichtendienstlicher Tätigkeit gewährleistet werden.

---

27 BVerwG, Urteil v. 26.06.1970, IV C 99.67, DÖV 1970, 713 (715).

28 Walker, S. 102/3 mit umfangreichen Nachweisen.

29 Walker, S. 134.

30 Bundesamt für Verfassungsschutz, Auftrag und Arbeitsweise, abrufbar unter: https://www.verfassungsschutz.de/DE/verfassungsschutz/auftrag/auftrag_node.html, (abgerufen am 30.09.2022).

Hinsichtlich des quantitativen Elements hat sich in der Rechtsprechung und Lehre die Auffassung[31] durchgesetzt, die die konkrete Gefahr mit „dem Einzelfall“ und die abstrakte Gefahr mit „der Mehrzahl von Fällen“ bzw. „den typischen Fällen“ verbindet. Die konkrete Gefahr ist danach eine im Einzelfall bestehende Gefahr, wohingegen sich die abstrakte Gefahr aus typischen Sachlagen ergibt.

Für die Nachrichtendienste geht es gerade um die Sammlung und Auswertung von Erkenntnissen über bestimmte Verhaltensweisen und typischen Situationen, die sich zu einer Gefahr für die freiheitliche demokratische Grundordnung entwickeln können, so dass mit der vorherrschenden Ansicht im Rahmen des G10 von einer abstrakten Gefahr auf der Basis typischer Fälle auszugehen ist.

Bei der Gefahr im Sinne des § 1 Abs. 1 G10 handelt es sich demnach um typische Sachverhalte, die die hinreichende Wahrscheinlichkeit einer Gefahr begründen. Hierzu gehören beispielsweise extremistische und terroristische Radikalisierungsverläufe im Vorfeld von militanten Handlungen auf Grund von einzelnen Anschlägen.

Die Gefahr, zu deren Abwehr die G10-Maßnahme dienen soll, muss einem der in § 1 Abs. 1 Nr. 1 G10 aufgezählten Rechtsgüter drohen.

b) Freiheitliche demokratische Grundordnung

Nach § 1 Abs. 1 Nr. 1 G10 kommt die Abwehr drohender Gefahren für die freiheitliche demokratische Grundordnung in Betracht.

Der Begriff ist vom Bundesverfassungsgericht im Zusammenhang mit dem Parteiverbot nach Art. 21 Abs. 2 GG inhaltlich ausgestaltet worden.[32] Die freiheitliche demokratische Grundordnung wird danach als eine Ordnung definiert, „die unter Ausschluss jeglicher Gewalt- und Willkürherrschaft eine rechtsstaatliche Herrschaftsordnung auf der Grundlage der Selbstbestimmung des Volkes nach dem Willen der jeweiligen Mehrheit und der Freiheit und Gleichheit darstellt. Zu den grundlegenden Prinzipien dieser Ordnung sind mindestens zu rechnen: die Achtung vor den im Grundgesetz konkretisierten Menschenrechten, vor allem vor dem Recht der Persönlichkeit auf Leben und freie Entfaltung, die Volkssouveränität, die Gewaltenteilung, die Verantwortlichkeit der Regierung, die Gesetzmäßigkeit der Verwaltung, die Unabhängigkeit der Gerichte,

---

31 Drews/Wacke/Vogel/Martens, Gefahrenabwehr, S. 410, 411; Kingreen/Poscher, POR, § 8 Rn 9; Schenke, POR, § 3 II 7 Rn 75; BVerwGE 116, 347 (351): bestimmte Arten von Verhaltensweisen oder Zuständen.

32 BVerfGE 2, S. 1.

das Mehrparteienprinzip und die Chancengleichheit für alle politischen Parteien mit dem Recht auf verfassungsmäßige Bildung und Ausübung einer Opposition“[33].

Die zu den zahlreichen Verwendungen des Begriffs diskutierten Einschränkungen und Erweiterungen[34] sind für den nachrichtendienstlichen Aufgabenbereich durch die Legaldefinition des § 4 Abs. 2 im Bundesverfassungsschutzgesetz bedeutungslos geworden. Da das G10 ebenfalls zum materiellen Verfassungsschutzrecht gehört, ist hinsichtlich des Rechtsgüterschutzes eine einheitliche Auslegung in beiden Gesetzen geboten. Trotz der etwas andersartigen Formulierung in § 4 BVerfSchG ist hierbei inhaltlich die vom Gesetzgeber vorgegebene höchstrichterliche Festlegung zugrunde zu legen. Zum einen sollte nach der Begründung in den Gesetzesmaterialien mit dem Begriff der freiheitlichen demokratischen Grundordnung die gegebene Rechtsprechung des Bundesverfassungsgerichts aufgegriffen werden;[35] zum anderen können die nicht ausdrücklich genannten Elemente, das Mehrparteiensystem und die Chancengleichheit für alle Parteien, vom aufgeführten Grundsatz der repräsentativen Demokratie und einer parlamentarischen Opposition als mitumfasst angesehen werden. Dieses setzt die Gewährleistung des Prinzips der politischen Pluralität und damit das Mehrparteiensystem voraus, was wiederum verlangt, dass die eng mit dem aufgeführten Grundsatz der Wahl zusammenhängende Freiheit und Chancengleichheit der Parteien garantiert sind.

c) Bestand und Sicherheit des Bundes oder eines Landes

Als weitere Schutzgüter, deren Gefährdung nach § 1 Abs. 1 Nr. 1 G10 eine Überwachung zulässt, kommen der Bestand oder die Sicherheit des Bundes oder eines Landes in Betracht.

Auch der Ausdruck „Bestand oder die Sicherheit des Bundes oder eines Landes“ findet sich wortgleich in dem von § 3 Abs. 1 Nr. 1 BVerfSchG umschriebenen Aufgabenbereich der Verfassungsschutzbehörden, so dass auch diesbezüglich die Begriffsbestimmungen des § 4 BVerfSchG für eine

33 BVerfGE 2, S. 1 (12/13).

34 V. Münch/Kunig-Krebs/Kotzur, Art. 18 Rn 17; Stern, StaatsR I, § 16 II 2.

35 BT-Drs. 11/ 4306, S. 60; BT-Drs. 11/7504, S. 8; zur Konzentration des Begriffs der freiheitlichen demokratischen Grundordnung i.S.v. Art. 21 Abs. 2 GG auf wenige zentrale Grundprinzipien (Menschenwürde, Demokratieprinzip, Rechtsstaatlichkeit) in der neueren Rechtsprechung: BVerfG, Urteil v. 17.01.2017, 2 BvB 1/13, NJW 2017, 611; das Gericht deutet in Rn 534 des Urteils (BVerfG, Urteil v. 17.01.2017, 2 BvB 1/13, NJW 2017, 611 (619)) jedoch gleichzeitig eine Differenzierung zwischen den Kernelementen und möglichen sich daraus ergebenden (fallbezogenen) Ableitungen an, die die Aufzählung damit nicht abschließend erscheinen lässt.

einheitliche Definition im Nachrichtendienstrecht herangezogen werden können. Im Rahmen des § 4 Abs. 1 S. 1 lit. b) BVerfSchG zum Tatbestandsmerkmal der „Sicherheit des Bundes oder eines Landes" ist jedoch zu berücksichtigen, dass vor der Einführung der Legaldefinition in der Literatur verschiedene Auslegungen des Begriffs der Sicherheit vertreten wurden. Dies wirft die Frage auf, welcher der zuvor vertretenen Auslegungen des Sicherheitsbegriffs der Gesetzgeber mit der Definition gefolgt ist. Streitig war danach, ob auch Gefährdungen ausländischer Einrichtungen oder politischer Gegner im Bundesgebiet oder im Ausland unter den Sicherheitsbegriff zu subsumieren sind.[36] Die Begründung des ursprünglichen Gesetzesentwurfs zum Bundesverfassungsschutzgesetz ging auf Grund einer entsprechenden Verweisung auf § 92 StGB von einer restriktiven Auslegung des Sicherheitsbegriffs aus, die auch im weiteren Verlauf des Gesetzgebungsverfahrens durch die Einfügung der Legaldefinitionen keine inhaltliche Änderung erfahren hat.[37] Die Sicherheit des Bundes oder eines Landes erfasst damit nicht die Einrichtungen oder Verhältnisse fremder Staaten, sondern allein das Staatsgefüge und seine Institutionen mit der Fähigkeit des Bundes oder Landes, sich nach außen oder innen gegen Störungen zur Wehr zu setzen.

d) Sicherheit der in der Bundesrepublik stationierten NATO - Truppen

Nach § 1 Abs. 1 Nr. 1 G10 gilt als weiteres Schutzgut die Sicherheit der in der Bundesrepublik Deutschland stationierten Truppen der nichtdeutschen Vertragsstaaten des Nordatlantikvertrages.

Was darunter zu verstehen ist, bestimmt sich aus dem NATO-Truppenstatut in Verbindung mit dem Zusatzabkommen.[38] Gemäß der Legaldefinition des Ausdrucks der „Truppe" in Art. I 1.a) NATO-TS umfasst § 1 Abs. 1 Nr. 1 G10 auch die Sicherheit des zu den Land-, See- oder Luftstreitkräften gehörenden Personals einer Vertragspartei des Nordatlantikvertrages, wenn es sich im Zusammenhang mit seiner Dienstobliegenheiten im Hoheitsgebiet der Bundesrepublik Deutschland befindet. Auf Grund der Eingriffsschwere der G10-Maßnahmen ist jedoch einschränkend zu verlangen, dass

---

36 So Borgs-Maciejewski/Ebert, § 1 G10 Rn 7; a.A. Roewer, § 3 BVerfSchG Rn 31, der unter dem Begriff nur die Sicherheit des Staates und seiner Einrichtungen erfasst.

37 BT-Drs. 11/ 4306, S. 60; Sch/Sch-Sternberg-Lieben, § 92 Rn 15, 2-5; Fischer, § 92 Rn 7, 2-5; BGHSt 28, 312 (316/7).

38 Riegel, § 1 G10 Rn 12.

die drohenden Gefahren einen konkreten und unmittelbaren Bezug zum militärischen Bereich der Streitkräfte aufweisen.[39]

2.) Eingriffsvoraussetzungen des § 3 Abs. 1 S. 1 G10

Nach § 3 Abs. 1 S. 1 G10 dürfen die Beschränkungen nach § 1 Abs. 1 Nr. 1 G10 unter den dort bezeichneten Voraussetzungen nur angeordnet werden, wenn tatsächliche Anhaltspunkte für den Verdacht bestehen, dass jemand eine der in den Nummern 1 bis 9 genannten Straftaten plant, begeht oder begangen hat.

a) Verdacht

Es müssen danach zunächst tatsächliche Anhaltspunkte für den Verdacht der Planung oder Begehung der im Einzelnen genannten Straftaten bestehen.

Der Ausdruck „tatsächliche Anhaltspunkte" findet sich auch als Voraussetzung für die Sammlung und Auswertung von Informationen in § 4 Abs. 1 S. 5 BVerfSchG. Nähere Angaben zum inhaltlichen Verständnis lassen sich jedoch weder den Begründungen zum G10 noch den Materialien zum Bundesverfassungsschutzgesetz entnehmen. In der nachrichtendienstlichen Literatur besteht zunächst insoweit Einigkeit, als dass die Anhaltspunkte auf Tatsachen basieren müssen und bloße Vermutungen nicht ausreichen.[40] Darüber hinaus seien die Anforderungen an den Verdacht in § 3 G10 auf Grund der präventiven Zielsetzung der Nachrichtendienste und des Wortlauts des § 100a StPO, der bestimmte Tatsachen voraussetzt, niedriger anzusetzen als im Strafprozess.[41] Aus der Abgrenzung zum Strafverfahrensrecht werden jedoch hinsichtlich der Verdachtsintensität unterschiedliche Folgerungen gezogen. So müssen nach einer Ansicht[42] konkrete Tatsachen, d.h. konkrete, nachprüfbare Umstände im Einzelfall, auf die Planung oder Begehung einer Straftat nach § 3 G10 schließen lassen. Demgegenüber genügt es nach einer weiten Auslegung[43], dass irgendeine Tatsache auch nur vage darauf hindeutet, dass jemand eine der aufgeführten Straftaten plant, begeht oder begangen hat.

Die hier bestehenden Meinungsverschiedenheiten gehen auf die grundsätzlich bestehende Kontroverse über die Bedeutung des Begriffs

---

39 Riegel, § 1 G10 Rn 12.

40 Borgs-Maciejewski/Ebert, § 2 G10 Rn 8; Roewer, § 2 G10 Rn 3; Huber, in: SicherheitsR, § 3 G10 Rn 5; ähnlich Dietrich/Eiffler-Löffelmann, HB d. ND, VI § 4 D Rn 43.

41 Borgs-Maciejewski/Ebert, § 2 G10 Rn 6; Roewer, § 2 G10 Rn 3.

42 Riegel, § 2 G10 Rn 6, 8.

43 Borgs-Maciejewski/Ebert, § 2 G10 Rn 8.

der „tatsächlichen Anhaltspunkte“ in Abgrenzung zum Begriff der „Tatsachen“ zurück. Während eine Ansicht[44] von einer inhaltlichen Übereinstimmung der Formulierungen ausgeht, erkennt eine andere Auffassung[45] einen wesentlichen Unterschied zwischen den Begriffen an, wonach an den Begriff der „Tatsachen“ strengere Anforderungen als an den der „tatsächlichen Anhaltspunkte“ zu stellen sind.

Für das Bestehen eines Unterschiedes sprechen neben der verschiedenartigen Wortwahl auch die Beratungen im Gesetzgebungsverfahren zum Bundesverfassungsschutzgesetz. Auf Grund der Beschlussempfehlung des Innenausschusses[46] ist in der Befugnisnorm des § 9 BVerfSchG die ursprünglich vorgesehene Tatbestandsvoraussetzung der „tatsächlichen Anhaltspunkte“ in den Ausdruck „Tatsachen die Annahme rechtfertigen“ geändert worden. Eine dahingehende Änderung wäre überflüssig gewesen, würde der Gesetzgeber nicht von einer inhaltlichen Divergenz der Begriffe „Tatsachen“ und „Anhaltspunkte“ ausgehen. Dies wird dadurch bestätigt, dass auch spätere Befugnisnormen zwischen den Begriffen unterscheiden.[47]

Zur Begründung „tatsächliche Anhaltspunkte“ reichen danach konkrete und in gewissem Umfang verdichtete Umstände,[48] d.h. Anzeichen der inneren und äußeren Geschehenswelt, die eine Verbindung zu einem Sachverhalt aufzeigen, wonach jemand eine der in § 3 Abs. 1 G10 genannten Straftaten plant, begeht oder begangen hat.

b) Planung und Begehung einer Straftat

Der mit den nachrichtendienstlichen Rechtsgrundlagen beabsichtigten Aufgabenverlagerung in die Vorfeldaufklärung wird auch durch den Begriff der „Planung“ einer Straftat Rechnung getragen.

Die Frage, wieweit die Planungsphase in das Vorfeld der Tatausführung ausgeweitet werden kann, wird jedoch unterschiedlich beantwortet. Nach einer Ansicht[49] werden von dem Begriff des „Planens“ nur vorbereitende Handlungen erfasst, die lediglich das Versuchsstadium noch nicht erreicht zu haben brauchen. Eine andere Auffassung geht demgegenüber weiter.

---

44 Huber, in: SicherheitsR, § 3 G10 Rn 6; Lisken/Denninger-Graulich, HB d. PolR, 6. Auflg. 2018, Kap E Rn 148; in diesem Sinne wohl auch Fehn, ZfZ 1995, 347 (349) zu § 39 AWG a.F.

45 Heise/Tegtmeyer, PolG NRW, § 12 Rn 8; Meixner/Martell, SOG LSA, § 15 Rn 9, § 31 Rn 5; SächsVerfGH, Urteil v. 14.05.1996, Vf. 44-II-94, DVBl. 1996, 1423 (1431).

46 Als § 7 BVerfSchG-Entwurf, BT-Drs. 11/ 7235, S. 58.

47 So z.B. § 8a Abs. 1 BVerfSchG einerseits und § 8a Abs. 3 Nr. 1 BVerfSchG andererseits.

48 BVerfG, Urteil v. 14.07.1999, 1 BvR 2226/94 Rn 279, NJW 2000, 55 (67).

49 Dietrich/Eiffler-Löffelmann, HB d. ND, VI § 4 D Rn 39; Huber, in: Erbs-Kohlhaas, § 3 G10 Rn 6; Huber, in: SicherheitsR, § 3 G10 Rn 13.

„Planung“ wird danach als ein systematisches gedankliches Konzept künftigen Handelns definiert.[50] Nach dieser Beschreibung handelt es sich bei der Planung um das der Vorbereitung einer Straftat begriffslogisch vorausgehende Stadium. Erforderlich ist jedoch, dass neben dem Entschluss zur Tatausführung auch Gedanken dazu bestehen, wie die Tat im Einzelnen verlaufen soll. Auf Grund der Anknüpfung an gedankliche Vorgänge wird zusätzlich verlangt, dass diese nach außen erkennbar in Erscheinung getreten sein müssen.[51]

Bei der Auslegung des Begriffs „Planen“ ist der letztgenannten Ansicht zu folgen. Für sie spricht neben dem allgemeinen Sprachgebrauch auch der terminologische Unterschied zum Gesetzeswortlaut des § 100a StPO, in dem ausdrücklich von Vorbereitung gesprochen wird. Da § 3 Abs. 1 G10 in seiner Ursprungsfassung und § 100a StPO in einem einheitlichen Gesetzgebungsverfahren beraten worden sind, hätte bei einem identischen Begriffsverständnis auch die Verwendung desselben Ausdrucks nahegelegen.

Hinsichtlich der begangenen Straftaten sieht das Gesetz keinerlei zeitliche Begrenzung in die Vergangenheit vor, so dass auch Monate oder Jahre zurückliegende Taten einen Überwachungsanlass bilden können.[52]

Die nach § 3 Abs. 1 S. 1 G10 relevanten Deliktsphasen, die Planung sowie die gegenwärtige und vergangene Begehung, knüpfen an die in den Nummern 1 bis 9 der Vorschrift genannten Straftatbestände an.

c) Straftatenkatalog

Bei den in § 3 Abs. 1 S. 1 Nrn. 1 bis 9 G10 genannten Straftaten handelt es sich vorwiegend um die Staatsschutzdelikte bzw. politischen Delikte des Strafgesetzbuches, deren Schutzgüter denen des G10 entsprechen und somit zugleich eine Gefahr nach § 1 G10 indizieren. Der durch das Änderungsgesetz von 1978[53] eingefügte, die Bildung terroristischer Vereinigungen betreffende § 129a StGB sowie der auf ausländische Gruppierungen bezogene § 95 Abs. 1 Nr. 8 AufenthG dienen dem Schutz der öffentlichen Sicherheit und staatlichen Ordnung.[54] Somit kann eine Schutzgutgefährdung

---

50 Welp, DÖV 1970, 267 (268); Borgs-Maciejewski/Ebert, § 2 G10 Rn 12; Roewer, § 2 G10 Rn 4: das intellektuelle Vorbereitungsstadium.

51 Borgs-Maciejewski/ Ebert, § 2 G10 Rn 12.

52 Dietrich/Eiffler-Löffelmann, HB d. ND, VI § 4 D Rn 39.

53 Gesetz zur Änderung des Gesetzes zur Beschränkung des Brief-, Post- und Fernmeldegeheimnisses v. 13.09.1978, BGBl. I 1978, S. 1546.

54 Sch/Sch-Sternberg-Lieben/Schittenhelm, § 129 Rn 1.

nicht vermutet werden, sondern bedarf einer ausführlichen Erörterung aller Umstände des Einzelfalls.[55]

Für die durch neuere Gesetzeserweiterungen aufgenommenen Straftatbestände der allgemeinen Kriminalität in § 3 Abs. 1 S. 1 Nr. 6b) G10 ergibt sich das Erfordernis der nachrichtendienstlichen Zielsetzung ausdrücklich aus dem 2. Halbsatz der Vorschrift, der jedoch auf Grund der Verweisung auf § 1 G10 keine eigenständige Relevanz zukommt. Der Bedeutungsgehalt dieser Erweiterung der Katalogtaten erschließt sich aus der Abgrenzung zu § 3 Abs. 1 S. 1 Nr. 6a) G10 i.V.m. § 129a StGB. Abweichend von § 129a StGB, der eine feste Vereinigung von Straftätern voraussetzt, soll durch die Aufnahme einiger der in § 129a StGB enthaltenen Einzeldelikte die Durchführung der G10-Maßnahmen auch dann ermöglicht werden, wenn die Straftaten von Einzeltätern oder losen Personenzusammenschlüssen geplant oder begangen werden.[56] Ausweislich der Gesetzesbegründung[57] weisen insbesondere militante extremistische Gruppierungen oftmals nicht die Merkmale einer Vereinigung auf. Gleichwohl sei eine G10-Beobachtung auch in diesen Fällen, wie der gewalttätigen Vorkommnisse von Mölln und der Castor-Transporte, dringend erforderlich.

Die Aufnahme der §§ 239a und 239b StGB wird insbesondere damit begründet, dass ausländische Extremisten, durch politische Krisensituationen in ihrem Heimatland emotionalisiert, Straftaten gegen in Deutschland ansässige ausländische Personen planen und begehen wollen, die sie als politische Gegner betrachten.[58] Geht man davon aus, dass die Bedrohung ausländischer Einrichtungen und politischer Gegner im Bundesgebiet nicht von dem Begriff der „Sicherheit des Bundes oder eines Landes" erfasst wird,[59] so bleibt die Anordnung der G10-Maßnahmen auf die Konstellationen beschränkt, die zur Annahme eines für die Bundesrepublik selbst bestehenden Gefährdungspotentials im Sinne des § 1 G10 führen.

Die Einfügung der Nummer 8 des § 3 Abs. 1 S. 1 G10 aus dem Jahre 2015[60] umfasst Straftaten nach den §§ 202a, 202b und 303a, 303b StGB, soweit sich diese gegen die innere oder äußere Sicherheit der Bundesrepublik Deutschland, insbesondere gegen sicherheitsempfindliche Stellen von lebenswichtigen Einrichtungen richten. Der Überwachungstatbestand

55 Dietrich/Eiffler-Löffelmann, HB d. ND, VI § 4 D Rn 38: fehlende Typisierung einer Bedrohungslage.

56 BT-Drs. 14/5655, S. 14/5.

57 BT-Drs. 14/5655, S. 15.

58 BT-Drs. 14/5655, S. 15.

59 S. hierzu unter A. II. 1.) c).

60 Gesetz zur Verbesserung der Zusammenarbeit im Bereich des Verfassungsschutzes v. 17.11. 2015, BGBl. I 2015, S. 1938.

zielt damit auf die Aufklärung von Cyberbedrohungen, die sowohl von fremden Staaten als auch von einem terroristischen Hintergrund ausgehen können. Als mögliche Angriffsziele gelten insbesondere Unternehmen der Rüstungs- und Raumfahrtindustrie, der Telekommunikationsdienstleistungen und der Infrastruktur sowie staatliche Behörden.[61] Das Ausspähen und Abfangen von Daten sowie Datenveränderung und -sabotage müssen jedoch gegen die innere oder äußere Sicherheit der Bundesrepublik Deutschland gerichtet sein. Wie bei § 3 Abs. 1 S. 1 Nr. 6b) G10 wird der Bezug auf den Schutz der besonders hochrangigen Rechtsgüter nach § 1 Abs. 1 Nr. 1 G10 noch mal ausdrücklich aufgenommen und hier auch einschränkend auf die innere und äußere Sicherheit konkretisiert.

Bei der Aufnahme des Straftatbestandes des § 13 Völkerstrafgesetzbuchs (VStGB) in § 3 Abs. 1 S. 1 Nr. 9 G10 handelt es sich um eine Folgeänderung der Aufhebung des § 80 StGB, der gleichzeitig aus der Nummer 1 des § 3 Abs. 1 S. 1 G10 gestrichen worden ist.[62] Die bisherige Strafvorschrift der Vorbereitung eines Angriffskrieges ist durch § 13 VStGB ersetzt worden. Ausgehend von den Nürnberger Prozessen ist dieser Tatbestand des „Verbrechens der Aggression" in langen Beratungen der Sonderarbeitsgruppen der Versammlung der Vertragsstaaten des Römischen Statuts entwickelt worden.[63] § 13 VStGB stellt die Begehung, aber auch die Planung, Vorbereitung oder Einleitung einer Angriffshandlung durch einen Staat unter Strafe. Mit der Aufklärung im Stadium der Planung der Planung der Tat macht § 3 Abs. 1 Nr. 9 G10 hierbei eine frühzeitige nachrichtendienstliche Überwachung möglich.

Die Voraussetzungen der erfassten Einzeltaten richten sich, wie bei § 100a StPO, nach den strafrechtlichen Regelungen, so dass sich insoweit für die Konkurrenzfrage kein bedeutsamer Unterschied ergeben kann.

3.) Eingriffsvoraussetzungen des § 3 Abs. 1 S. 2 G10

Einen weiteren, durch das Verbrechensbekämpfungsgesetz von 1994[64] eingeführten Überwachungstatbestand begründet § 3 Abs. 1 S. 2 G10. Danach ist eine Überwachung der Telekommunikation unter den in § 1 Abs. 1 Nr. 1 G10 bezeichneten Voraussetzungen zulässig, wenn tatsächliche Anhaltspunkte den Verdacht begründen, dass jemand Mitglied einer Vereinigung

---

[61] BT-Drs. 18/4654, S. 40.

[62] Gesetz zur Änderung des Völkerstrafgesetzbuches v. 22. 12. 2016, BGBl. I 2016, S. 3150; § 80a StGB wurde beibehalten, dazu: BT-Drs. 18/10509.

[63] Zur Geschichte der Norm: BT-Drs. 18/8621, S. 9 bis 11.

[64] Gesetz zur Änderung des Strafgesetzbuches, der Strafprozeßordnung und anderer Gesetze (Verbrechensbekämpfungsgesetz) v. 28.10.1994, BGBl. I 1994, S. 3186.

ist, deren Zweck oder deren Tätigkeit darauf gerichtet sind, Straftaten zu begehen, die gegen die freiheitliche demokratische Grundordnung, den Bestand oder die Sicherheit des Bundes oder eines Landes gerichtet sind.

Mit diesen Befugnisvoraussetzungen weicht die Eingriffsgrundlage augenscheinlich davon ab, das Beschränkungsrecht der Individualkontrolle an konkrete Tatbestände des Strafrechts zu binden. Dennoch gleicht § 3 Abs. 1 S. 2 G10 hinsichtlich des Aufbaus und der Formulierung in weiten Teilen der Vorschrift des § 129 StGB. Der übereinstimmend gewählte Wortlaut sowie die systematische Stellung als Satz 2 des § 3 Abs. 1 G10 mit der Anknüpfung an die einschränkende Wirkung der Straftatbestände sprechen auch hier für ein einheitliches Begriffsverständnis, das überdies durch die Entstehungsgeschichte der Vorschrift bestätigt wird. Sowohl die Initiative zur Ergänzung des § 3 G10 als auch die Stellungnahmen der Sachverständigen im Gesetzgebungsverfahren nehmen ausdrücklich Bezug auf § 129 StGB.[65] Die damit zum Ausdruck kommende Anlehnung an die strafrechtliche Norm rechtfertigt somit, die zu § 129 StGB bestehenden Definitionen und Auslegungen auch im Rahmen des § 3 Abs. 1 S. 2 G10 heranzuziehen.

a) Vereinigung

Der Begriff der Vereinigung stimmt mit dem in § 129 StGB überein. Nach der Legaldefinition des § 129 Abs. 2 StGB ist eine Vereinigung ein auf längere Dauer angelegter, von einer Festlegung von Rollen der Mitglieder, der Kontinuität der Mitgliedschaft und der Ausprägung der Struktur unabhängiger organisierter Zusammenschluss von mehr als zwei Personen zur Verfolgung eines übergeordneten gemeinsamen Interesses.

aa) Ausländische Vereinigungen

Die vormals umstrittene Frage,[66] ob für den Vereinigungsbegriff zumindest das Bestehen einer Teilorganisation im Gebiet der Bundesrepublik Deutschland zu verlangen ist oder ob auch Vereinigungen mit Sitz im Ausland erfasst werden, ist durch die Einfügung des § 129b StGB zugunsten der letztgenannten Alternative im Anwendungsbereich der §§ 129, 129a StGB sowie der Individualkontrolle nach § 3 Abs. 1 S. 1 Nr. 6a) G10 entschieden. Einschränkungen bestehen nach § 129b Abs. 1 S. 2 StGB nur bei Vereinigung außerhalb der Mitgliedstaaten der Europäischen Union.

---

[65] Werthebach, 120. Sitzung d. Rechtsausschusses v. 11. April 1994, Prot. S. 242; BfD, 120. Sitzung d. Rechtsausschusses v. 11. April 1994, Prot. S. 242.

[66] I.E. dazu: Sch/Sch-Sternberg-Lieben/Schittenhelm, § 129 Rn 4b; SK/StGB-Stein/Greco, § 129 Rn 2.

Fraglich bleibt demnach aber, ob auch die Bestimmung des § 3 Abs. 1 S. 2 G10 grundsätzlich auf kriminelle und terroristische Vereinigungen im Ausland anwendbar ist. Zweifel könnten bestehen, da mit der Regelung des § 129b StGB nicht der Begriff der „Vereinigung", sondern nur der Geltungsbereich der Vorschriften der §§ 129 und 129a StGB erweitert worden ist. Die Anerkennung der Notwendigkeit zur Ausdehnung der Tatbestände auf ausländische Vereinigungen hat vielmehr die vormals herrschende Auffassung[67] bestätigt, wonach nur Vereinigungen erfasst wurden, die zumindest in Form einer Teilorganisation im Bundesgebiet bestehen. Gleichwohl ist zu berücksichtigen, dass der Gesetzgeber mit der Einbeziehung des § 129b StGB in die Vorschrift des § 3 Abs. 1 S. 1 Nr. 6a) G10 zu erkennen gegeben hat, dass auch die nachrichtendienstliche Individualkontrolle zur Überwachung von ausländischen Vereinigungen zulässig sein soll. Darüber hinaus können die Schutzgüter des G10 unabhängig vom Ort der Organisationsbasis auch durch im Ausland bestehende Vereinigungen gefährdet sein. Dies gilt insbesondere dann, wenn der Zweck der Vereinigung auf die Begehung von Straftaten im Inland gerichtet ist oder die Mitglieder vorwiegend Deutsche sind.

Auch dem Überwachungstatbestand des § 3 Abs. 1 S. 2 G10 ist nach der Einfügung des § 129b StGB somit der inhaltlich erweiterte Anwendungsbereich zugrunde zu legen.

bb) Parteien

In § 129 StGB ist der Anwendungsbereich der Vorschrift nach Absatz 3 Nummer 1 einschränkend dahingehend auszulegen, dass Parteien, die das Bundesverfassungsgericht nicht für verfassungswidrig erklärt hat, nicht unter den Tatbestand fallen. Fraglich ist demgemäß, was insoweit für § 3 Abs. 1 S. 2 G10 zu gelten hat. Das Parteienprivileg nach Art. 21 GG gewährleistet eine erhöhte Schutz- und Bestandsgarantie, wonach bis zu einem Verbot der Partei ein administratives Einschreiten gegen den Bestand der Partei bzw. eine Behinderung ihrer politischen Tätigkeit ausgeschlossen ist.[68]

Im Gegensatz zu dem Straftatbestand des § 129 StGB, der unmittelbar typische parteioffizielle Tätigkeiten sanktionieren würde, stellt die

[67] Zur vormals h.M.: Kühl/Heger, § 129 Rn 2; Sch/Sch-Sternberg-Lieben/Schittenhelm, § 129 Rn 4b m.w.N.; SK/StGB-Stein/Greco, § 129 Rn 2.

[68] BVerfG, Urteil v. 17.08.1956, 1 BvB 2/51 Rn 259, NJW 1956, 1393 (1397); BVerfG, Beschluss v. 17.01.1978, 2 BvR 487/76, NJW 1978, 1047; zur Observierung der Partei „Die Republikaner": VGH München, Beschluss v. 7.10.1993, 5 CE 93.2327, NJW 1994, 748.

Überwachung der politischen Aktivitäten keine unmittelbare Behinderung der politischen Tätigkeit als solche dar.[69] Durch den Einsatz der Fernmeldekontrolle wird weder die Möglichkeit der Partei, sich zur Wahl zu stellen, noch das Recht, sich dem Bürger so darzustellen, wie es dem parteilichen Selbstverständnis entspricht, beeinträchtigt.[70] Unberührt bleibt auch die Durchführung der politischen Tätigkeit. Darüber hinaus ist es nach höchstrichterlicher Ansicht unbedenklich, dass die Bundesregierung dem Parlament und der Öffentlichkeit über die Entwicklung verfassungsfeindlicher Kräfte, Gruppen und Parteien berichtet und dabei auch die Überzeugung vertritt, eine Partei verfolge verfassungsfeindliche Ziele.[71] Derartige Erklärungen und Bewertungen setzten voraus, dass sich die nachrichtendienstlich zuständigen Behörden mit diesen Organisationen befasst haben, um einen dahingehenden Verdacht verifizieren bzw. widerlegen zu können.[72] Soweit sich durch eine Überwachung faktische Nachteile bei der Gewinnung von Anhängern und Mitgliedern ergeben, ist die Partei davor nicht durch Art. 21 GG geschützt.[73]

Politische Parteien sind damit grundsätzlich vom Anwendungsbereich des § 3 Abs. 1 S. 2 G10 umfasst. Die besondere Bedeutung der politischen Parteien für eine Demokratie kann jedoch im Rahmen der Verhältnismäßigkeitsentscheidung bei der Anordnung einer Maßnahme im Einzelfall berücksichtigt werden.

b) Verfassungsfeindliche Ausrichtung der Vereinigung

Der Zweck oder die Tätigkeit der Vereinigung muss auf die Begehung von Straftaten gerichtet sein, die gegen die freiheitliche demokratische Grundordnung, den Bestand oder die Sicherheit des Bundes oder eines Landes gerichtet sind.

aa) Zweck oder Tätigkeit der Vereinigung

Der Zweck oder die Tätigkeit der Vereinigung ist - entsprechend § 129 StGB - auf die Begehung von Straftaten gerichtet, wenn die Organisation nach dem Willen der für ihre Willensbildung maßgeblichen Personen, die keine förmliche Organstellung zu haben brauchen, das Ziel verfolgt,

---

69 VGH München, Beschluss v. 7.10.1993, 5 CE 93.2327, NJW 1994, 748 (749).

70 OVG Lüneburg, Beschluss v. 21.09.1993, 13 M 978/93, NJW 1994, 746 (747); VGH München, Beschluss v. 7.10.1993, 5 CE 93.2327, NJW 1994, 748.

71 BVerfG, Beschluss v. 29.10.1975, 2 BvE 1/75, NJW 1976, 38; VGH München, Beschluss v. 7.10.1993, 5 CE 93.2327, NJW 1994, 748.

72 Borgs-Maciejewski/Ebert, § 3 BVerfSchG Rn 71.

73 VGH München, Beschluss v. 7.10.1993, 5 CE 93.2327, NJW 1994, 748.

strafbare Handlungen zu begehen, und der inneren Struktur nach zweckrational darauf angelegt ist.[74] Die Begehung der Straftaten braucht weder der alleinige Zweck noch das Endziel oder die ausschließliche Tätigkeit zu sein. Es genügt, wenn damit die Erreichung anderer Ziele vorbereitet wird.[75] Erforderlich ist aber stets, dass der Zweck oder die Tätigkeit auf die Begehung mehrerer Straftaten gerichtet ist.[76]

Darüber hinaus ist vorauszusetzen, dass die Vereinigung die Straftaten auch selbst begehen und nicht lediglich Straftaten anderer billigen oder dazu auffordern will.[77] Zwar ließe sich anführen, dass mit der von § 3 Abs. 1 S. 2 G10 bezweckten Beobachtung verfassungsfeindlicher Bestrebungen auch die Erforschung des Umfelds der eigentlich agierenden Kräfte und der mit ihnen sympathisierenden Gruppierungen von Interesse sein kann. Denn auch durch derartige Unterstützer-Organisationen kann ein Klima für fremde extremistische Straftaten geschaffen werden.[78] Gleichwohl ist die zu § 3 Abs. 1 S. 2 G10 getroffene Gewichtung zu berücksichtigen, wonach die reine Mitgliederwerbung oder Unterstützungshandlung für eine kriminelle Vereinigung im Unterschied zu § 129 Abs. 1 S. 2 StGB nicht erfasst ist.

bb) Gegen die freiheitliche demokratische Grundordnung, den Bestand oder die Sicherheit des Bundes oder eines Landes gerichtete Straftaten

(1) Straftaten

Als Straftaten im Sinne des § 3 Abs. 1 S. 2 G10 kommen grundsätzlich alle Verhaltensweisen in Betracht, die einen gesetzlichen Straftatbestand erfüllen. Bloße Ordnungswidrigkeiten genügen dementsprechend nicht.

Vorauszusetzen ist jedoch, dass es sich um solche Straftaten handelt, die tatbestandsmäßig nicht bereits mit dem organisatorischen Zusammenschluss und seiner Aufrechterhaltung zusammenfallen, sondern zeitlich und logisch nachfolgen. Nach der tatbestandlichen Struktur der Anforderungen

---

74 Sch/Sch-Sternberg-Lieben/Schittenhelm, § 129 Rn 7.

75 Sch/Sch-Sternberg-Lieben/Schittenhelm, § 129 Rn 7; Kühl/Heger, § 129 Rn 3.

76 SK/StGB-Stein/Greco, § 129 Rn 34; Sch/Sch-Sternberg-Lieben/Schittenhelm, §129 Rn 7a.

77 BGHSt 27, 325 (328); auch strafbare Unterstützungshandlung: LK-Krauß, § 129 Rn 57, 58; Sch/Sch-Sternberg-Lieben/Schittenhelm, § 129 Rn 7a auch zur entsprechenden Tendenz in der Rechtsprechung.

78 Zu diesem Gesichtspunkt: OLG Düsseldorf, Beschluss v. 18.10.1993, 4 Ws 244/93, NJW 1994, 398 (399).

muss die bezweckte Straftatenbegehung ein von der Bildung der Organisation losgelöst anzustrebendes Ziel der Vereinigung bilden.[79]

(2) Straftaten, die gegen die freiheitliche demokratische Grundordnung, den Bestand oder die Sicherheit des Bundes oder eines Landes gerichtet sind

Fraglich ist im Weiteren, welche Straftaten als gegen die freiheitliche demokratische Grundordnung, den Bestand oder die Sicherheit des Bundes oder eines Landes gerichtet im Sinne des § 3 Abs. 1 S. 2 G10 angesehen werden können.

(a) Straftaten des § 3 Abs. 1 S. 1 G10

Die Rechtsgüter im Sinne des § 3 Abs. 1 S. 2 G10 sind wie in § 1 Abs. 1 Nr. 1 G10 als elementare Prinzipien unserer staatlichen Ordnung bzw. als Funktionsfähigkeit des jeweiligen Staatsganzen und seiner Einrichtungen zu verstehen. Grundsätzlich kommen somit zunächst die in § 3 Abs. 1 S. 1 Nrn. 1 bis 5 G10 aufgeführten Deliktstatbestände in Betracht, da diese nach den bereits vormals geltenden Regelungen des G10 die genannte Gefährdungsrichtung aufwiesen.

Ausnahmen bilden im Rahmen des § 3 Abs. 1 S. 2 G10 jedoch die reinen Organisationsdelikte der §§ 84 und 85 StGB, da die als selbständiger Zweck vorausgesetzte Straftatenbegehung entsprechend § 129 Abs. 3 Nr. 3 StGB tatbestandsmäßig nicht mit dem organisatorischen Zusammenschluss oder der Aufrechterhaltung der Vereinigung selbst zusammenfallen darf. Aus den gleichen Erwägungen scheiden auch Straftaten nach § 20 Abs. 1 Nrn. 1 bis 4 VereinsG aus, die lediglich auf Grund eines Versehens nicht in § 129 Abs. 3 Nr. 3 StGB aufgeführt sind.[80] Hierher dürfte auch der in Nummer 7 des § 3 Abs. 1 S. 1 G10 aufgenommene § 95 Abs. 1 Nr. 8 AufenthG gehören. Auch hier erschöpft sich die Strafbarkeit in der Zugehörigkeit zu der Geheimverbindung, die nach der Aufhebung über die Geheimbündelei nach § 128 StGB zumindest für Ausländer aufrechterhalten werden sollte.[81]

Fraglich ist ferner, ob im Gleichlauf mit § 129 StGB auch die §§ 86 bis 87 StGB aus dem Anwendungsbereich des § 3 Abs. 1 S. 2 G10 ausgeklammert sind. Dies ist insbesondere im Hinblick auf den Tatbestand des Verwendens von Kennzeichen verfassungswidriger und terroristischer

---

[79] Sch/Sch-Sternberg-Lieben/Schittenhelm, § 129 Rn 6; SK/StGB-Stein/Greco, § 129 Rn 31; LK-Krauß, § 129 Rn 52.

[80] Sch/Sch-Sternberg-Lieben/Schittenhelm, § 129 Rn 11; LK-Krauß, § 129 Rn 52.

[81] Zur Vorgängerbestimmung des § 47 Abs. 1 Nr. 7 AuslG: Kanein, § 47 AuslG, Anm. 2g).

Organisationen von Bedeutung, da § 86a StGB bisher weder explizit noch mittelbar durch Verweisung auf § 129a StGB im Katalog des § 3 Abs. 1 G10 enthalten ist. Bei den §§ 86 bis 87 StGB handelt es sich nicht um reine Organisationsdelikte, sondern nur um Anhangbestimmungen bzw. mittelbare Organisationsdelikte, die vornehmlich die Propaganda extremistischer Vereinigungen erfassen. Der Propaganda extremistischer Gruppierungen kommt ein erheblich eigener Demonstrationswert für die Zwecke der Vereinigung zu. Es handelt sich dabei nicht bloß um ein Mittel zur Aufrechterhaltung des organisatorischen Zusammenschlusses, sondern vielmehr um eine unentbehrliche Tätigkeit, um das Gedankengut nach außen an große Teile der Bevölkerung zu übermitteln.[82] Überdies sollte mit den tatbestandlichen Erweiterungen der §§ 86, 86a StGB, die ebenfalls durch das Verbrechensbekämpfungsgesetz[83] eingefügt worden sind, die Bekämpfung rechtsextremistischer sowie ausländerfeindlicher Aktivitäten und damit derselbe Schutzzweck wie mit § 3 Abs. 1 S. 2 G10 verfolgt werden.[84]

Die §§ 86 bis 87 StGB sind danach vom Anwendungsbereich des § 3 Abs. 1 S. 2 G10 erfasst.

(b) Konkrete oder abstrakte Betrachtung weiterer Straftaten

Für die Frage, bei welchen Straftatbeständen im Übrigen von einer gegen die Schutzgüter im Sinne des § 3 Abs. 1 S. 2 G10 gerichteten Zielsetzung ausgegangen werden kann, bieten sich zwei Interpretationsansätze an. Denkbar ist zunächst eine abstrakte Betrachtungsweise, bei der sich die nachrichtendienstliche Zielrichtung unmittelbar aus der Struktur und dem Schutzgut der strafrechtlichen Norm ableiten muss. Möglich ist aber auch ein konkretes Verständnis, wonach sich eine entsprechende Ausrichtung aus den konkreten Umständen, den Beweggründen und Zielsetzungen der Straftat im Einzelfall ergibt.

Da der Wortlaut beide Alternativen zulässt, ist der Kreis der in Betracht kommenden Straftatbestände nach dem Sinn und Zweck der Einfügung der Regelung zu bestimmen. Mit dem neuen Eingriffstatbestand sollte eine Individualüberwachung nach § 3 G10 auch gegenüber Mitgliedern einer Vereinigung möglich sein, deren Zweck oder Tätigkeit darauf gerichtet ist, Straftaten mit vornehmlich rechtsextremistischer Zielrichtung zu begehen. In den Materialien heißt es, man wolle den „Wehrsportgruppen […] den

82 Zu diesem Gesichtspunkt: OLG Düsseldorf, Beschluss v. 18.10.1993, 4 Ws 244/93, NJW 1994, 398 (399).

83 Gesetz zur Änderung des Strafgesetzbuches, der Strafprozeßordnung und anderer Gesetze (Verbrechensbekämpfungsgesetz) v. 28.10.1994, BGBl. I 1994, S. 3186.

84 Zur Begründung der Erweiterung des § 86a StGB: BT-Drs. 12/6853, S. 19, 23.

Kampf ansagen".[85] Als Bestandteil des Verbrechensbekämpfungsgesetzes teilt die Ergänzung des § 3 Abs. 1 G10 darüber hinaus auch das Ziel des Regelungspakets, den rechtsextremistischen und ausländerfeindlichen Ausschreitungen mit entsprechenden rechtsstaatlichen Mitteln begegnen zu wollen.[86]

Bei rechtsextremistischen und ausländerfeindlichen Ausschreitungen handelt es sich überwiegend um die Begehung von Körperverletzungs-, Vergewaltigungs- und Beleidigungsdelikten sowie um Nötigungen, Sachbeschädigungen und Propagandadelikte der §§ 130, 131 StGB.[87] Ferner kommt es zur Verwirklichung von Waffendelikten. Mustert man die genannten Delikte durch, so ergibt sich, dass die Straftatbestände abstrakt gesehen nicht dem Schutz der in § 3 Abs. 1 S. 2 G10 genannten Schutzgüter dienen. Geschützte Rechtsgüter sind vielmehr die öffentliche Ordnung, die persönliche Freiheit der Willensentschließung, die körperliche Unversehrtheit sowie der Anspruch auf Achtung der Persönlichkeit.

Soll die Befugnis des § 3 Abs. 1 S. 2 G10 ihrem Sinn entsprechend eine Überwachung rechtsextremistischer Gruppierungen ermöglichen und nicht weitgehend leerlaufen, so kann sich die vorausgesetzte extremistische Zielsetzung auch bei anderen als den klassischen Staatsschutzdelikten nur aus den konkreten Umständen des Einzelfalls ergeben.

(c) Organisierte Kriminalität

Auf Grund der vornehmlichen Ausrichtung des Überwachungstatbestandes auf die Beobachtung des militanten Rechts- und Linksextremismus kann in dem Tatbestand des § 3 Abs. 1 S. 2 G10 indessen keine Generalklausel zur Bekämpfung der sog. Organisierten Kriminalität gesehen werden. Dieser Ansatz erscheint dann nicht abwegig, wenn man argumentiert, dass die Organisierte Kriminalität in ihren Erscheinungsformen eine Gefährdung der freiheitlichen demokratischen Grundordnung darstelle.[88] Der Gedanke ließe sich ferner damit erhärten, dass der bei der Schaffung des § 3 Abs. 1 S. 2 G10 in Bezug genommene § 129 StGB als Kernvorschrift gegen die Organisierte Kriminalität angesehen werden kann.[89]

---

85 Marschewski, BT-PlProt. 12/229 v. 20.05.1994, S. 19884.

86 BT-Drs. 12/6853, S. 1, 18.

87 Zur Bedeutung von Sachbeschädigungen: OLG Düsseldorf, Beschluss v. 18.10.1993, 4 Ws 244/ 93, NJW 1994, 398.

88 Graf, BT-PlProt. 12/210 v. 24.02.1994, S. 18187: Gefahr für den demokratischen Rechtsstaat.

89 BT-Drs. 18/11275, S. 1; LK-Krauß, § 129 Rn 15; zu diesem Zusammenhang auch: Sch/ Sch-Sternberg-Lieben/Schittenhelm, § 129 Rn 1.

Ein dahingehendes Verständnis des § 3 Abs. 1 S. 2 G10 würde hingegen mit der Anknüpfung an den umstrittenen und unbestimmten Begriff der Organisierten Kriminalität in eklatanter Weise gegen die Grundsätze des Rechtsstaates verstoßen und zugleich der Charakterisierung der Norm als Auftrag zur Beobachtung politisch bestimmter extremistischer Bestrebungen widersprechen.

cc) Verhältnis von § 3 Abs. 1 S. 2 und § 3 Abs. 1 S. 1 Nr. 6a) G10

Folgt man der vorgenannten Ansicht, wonach im Rahmen des § 3 Abs. 1 S. 2 G10 auf eine konkrete Betrachtungsweise abzustellen ist, so kommen als gegen die freiheitliche demokratische Grundordnung, den Bestand oder die Sicherheit des Bundes oder eines Landes gerichtete Straftaten grundsätzlich auch die von § 129a StGB erfassten Delikte in Betracht. Die danach mögliche Überschneidung wirft somit die Frage nach dem Verhältnis zwischen § 3 Abs. 1 S. 2 G10 und dem Tatbestand der Überwachung wegen des Verdachts der Bildung krimineller Vereinigungen nach § 3 Abs. 1 S. 1 Nr. 6a) G10 auf.

Als Qualifikationstatbestand[90] ist § 129a StGB dem § 129 StGB ebenso nachgestaltet wie der in Anlehnung daran entstandene § 3 Abs. 1 S. 2 G10. Trotz des identischen Vorbildes bezüglich des Aufbaus und der Definition der Tatbestandsmerkmale bestehen auch erhebliche Unterschiede. So reicht nach § 3 Abs. 1 S. 1 Nr. 6a) G10 i.V.m. § 129a Abs. 5 StGB das Unterstützen bzw. Werben für eine Vereinigung, während nach § 3 Abs. 1 S. 2 G10 nur eine Mitgliedschaft selbst in der Vereinigung erfasst wird. Demgegenüber genügt bei § 3 Abs. 1 S. 2 G10 dann jedoch die bloße Mitgliedschaft, wohingegen § 129a StGB voraussetzt, dass sich der Betroffene als Mitglied an einer solchen Vereinigung beteiligt. Im Gegensatz zu § 3 Abs. 1 S. 2 G10 erfasst der Satz 1 Nr. 6a) der Vorschrift ferner bereits die Planung der Bildung oder Beteiligung an einer Vereinigung, während sich bei § 3 Abs. 1 S. 2 G10 der Verdacht darauf beziehen muss, dass der Betroffene schon Mitglied der Vereinigung ist.

Eine Abgrenzung der beiden Überwachungsgrundlagen käme danach in der Form in Betracht, dass die im Straftatenkatalog des § 129a StGB aufgenommenen Delikte aus dem Anwendungsbereich des § 3 Abs. 1 S. 2 G10 herauszunehmen sind. Das würde bedeuten, dass sich die Überwachung von Mitgliedern einer Vereinigung, deren Zweck oder Tätigkeit auf die Begehung der in Abs. 1 Nrn. 1 und 2, Abs. 2 Nrn. 1 bis 5 des 129a StGB genannten Straftaten gerichtet ist, nach den Voraussetzungen des § 3

90 SK/StGB-Stein/Greco, § 129a Rn 1.

Abs. 1 S. 1 Nr. 6a) G10 i.V.m. § 129a StGB und nicht nach § 3 Abs. 1 S. 2 G10 bestimmen würde.

Für eine dahingehende Abgrenzung sprechen die Ausführungen der Gesetzesmaterialien. Danach wird die Ergänzung des § 3 Abs. 1 G10 gerade deshalb für dringend erforderlich gehalten, weil die zuvor allein geltenden Eingriffsvoraussetzungen des Verdachts der Straftat nach § 129a StGB vor allem im Bereich des Rechtsextremismus nur in Ausnahmefällen begründet werden konnten.[91] Dies hing, so die weiteren Ausführungen, damit zusammen, dass die Aktivitäten militanter rechtsextremistischer Gruppen oftmals nicht auf die Begehung der in § 129a StGB genannten Straftaten gerichtet sind. Es geht bei der Einführung des § 3 Abs. 1 S. 2 G10 infolgedessen um die Erfassung der Vereinigungen, die gerade nicht auf die in § 129a Abs. 1 StGB genannten Straftaten gerichtet sind. So wird bezüglich § 3 Abs. 1 S. 2 G10 auch von einer allgemeinen Auffangklausel gesprochen.[92] Ferner heißt es, dass die Ergänzung angeregt wurde, um G10-Maßnahmen gegen solche politisch extremistischen Gruppen durchführen zu können, die noch nicht als terroristisch einzustufen sind, gleichwohl aber auf Grund ihrer kriminellen Energie eine besondere Gefahr für die innere Sicherheit darstellen.[93]

c) Mitglied der Vereinigung

Der von einer Überwachungsmaßnahme nach § 3 Abs. 1 S. 2 G10 Betroffene muss Mitglied der Vereinigung sein bzw. es müssen tatsächliche Anhaltspunkte für eine Mitgliedschaft bestehen.

Im Gegensatz zu § 129a StGB setzt § 3 Abs. 1 S. 2 G10 damit nicht voraus, dass sich der Betreffende als Mitglied „beteiligt“, sondern lässt es vielmehr genügen, dass jemand Mitglied „ist“. Ist für ein „Sichbeteiligen“ begrifflich eine wie auch immer geartete Tätigkeit für Zwecke der Vereinigung erforderlich,[94] so reicht hier nach dem eindeutigen Wortlaut die bloße Mitgliedschaft. Andererseits jedoch kann ein förmlicher Beitritt in dem Fall als nicht erforderlich angesehen werden, in dem ein solcher bei der Vereinigung nicht üblich oder nicht verlangt ist. Es genügt dann, dass der Betreffende seinen Willen dem der Vereinigung unterordnet und für ihre Zwecke tätig wird.

---

91 Werthebach, 120. Sitzg. d. Rechtsausschusses v. 11. April 1994, Prot. S. 242.

92 Strafverteidigervereinigung, 120. Sitzg. d. Rechtsausschusses v. 11. April 1994, Prot. S. 126.

93 Werthebach, 120. Sitzung. d. Rechtsausschusses v. 11. April 1994, Prot. S. 242.

94 Sch/Sch-Sternberg-Lieben/Schittenhelm, § 129a Rn 2, § 129 Rn 13.

4.) Eingriffsvoraussetzungen des § 3 Abs. 1a G10

Mit Gesetz vom 31. Juli 2009[95] ist ausschließlich für den BND mit § 3 Abs. 1a G10 eine weitere Individualüberwachungsbefugnis zur Aufklärung der Proliferation und des internationalen Waffenhandels geschaffen worden, die zur Verhinderung von Schiffsentführungen beitragen soll.[96] Unter den in § 1 Abs. 1 Nr. 1 G10 bezeichneten Voraussetzungen dürfen Beschränkungen auch für Telekommunikationsanschlüsse, die sich an Bord deutscher Schiffe außerhalb deutscher Hoheitsgewässer befinden, angeordnet werden.

Voraussetzung ist danach, dass tatsächliche Anhaltspunkte dafür bestehen, dass jemand eine der in § 72 Abs. 1 und 3 ZFdG genannten Straftaten plant, begeht oder begangen hat. Die Tatbestände, die auch das Zollkriminalamt zur Telekommunikationsüberwachung berechtigen, betreffen nach § 72 Abs. 1 ZFdG Strafvorschriften des Gesetzes über die Kontrolle von Kriegswaffen zum Umgang mit atomaren, biologischen und chemischen Waffen sowie Anti-Personen-Minen und konventionellen Kriegswaffen.

Mehrdeutig ist jedoch die Verweisung auf Absatz 3 des § 72 ZFdG, die das Gesetz zur Neustrukturierung des Zollfahndungsdienstgesetzes vom 30. März 2021[97] nach sich gezogen hat. Auf der Grundlage der zuvor bestehenden Rechtslage nahm § 3 Abs. 1a G10 auf die Regelung des § 23a Abs. 3 ZFdG a.F. als Überwachungstatbestand Bezug. Diese enthielt eine eigenständige Umschreibung von Verstößen gegen die Exportbestimmungen für Dual-use-Güter, deren Planung und Begehung damit zu tauglichen Anlässen für die Telekommunikationsüberwachung durch den BND erklärt worden waren.

In der Neufassung des Zollfahndungsdienstgesetzes findet der bisherige § 23a Abs. 3 ZFdG a.F. seine Entsprechung in § 72 Abs. 2 ZFdG. Dies folgt daraus, dass der bisherige § 23a Abs. 2 ZFdG - nach der Gesetzesbegründung - zwar nicht inhaltlich, aber doch formal aufgehoben worden ist,[98] so dass der vormalige § 23a Abs. 3 ZFdG a.F. an die Stelle des § 72 Abs. 2 ZFdG gerückt ist. Der geltende § 72 Abs. 3 ZFdG erfasst daher nicht mehr die Zuwiderhandlungen gegen die Ausfuhrbestimmungen, sondern enthält für das Zollkriminalamt eine spezielle Befugnisregelung zur Quellen-TKÜ, die ausdrücklich jedoch keine Straftaten aufführt.

---

95 Erstes Gesetz zur Änderung des Artikel 10-Gesetzes v. 31.07.2009, BGBl. I 2009, S. 2499.

96 Huber, in: SicherheitsR, § 3 G10 Rn 19.

97 Gesetz zur Neustrukturierung des Zollfahndungsdienstgesetzes v. 30.03.2021, BGBl. I 2021, S. 402.

98 Zur Neuregelung des § 72 Abs. 2 ZFdG: BT-Drs. 19/12088, S. 109, 110.

Die Novellierung des Zollfahndungsdienstgesetzes hat damit zur Folge, dass die Verweisung auf eine der in § 72 Abs. 3 ZFdG genannten Straftaten in § 3 Abs. 1a G10 dem Wortlaut nach ins Leere geht. Die damit verbundene Verkürzung der Überwachungsmöglichkeiten nach § 3 Abs. 1a G10 um die Anlasstaten des § 72 Abs. 2 ZFdG lässt sich auch nicht mit der Argumentation umgehen, dass die aktuell in Bezug genommene Befugnis zur Quellen-TKÜ nach § 72 Abs. 3 ZFdG auch bei Vorliegen der Rechtsverletzungen des § 72 Abs. 2 ZFdG zulässig ist und damit mittelbar in § 3 Abs. 1a G10 einzubeziehen wäre. Hierfür ließe sich zwar anführen, dass mit der Anpassung an das G10 an die Neufassung des Zollfahndungsdienstgesetzes nur eine redaktionelle Folgeänderung und keine inhaltliche Beschränkung vorgenommen werden sollte[99]; gleichwohl ist mit der Änderung in § 3 Abs. 1a G10 nur „§ 23a Abs. 1" durch „§ 72 Abs. 1" ersetzt worden und die Verweisung auf Absatz 3 unberührt geblieben. Entscheidend ist jedoch, dass die Regelung zur Quellen-TKÜ nur eine Konkretisierung der Überwachungsform enthält, deren tatbestandliche Voraussetzungen sich aus den Absätzen 1 und 2 des § 72 ZFdG ergeben. Ein mittelbarer Rückschluss auf den Tatbestand des § 72 Abs. 2 ZFdG über die Zulässigkeitsbestimmung zur Quellen-TKÜ ließe sich dem Wortlaut des § 3 Abs. 1a G10 - als Eingriffstatbestand in das Grundrecht aus Art. 10 GG - nicht hinreichend bestimmt und normenklar entnehmen.

Auch wenn der Anschein dafür spricht, dass es sich um ein redaktionelles Versehen handelt, ist bis zu einer entsprechenden Berichtigung eine Überwachung nach § 3 Abs. 1a G10 auf die in § 72 Abs. 1 ZFdG genannten Straftaten beschränkt.[100]

---

[99] BT-Drs. 19/12088, S. 124.

[100] Im Unterschied zu Absatz 1 knüpfte Absatz 3 des § 23a ZFdG a.F. nicht an einen bestehenden Straftatbestand an, sondern nahm eine eigenständige Umschreibung der zur Telefonkontrolle berechtigenden Verstöße gegen die Ausfuhrbestimmungen der Güter vor. Welche der Ausfuhrverstöße eine Strafbarkeit begründen, ging aus § 23a Abs. 3 ZFdG a.F. nicht hervor. Offen blieb nach § 3 Abs. 1a G10 damit, ob mit der Verweisung auf die ´Straftaten nach § 23a Abs. 3 ZFdG´ der Vorgang der ungenehmigten Exporte und der damit korrespondierenden Straftaten, wie etwa § 18 AWG, oder vielmehr der gesamte Tatbestand des § 23a Abs. 3 ZFdG a.F. in Bezug genommen wurde. Für die letztgenannte Inhaltsbestimmung sprach neben dem Wortlaut, der § 23a Abs. 3 ZFdG ausdrücklich benannte, der Sinn und Zweck und die Verfassungskonformität der Befugnis. Denn sollten rechtswidrige Transporte von Kriegswaffen und Dual-use-Güter überwacht werden, um außenpolitische Belange und die Sicherheit der Bundesrepublik Deutschland zu wahren, so kann eine dahingehende Gefährdung bzw. Bedrohung unabhängig vom Vorliegen der Strafbarkeitsbedingungen bestehen. Auch konnte nur so hinreichend bestimmt genug dem Tatbestand des § 3 Abs. 1a G10 entnommen werden, welche der im Einzelnen aufgeführten Tathandlungen des § 23a Abs. 3 ZFdG a.F. unter

5.) Subsidiarität

Nach § 3 Abs. 2 S. 1 G10 ist die Zulässigkeit des Einsatzes der Individualkontrolle ferner davon abhängig, dass die Erforschung des Sachverhalts auf andere Weise aussichtslos oder wesentlich erschwert wäre.

Die zuerst genannte Alternative der Subsidiaritätsbedingung, die Aussichtslosigkeit der Erforschung des Sachverhalts auf andere Weise, betrifft den Erfolg der Aufklärung. Zur Feststellung dieses Merkmals ist auf der Basis nachrichtendienstlicher Erkenntnisse und Erfahrungen eine Prognose darüber zu treffen, inwieweit das Ermittlungsziel auch ohne Individualkontrolle erreicht werden kann. Die Aufklärung des Sachverhalts kann grundsätzlich dann als aussichtslos angesehen werden, wenn der Nachrichtendienst mit keiner anderen rechtmäßig zur Verfügung stehenden Aufklärungsmöglichkeit die benötigten Informationen erlangen kann.[101] Dies ist der Fall, wenn entweder andere Maßnahmen fehlen oder offensichtlich keinen vergleichbaren Erfolg erwarten lassen.[102]

Die Individualkontrolle darf ferner angeordnet werden, wenn die Erforschung des Sachverhalts auf andere Weise wesentlich erschwert wäre. Eine „wesentliche Erschwerung" ist dann anzunehmen, wenn auf Grund nachrichtendienstlicher Beurteilung bei Unterlassen der Überwachung ein erheblich höherer und nicht zu verantwortender Verfahrensaufwand prognostiziert werden kann.[103] Einigkeit besteht in der nachrichtendienstlichen Literatur dabei weitgehend darin, dass der Verfahrensaufwand sowohl unter dem Aspekt des Einsatzes personeller und sachlicher Mittel als auch im Hinblick auf den Zeitfaktor zu berücksichtigen ist.[104] Vereinzelt wird auch der Kostenaufwand mit in die Erwägung einbezogen.[105]

Der Bereich der Aufklärungsmaßnahmen, gegenüber denen die Fernmeldeüberwachung subsidiär sein muss, wird durch die generelle Formulierung „auf andere Weise" umschrieben. Das Bundesverfassungsschutzgesetz und die entsprechenden Normierungen des BND-Gesetzes und des MAD-Gesetzes sehen jedoch auch für andere nachrichtendienstliche Aufklärungsformen Bestimmungen vor, durch die der Subsidiaritätscharakter der

welchen Voraussetzungen in Bezug genommen werden sollten. Entsprechende Erwägungen wären auch bei einer Einbeziehung des § 72 Abs. 2 ZFdG, der im Wesentlichen die Regelungstechnik des § 23a Abs. 3 ZFdG a.F. beibehalten hat, anzustellen.

101 Roewer, § 2 G10 Rn 13.

102 So für die gleichlautende Regelung des § 100a StPO: Rieß, Meyer-GS, S. 367 (384).

103 Welp, Rasterfahndung, S. 389 (409): signifikante Übersteigung der gewöhnlichen Variationsbreite des Verfahrensaufwandes.

104 Borgs-Maciejewski/Ebert, § 2 G10 Rn 14; Haedge, S. 278.

105 Borgs-Maciejewski/Ebert, § 2 G10 Rn 14; a.A. Dietrich/Eiffler-Löffelmann, HB d. ND, VI § 4 D Rn 47.

Maßnahmen in unterschiedlicher Weise verdeutlicht wird. Hierbei wird mit der Verwendung unterschiedlicher Subsidiaritätsklauseln eine standardisierte Rangordnung der Eingriffsmaßnahmen konstituiert, die sich aus den graduell abgestuften Voraussetzungen ableiten lässt[106] und auf der Einschätzung des Gesetzgebers über die Eingriffsintensität der Aufklärungsbefugnisse beruht. Für die Nachrichtendienste ergibt sich daraus eine Rangfolge, die vorrangig von den in § 9 Abs. 1 BVerfSchG genannten Aufklärungsmethoden, die alle gleichrangig behandelt werden, über die Fernmeldeüberwachung bis hin zu dem letzten Mittel, der Wohnraumüberwachung, verläuft.

Obgleich der Gesetzgeber mit der Rangfolge eine Bewertung der Eingriffsmittel vorgibt, darf nicht außeracht gelassen werden, dass die Aufklärungshandlung, wie jede staatliche Maßnahme, dem allgemeinen Grundsatz der Verhältnismäßigkeit unterliegt, wonach der Eingriff im konkreten Einzelfall verhältnismäßig sein muss.[107] Die Verhältnismäßigkeit des Einzelfalls bildet auch das materielle Kriterium, aus dem sich ein Rangverhältnis im Fall identischer Subsidiaritätsklauseln ableiten lässt, da sich diese anderenfalls auf Grund der wechselseitigen Verweisung gegenseitig blockieren würden.[108]

Bei der Bewertung der Verhältnismäßigkeit der konkreten Einzelmaßnahme kommt den Diensten ein Bewertungsspielraum zu.[109] Die Verschiedenartigkeit der Aufklärungsmittel und die unterschiedliche Zielrichtung der G10-Maßnahmen, wie die Überwachung eines konkreten Individualanschlusses nach § 3 G10 einerseits und die grundsätzlich sachbezogene globale Kontrolle gemäß § 5 und § 8 G10 andererseits, werden dabei oftmals auch zu einem Nebeneinander bzw. einer Kombination der Einsätze führen.

---

106 Ausführlich zu den Bedingungen für das Strafverfahren: Rieß, Meyer-GS, S. 367 (381 ff).

107 I.E. Welp, Rasterfahndung, S. 389 (412).

108 Rieß, Meyer-GS, S. 367, (387); dies gilt für den BND beispielsweise bzgl. § 3 und § 8 G10.

109 Im Einzelnen Borgs-Maciejewski/Ebert, § 2 G10 Rn 14: gerichtlich nicht überprüfbarer Beurteilungsspielraum; Huber, in: SicherheitsR, § 3 G10 Rn 27: nur Einschätzungsprärogative; nach den Ausführungen des OVG Münster (Urteil v. 27.10.1982, 20 A 348/81, NJW 1983, 2346 (2349)) sind die Eingriffsvoraussetzungen des G10 voll nachprüfbar - jedoch wird eingeräumt, dass den einzelnen Verdachtsmomenten Unwägbarkeiten anhaften und bei der Einschätzung eines Enttarnungsrisikos vorsorglich von der Stichhaltigkeit der Verdachtsmomente ausgegangen werden muss; auch das OVG Berlin-Brandenburg (Beschluss v. 14.01.2011, bei Huber, in: SicherheitsR, § 3 G10 Rn 28) betont, dass es im sicherheitsrechtlichen Bereich nicht erforderlich ist, auf alle Einzelheiten einzugehen und damit Details bei der Arbeits- und Vorgehensweise der nachrichtendienstlichen Erkenntnisgewinnung offenzulegen.

6.) Eingriffshandlung

Mit Ausnahme des auf den Schiffsfunk bezogenen Eingriffs nach § 3 Abs. 1a G10 ermächtigt das G10 nach § 1 Abs. 1 G10 unbeschränkt zur Überwachung und Aufzeichnung der Telekommunikation.

Die Telekommunikation wird hierbei im Sinne der Legaldefinition des § 3 Nr. 59 TKG als technischer Vorgang der Aussendung, Übermittlung oder des Empfangs von Signalen mittels Telekommunikationsanlagen verstanden. Der Begriff der Telekommunikationsanlagen folgt aus § 3 Nr. 60 TKG und umfasst technische Einrichtungen, Systeme oder Server, die als Nachrichten identifizierbare elektromagnetische oder optische Signale oder Daten verarbeiten können. Unabhängig davon legt das Bundesverfassungsgericht für die Zulässigkeit von Überwachungsmaßnahmen einen dem Schutzbereich des Art. 10 GG entsprechenden Begriff zugrunde. Unter Telekommunikation sind danach sowohl die Umstände als auch die Inhalte von Telefongesprächen zu verstehen, die durch drahtgebundene oder drahtlose, analoge oder digitale Medien - wie auch das Internet - übertragen werden.[110]

Während jedoch die herkömmliche Telekommunikationsüberwachung über die klassischen Telefonverbindungen des Festnetzes oder Mobilfunks beim Telekommunikationsunternehmen auf der Übertragungsstrecke erfolgen kann, hat die fortschreitende Informationstechnik in den letzten Jahren dazu geführt, dass dies bei den über informationstechnische Systeme vermittelten Kontakten auf Grund der Verschlüsselung des Datenstroms aufwendig oder gar ausgeschlossen ist.[111] Vom Begriff des informationstechnischen Systems werden prinzipiell alle Arten elektronischer datenverarbeitender Systeme und damit neben Computern und Smartphones auch das Internet verstanden.[112]

Das Internet bietet den Nutzern neben einer unüberschaubaren Menge an Informationen zahlreiche neue Kommunikationsdienste, mit denen soziale Kontakte unabhängig von der herkömmlichen Telekommunikation aufrechterhalten werden können. Überdies werden auch die klassischen Formen der Fernkommunikation auf Grund technischer Konvergenzeffekte

---

110 BVerfG, Urteil v. 27.02.2008, 1 BvR 370/07 Rn 183, NJW 2008, 822 (825).

111 BT-Drs. 18/12785, S. 48.

112 „Informationstechnisches System" bereitgestellt durch das Digitale Wörterbuch der deutschen Sprache, abrufbar unter: https://www.dwds.de/wb/informationstechnisches%20System, (abgerufen am 8.03.2022); BVerfG, Urteil v. 27.02.2008, 1 BvR 370/07 Rn 171-176, 203, NJW 2008, 822 (824,827), dort auch zur Beschränkung auf Systeme, die einen aussagekräftigen Datenumfang bezüglich des Betroffenen enthalten.

auf das Internet überlagert.[113] Neben den Möglichkeiten zur Persönlichkeitsentfaltung eröffnet diese Entwicklung jedoch auch neue Persönlichkeitsgefährdungen, die ein grundrechtlich erhebliches Schutzbedürfnis begründen. Dies hat das Bundesverfassungsgericht zur Ausformung des Grundrechts auf Integrität und Vertraulichkeit informationstechnischer Systeme veranlasst.[114]

Die Verarbeitung von gespeicherten und vom Rechner erzeugten Daten bildet eine Vielzahl von persönlichen und sozialen Erkenntnissen, die der Ausspähung und Manipulation durch technische Zugriffsmöglichkeiten ausgesetzt sind. Die weite Verbreitung und Nutzung informationstechnischer Systeme hat dazu geführt, dass auch ein staatlicher Zugriff hierauf im Bereich der Gefahrenabwehr und Strafverfolgung als erforderlich angesehen wird.[115] Im Vordergrund steht dabei die technisch angepasste Überwachung der Kommunikation im Internet mit den Methoden der Quellen-TKÜ und Online-Durchsuchung. Der Anwendungsbereich dieser neuen Überwachungsmittel ist dabei primär aus dem Inhalt des Schutzbereichs des Art. 10 GG, in den die herkömmliche Telekommunikationsüberwachung eingreift, durch die höchstrichterliche Rechtsprechung entwickelt worden. Maßgeblich ist danach, dass sich der Grundrechtsschutz des Art. 10 GG nur auf den Inhalt und die Umstände der laufenden Telekommunikation bezieht; nicht erfasst sind die nach Abschluss eines Kommunikationsvorgangs im Herrschaftsbereich eines Teilnehmers gespeicherten Kommunikationsdaten, soweit dieser eigene Schutzvorkehrungen gegen den heimlichen Datenzugriff treffen kann. Der Schutzbereich des Art. 10 GG ist dabei unabhängig davon betroffen, ob die Maßnahme technisch auf der Übertragungsstrecke oder am Endgerät der Telekommunikation ansetzt.[116]

Soweit ausschließlich die Überwachung des laufenden Telekommunikationsvorgangs betroffen ist, sind danach sowohl die herkömmliche Telekommunikationsüberwachung als auch die Quellen-TKÜ an Art. 10 GG zu messen.[117] Die neue Überwachungsform ist hier grundsätzlich ein technisches Äquivalent für die klassische Überwachung. Bei der Quellen-TKÜ handelt es sich um die Überwachung der über ein informationstechnisches System geführten Kommunikation durch die Infiltration des verwendeten Geräts mit einer speziellen Überwachungssoftware. Die Quellen-TKÜ zielt damit auf das Abhören der Internet-basierten Kommunikation.

---

[113] Dt. BT, Ausschuss für Recht und Verbraucherschutz, Ausschuss-Drs. 18(6)334, S. 15.
[114] BVerfG, Urteil v. 27.02.2008, 1 BvR 370/07 Rn 201, NJW 2008, 822 (827).
[115] Dt. BT, Ausschuss für Recht und Verbraucherschutz, Ausschuss-Drs. 18(6)334, S. 15.
[116] BVerfG, Urteil v. 27.02.2008, 1 BvR 370/07 Rn 184, 185, NJW 2008, 822 (825).
[117] BVerfG, Urteil v. 27.02.2008, 1 BvR 370/07 Rn 184, NJW 2008, 822 (825).

Sind hingegen Telekommunikationsdaten betroffen, deren Übertragungsvorgang im Zeitpunkt der Überwachung bereits abgeschlossen ist, oder wird die Nutzung eines informationstechnischen Systems als solches überwacht oder die Speichermedien des Systems durchsucht, so ist der Schutzbereich des Art. 10 GG verlassen und der Eingriff am Grundrecht der Vertraulichkeit und Integrität des informationstechnischen Systems zu messen.[118] Die hierauf gerichteten Maßnahmen stellen sich als eine Online-Durchsuchung dar. Diese kann durch einen einmaligen Zugriff, aber auch durch eine über einen längeren Zeitraum gestreckte Überwachung erfolgen. Bezieht sich die Überwachung und Aufzeichnung der gespeicherten Informationen auf Kommunikationsdaten, die auch während des laufenden Übertragungsvorgangs hätten erhoben werden können, so wird dies begrifflich auch der Quellen-TKÜ[119] zugeordnet oder als „kleine Online-Durchsuchung"[120] bezeichnet.

Der Zugriff auf informationstechnische Systeme mit technischen Mitteln eröffnet danach verschiedene Ermittlungsarten und eine damit verbundene unterschiedliche Grundrechtsrelevanz wie auch Eingriffstiefe. Die differenzierenden Anforderungen, die die höchstrichterliche Rechtsprechung an die Beachtung der Verhältnismäßigkeit und Bestimmtheit sowie den Verfahrens- und Kernbereichsschutz zulässiger Ermittlungsmaßnahmen stellt, können dabei nur durch spezielle Ermächtigungsgrundlagen gewährleistet werden. Das Bestimmtheitsgebot verlangt,[121] dass ein Betroffener erkennen kann, bei welchen Anlässen und unter welchen Voraussetzungen ein Verhalten mit dem Risiko der Überwachung verbunden ist. Der Anlass, der Zweck und die Grenzen der Eingriffsmaßnahme müssen in der Ermächtigung dabei bereichsspezifisch, präzise und normenklar festgelegt werden.[122] Eine auf allgemeine Befugnisgrundlagen, wie die §§ 9, 8 BVerfSchG, §§ 5,4 MADG und § 3 BNDG, gestützte Quellen-TKÜ und Online-Durchsuchung kamen und kommen danach nicht in Betracht. Dies gilt umso mehr, als die Bundes- und Landesgesetzgeber zunehmend ausdrückliche besondere Regelungen für die neuen Überwachungsmethoden schaffen bzw. geschaffen haben. Auch für die nachrichtendienstlichen Befugnisse liegt mit § 11 Abs. 1a und b G10 eine spezielle Regelung zur Durchführung der Quellen-TKÜ auf Grund des Gesetzes vom 5. Juli

118 BVerfG, Urteil v. 27.02.2008, 1 BvR 370/07 Rn 185, 187, NJW 2008, 822 (825).

119 Dt. BT, Ausschuss für Recht und Verbraucherschutz, Ausschuss-Drs. 18(6)334, S. 17.

120 Sinn, Stellungnahme, S. 5.

121 Zum Erfordernis der Bestimmtheit nur BVerfG, Urteil v. 14.07.1999, 1 BvR 2226/94 Rn 165, NJW 2000, 55 (57) und BVerfG, Urteil v. 20.04.2016, 1 BvR 966/09 Rn 94, NJW 2016, 1781 (1783).

122 BVerfG, Urteil v. 27.02.2008, 1 BvR 370/07 Rn 209, NJW 2008, 822 (827/8).

2021[123] vor. Darüber hinaus ist zu berücksichtigen, dass das Aufspielen einer spezifischen Software auf ein informationstechnisches System angesichts der verschiedenen Einsatzmöglichkeiten einen besonderen Eingriff in die Grundrechte der Art. 10 und Art. 2 i.V.m. Art. 1 GG darstellt, der nicht als notwendiger Begleiteingriff zur herkömmlichen Telekommunikationsüberwachung gesehen werden kann. Hierfür spricht insbesondere, dass das Bundesverfassungsgericht die Eingriffsintensität einer Online-Durchsuchung der Schwere einer Wohnraumüberwachung gleichgestellt hat.[124] Es ist demnach davon auszugehen, dass die Zulässigkeit einer Online-Durchsuchung ohne eine entsprechende Ermächtigungsgrundlage nicht aus § 1 G10 ableitbar ist.

7.) Betroffene

Die Maßnahme der Individualkontrolle kann sich nach § 3 Abs. 2 S. 2 G10 gegen den Verdächtigen selbst und bestimmte Umfeldpersonen richten, wenn eine Überwachung nicht auf Grund von Schutzvorschriften ausgeschlossen ist.

a) Betroffene nach § 3 G10

Als Verdächtige im Sinne des § 3 Abs. 2 S. 2 G10 gelten diejenigen, bei denen tatsächliche Anhaltspunkte für die Planung oder Begehung einer Katalogtat nach Absatz 1 Satz 1 bzw. Anhaltspunkte für eine Mitgliedschaft nach Satz 2 des Absatzes 1 bestehen.

Überdies können als Dritte im Sinne des § 3 Abs. 2 S. 2 G10 die Personen der G10- Maßnahme unterworfen werden, von denen auf Grund bestimmter Tatsachen anzunehmen ist, dass sie für den Verdächtigen bestimmte oder von ihm herrührende Mitteilungen entgegennehmen oder weitergeben oder dass der Verdächtige ihren Anschluss benutzt. Für die Zulässigkeit der Überwachung Dritter genügt danach kein auf tatsächlichen Anhaltspunkten gegründeter Verdacht, sondern nur die auf bestimmten Tatsachen beruhende Annahme des genannten Zusammenwirkens.

Da die Voraussetzungen des § 3 Abs. 2 S. 2 G10 dabei objektiv formuliert sind, ist es unerheblich, ob die zu überwachende Person bewusst oder unbewusst mit dem Verdächtigen zusammenwirkt; ausreichend ist, dass sie objektiv die vorausgesetzte Unterstützung gewährt.[125]

---

[123] Gesetz zur Anpassung des Verfassungsschutzrechts v. 5.07.2021, BGBl. I 2021, S. 2274.

[124] BVerfG, Urteil v. 20.04.2016, 1 BvR 966/09 Rn 210, NJW 2016, 1781 (1794).

[125] Huber, in: SicherheitsR, § 3 G10 Rn 33; Roewer, § 2 G10 Rn 16.

b) Schutz der Vertrauensverhältnisse

Auf Grund einer fehlenden ausdrücklichen Schutzbestimmung war lange Zeit fraglich, ob die in § 3 Abs. 2 S. 2 G10 genannten Drittpersonen auch dann von einer Überwachung erfasst werden durften, wenn ihre objektive Funktion gerade darin besteht, dass sie für den Verdächtigen bestimmte oder von ihm herrührende Mitteilungen entgegennehmen oder weitergeben. Dies galt insbesondere für Rechtsanwälte, die die Verteidigung der nach § 3 Abs. 1 G10 Verdächtigen übernommen hatten.

Die dazu diskutierte Frage, inwieweit berufliche oder auch familiäre Vertrauensverhältnisse zu schützen sind, ist seit der Einführung des § 3a und § 3b G10 durch Gesetz vom 2009[126] entschieden. Erstmalig hat das Erste Gesetz zur Änderung des Artikel 10-Gesetzes im Jahre 2009 mit den Regelungen zum Schutz von zeugnisverweigerungsberechtigten Personen nach § 3b G10 und zum Schutz des Kernbereichs privater Lebensgestaltung gemäß § 3a G10 Eingriffsbeschränkungen zur Gewährleistung beruflich oder persönlich begründeter Vertrauensbeziehungen eingeführt.

aa) Schutz der Vertrauensverhältnisse nach § 3b G10

(1) Schutz zeugnisverweigerungsberechtigter Personen nach § 3b Abs. 1 und 2 G10

Gemäß der Neuregelung des § 3b Abs. 1 G10 sind Maßnahmen nach § 1 Abs. 1 Nr. 1 G10, die sich gegen eine in § 53 Abs. 1 S. 1 Nr. 1, 2 oder Nr. 4 der StPO genannte Person richten und voraussichtlich Erkenntnisse erbringen würden, über die diese Person das Zeugnis verweigern dürfte, unzulässig. Dennoch erlangte Erkenntnisse dürfen nicht verwertet werden. Nach Satz 5 der Vorschrift gilt letzteres auch, wenn durch eine Maßnahme, die sich nicht gegen die zeugnisverweigerungsberechtigte Person selbst richtet, von dieser entsprechend geschützte Erkenntnisse erlangt werden.

Die Vorschrift orientiert sich an der seinerzeit geltenden Fassung des § 20u BKAG und entspricht weitgehend dem entsprechenden § 82 Abs. 1 ZFdG. Die Eingriffsbeschränkung begründet für Erkenntnisse, die vom Zeugnisverweigerungsrecht der Strafverteidiger, Abgeordneten und Seelsorger umfasst sind, ein absolutes Erhebungs- und Verwertungsverbot. Die Durchführung der Überwachung ist danach insoweit unzulässig, wie sie sich gegen die genannten Vertrauenspersonen als Zielpersonen richtet und dadurch voraussichtlich Erkenntnisse erbringt, über die diese Person das

[126] Erstes Gesetz zur Änderung des Artikel 10-Gesetzes v. 31.07.2009, BGBl I 2009, S. 2499.

Zeugnis verweigern dürfte. Maßnahmen, die sich gegen andere Personen, wie zum Beispiel den Verdächtigen richten, sind dagegen zulässig. Dies gilt auch dann, wenn nicht auszuschließen ist oder gar zu erwarten ist, dass auch Gespräche mit einem zeugnisverweigerungsberechtigten Berufsgeheimnisträger erfasst werden.[127] Für diese Fälle sieht § 3b Abs. 1 S. 5 G10 für die vom Zeugnisverweigerungsrecht umfassten Inhalte ein durch Löschungspflichten ergänztes Verwertungsverbot vor. Nur in besonderen Einzelfällen soll sich aus diesem Verwertungsverbot unter Anwendung des Grundsatzes der Verhältnismäßigkeit die Verpflichtung ergeben können, die Maßnahme gegen einen Dritten zu unterbrechen;[128] mithin die Überwachung zu unterlassen.

Da die Überwachung der Kommunikation mit den genannten Berufsgeheimnisträgern bei einer gegen den Gesprächspartner gerichteten Abhörmaßnahme selbst dann noch als zulässig angesehen wird, wenn die Erfassung geschützter Inhalte zu erwarten ist, dürfte es sich hierbei jedoch um ganz seltene Ausnahmefälle handeln, bei denen aus dem Datenverwendungsverbot ein Erhebungsverbot abzuleiten ist.

Durch Gesetz vom 5. Juli 2021[129] ist § 3b Abs. 1 S. 1 G10 um den von § 53 Abs. 1 S. 1 Nr. 3 StPO geschützten Personenkreis der Rechtsanwälte und Kammerrechtsbeistände erweitert worden. Grund dafür[130] sind die Ausführungen des Bundesverfassungsgerichts zum BKA-Gesetz, wonach die Unterscheidung zwischen Strafverteidigern und den in anderen Mandatsverhältnissen tätigen Rechtsanwälten insbesondere im Bereich der Gefahrenabwehr als nicht tragfähig beurteilt worden ist.[131]

Für die nicht in § 3b Abs. 1 G10 genannten Zeugnisverweigerungsberechtigten des § 53 Abs. 1 S. 1 Nrn. 3 bis 3b und Nr. 5 enthält § 3b Abs. 2 G10 ein relatives, an Verhältnismäßigkeitsgesichtspunkten orientiertes Erhebungsverbot. Soweit danach eine der genannten Personen betroffen wäre und dadurch voraussichtlich Erkenntnisse erlangt würden, über die diese das Zeugnis verweigern dürfte, ist dies im Rahmen der Prüfung der Verhältnismäßigkeit zu berücksichtigen. Für die Verhältnismäßigkeit sind das öffentliche Interesse an den von der Person wahrgenommenen Aufgaben und das Interesse an der Geheimhaltung der diesen Personen anvertrauten oder bekannt gewordenen Tatsachen gegenüber dem öffentlichen

127 BT-Drs. 16/12448, S. 10.

128 BT-Drs. 16/12448, S. 11.

129 Gesetz zur Anpassung des Verfassungsschutzrechts v. 5.07.2021, BGBl. I 2021, S. 2274.

130 BT-Drs. 19/24785, S. 22.

131 BVerfG, Urteil v. 20.04.2016, 1 BvR 966/09 Rn 257, NJW 2016, 1781 (1799).

Interesse an einer wirksamen Gefahrenabwehr zu gewichten.[132] Im Rahmen der von § 3b Abs. 2 S. 1 G10 geforderten Abwägung kann danach somit sowohl auf die öffentliche Aufgabenerfüllung als auch auf das individuelle Interesse an der Geheimhaltung abgestellt werden. Je nach dem Ergebnis der Verhältnismäßigkeitsprüfung ist die geplante Überwachungsmaßnahme zulässig, teilweise zu beschränken oder insgesamt zu unterlassen.[133]

(2) Schutz der Berufshelfer nach § 3b Abs. 3 G10

Die Eingriffsbeschränkungen gelten nach § 3b Abs. 3 G10 ausdrücklich auch für die Berufshelfer der jeweiligen Berufsgeheimnisträger. Der Gesetzgeber trägt damit der Gleichstellung Rechnung, die auf Grund der funktionellen Bewertung der ausgeübten beruflichen Tätigkeit geboten ist.

(3) Entprivilegierung nach § 3b Abs. 4 G10

Nach § 3b Abs. 4 G10 entfällt die Eingriffsbeschränkung, sofern die zeugnisverweigerungsberechtigte Person Verdächtiger im Sinne des § 3 Abs. 2 S. 2 G10 ist oder tatsächliche Anhaltspunkte den Verdacht begründen, dass sie dessen in § 3 Abs. 1 G10 bezeichneten Bestrebungen durch Entgegennahme oder Weitergabe von Mitteilungen bewusst unterstützt. Die Rückausnahme für die Zulässigkeit der Überwachung von Nachrichtenmittlern setzt ein bewusstes Zusammenwirken voraus, das jedoch von der Erheblichkeit oder Strafbarkeit unabhängig ist.

Nach dem unmissverständlichen Wortlaut der Regelung gilt die Entprivilegierung für alle in § 3b Abs. 1 bis 3 G10 genannten Berufsgeheimnisträger, einschließlich der Strafverteidiger. Eine planwidrige Regelungslücke, die eine analoge Anwendung von weitergehenden Schutzmaßstäben ermöglichen würde, ist auf Grund der ausdrücklichen Befassung des Gesetzgebers mit der Regelungsmaterie jedoch nicht - mehr - gegeben.

bb) Kernbereichsschutz nach § 3a G10

Neben den Regelungen zum Schutz berufsbedingter Vertrauensverhältnisse hat das Erste Gesetz zur Änderung des Artikel 10-Gesetzes[134] auch für die Gewährleistung des Kernbereichs privater Lebensgestaltung mit § 3a G10 eine ausdrückliche Schutzbestimmung statuiert.

---

[132] BT-Drs. 16/12448, S. 11.

[133] Vgl. § 3b Abs. 2 S. 2 G10; BT-Drs. 16/12448, S. 11.

[134] Erstes Gesetz zur Änderung des Artikel 10-Gesetzes v. 31.07.2009, BGBl. I 2009, S. 2499.

(1) Kernbereichsrechtsprechung

Die Garantie eines für staatliche Eingriffsbefugnisse unzugänglichen Kernbereichs privaten Lebens ist mit der Entscheidung des Bundesverfassungsgerichts zum großen Lauschangriff[135] ein zentraler Aspekt in der Diskussion über die Zulässigkeit heimlicher Überwachungsmaßnahmen geworden.[136]

Das Bundesverfassungsgericht leitet den Schutz eines unantastbaren Kernbereichs privater Lebensgestaltung aus dem Menschenwürdegehalt des Art. 1 Abs. 1 GG ab, der in dem spezielleren Grundrecht des Art. 13 GG konkretisiert wird.

Zur Entfaltung der Persönlichkeit im Kernbereich privater Lebensgestaltung gehört die Möglichkeit, innere Vorgänge, wie Empfindungen, Gefühle sowie Ansichten und Erlebnisse höchstpersönlicher Art ohne Angst vor staatlicher Überwachung zum Ausdruck bringen zu können.[137]

Die zunächst auf die Privatwohnung als Mittel zur Wahrung der Menschenwürde bezogene repressiv ausgerichtete Rechtsprechung ist mit der Entscheidung zu der niedersächsischen Vorschrift über die präventiv polizeiliche Telekommunikationsüberwachung zunächst auch auf präventive Eingriffe in Art. 10 GG ausgedehnt und nachfolgend gegenüber allen Überwachungsmaßnahmen als beachtlich erklärt worden.[138]

Die Anerkennung eines letzten unantastbaren Bereichs privater Lebensgestaltung war in der Rechtsprechung des Bundesverfassungsgerichts seit langem anerkannt, jedoch zuvor noch nie durch eine gesetzliche Ermächtigung als beeinträchtigt angesehen worden.[139] Diskutiert worden war die Bestimmung des Kernbereichs privater Lebensführung in der Vergangenheit dabei insbesondere im Zusammenhang mit der sogenannten „Tagebuchentscheidung" des Gerichts vom 14. September 1989[140]. Die die Entscheidung zur Zulässigkeit der Verwertung tagebuchartiger

---

135 BVerfG, Urteil v. 3.03.2004, 1 BvR 2378/98, NJW 2004, 999.

136 Denninger, ZRP 2004, 101; Gusy, JuS 2004, 457; Haas, NJW 2004, 3082; Leutheusser-Schnarrenberger, ZRP 2005, 1; Lindemann, JR 2006, 191; Löffelmann, NJW 2005, 2033; Petersen, KJ 2004, 316.

137 BVerfG, Urteil v. 3.03.2004, 1 BvR 2378/98 Rn 120, NJW 2004, 999 (1002).

138 BVerfG, Urteil v. 3.03.2004, 1 BvR 2378/98, NJW 2004, 999; BVerfG, Urteil v. 27.07.2005, 1 BvR 668/04 Rn 163, NJW 2005, 2603 (2612); BVerfG, Urteil v. 20.04.2016, 1 BvR 966/09 Rn 123, NJW 2016, 1781 (1787); zur Diskussion: Kötter, DÖV 2005, 225 (228); Kutscha, NJW 2005, 20 (22); Kutscha/Roggan, GS für Lisken, S. 25 (34): zur Übertragbarkeit auf andere Überwachungsbereiche; Haas, NJW 2004, 3082 (3084), betont die Geltung für die repressive Wohnraumüberwachung.

139 Kötter, DÖV 2005, 225 (227).

140 BVerfG, Beschluss v. 14.09.1989, 2 BvR 1062/87, NJW 1990, 563.

Aufzeichnungen im Strafverfahren tragende Auffassung bezweifelte die Zugehörigkeit der Aufzeichnungen zum absolut geschützten Höchstpersönlichkeitsbereich dabei schon deshalb, weil die Gedanken des Betroffenen durch eine schriftliche Niederlegung dem von ihm beherrschbaren Innenbereich entlassen und der Gefahr eines Zugriffs preisgegeben worden waren.[141] Würde man dieses Kriterium auf die Telekommunikationsüberwachung übertragen, so würde dies bedeuten, dass jedes mittels Telefon geführte Gespräch als dem Kernbereich entzogen angesehen werden könnte, da sich der Betroffene eines Mediums bedient, bei dem die Gefahr eines Mithörens jederzeit gegeben ist. Insoweit hat die jüngere Rechtsprechung nunmehr den Kernbereichsschutz unabhängig davon auch für technische, nicht beherrschbare Vorgänge anerkannt und somit zu einer Ausweitung des Schutzes geführt.

Der verfassungsrechtlich gebotene Kernbereichsschutz lässt sich im Rahmen eines zweistufigen Schutzkonzepts gewährleisten. Eine gesetzliche Ermächtigung zu einer Überwachungsmaßnahme, die den Kernbereich privater Lebensführung berühren kann, hat so weitgehend wie möglich sicherzustellen, dass Daten mit Kernbereichsbezug nicht erhoben werden. Ist es praktisch unvermeidbar, Informationen zur Kenntnis zu nehmen bevor der Kernbereichsschutz bewertet werden kann, muss für hinreichenden Schutz in der Auswertungsphase gesorgt sein und eine Verwertung ausgeschlossen werden.[142]

(2) Reichweite der Kernbereichsgarantie

Fraglich ist jedoch, welche Reichweite die dem Grundrecht des Art. 10 GG zuzuordnende Kernbereichsgarantie privater Lebensführung besitzt.

Entscheidend für die Reichweite des Kernbereichs ist der Menschenwürdekern des Grundrechts, für den der Bereich der Höchstpersönlichkeit zu bestimmen ist. Unterschiede bei der Reichweite können sich daraus ergeben, dass die Eingriffsmaßnahmen verschiedene Grundrechte betreffen, die den Schutz der Menschenwürde in unterschiedlicher Weise gewährleisten und konkretisieren. Zugleich hat das Gericht aber auch bestimmt, dass die Grenzen des Schutzes der Telekommunikation nicht so weitreichend sind wie die des Schutzes der Wohnung. Dies liege darin begründet, dass der Bürger zur höchstpersönlichen Kommunikation nicht in gleicher Weise auf die Telekommunikation angewiesen sei wie auf eine Wohnung. Diesem Umstand wird nach den weiteren Ausführungen des Gerichts jedoch bereits dadurch Rechnung getragen, dass die Voraussetzungen für die Zulässigkeit

141 BVerfG, Beschluss v. 14.09.1989, 2 BvR 1062/87 Rn 42, NJW 1990, 563 (564).

142 BVerfG, Urteil v. 27.02.2008, 1 BvR 370/07 Rn 277, 280, NJW 2008, 822 (834).

von Grundrechtseingriffen unterschiedlich bestimmt werden.[143] Wegen der Gefahr des Mithörens und der oftmals mobil in der Öffentlichkeit erfolgten Gesprächsführung wird angenommen, dass auch ein mit engsten Vertrauten geführtes Gespräch weniger von höchstpersönlicher als vielmehr von allgemeiner Bedeutung ist.[144] Andererseits ermöglichen die technischen Gegebenheiten der Telekommunikation die Überwindung auch großer räumlicher Entfernungen zur Aufrechterhaltung enger, persönlicher Kontakte. Die im Rahmen dieser Beziehungen geführten Gespräche werden daher oftmals auch höchstpersönliche Angelegenheiten umfassen.[145] Ebenso ist es nicht auszuschließen, dass auch mit anderen Personen des höchstpersönlichen Vertrauens, wie dem Strafverteidiger oder dem Arzt, zur Vermeidung aufwendiger Termine aus Zeitgründen kernbereichsrelevante Inhalte am Telefon erörtert werden.

Da sich danach aus der Art und Weise der Gesprächsführung - persönlich oder fernmündlich - kein grundsätzlicher Unterschied bei der Kernbereichsbestimmung ergibt, ist allein der Kernbereichsinhalt maßgeblich.

(3) Kernbereichsprognose

Da für die Einordnung eines Sachverhalts der Inhalt des Gesprächs maßgeblich ist, kann die Gewissheit über die Zuordnung zum Bereich des Höchstpersönlichen regelmäßig erst mit der Erhebung der Gesprächsinformationen erlangt werden. Vor der Durchführung der Ermittlungsmaßnahme kann die Kernbereichsrelevanz der erwarteten Gespräche nur anhand von einzelnen Kriterien eingeschätzt werden.

(a) Prognosekriterien

Da sich bei der Telekommunikationsüberwachung anders als bei der Wohnraumüberwachung kein Indiz für die Höchstpersönlichkeit aus der Art der zu überwachenden Räumlichkeit oder der Uhrzeit des Telefonats ableiten lässt, bilden danach Art und Intensität der Vertrauensbeziehung, die der Betroffene zu seinem Gesprächspartner unterhält, wesentliche Indikatoren für die Einschätzung der zu überwachenden Gesprächssituation.[146] Zu den

---

143 BVerfG, Urteil v. 27.07.2005, 1 BvR 668/04 Rn 163, NJW 2005, 2603 (2612).

144 Wolter, GA 2007, 183 (196/97); zum Aspekt der „Öffentlichkeit“: Kötter, DÖV 2005, 225 (234).

145 Kutscha, NJW 2005, 20 (22).

146 So ist es zunächst unwahrscheinlich, dass der Betroffene Äußerungen über sein Gefühlsleben im Selbstgespräch am Telefon führt (zur Verwertbarkeit eines Selbstgesprächs: BGH, Urteil v. 10.08. 2005, 1 StR 140/05, NJW 2005, 3295; Kolz, NJW 2005, 3248; Lindemann, JR 2006, 191 (195)). Auch die Art der Räumlichkeiten und die Uhrzeit

Personen, zu denen der Betroffene eine besondere Vertrauensbeziehung unterhält, zählt das Gericht zunächst die Ehe- und Lebenspartner, aber auch andere engste Familienangehörige, wie etwa Geschwister und Verwandte in gerader Linie, insbesondere dann, wenn sie im selben Haushalt leben. Geschützt ist ferner die Kommunikation mit anderen Personen des besonderen Vertrauens, wie es insbesondere auch zu engen persönlichen Freunden bestehen kann.[147]

Aus dem Kreis der Berufsgeheimnisträger hat das Gericht sowohl das seelsorgerliche Gespräch mit einem Geistlichen[148] als auch das Gespräch mit dem Strafverteidiger als vom Menschenwürdegehalt umfasst angesehen. Das Arztgespräch ist demgegenüber nur im Einzelfall dem unantastbaren Kernbereich privater Lebensgestaltung zuzuordnen.[149]

(b) Prognosemaßstab

Für die anhand der genannten Kriterien vorzunehmende Prognose bezüglich der Kernbereichsrelevanz der zu überwachenden Kommunikation hat das Bundesverfassungsgericht in seiner Entscheidung zum großen Lauschangriff zwei Maßstäbe für die Einschätzung der Situation aufgezeigt.

Entscheidend für die Zuordnung zum Kernbereich ist danach, ob eine Sachlage gegeben ist, in der entweder auf Grund von konkreten Hinweisen oder typischerweise und ohne gegenteilige Anhaltspunkte im Einzelfall anzunehmen ist, dass der unantastbare Bereich der Höchstpersönlichkeit betroffen wird.[150]

Bestehen danach zum einen Anhaltspunkte für eine Kernbereichsrelevanz, so muss die Überwachung unterbleiben.[151] Dies bedeutet, dass die Ermittlungsmaßnahme grundsätzlich als zulässig angesehen wird und nur

---

geben keine Hinweise, da z.B. ein vertrauliches Gespräch mit dem Ehepartner durchaus im Büro zu Geschäftszeiten und ein Gespräch mit dem Anwalt oder einem seelsorgerlichen Telefonnotdienst zu Abend- und Nachtzeiten erfolgen können; zu den einzelnen Kriterien der räumlichen Situation, Vertrauensbeziehung der Kommunizierenden und auch der Anzahl der Teilnehmer: Kudlich, FS für Fischer, S. 723 (728/29), der jedoch bei Anschlüssen in der eigenen Wohnung im Unterschied zu Büroräumen von einem größeren Vertrauen des Telefonierenden in die unüberwachte Kommunikation ausgeht, den genannten Kriterien aber immer auch nur eine Indizwirkung für die Schutzwürdigkeit zuerkennt.

147 BVerfG, Urteil v. 3.03.2004, 1 BvR 2378/98 Rn 146, 147, NJW 2004, 999 (1004).

148 Zum Schutz des Seelsorgegeheimnisses: de Wall, NJW 2007, 1856.

149 BVerfG, Urteil v. 3.03.2004, 1 BvR 2378/98 Rn 148, NJW 2004, 999 (1004).

150 BVerfG, Urteil v. 3.03.2004, 1 BvR 2378/98 Rn 123, NJW 2004, 999 (1002).

151 BVerfG, Urteil v. 3.03.2004, 1 BvR 2378/98 Rn 135, NJW 2004, 999 (1003).

bei Vorliegen entsprechender Hinweise auf eine Kernbereichsverletzung ausgeschlossen ist.

Der zweite Anknüpfungspunkt macht jedoch deutlich, dass das Gericht daneben auch Sachverhaltskonstellationen anerkennt, in denen typischerweise von der Höchstpersönlichkeitsrelevanz und damit von der Unzulässigkeit des Eingriffs auszugehen ist. Die Zulässigkeit der Überwachung muss dann erst durch gegenteilige Anhaltspunkte begründet werden. Eine Vermutungswirkung entnimmt das Gericht bei der Wohnraumüberwachung aus der Anwesenheit besonders vertrauter Personen und der Art der überwachten Räumlichkeiten. Dies beruht auf Kriterien, die die Sicherheitsorgane vor Beginn einer Maßnahme - gegebenenfalls durch entsprechende Vorermittlungen - beachten können.[152] Bei der Telekommunikationsüberwachung ist eine solche Vorwirkung jedoch nicht möglich, da für die Überwachungsbehörden im Vorhinein kaum erkennbar ist, wen der Betroffene anrufen wird. Auch die Widerlegung der Vermutung wäre kaum möglich, da es bei der Telekommunikation nicht sicher vorhersehbar ist, welchen Inhalt das Gespräch haben wird. Die Überwachung kann dabei jedoch nicht von vornherein unterlassen werden.[153] Dem Umstand der fehlenden Vorhersehbarkeit der Gesprächssituation ist vielmehr im Rahmen des Prognoserisikos Rechnung zu tragen.

(c) Prognoserisiko

Aus den im Vergleich zur Wohnraumüberwachung fehlenden Anknüpfungspunkten an die Art der Räumlichkeit und die Anwesenheit von Vertrauenspersonen folgt ein Unterschied im Hinblick auf die für die Kernbereichsrelevanz zu treffende Prognoseentscheidung und die damit verbundenen Unwägbarkeiten. Aus der Art der Nutzung der Telekommunikation wird gefolgert, dass das Risiko der Erfassung von höchstpersönlichen Gesprächen bei der Telekommunikationsüberwachung geringer sei als bei der Wohnraumüberwachung, da hierfür weniger auf das Telefon als vielmehr auf eine unmittelbare Begegnung zurückgegriffen werde.[154] Andererseits kann ein Telefongespräch ohne vorher erkennbare Anhaltspunkte zu jeder Zeit von jedem Anschluss mit jedem möglichen Gesprächspartner geführt werden. Die Einschätzungsmöglichkeiten werden angesichts der Spontanität, Flexibilität und Ortsungebundenheit des heutigen Kommunikationsverhaltens eher eine Ausnahme bilden. Im Rahmen einer Telefonüberwachung kann es, mangels äußerer Anzeichen bezüglich des Inhalts

---

[152] BVerfG, Urteil v. 3.03.2004, 1 BvR 2378/98 Rn 140 ff, NJW 2004, 999 (1004).
[153] BVerfG, Urteil v. 27.02.2008, 1 BvR 370/07 Rn 279, NJW 2008, 822 (834).
[154] BT-Drs. 16/5846, S. 43; Wolter, GA 2007, 183 (197).

einzelner Gespräche, vielmehr jederzeit zur Erfassung kernbereichsrelevanter Informationen kommen, so dass das Risiko der Kernbereichsverletzung bei Abhörmaßnahmen im Schutzbereich des Art. 10 GG mangels entsprechender Vorhersehbarkeit danach eher größer als bei vergleichbaren Maßnahmen in dem von Art. 13 GG umfassten Bereich ist.

Diese Erwägungen scheinen auch den Ausführungen des Bundesverfassungsgerichts in dem Urteil zur niedersächsischen Regelung der polizeilichen Telekommunikationsüberwachung zugrunde zu liegen, da anderenfalls die erhöhten Anforderungen, die das Gericht an die Rechtfertigung des Risikos der Kernbetroffenheit stellt, nicht zu erklären wären. In seiner Entscheidung weist das Gericht darauf hin, dass das mit der Telekommunikationsüberwachung verbundene Risiko der Erfassung kernbereichsrelevanter Kommunikation nur bei einem besonders hohen Rang des gefährdeten Rechtsgutes und einer Konkretisierung der Gefahrenlage hinzunehmen ist; zusätzlich bedarf es weiterer Vorkehrungen, die sichern, dass die Kommunikationsinhalte des höchstpersönlichen Bereichs nicht gespeichert und verwertet werden.[155] Hierdurch werden die verfassungsrechtlichen Anforderungen an die Zulässigkeit der Maßnahme im Vergleich zur Gewährleistung des Art. 10 GG, der keine spezifischen Eingriffsvoraussetzungen normiert, angehoben.

Die im Rahmen der Prognoseentscheidung zu treffende Risikoabwägung kann damit auch durch weitere Schutzvorkehrungen zur Verringerung des Risikos einer Kernbereichsverletzung beeinflusst werden. In seiner Entscheidung zur Wohnraumüberwachung hat das Bundesverfassungsgericht bestimmt, dass eine Überwachung abgebrochen werden muss, wenn unerwartet eine Situation eintritt, die dem unantastbaren Kernbereich privater Lebensgestaltung zuzurechnen ist.[156] Dies bedeutet, dass eine Überwachung grundsätzlich nicht nur durch eine automatische Aufzeichnung, sondern auch in Form eines live-Mithörens seitens der zuständigen Sicherheitsbeamten erfolgen kann. Aus den Ausführungen des Gerichts lässt sich indes nicht schließen, dass die Telekommunikationsüberwachung nur durch eine persönliche Echtzeitüberwachung durchgeführt werden darf.[157] Insoweit bietet eine erste „Sichtung“ zur Bewertung der Gesprächsinhalte eine weitere Verfahrensmöglichkeit.[158] Wird hierbei erkennbar, dass

---

155 BVerfG, Urteil v. 27.07.2005, 1 BvR 668/04 Rn 164, NJW 2005, 2603 (2612).

156 BVerfG, Urteil v. 3.03.2004, 1 BvR 2378/98 Rn 152, NJW 2004, 999 (1005).

157 BT-Drs. 16/5846, S. 44; BVerfG, Urteil v. 3.03.2004, 1 BvR 2378/98 Rn 151, NJW 2004, 999 (1005): so „kann“ es der Schutz des Art. 1 Abs. 1 GG erforderlich machen, bei dem Abhören einer Privatwohnung auf eine nur automatische Aufzeichnung der abgehörten Gespräche zu verzichten; zweifelnd Bergemann, DuD 2007, 581 (584).

158 BVerfG, Urteil v. 3.03.2004, 1 BvR 2378/98 Rn 151, NJW 2004, 999 (1005).

die Gespräche den absolut geschützten Bereich der Höchstpersönlichkeit betreffen, so können die Daten nach Sichtung sofort gelöscht werden. Hierbei handelt es sich um eine nachträgliche Rechtmäßigkeitskontrolle der bereits erhobenen Gesprächsdaten vor einer insoweit unbeschränkten weiteren Verarbeitung. Darüber hinaus ist mit den Modalitäten des sog. Richterbandes ein Verfahren vorgesehen, das eine Trennung hinsichtlich der sichtenden und ermittelnden Person gewährleisten kann, so dass es zu keiner, auch nicht unbewussten, Verwertung der wahrgenommenen Informationen kommen kann.

Unberührt bleibt ferner die Möglichkeit, den Ermittlungsbehörden in Ausnahmen bei Gefahr im Verzug auch kurzfristig erste Handlungsmöglichkeiten zu eröffnen.[159]

Diese den Ausführungen der höchstrichterlichen Entscheidungen zu entnehmende Systematik eines zweistufigen Schutzkonzepts wird auch in der Entscheidung des Bundesverfassungsgerichts zum nordrhein-westfälischen Verfassungsschutzgesetz erneut ausdrücklich verdeutlicht.[160] In den Entscheidungsgründen wird dabei insbesondere die Bedeutung der nachträglichen Durchsicht der erhobenen Daten als Verfahren betont, mit dem die Intensität der vor oder bei Datenerhebung nicht einschätzbaren Möglichkeit einer Kernbereichsverletzung so gering wie möglich gehalten werden kann.[161] Damit rückt das Gericht die bereits in den früheren Urteilen angesprochene Sichtung der Daten stärker in den Mittelpunkt.

(4) Kernbereichsinhalt

Ob ein Sachverhalt dem unantastbaren Bereich privater Lebensgestaltung zuzuordnen ist, richtet sich danach, inwieweit der Gesprächsinhalt nach Art und Intensität den Bereich des Höchstpersönlichen oder die Sphäre anderer bzw. die Belange der Gemeinschaft berührt.

Nach den Grundsätzen, die das Gericht zur Wohnraumüberwachung entwickelt hat, gehören Gespräche, die Angaben über begangene Straftaten enthalten, ihrem Inhalt nach nicht dem unantastbaren Kernbereich privater Lebensgestaltung an.[162] Daraus folge jedoch nicht, dass bereits jedwede Verknüpfung zwischen dem Verdacht einer begangenen Straftat und den Äußerungen des Beschuldigten zur Bejahung des Sozialbezugs ausreicht. Aufzeichnungen oder Äußerungen im Zwiegespräch, die

159 BVerfG, Urteil v. 20.04.2016, 1 BvR 966/09 Rn 129, NJW 2016, 1781 (1787).

160 BVerfG, Urteil v. 27.02.2008, 1 BvR 370/07 Rn 227, 280, NJW 2008, 822 (834); zum Urteil: Petri, DuD 2008, 443.

161 BVerfG, Urteil v. 27.02.2008, 1 BvR 370/07 Rn 283, NJW 2008, 822 (834).

162 BVerfG, Urteil v. 3.03.2004, 1 BvR 2378/98 Rn 137, NJW 2004, 999 (1003).

zum Beispiel ausschließlich innere Eindrücke und Gefühle wiedergeben und keine Hinweise auf konkrete Straftaten enthalten, gewinnen - so das Gericht weiter - nicht schon dadurch einen Gemeinschaftsbezug, dass sie Ursachen und Beweggründe eines strafbaren Verhaltens freizulegen vermögen.[163] Ein hinreichender Sozialbezug kann demgegenüber auch bei Äußerungen gegenüber Vertrauenspersonen bestehen, die sich unmittelbar auf eine konkrete Straftat beziehen.[164]

Aus der Verknüpfung der Kernbereichsumschreibung mit den aufzuklärenden Straftaten ergibt sich ein weiterer befugnisspezifischer Ansatzpunkt für die einzelfallbezogene Bestimmung der Kernbereichszugehörigkeit des Gesprächsinhalts. Übertragen auf die präventive Aufklärungsarbeit bedeutet dies, dass Gespräche, die Angaben zu den abzuwehrenden Gefahren enthalten, nicht von dem absolut geschützten Kernbereich höchstpersönlicher Lebensführung umfasst sind.[165] Dieser Ansatz macht aber auch deutlich, dass der Aufklärungsgegenstand bzw. das Aufklärungsziel zugleich den Inhalt bestimmt, der nicht dem Kernbereich der Privatheit zuzuordnen ist und über den damit in zulässiger Weise Informationen erhoben werden dürfen. Dies hat zu Folge, dass je weiter ein Aufklärungstatbestand gefasst ist, desto eher eine Datenerhebung zulässig ist.

Eine weitere Einschränkung besteht in den Fällen, in denen konkrete Anhaltspunkte dafür bestehen, dass nicht geschützte aufklärungsrelevante Informationen mit kernbereichsbezogenen Kommunikationsinhalten verknüpft werden, nur um eine Überwachung zu verhindern.[166] Das Gericht schränkt den Schutz dabei für den Fall eines bewussten Missbrauchs ein und nimmt damit den Gedanken der Verwirkung grundrechtlich gewährter Schutzpositionen auf. Zugleich wird damit ein weiterer Beurteilungsspielraum bei der ohnehin schweren Einschätzung der zu erwartenden Gesprächssituation eröffnet.

(5) Regelung des § 3a G10

Nach der gesetzlichen Regelung des § 3a Abs. 1 G10 ist eine Überwachung unzulässig, wenn tatsächliche Anhaltspunkte für die Annahme vorliegen, dass durch eine Überwachungsmaßnahme allein Erkenntnisse aus dem Kernbereich der privaten Lebensführung erlangt würden. Erlangte

163 BVerfG, Urteil v. 3.03.2004, 1 BvR 2378/98 Rn 137, NJW 2004, 999 (1003).

164 BVerfG, Urteil v. 20.04. 2016, 1 BvR 966/09 Rn 122, NJW 2016, 1781 (1786).

165 Auch Kötter, DÖV 2005, 225 (229).

166 BVerfG, Urteil v. 27.02.2008, 1 BvR 370/07 Rn 281, NJW 2008, 822 (834).

Erkenntnisse aus dem Höchstpersönlichkeitsbereich dürfen ferner nicht verwertet werden.[167]

Die Vorschrift trifft damit, wie bei § 20l Abs. 6 BKAG a.F., bereits auf der Datenerhebungsebene ein Anordnungsverbot, begrenzt dieses jedoch auf Fallgestaltungen, in denen die Überwachung allein - d.h. ausschließlich - Erkenntnisse aus dem Höchstpersönlichkeitsbereich erwarten lässt. Für die übrigen Fälle der Erlangung von höchstpersönlichen Daten sieht das Gesetz auf der zweiten Stufe ein absolutes Verwertungsverbot vor. Auf eine gesetzliche Definition der Erkenntnisse, die zum Kernbereich der Höchstpersönlichkeit zu zählen sind, hat der Gesetzgeber verzichtet.

Hinsichtlich der Schutzvorkehrungen, mit denen das Risiko einer Kernbereichsrelevanz gemindert werden soll, wählt der Gesetzgeber einen den neueren Tendenzen in der Kernbereichsrechtsprechung folgenden Weg. Indem § 3a Abs. 1 S. 2 bis 7 G10 die Zulässigkeit eines den Kontrollrechten des G10 angepassten sog. Richterbandes normiert, macht der Gesetzgeber deutlich, dass er eine automatische Aufzeichnung einer Überwachung in Form des live-Mithörens vorzieht. Gemäß § 3a Abs. 1 S. 2 G10 ist dabei für den Fall, dass neben einer automatischen Aufzeichnung eine unmittelbare Kenntnisnahme erfolgt, die Maßnahme unverzüglich zu unterbrechen, soweit sich während der Überwachung tatsächliche Anhaltspunkte dafür ergeben, dass kernbereichsrelevante Inhalte erfasst werden. Bestehen insoweit Zweifel, darf nur eine automatische Aufzeichnung erfolgen, die unverzüglich einem bestimmten Mitglied der G10-Kommission zur Entscheidung über die Verwertbarkeit und Löschung der Daten vorzulegen ist.

Mit Gesetz vom 5. Juli 2021[168] hat der Gesetzgeber die ihm vom Bundesverfassungsgericht in seiner Entscheidung zum BKA-Gesetz eröffnete Möglichkeit[169] wahrgenommen, die Kernbereichsvorschrift mit einer Einzelfallregelung zu ergänzen, um den Behörden für Ausnahmefälle bei Gefahr im Verzug auch kurzfristig erste Handlungsmöglichkeiten einzuräumen.[170] Nach § 3a Abs. 2 G10 kann danach bei Gefahr im Verzug eine Sichtung der dem Risiko der Kernbereichsrelevanz unterliegenden Aufzeichnungen unter Aufsicht eines Bediensteten, der die Befähigung zum Richteramt hat, erfolgen. Dieser entscheidet sodann im Benehmen mit dem behördlichen Datenschutzbeauftragten über eine vorläufige Nutzung.

---

[167] § 3a Abs. 1 S. 8 G10.

[168] Gesetz zur Anpassung des Verfassungsschutzrechts v. 5.07.2021, BGBl. I 2021, S. 2274.

[169] BVerfG, Urteil v. 20.04.2016, 1 BvR 966/09 Rn 129, NJW 2016, 1781 (1787).

[170] BT-Drs. 19/24785, S. 22.

cc) Verhältnis der Regelung des § 3a zu § 3b G10

Das G10 enthält einerseits eine Regelung zum Schutz der Zeugnisverweigerungsberechtigten in § 3b G10, andererseits den Kernbereichsschutz in § 3a G10.

Da insbesondere die Gespräche mit einem Strafverteidiger und die mit einem Seelsorger von beiden Vorschriften erfasst werden, zeigt sich, dass die Schutzbestimmungen in ihrem Anwendungsbereich teilweise deckungsgleich sind. Die unterschiedlichen Beschränkungen, die jedoch mit den Garantien verbunden sind, werfen die Frage nach dem Verhältnis der beiden Vorschriften auf. So sind die an die Zeugnisverweigerungsrechte gebundenen Gewährleistungen durch die Verstrickungs- und Datenverwendungsregelungen des § 3b Abs. 4 und 2 G10 begrenzt. Die Kernbereichsgarantie besteht hingegen unbeschränkt. Gleichwohl führt diese nur dann zu einem Erhebungsverbot, wenn ausschließlich dem Schutzbereich zuzuordnende Erkenntnisse zu erwarten sind, wohingegen der Schutz der Berufsgeheimnisträger bereits bei der Annahme eingreift, dass überhaupt geschützte Inhalte zu erwarten sind. Darüber hinaus knüpft der Höchstpersönlichkeitsschutz an den Inhalt der Kommunikation und nicht an die Person des Gesprächspartners an und gewährt diesen unabhängig von einer Unterscheidung hinsichtlich der Schutzwürdigkeit des Vertrauensverhältnisses absolut.

Der Vorrang einer der beiden Schutzbestimmungen[171] würde bedeuten, dass durch die jeweils weiteren Grenzen die jeweils engeren Schutzwirkungen unterlaufen würden. Ein Nebeneinander der beiden Regelungen hätte demgegenüber zur Folge, dass in den sich überschneidenden Bereichen die jeweils strengsten Anforderungen zur Geltung gelangen.

Für die unabhängige Anwendung beider Garantien spricht die unterschiedliche Begründung, die den Schutzansätzen zugrunde liegt. So ist die Kernbereichsgarantie ein Ausdruck des Menschenwürdegehalts, der dem jeweils betroffenen Grundrecht innewohnt. Die spezifischen Bestimmungen zum Schutz der Zeugnisverweigerungsrechte übernehmen hingegen mit der Verweisung auf die strafprozessualen Rechte die diese rechtfertigenden Grundgedanken. Den Zeugnisverweigerungsrechten des § 53 StPO liegen sowohl Erwägungen zum Schutz individueller Rechtspositionen als auch Allgemeininteressen zugrunde.[172] So zeigen zunächst die Möglichkeiten zur Entbindung von der Schweigepflicht, dass es bei dem Vertrauensschutz zu den von § 53 Abs. 2 StPO erfassten Strafverteidigern, Rechtanwälten,

---

171 Für einen Vorrang der Kernbereichsregelung zu § 100c Abs. 4 StPO a.F.: Wolter, GA 2007, 183 (189).

172 LR-Ignor/Bertheau, § 53 Rn 1.

Ärzten und Beratern primär um die individuellen Geheimhaltungsbelange der Klienten und nur mittelbar um die Interessen der Berufsgeheimnisträger an einer ungestörten Berufsausübung geht. Soweit diese Dispositionsfreiheit im Verhältnis zu Geistlichen, Abgeordneten und Journalisten nicht gegeben ist, dient der Schutz der Berufsgeheimnisträger der Wahrnehmung ihrer im Allgemeininteresse bestehenden Funktion.

Die unterschiedlichen Anknüpfungspunkte der Schutzgedanken machen deutlich, dass die Garantien auch nicht untereinander ersetzbar sind. Insbesondere die in dem Menschenwürdegehalt verbürgte individuelle Grundrechtsgarantie kann nicht durch die Allgemeininteressen an einer funktionierenden Berufsausübung begründet werden. Das Gleiche gilt im umgekehrten Fall. Darüber hinaus ist zu berücksichtigen, dass die Grundlage der Höchstpersönlichkeitsgarantie das jeweils durch die Eingriffsmaßnahme betroffene Grundrecht bildet, so dass der Schutz des Kernbereichs privater Lebensgestaltung für jedes Grundrecht gesondert festzustellen ist. Die Reichweite der Zeugnisverweigerungsrechte ist hingegen unabhängig von der Eingriffsrichtung der Ermittlungsform anhand des Vertrauensverhältnisses zwischen dem Klienten und dem Berufsgeheimnisträger zu ermitteln.

Den unterschiedlichen Schutzgedanken der Regelungen des § 3a und § 3b G10 kann demnach nur durch eine parallele Anwendung der Vorschrift Rechnung getragen werden.

8.) Eingriffsmodalitäten

Der Sicherung eines effektiven Grundrechtsschutzes dienen neben den tatbestandlichen Eingriffsschranken auch die verfahrensrechtlichen Anforderungen an eine Überwachungsmaßnahme. Bei dieser Abwägung sind im Rahmen der Durchführungsmodalitäten die Anordnungskompetenz, die mögliche Dauer der Maßnahme, die Benachrichtigungspflichten sowie der mögliche Rechtsschutz von Bedeutung.

a) Anordnungskompetenz

Die Zuständigkeit für die Anordnung der Individualkontrolle liegt gemäß § 10 Abs. 1 G10 bei Anträgen[173] durch die Nachrichtendienste des Bundes, dem BND, dem MAD und dem Bundesamt für Verfassungsschutz, beim Bundesministerium des Innern. Zuständig für die Anordnung auf Antrag der Verfassungsschutzbehörden der Länder sind die Landesministerien.[174]

---

[173] Zu den Anforderungen an den Antrag: § 9 G10.

[174] Zu den Anforderungen an die Anordnung: § 10 Abs. 2, 3 G10.

Darüber hinaus muss als Ersatz für die Einschränkungen der richterlichen Kontrolle im Bereich der Bundesbehörden[175] die spezifische Beteiligung der parlamentarischen Kontrollorgane gewahrt werden. Hiernach kann die Anordnung des zuständigen Ministeriums grundsätzlich erst dann vollzogen werden, wenn die G10-Kommission nach § 15 Abs. 6 S. 1, 2 G10 unterrichtet worden ist und im Rahmen einer Vorwegkontrolle der Durchführung der Beschränkungsmaßnahme zugestimmt hat. Lediglich bei Gefahr im Verzug kann die G10-Maßnahme nach § 15a Abs. 1 G10 auch vor der Zustimmung der G10-Kommission vollzogen werden. In diesem Fall darf bereits am Tag der Beantragung vor der Anordnung der Beschränkungsmaßnahme mit der Erhebung der Daten begonnen werden, die aber erst danach genutzt werden dürfen. Erfolgt die Anordnung nicht binnen 24 Stunden nach Beantragung, sind die erhobenen Daten zu löschen.[176] Anordnungen, die die Kommission für unzulässig oder nicht notwendig erklärt, sind vom Bundesministerium unverzüglich aufzuheben.[177]

Durch die regelmäßig erforderliche Zustimmung verleiht § 15 Abs. 6 G10 der Kommission eine verbindliche Entscheidungsbefugnis, bei der ihr aber auch unter Beachtung des Verhältnismäßigkeitsgrundsatzes ein weiter Beurteilungsspielraum zukommt.[178]

b) Dauer

Um dem Grundsatz der Verhältnismäßigkeit Rechnung zu tragen, enthält § 10 Abs. 5 G10 zunächst eine zeitliche Befristung der Anordnung auf drei Monate, die jedoch ohne eine letztendlich zu beachtende zeitliche Obergrenze verlängert werden kann. Insoweit dient die Befristung nur einer erneuten Überprüfung der gesetzlichen Voraussetzungen, damit der Eingriff auch bei länger andauernden Maßnahmen auf das unbedingt Erforderliche beschränkt bleibt.

c) Benachrichtigung Betroffener

aa) Benachrichtigungszeitraum

Gemäß § 12 Abs. 1 G10 ist der Betroffene grundsätzlich nach Einstellung der Maßnahme zu benachrichtigen. Eine Mitteilung unterbleibt, solange eine Gefährdung des Zwecks der Beschränkung nicht ausgeschlossen

175 § 1 Abs. 2 G10; zur parlamentarischen Kontrolle in den Ländern: § 16 G10.
176 § 15a Abs. 4 G10.
177 I.E. § 15 Abs. 6 S. 3 G10; zur Eilanordnung: § 15a Abs. 2, 3 G10.
178 Riegel, § 9 G10 Rn 9.

werden kann oder solange der Eintritt überwiegender Nachteile für das Wohl des Bundes oder eines Landes absehbar ist. Kann, wie im Regelfall, nicht bereits bei Einstellung der Überwachung eine Gefährdung der Maßnahme durch die Mitteilung ausgeschlossen werden,[179] so ist der Betroffene zu informieren, sobald die Gefährdung des Zwecks weggefallen ist. Insoweit erfordert die Entscheidung über die Wirkung einer etwaigen Mitteilung eine Prognose, durch die der Behörde ein Beurteilungsspielraum eingeräumt wird.[180] Mit der Verpflichtung, die Mitteilung erst vorzunehmen, wenn eine Zweckgefährdung ausgeschlossen werden kann, statuiert § 12 Abs. 1 S. 2 G10 zugleich die Pflicht zur regelmäßigen Überprüfung einer Mitteilungsvornahme, deren Zurückstellung nach 12 Monaten der Beteiligung der G10-Kommission bedarf.[181]

Diese Überprüfungs- und Mitteilungspflichten sind seit der Neufassung durch das Gesetz zur Neuregelung von Beschränkungen des Brief-, Post- und Fernmeldegeheimnisses vom 26. Juni 2001[182] jedoch nicht mehr zeitlich unbegrenzt. Hierdurch ist die durch das Verbrechensbekämpfungsgesetz[183] zunächst gestrichene Fünfjahresfrist für den Wegfall der Mitteilungspflicht, abgemildert durch verfahrensrechtliche Sicherungen, wieder eingeführt worden. Nach § 12 Abs. 1 S. 5 G10 bedarf es einer Mitteilung danach nicht, wenn der Ausschluss einer Gefährdung des Zwecks der Beschränkung auch fünf Jahre nach Beendigung der Maßnahme noch nicht eingetreten ist bzw. der Eintritt übergreifender Nachteile für das Bundes- oder Landeswohl noch absehbar ist. Hinzukommen muss ferner, dass die Voraussetzung mit an Sicherheit grenzender Wahrscheinlichkeit auch in Zukunft nicht eintreten wird. Schließlich müssen die Voraussetzungen für eine Löschung der Daten bei der erhebenden Behörde und einem etwaigen Übermittlungsempfänger vorliegen. Alle Voraussetzungen müssen von der G10-Kommission einstimmig festgestellt werden. Die Wiedereinführung der Ausschlussfrist wurde damit begründet, dass sich die

[179] Riegel, § 5 G10 Rn 21.

[180] Borgs-Maciejewski/Ebert, § 5 G10 Rn 6; Beispiele für die Gefährdung des Zwecks und für einen übergreifenden Nachteil für das Wohl des Bundes oder eines Landes bei Löffelmann/Zöller, NachrichtendienstR, Rn B.146, B.147.

[181] § 12 Abs. 1 S. 3, 4 G10.

[182] Gesetz zur Neuregelung von Beschränkungen des Brief-, Post- und Fernmeldegeheimnisses v. 26.06.2001, BGBl. I 2001, S. 1254.

[183] Gesetz zur Änderung des Strafgesetzbuches, der Strafprozeßordnung und anderer Gesetze (Verbrechensbekämpfungsgesetz) v. 28.10.1994, BGBl. I 1994, S. 3186; vgl. BT-Drs. 14/5655, S. 24.

aufzubewahrenden Unterlagen bei den Verfassungsschutzbehörden häufen würden und eine Beendigung dieser Daten-Vorratshaltung daher angebracht sei.[184]

Gewichtige rechtsstaatliche Bedenken gegenüber der Vorschrift ergeben sich jedoch aus der Zusammenschau mit § 13 G10.[185] Nach § 13 G10 ist der Rechtsweg gegen die Anordnung und den Vollzug der Individualkontrolle vor der Mitteilung an den Betroffenen nicht zulässig. Das Ende der Mitteilungspflicht führt danach zu einem dauerhaften Ausschluss des Rechtswegs für den Betroffenen.

bb) Zu benachrichtigende Betroffene

Nach § 12 Abs. 1 G10 ist der Betroffene zu benachrichtigen. Betroffener im Sinne der Vorschrift ist derjenige, gegen den sich die Beschränkungsmaßnahme richtet;[186] unabhängig davon, ob es sich um den Verdächtigen oder einen Dritten handelt.

Die Kommunikationspartner der jeweiligen Zielperson gehören nach nachrichtendienstlicher Ansicht nicht zum Kreis der zu benachrichtigenden Personen.[187] Die Argumentation hierfür wird aus der Singularform des Art. 10 Abs. 2 S. 2 GG abgeleitet, wonach die Beschränkung „dem“ Betroffenen nicht mitgeteilt zu werden braucht.[188]

d) Berichterstattung

Weitere Mitteilungspflichten ergeben sich aus § 14 Abs. 1 G10, wonach das zuständige Bundesministerium das Parlamentarische Kontrollgremium und dieses wiederum den Deutschen Bundestag über die Durchführung der Individualkontrolle unterrichtet. Ferner ist gemäß § 15 Abs. 7 G10 die G10-Kommission über die Erfüllung der Benachrichtigungspflichten zu informieren.

e) Rechtsschutz

Gemäß § 13 G10 steht dem Betroffenen der Rechtsweg erst und auch nur dann offen, wenn er über die Maßnahme unterrichtet worden ist. Da die Unterrichtung erst nach Abschluss der Maßnahme erfolgt, kommt nur eine

---

184 BT-Drs. 14/5655, S. 24.
185 Wollweber, ZRP 2001, 213 (216).
186 Huber, in: SicherheitsR, § 12 G10 Rn 10.
187 Borgs-Maciejewski/Ebert, § 5 G10 Rn 9; Dietrich/Eiffler-Löffelmann, HB d. ND, VI § 4 D Rn 85, Fn 330, der die nachrichtendienstliche Benachrichtigungspraxis jedoch nicht befürwortet.
188 Borgs-Maciejewski/Ebert, § 5 G10 Rn 9.

Fortsetzungsfeststellungsklage in Betracht, deren Feststellungsinteresse aus dem Rehabilitationsgedanken und der Schwere der möglichen Grundrechtsverletzung folgt.

Der Ausschluss des Rechtsweges und die damit fehlende Kontrolle durch die Rechtsprechung sind nach Auffassung des Bundesverfassungsgerichts auf Grund der Beteiligungsrechte der G10-Kommission gerechtfertigt, die nach § 15 Abs. 5 G10 von Amts wegen oder auf Grund von Beschwerden über die Zulässigkeit und Notwendigkeit von Beschränkungsmaßnahmen entscheidet.[189]

III. Zwischenergebnis

Betrachtet man die formellen und materiellen Anforderungen an die Anordnung einer Individualüberwachung nach § 3 G10 zusammenfassend, so fällt im Rahmen der materiellen Voraussetzungen zunächst die Zweiteilung in allgemeine Bestimmungen nach § 1 Abs. 1 G10 und besondere Tatbestandsmerkmale nach § 3 G10 auf.

§ 1 Abs. 1 Nr. 1 G10 umschreibt mit der Wendung der „Abwehr von drohenden Gefahren" für die elementaren Grundsätze des Staates den allgemeinen Zweck der Maßnahme und bestimmt damit die präventive Ausrichtung der Überwachung. Der Begriff der „Gefahr" stellt zugleich den Zusammenhang zum allgemeinen Aufgabenbereich der Nachrichtendienste her. Denn die Auslegung des nachrichtendienstlichen Gefahrbegriffs im Sinne einer abstrakten Gefahr ist bedingt durch die Zuständigkeit zu einer frühzeitigen Aufklärung verfassungsfeindlicher Bestrebungen, die durch den Einsatz der Überwachungsmethoden im Vorfeld der konkreten Gefahr und des Straftatenverdachts sichergestellt ist.

Die besonderen Voraussetzungen, von denen das Gesetz die Beschränkungen im Einzelfall nach § 3 Abs. 1 S. 1 G10 abhängig macht, beziehen sich auf die Bestimmung der erforderlichen Verdachtsintensität, des zur Überwachung berechtigenden Straftatenkatalogs und der Subsidiarität der Maßnahme gegenüber anderen Aufklärungsmethoden.

Der durch das Verbrechensbekämpfungsgesetz 1994[190] eingefügte Überwachungstatbestand des heutigen § 3 Abs. 1 S. 2 G10 stimmt bezüglich des Verdachtsgrades, der Subsidiaritätsklausel sowie der allgemeinen Zweckbestimmung mit § 3 Abs. 1 S. 1 G10 überein, weicht jedoch unter dem Gesichtspunkt der Anlasstaten in doppelter Hinsicht von der

---

[189] BVerfG, Urteil v. 14.07.1999, 1 BvR 2226/94 Rn 294, NJW 2000, 55 (67) zu § 9 Abs. 6 G10 a.F.

[190] Gesetz zur Änderung des Strafgesetzbuches, der Strafprozeßordnung und anderer Gesetze (Verbrechensbekämpfungsgesetz) v. 28.10.1994, BGBl. I 1994, S. 3186.

Regelungstechnik des Satzes 1 ab. Mit der Konstituierung des Straftatenkatalogs in § 3 Abs. 1 S. 1 G10 ist der Gesetzgeber dem Enumerativprinzip gefolgt, bei dem die zum Eingriff berechtigenden Delikte abschließend aufgezählt werden. Zwar werden die Delikte der allgemeinen Kriminalität nach § 3 Abs. 1 S. 1 Nr. 6b) G10 auch durch die geheimdienstliche Zielrichtung näher eingegrenzt, gleichwohl bezieht sich das Gesetz aber auch hier auf die Paragraphenangaben des StGB. Im Unterschied dazu knüpft § 3 Abs. 1 S. 2 G10 sowohl bei der Ausgestaltung der Tatbestandsstruktur als auch bei dem zweiten Ansatzpunkt, der Bestimmung des Vereinszwecks, nicht an konkrete Einzeldelikte, sondern an eine allgemeine Umschreibung des Überwachungsanlasses an.

Zur Begründung des Straftatenkatalogs ist bei der Einführung des G10 angeführt worden, dass es angesichts der Verlagerung der G10-Maßnahmen in das strafprozessuale Vorfeld unerlässlich erscheine, für die Individualkontrolle nur die fest umrissenen Tatbestände des StGB aufzunehmen. Durch die Begrenzung der Eingriffsbefugnisse auf präzise bestimmte Delikte sollte eine nicht gerechtfertigte Ausweitung und Unbestimmtheit bei der Überwachungsmöglichkeit vermieden[191] und damit zugleich eine angemessene Relation zwischen dem Gewicht der wahrzunehmenden Verfassungsschutzinteressen und der Schwere des Grundrechtseingriffs erreicht werden. Das Katalogsystem versteht sich danach dem Grunde nach als Ausprägung des Verhältnismäßigkeitsgrundsatzes. Unabhängig von der Verhältnismäßigkeit der Maßnahme im Einzelfall trifft der Gesetzgeber hier selbst im Wege einer generalisierenden Betrachtungsweise eine Abwägungsentscheidung, bei der das erforderliche Gewicht der Gemeinwohlinteressen, denen die Überwachung dient, durch die Auswahl der Katalogtaten indiziert wird. Mit dem Verzicht auf eine Bindung an bestimmte Straftatbestände und Deliktskategorien in § 3 Abs. 1 S. 2 G10 werden jedoch die Umstände der einzelnen Aufklärungssituation zum maßgeblichen Kriterium für das Gewicht der Verfassungsschutzinteressen, deren Bewertung dann den zuständigen Nachrichtendiensten obliegt und damit zu einer Erweiterung des Beurteilungsspielraums der Dienste führt.

Die maßgeblichen Grundsätze der Eingriffshandlung und der Eingriffsmodalitäten bestimmt das Gesetz für § 3 Abs. 1 S. 1 und S. 2 G10 einheitlich.

Das charakteristische Merkmal des Eingriffs nach § 3 G10 besteht darin, dass die Überwachung ausschließlich einen konkreten Individualanschluss betrifft. Dementsprechend muss die Anordnung gemäß § 10 Abs. 3 S. 1 G10 denjenigen bezeichnen, gegen den sich die Beschränkungsmaßnahme

---

[191] Bei Borgs-Maciejewski/Ebert, § 2 G10 Rn 3.

richtet. Als Betroffene kommen die der Straftat oder der Mitgliedschaft in der Vereinigung Verdächtigen, die Nachrichtenmittler bzw. Anschlussinhaber sowie im Fall des § 3 Abs. 1a G10 Anschlüsse auf deutschen Hochseeschiffen in Betracht. Mit den §§ 3a und 3b G10 bestehen seit 2009 auch ausdrückliche Bestimmungen zur Wahrung beruflicher und höchstpersönlicher Schutzbereiche.

Die Anordnung der Individualkontrolle erfolgt durch das Bundesministerium des Innern unter Wahrung der spezifischen Beteiligungsrechte der G10-Kommission. Die Anordnung der Überwachung ist zwar zunächst auf drei Monate zu befristen, kann jedoch bei Vorliegen der Voraussetzungen wiederholt verlängert werden. Die grundsätzlich nach Wegfall der Gefährdung des Zwecks der Maßnahme vorgesehene Benachrichtigung kann unter bestimmten Voraussetzungen ganz entfallen und damit auch den Rechtsschutz ausschließen. Im Übrigen kommt der Rechtsschutz in der Form der Fortsetzungsfeststellungsklage vor dem Verwaltungsgericht in Betracht.

IV. Strategische Beschränkung nach § 1 Abs. 1 Nr. 1, Nr. 2 i.V.m. § 5 G10

Neben der Individualkontrolle des § 1 Abs. 1 Nr. 1 i.V.m. § 3 G10 eröffnet das G10 mit der strategischen Fernmeldekontrolle eine weitere Möglichkeit zur Überwachung der Telekommunikation. Nach § 1 Abs. 1 Nr. 1 bzw. Nr. 2 i.V.m. § 5 Abs. 1 G10 sind Beschränkungsmaßnahmen für internationale Telekommunikationsbeziehungen zulässig zur Sammlung von Informationen über Sachverhalte, deren Kenntnis notwendig ist, um die in den Nummern 1 bis 8 des § 5 Abs. 1 S. 3 G10 genannten Gefahren rechtzeitig zu erkennen und ihnen zu begegnen.

Diese allein in die Zuständigkeit des Bundesnachrichtendienstes fallenden Überwachungsmöglichkeiten gehen überwiegend zurück auf das Verbrechensbekämpfungsgesetz vom 28. Oktober 1994[192], durch das die entsprechende Regelung des § 3 G10 a.F. grundsätzlich neu gefasst und erheblich erweitert worden war.

Während § 5 Abs. 1 S. 3 Nr. 1 G10 die frühere Regelung des § 3 Abs. 1 G10 a.F. zur sog. strategischen Kontrolle beinhaltet, ermöglichen die durch das Verbrechensbekämpfungsgesetz eingefügten Gefahrentatbestände der Nummern 2 bis 6 die Überwachung des internationalen Fernmeldeverkehrs, um Erkenntnisse über internationale terroristische Anschläge, den

[192] Gesetz zur Änderung des Strafgesetzbuches, der Strafprozeßordnung und anderer Gesetze (Verbrechensbekämpfungsgesetz) v. 28.10.1994, BGBl. I 1994, S. 3186.

illegalen Waffenhandel, den Rauschgiftschmuggel mit Deutschlandbezug und über Geldfälschungs- und Geldwäscheaktivitäten zu gewinnen.

Mit der Aufnahme dieser Tatbestände hat die durch den Bundesnachrichtendienst seit Jahren durchgeführte, 1993 bekannt gewordene Fernmeldeaufklärung eine gesetzliche Ausgestaltung erfahren, um den Anforderungen des Art. 10 GG gerecht zu werden und die Verwendung der anfallenden Erkenntnisse im Schutzbereich dieses Grundrechts sicherzustellen.[193]

Erneute Erweiterungen der Befugnisse um die Tatbestände des § 5 Abs. 1 S. 3 Nr. 7 und 8 G10 sind durch Gesetzesänderungen aus den Jahren 2009 und 2015 erfolgt.[194]

1.) Gefahrtatbestand des bewaffneten Angriffs - sog. Klassische strategische Kontrolle -

Die strategische Kontrollmöglichkeit ist nach § 5 Abs. 1 S. 3 Nr. 1 G10, wie auch nach der früheren Fassung des § 3 Abs. 1 G10 a.F., zulässig zur Sammlung von Informationen über Sachverhalte, deren Kenntnis notwendig ist, um die Gefahr eines bewaffneten Angriffs auf die Bundesrepublik Deutschland zu erkennen und ihr zu begegnen.

Die strategische Kontrolle dient grundsätzlich der Gewinnung frühzeitiger Erkenntnisse von verteidigungs- und außenpolitischer, insbesondere militärischer Relevanz. Demgemäß war die Zielsetzung der strategischen Kontrolle von Beginn an vornehmlich auf eine entsprechende Überwachung des sog. Kommunistischen Machtbereichs, insbesondere der früheren DDR und CSSR gerichtet.[195] Seit dem Ende der Ost-West-Konfrontation, den Demokratisierungsprozessen und der Wiedervereinigung Deutschlands und dem damit verbundenen Ende einer möglichen Bedrohung seitens des Warschauer Pakts war die strategische Kontrolle entsprechend ihrer Zielsetzung erheblich reduziert bzw., nach Äußerungen von offizieller Seite, unter diesem Gesichtspunkt wohl ganz eingestellt worden.[196] Überwachungen auf der Grundlage des § 5 Abs. 1 S. 3 Nr. 1 G10 waren seither u.a. gegenüber dem Irak im Golfkrieg genehmigt worden[197]

---

[193] BT-Drs. 12/6853, S. 20, 42; Riegel, § 3 G10 Rn 10.

[194] Erstes Gesetz zur Änderung des Artikel 10-Gesetzes v. 31.07.2009, BGBl. I 2009, S. 2499; Gesetz zur Verbesserung der Zusammenarbeit im Bereich des Verfassungsschutzes v. 17.11.2015, BGBl. I 2015, S. 1938.

[195] Riegel, § 3 G10 Rn 15.

[196] Huber, in: SicherheitsR, § 5 G10 Rn 8; Riegel, § 3 G10 Rn 15; Stavenhagen, Der Spiegel, Heft 21/1991, 28 (31); Güllich, Der Spiegel, Heft 15/1993, 65 (68).

[197] Der Spiegel, Eigener Bericht der Zeitung, Der Spiegel, Heft 15/1993, 65.

und dürften auf Grund der neuesten Entwicklung, der militärischen Gewalt in der Ukraine, erneut an Bedeutung gewinnen.

a) Sammlung von Informationen

Hauptzweck der strategischen Kontrolle ist danach die Sammlung von Informationen, die Hinweise im Sinne der genannten tatbestandlichen Voraussetzungen ergeben können.

Der ebenfalls von Art. 87 Abs. 1 GG und § 3 Abs. 1 BVerfSchG verwendete Begriff der „Sammlung" umfasst das Beschaffen und das bewusste Festhalten von Informationen, unabhängig von der Form ihrer Manifestierung und unabhängig davon, ob sie zufällig oder zielgerichtet erlangt wurden.[198] Gleichgültig ist dabei zunächst auch, ob es sich um personen- oder sachbezogene Informationen handelt.[199]

Aus der Formulierung des Überwachungsziels als Sammlung von Nachrichten über „Sachverhalte" im Sinne des § 5 Abs. 1 S. 3 G10 ergibt sich jedoch im Weiteren, dass das Ziel der Überwachung grundsätzlich die Gewinnung von prinzipiell sachbezogenen Erkenntnissen und nicht von personenbezogenen Daten ist.[200]

Im Unterschied zur Individualkontrolle des § 3 G10, die konkrete, in der Anordnung ausdrücklich zu benennende Personen und Individualanschlüsse betrifft und damit in erster Linie personenbezogen ist, richtet sich die strategische Kontrolle grundsätzlich nicht gegen bestimmte Anschlüsse, sondern soll möglichst eine Vielzahl von Gesprächen im Rahmen von Telekommunikationsbeziehungen erfassen.[201] Die Identität der von der Überwachung Betroffenen ist dabei grundsätzlich gleichgültig.[202] Personenbezogene Informationen, die im Rahmen der Überwachung anfallen, sind nur zufälliges Nebenprodukt. Ziel ist grundsätzlich die Erlangung sachbezogener Erkenntnisse.

Dieser Grundsatz folgt auch aus der Verfahrensregelung des § 5 Abs. 2 S. 1 und 2 G10, wonach für die Durchführung der Überwachung nur solche Suchbegriffe verwendet werden dürfen, die zur Aufklärung von Sachverhalten bestimmt und geeignet sind und keine Identifizierungsmerkmale

---

198 Borgs-Maciejewski/Ebert, § 3 BVerfSchG Rn 11; Roewer, § 3 BVerfSchG Rn 8.
199 Borgs-Maciejewski/Ebert, § 3 BVerfSchG Rn 11.
200 Riegel, § 3 G10 Rn 12; Borgs/Maciejewski/Ebert, § 3 G10 Rn 2.
201 Borgs-Maciejewski/Ebert, § 3 G10 Rn 4.
202 Borgs-Maciejewski/Ebert, § 3 G10 Rn 2.

enthalten, die zu einer gezielten Erfassung bestimmter Telekommunikationsanschlüsse führen.[203]

Nach § 5 Abs. 2 S. 3 G10 gilt das Verbot der gezielten Erfassung nicht für Anschlüsse im Ausland, sofern ausgeschlossen werden kann, dass deren Inhaber oder regelmäßige Nutzer deutsche Staatsangehörige sind. Die geltende Fassung des § 5 Abs. 2 S. 3 G10 geht zurück auf das Gesetz zur Neuregelung von Beschränkungen des Brief-, Post- und Fernmeldegeheimnisses vom 26. Juni 2001[204]. Die zuvor bestehende Vorschrift enthielt neben der Ausnahmebestimmung in Bezug auf Anschlüsse deutscher Staatsangehöriger eine Regelung zum Schutz von Gesellschaften mit Sitz im Ausland. Mit der jetzigen Fassung werden Deutsche, die bei einer Gesellschaft mit Sitz im Ausland arbeiten, geschützt, ohne dass es, wie zuvor, auf die Kapital- und Kontrollverhältnisse ankäme. Auf der anderen Seite sei ein umfassender Schutz für Gesellschaften im Ausland, deren Kapital bzw. Kontrolle überwiegend in der Hand deutscher Staatsangehöriger liege, verfassungsrechtlich nicht geboten, da Art. 10 GG bei ausländischen juristischen Personen nicht zur Anwendung komme.[205]

b) Gefahrtatbestand

Die Überwachungsbefugnis nach § 5 Abs. 1 S. 3 Nr. 1 G10 setzt im Weiteren voraus, dass die Kenntnis der Nachricht notwendig ist, um die Gefahr eines bewaffneten Angriffs auf die Bundesrepublik Deutschland rechtzeitig zu erkennen und ihr zu begegnen.

Bei dem Begriff der Gefahr eines bewaffneten Angriffs auf die Bundesrepublik Deutschland handelt es sich um eine schwer zu bestimmende Generalklausel.[206] Es kann ihr jedoch entnommen werden, dass es sich um militärische Aktionen und damit um die Gefahren für die äußere Sicherheit handeln muss. Es geht damit um die Gewinnung von verteidigungspolitisch und strategisch relevanten Tatsachen und Anzeichen für eine Veränderung der militärischen Gegebenheiten.[207]

---

203 Die in der Literatur (Riegel, § 3 G10 Rn 26) gesehene Gefahr, dass mit der Formulierung - zu einer gezielten Erfassung „führen" - Suchbegriffe zulässig bleiben, die mittelbar zu einer Identifizierung eines bestimmten Anschlusses führen, ist auf Grund des richtungsbezogenen Verlaufselements des Begriffs und der Zielsetzung der Überwachung eher unbegründet.

204 Gesetz zur Neuregelung von Beschränkungen des Brief-, Post- und Fernmeldegeheimnisses v. 26.06.2001, BGBl. I 2001, S. 1254.

205 BT-Drs. 14/5655, S. 20; zum Grundrechtsschutz ausländischer Personen: Guckelberger, AöR 2004, 618.

206 Riegel, § 3 G10 Rn 9.

207 Borgs-Maciejewski/Ebert, § 3 G10 Rn 2; Roewer, § 3 G10 Rn 5.

Für den Begriff der Gefahr ist insbesondere das Verhältnis von § 5 G10 zur Grundnorm des § 1 G10 von Bedeutung. Die Neuregelung durch das Verbrechensbekämpfungsgesetz[208] hat insoweit keine Änderung ergeben, da sich die Erweiterung des § 1 Abs. 1 G10 um die Zweckbestimmung der Nummer 2 nur auf die neu eingefügten Gefahrtatbestände des § 5 G10 bezieht. Für die strategische Kontrolle ist somit weiterhin, wie für die frühere Fassung, die allgemeine Zielbeschreibung des Gesetzes nach § 1 Abs. 1 Nr. 1 G10 relevant, so dass die Gefahr im Rahmen der strategischen Kontrolle als drohende Gefahr zu verstehen ist. Voraussetzung ist dabei zumindest, dass ein militärischer Angreifer bestimmbar ist und eine außenpolitische Lage besteht, die eine Angriffsgefahr mit einer Zielrichtung gegen die Bundesrepublik Deutschland hinreichend erwarten lässt.

Aus der „Notwendigkeit der Kenntnis" bezüglich der aufklärungsrelevanten Sachverhalte wird dabei nicht geschlossen, dass jeder Einzelnachricht unmittelbar strategische Bedeutung zukommen muss. Ausreichend ist vielmehr, dass diese auch als Mosaiksteinchen in der Zusammenschau mit Erkenntnissen aus anderen Quellen Tatsachen zur rechtzeitigen Aufklärung bewaffneter Angriffe auf die Bundesrepublik Deutschland ergibt.[209] Es geht damit um Informationen über bauliche Maßnahmen aller Art von militärischer Bedeutung, Truppenbewegungen, Urlaubssperren, gezielte Einberufungen, Manöver und ähnliches.[210]

2.) Gefahrtatbestand der terroristischen Anschläge

Die Überwachung nach § 5 Abs. 1 S. 3 Nr. 2 G10 ist zulässig zur Sammlung von Informationen über Sachverhalte, deren Kenntnis notwendig ist, um die Gefahr der Begehung internationaler terroristischer Anschläge mit unmittelbarem Bezug zur Bundesrepublik Deutschland rechtzeitig zu erkennen und ihr zu begegnen.

a) Einordnung

§ 5 Abs. 1 S. 3 Nr. 2 G10 erweitert, wie die ebenfalls durch das Verbrechensbekämpfungsgesetz von 1994[211] eingefügten Beschränkungsgründe der Nummern 3 bis 6, die Befugnisse des Bundesnachrichtendienstes auf

---

[208] Gesetz zur Änderung des Strafgesetzbuches, der Strafprozeßordnung und anderer Gesetze (Verbrechensbekämpfungsgesetz) v. 28.10.1994, BGBl. I 1994, S. 3186.

[209] Borgs-Maciejewski/Ebert, § 3 G10 Rn 2.

[210] Riegel, § 3 G10 Rn 12; Borgs-Maciejewski/Ebert, § 3 G10 Rn 2.

[211] Gesetz zur Änderung des Strafgesetzbuches, der Strafprozeßordnung und anderer Gesetze (Verbrechensbekämpfungsgesetz) v. 28.10.1994, BGBl. I 1994, S. 3186.

die Erfassung und Verwendung der bei der internationalen Fernmeldeaufklärung anfallenden Erkenntnisse.

Mit der bereits Jahre zuvor durchgeführten Fernmeldeaufklärung hatte der Bundesnachrichtendienst, wie mit einem „Staubsauger im Äther“[212], nicht leitungsgebundene Fernmeldeverkehre über Kurzwelle, Richtfunk und Satelliten empfangen und ausgewertet, um Erkenntnisse über Proliferation, Rauschgifthandel und internationalen Terrorismus zu gewinnen.[213] Diese wurden aus der Masse der Informationen mit Hilfe von Wortbanksystemen herausgefiltert.[214] Bei der auf die Überwachung von Auslandsverkehren gerichteten Aufklärung ließ sich jedoch technisch nicht ausschließen, dass auch Verkehre vom Ausland nach Deutschland erfasst wurden.[215] Dabei durften - wie es sich aus der Weisung des früheren Präsidenten des Bundesnachrichtendienstes Klaus Kinkel aus dem Jahre 1979 ergab - alle im Rahmen der Fernmeldeaufklärung anfallenden Einzelnachrichten, die erkennbar von einer durch Art. 10 GG geschützten Person stammten oder an eine solche gerichtet waren, nicht ausgewertet werden.[216]

Durch die mit dem Verbrechensbekämpfungsgesetz[217] vorgenommene Neufassung des jetzigen § 5 G10 sollte eine rechtliche Grundlage zur Erfassung auch dieser Erkenntnisse geschaffen werden, um eine Auswertung und eine Weiterleitung der Erkenntnisse an die zuständigen Sicherheitsbehörden zu ermöglichen.[218] Da diese Überwachungsmöglichkeiten in die Systematik und das Verfahren der „klassischen“ strategischen Kontrolle eingegliedert worden sind, können die dafür geltenden Grundsätze auch hier zur Anwendung gelangen. Insbesondere ist auf Grund der Gleichstellung der auf die neu eingefügten Überwachungstatbestände bezogenen Nummer 2 des § 1 Abs. 1 G10 mit der bereits zuvor geltenden Nummer 1 zu verlangen, dass den neuen Erhebungszwecken eine vergleichbare Bedeutung und Intensität zukommt wie der vorausgesetzten militärischen Bedrohungslage. Dies folgt überdies aus dem in § 1 Abs. 1 Nr. 2 G10 enthaltenen Verweis auf die Aufgabenumschreibung nach § 1 Abs. 2 BNDG. Danach sammelt der Bundesnachrichtendienst zur Gewinnung von

---

212 Güllich, Der Spiegel, Heft 15/1993, 65.

213 Güllich, Der Spiegel, Heft 15/1993, 65; dazu auch: die Große Anfrage der Abgeordneten Ingrid Köppe und Gruppe Bündnis 90/Die Grünen und die Antwort der Bundesregierung, BT-Drs. 12/ 5759; Riegel, ZRP 1993, 468.

214 Güllich, Der Spiegel, Heft 15/1993, 65 (68).

215 Güllich, Der Spiegel, Heft 15/1993, 65 (68).

216 Güllich, Der Spiegel, Heft 15/1993, 65 (68).

217 Gesetz zur Änderung des Strafgesetzbuches, der Strafprozeßordnung und anderer Gesetze (Verbrechensbekämpfungsgesetz) v. 28.10.1994, BGBl. I 1994, S. 3186.

218 BT-Drs. 12/6853, S. 42.

Erkenntnissen über das Ausland, die von außen- und sicherheitspolitischer Bedeutung für die Bundesrepublik Deutschland sind, die erforderlichen Informationen und wertet sie aus. Hierzu ist in den Beratungen des Rechtsausschusses des Deutschen Bundestages zur Fernmeldeaufklärung erklärt worden, dass zwar auch nicht-militärische Bedrohungen von sicherheitspolitischer Bedeutung sein können, diese jedoch auch für die Sicherheit und den Bestand der Bundesrepublik Deutschland als Ganzes eine ernsthafte Gefahr darstellen müssen.[219]

b) Sammlung von Informationen

Das Überwachungsziel der Sammlung von gefahrrelevanten Informationen in § 5 Abs. 1 S. 3 Nr. 2 G10 stimmt mit der Nummer 1 der Vorschrift überein, so dass für die sachbezogene Ausrichtung der Maßnahme und die Notwendigkeit der Erkenntnisse die gleichen Grundsätze wie bei der strategischen Kontrolle gelten.

c) Gefahrtatbestand

Die Sammlung der notwendigen Erkenntnisse erfolgt nach § 5 Abs. 1 S. 3 Nr. 2 G10, um die Gefahr der Begehung internationaler terroristischer Anschläge mit unmittelbarem Bezug zur Bundesrepublik Deutschland rechtzeitig zu erkennen und ihr zu begegnen.

Dem Begriff der Gefahr im Sinne der drohenden Gefahr kommt im Rahmen der später eingefügten Überwachungstatbestände dabei dieselbe Bedeutung wie bei der strategischen Kontrolle zu, da die Formulierung in dem für alle Überwachungstatbestände gleichermaßen geltenden Halbsatz vorangestellt ist.

Nach der durch das Verbrechensbekämpfungsgesetz[220] eingefügten Fassung konnte die Überwachung nur eingesetzt werden, um die Gefahr der Begehung von Anschlägen in der Bundesrepublik Deutschland zu erkennen. Dies war als zu eng empfunden worden, da die Fernmeldekontrolle beispielsweise in Fällen terroristischer Anschläge gegen im Ausland befindliche deutsche Einrichtungen, Streitkräfte oder Staatsbürger nicht eingesetzt werden konnte.[221] Nach der Neufassung reicht es nunmehr, dass die Begehung der terroristischen Anschläge einen unmittelbaren Bezug zur Bundesrepublik Deutschland aufweist. Nach der Gesetzesbegründung ist

---

[219] Porzner, 62. Sitzung des Rechtsausschusses v. 13. Januar 1993, Prot. S. 42; BfD, 120. Sitzung des Rechtsausschusses v. 11. April 1994, Prot. S. 89.

[220] Gesetz zur Änderung des Strafgesetzbuches, der Strafprozeßordnung und anderer Gesetze (Verbrechensbekämpfungsgesetz) v. 28.10.1994, BGBl. I 1994, S. 3186.

[221] BT-Drs. 14/5655, S. 19.

ein unmittelbarer Bezug dann gegeben, wenn ein terroristischer Anschlag Aus- und Nachwirkungen in der Bundesrepublik Deutschland hat. Als Beispiel gilt, dass eine Gruppe ausländischer Terroristen enge Kontakte nach Deutschland hat oder dass eine terroristische Gruppe des Auslandes von Deutschland aus finanziell oder logistisch unterstützt wird.[222] Es muss sich jedoch um internationale terroristische Aktivitäten handeln, so dass diese nicht nur auf das deutsche Hoheitsgebiet beschränkt sein dürfen.[223]

3.) Gefahrtatbestand der Kriegswaffenverbreitung und des unerlaubten Außenwirtschaftsverkehrs

Zu den aufgenommenen Anordnungsgründen gehört ferner die Kontrolle der internationalen Verbreitung von Kriegswaffen im Sinne des KrWaffKontrG[224] sowie des unerlaubten Außenwirtschaftsverkehrs mit Waren, Datenverarbeitungsprogrammen und Technologien in Fällen von erheblicher Bedeutung.

Die letztgenannte Tatbestandsalternative zielt insbesondere auf das Erkennen eines unerlaubten Handelns mit Dual-use-Gütern, so dass die für die Ausfuhr, Verbringung und Vermittlung der Waren maßgebliche EU-Dual-use-Verordnung (VO(EU)2021/821)[225] bei der Bestimmung der Verstöße gegen die Außenwirtschaftsregeln herangezogen werden kann.[226]

Die Tendenz zu einer Restriktion der Gefahrenphänomene[227] kommt bei § 5 Abs. 1 S. 3 Nr. 3 G10 durch die Beschränkung auf Fälle von erheblicher Bedeutung zum Ausdruck. Ausgerichtet an den allgemeinen Voraussetzungen der Überwachungsmaßnahmen des § 5 G10, ist die Formulierung auf Fälle zu beziehen, die wegen ihres räumlichen und personenbezogenen Ausmaßes und wegen der Intensität zu einer Gefahr für die Sicherheit der Bundesrepublik Deutschland als Ganzes führen. Die Überwachung muss danach, wie auch bei der früheren Fernmeldeaufklärung auf Erkenntnisse über einen international ausgerichteten Waffenhandel und eine entsprechende Verbreitung von Massenvernichtungsmitteln abzielen.[228]

---

222 BT-Drs. 14/5655, S. 19.

223 Löffelmann/Zöller, NachrichtendienstR, Rn C.48.

224 Gesetz über die Kontrolle von Kriegswaffen in der Fassung der Bekanntmachung v. 22.11.1990 (BGBl. I 1990, S. 2506), zuletzt geändert durch Art. 25 des Gesetzes v. 19.12.2022 (BGBl. I 2022, S. 2606).

225 EU Dual-use-Verordnung des Europäischen Parlaments und des Rates v. 20.05.2021, ABl. (EU) L 206/1.

226 Huber, in: SicherheitsR, § 5 G10 Rn 11.

227 Zur Begründung: Schnorr, 674. BR-Sitzung v. 23. September 1994, Prot. S. 519.

228 Im Hinblick auf die Fernmeldeaufklärung Güllich, Der Spiegel, Heft 15/1993, S. 65, 68; Porzner, 62. Sitzung des Rechtsausschusses v. 13. Januar 1993, Prot. S. 8.

4.) Gefahrtatbestand des Rauschgifthandels

Bereits bei der früheren ungeregelten Fernmeldeaufklärung wurde ein Aufklärungsbedarf bezüglich des internationalen Rauschgifthandels angenommen, so dass ein dahingehender Gefahrtatbestand als Nummer 4 des § 5 Abs. 1 S. 3 G10 durch das Verbrechensbekämpfungsgesetz[229] aufgenommen worden ist. Dieser berechtigt zur Aufklärung unbefugter, gewerbs- oder bandenmäßig organisierter Verbringung von Betäubungsmitteln in das Gebiet der EU in Fällen von erheblicher Bedeutung mit Bezug zur Bundesrepublik Deutschland.

Die ursprüngliche Fassung ist mehrfach überarbeitet worden und von Mengenbegrenzungen oder Einfuhrzielen abhängig gemacht worden. Letzteres ist nach wie vor zu berücksichtigen, da die Verbringung in das Gebiet der EU begriffsnotwendig eine Grenzüberschreitung aus Nicht-EU-Staaten voraussetzt. Die Beschränkung auf Fälle von erheblicher Bedeutung bringt zum Ausdruck, dass nicht die allgemeine Drogenkriminalität, sondern Geschehnisse mit strategischer Bedeutung für die Bundesrepublik Deutschland erfasst werden sollen.[230]

Wie schon bei der Fernmeldeaufklärung wird es gleichwohl weiterhin grundsätzlich um Erkenntnisse gehen, die die Lage, Größe und Veränderung von Anbaugebieten für Rauschgift, die Verbringungsmittel, Transportwege sowie die Art und Weise der Beschaffung der Vorprodukte und die Lage der Produktionsstätten betreffen. Ferner geht es um Informationen über die Preis- und Absatzstrategie der Drogenkartelle und die Verstrickungen und Verbindungen zwischen ihnen und den staatlichen Stellen, wie der Polizei und Regierung, in den betreffenden Ländern.[231]

5.) Gefahrtatbestand der Geldfälschung

Ferner eröffnet das G10 die Überwachungsmaßnahmen, um Erkenntnisse im Hinblick auf Geldfälschungen zu erlangen.

Bei dem ebenfalls durch das Verbrechensbekämpfungsgesetz[232] eingefügten Tatbestand der Gefahr im Ausland begangener Geldfälschungen im aktuellen § 5 Abs. 1 S. 3 Nr. 5 G10 handelt es sich um einen zuvor im

---

[229] Gesetz zur Änderung des Strafgesetzbuches, der Strafprozeßordnung und anderer Gesetze (Verbrechensbekämpfungsgesetz) v. 28.10.1994, BGBl. I 1994, S. 3186.

[230] BT-Drs. 16/509, S. 8; unter Verweis auf die Aufgabennorm des § 1 Abs. 1 BNDG: Löffelmann/ Zöller, NachrichtendienstR, Rn C.48.

[231] Im Hinblick auf die Fernmeldeaufklärung: Porzner, 62. Sitzung des Rechtsausschusses v. 13. Januar 1993, Prot. S. 7, 8.

[232] Gesetz zur Änderung des Strafgesetzbuches, der Strafprozeßordnung und anderer Gesetze (Verbrechensbekämpfungsgesetz) v. 28.10.1994, BGBl. I 1994, S. 3186.

Rahmen der Fernmeldeaufklärung kaum diskutierten Überwachungsaspekt. Die Einfügung stand demnach im Zusammenhang mit der durch die Gesetzesinitiative beabsichtigten Bekämpfung der internationalen organisierten Kriminalität.[233]

Das im ursprünglichen Entwurf vorgesehene Tatbestandsmerkmal „internationaler Geldfälschung" wurde im Vermittlungsausschuss durch die Wörter „im Ausland begangener Geldfälschungen" ersetzt.[234] Die Überwachung darf somit nur auf Erkenntnisse über Geldfälschungen gerichtet sein, deren Tatort ausschließlich im Ausland und nicht in der Bundesrepublik Deutschland liegt.

Voraussetzung ist seit 2001[235] zusätzlich, dass durch die Geldfälschung die Geldwertstabilität im Euro-Währungsraum beeinträchtigt wird. Die Beeinträchtigung muss dabei ein Ausmaß erreichen, das den Gefahren der anderen Tatbestände nahe kommt.[236]

6.) Gefahrtatbestand der Geldwäsche

Im Gefahrenbereich der Geldwäscheaktivitäten nach § 5 Abs. 1 S. 3 Nr. 6 G10 ist eine strategische Überwachung zulässig, wenn es sich um die Aufklärung international organisierter Geldwäsche in Fällen von erheblicher Bedeutung handelt.

Die nach dem Verbrechensbekämpfungsgesetz[237] zunächst geltende Konstruktion, wonach ein Zusammenhang der Geldwäsche mit den in den Nummern 3 bis 5 der Regelung genannten Gefahrenfeldern verlangt wurde, ist nach der Neufassung durch Gesetz vom 26. Juni 2001[238] entfallen. Die Änderung ist damit begründet worden, dass der Zusammenhang regelmäßig nur schwer belegbar ist. Geldwäsche sei eine typische Erscheinungsform der organisierten Kriminalität. Sie komme nicht nur im Zusammenhang mit Proliferation oder Drogenhandel, sondern auf allen Feldern vor, die § 261 StGB (in der seinerzeit geltenden Fassung) als Vortaten der Geldwäsche erwähnte. Darüber hinaus sei zu berücksichtigen, dass Deutschland ein attraktives Zielgebiet für durch Straftaten erlangte

---

233 Riegel, § 3 G10 Rn 19.

234 BT-Drs. 12/7837, S. 3.

235 Gesetz zur Neuregelung von Beschränkungen des Brief-, Post- und Fernmeldegeheimnisses v. 26.06.2001, BGBl. I 2001, S. 1254.

236 BT-Drs. 14/5655, S.19.

237 Gesetz zur Änderung des Strafgesetzbuches, der Strafprozeßordnung und anderer Gesetze (Verbrechensbekämpfungsgesetz) v. 28.10.1994, BGBl. I 1994, S. 3186.

238 Gesetz zur Neuregelung von Beschränkungen des Brief-, Post- und Fernmeldegeheimnisses v. 26.06.2001, BGBl. I 2001, S. 1254.

Gelder sei.[239] § 5 Abs. 1 S. 3 Nr. 6 G10 i.V.m. § 261 StGB stellt somit einen selbständigen Beschränkungsgrund dar, der nach der Reform aus dem Jahr 2021[240] jede rechtswidrige Tat als Vortat erfasst.

§ 5 Abs. 1 S. 3 Nr. 6 G10 setzt jedoch voraus, dass es sich um international organisierte Geldwäsche in Fällen von erheblicher Bedeutung handelt. Die vorausgesetzte Internationalität der Vorgänge erfordert, dass sich die Organisation über, zumindest zwei, verschiedene Staaten erstreckt. Das Vorliegen einer gewissen Organisation dürfte dabei voraussetzen, dass die Straftaten durch mehrere Beteiligte begangen werden, die unter Verwendung gewerblicher oder geschäftsähnlicher Strukturen auf längere Zeit arbeitsteilig tätig werden. Dabei könnte sich die Gefährlichkeit der Straftat für die Sicherheit des Staates aus dem Bestreben zur Einflussnahme auf Politik und Wirtschaft ergeben. Es geht darum, in welchen Formen, wo und in welchen Wirtschaftsbereichen Geld durch Geldwäsche investiert wird, inwieweit Banken, Versicherungen, Privatpersonen und Gesellschaften involviert sind und inwieweit Staaten ihre Aufgaben, ihre Politik und ihren Aufbau mit Drogengeldern finanzieren.[241]

7.) Gefahrtatbestand der Schleuserkriminalität

Mit dem Ersten Gesetz zur Änderung des Artikel 10-Gesetzes[242] ist § 5 Abs. 1 S. 3 G10 mit Nummer 7 um den Gefahrtatbestand der besonders schweren und strategisch bedeutsamen Schleuserkriminalität erweitert worden, um Ursachen und Beteiligungsstrukturen von Schleusungen zu erkennen und außenpolitische Entscheidungen zu erleichtern.[243]

Eine Begrenzung der Überwachungsbefugnis wird durch die Tatbestandsmerkmale des gewerbs- oder bandenmäßig organisierten Einschleusens von ausländischen Personen in das Gebiet der EU und eine Beschränkung auf Fälle von erheblicher Bedeutung mit Bezug zur Bundesrepublik Deutschland erreicht.

Die normrelevanten Fälle von erheblicher Bedeutung werden abschließend in den Buchstaben a) bis c) des § 5 Abs. 1 S. 3 Nr. 7 G10 näher konkretisiert. Voraussetzung ist nach § 5 Abs. 1 S. 3 Nr. 7a) G10 ein unmittelbarer Bezug zu den Gefahrenbereichen nach den Nummern 1 bis 3. Die

239 BT-Drs. 14/5655, S. 19.

240 Gesetz zur Verbesserung der strafrechtlichen Bekämpfung der Geldwäsche v. 9.03.2021, BGBl. I 2021, S. 327; zum Gesetz: Gercke/Jahn/Paul, StV 2021, 330.

241 Porzner, 62. Sitzung des Rechtsausschusses v. 13. Januar 1993, Prot. S. 8.

242 Erstes Gesetz zur Änderung des Artikel 10-Gesetzes v. 31.07.2009, BGBl. I 2009, S. 2499.

243 BT-Drs. 16/509, S. 8, 9.

Vorschrift zielt dabei vornehmlich auf die Erkennung von Schleusungen von Mitgliedern terroristischer Vereinigungen.[244] Nach § 5 Abs. 1 S. 3 Nr. 7b) G10 berechtigen daneben auch Fälle von Großschleusungen, die das Leben und die Gesundheit einer Vielzahl von Menschen gefährden, den BND zur Überwachung. Erfasst werden soll die Schleuserkriminalität, die unter menschenunwürdigen und lebensgefährlichen Umständen oftmals auch einen Erwerbszweig der Organisierten Kriminalität bildet.[245] Ferner gilt als Fall von erheblicher Bedeutung nach § 5 Abs. 1 S. 3 Nr. 7c) G10 auch das organisierte Einschleusen von Flüchtlingen, das in den Ausgangs- oder Transitländern staatlicherseits zumindest geduldet oder sogar mittelbar oder unmittelbar gefördert wird.[246]

8.) Gefahrtatbestand der Cyberkriminalität

Neue Befugnisse sind dem BND auch durch die Einfügung des § 5 Abs. 1 S. 3 Nr. 8 G10 im Hinblick auf die Gefahr der Cyberkriminalität, insbesondere in Form der Cyber-Ausspähung oder Cyber-Sabotage, übertragen worden.

Danach ist die strategische Beschränkung zulässig, um die Gefahr des internationalen kriminellen, terroristischen oder staatlichen Angriffs mittels Schadprogrammen oder vergleichbaren schädlich wirkenden informationstechnischen Mitteln auf die Vertraulichkeit, Integrität oder Verfügbarkeit von IT-Systemen in Fällen von erheblicher Bedeutung mit Bezug zur Bundesrepublik Deutschland rechtzeitig zu erkennen und ihr zu begegnen.

Der Überwachungstatbestand ermöglicht danach die Aufklärung internationaler Telekommunikationsverkehre zum Schutz vor allem kritischer Systeme, wie die eines Energieversorgers oder Flughafens sowie von Rüstungsunternehmen.[247] Mit dem Begriff der vergleichbaren schädlich wirkenden informationstechnischen Mittel sind Aktionen gemeint, die keinen eindeutigen bzw. direkten Bezug zu Cyberangriffen mittels Schadsoftware aufweisen, allerdings auch zum Themenfeld Cyber-Angriff gehören. Hierzu zählen beispielsweise Angriffe durch Überlastung oder unter Umgehung von physikalischen Grenzen sowie Hardwaremanipulationen.[248]

---

244 BT-Drs. 16/509, S. 8.

245 BT-Drs. 16/509, S. 8, 9.

246 BT-Drs. 16/509, S. 9.

247 BT-Drs. 18/4654, S. 41; Huber, in: Erbs-Kohlhaas, § 5 G10 Rn 4.

248 BT-Drs. 18/4654, S. 41.

9.) Subsidiarität

Da sich eine Subsidiaritätsbedingung für die Überwachung nach § 5 G10 weder aus dem Tatbestand noch aus den Bestimmungen für die Antragsvoraussetzungen ergibt, unterliegen die Beschränkungen der aus dem allgemeinen Verhältnismäßigkeitsprinzip folgenden allgemeinen Subsidiarität, wonach bei gleicher Erfolgseignung die weniger beeinträchtigende Maßnahme den Vorrang hat.

10.) Eingriffshandlung

Die für die strategische Überwachung typische Eingriffshandlung ergibt sich aus den Bestimmungen des § 5 Abs. 1 S. 1, 2 und Abs. 2 G10. Nach § 5 Abs. 1 S. 1 G10 dürfen Beschränkungen nach § 1 G10 nur auf internationale Telekommunikationsbeziehungen gerichtet sein. Ferner muss sichergestellt werden, dass nur gebündelt übertragene Telekommunikation kontrolliert wird.

Vor der Neuregelung durch das Gesetz vom 26. Juni 2001[249] unterschied die Regelung zwischen den internationalen nicht leitungsgebundenen Telekommunikationsbeziehungen, die für alle Überwachungstatbestände der strategischen Beschränkung in Betracht kamen, und den leitungsgebundenen Telekommunikationsbeziehungen, die allein der strategischen Kontrolle vorbehalten waren. Mit der Neufassung ist die Überwachungsmöglichkeit nunmehr für alle Tatbestände des § 5 Abs. 1 G10 auch auf kabelgeführte internationale Telekommunikation ausgedehnt worden.[250]

a) Begriff der Telekommunikationsbeziehungen

Im Unterschied zu § 1 Abs. 1 G10, der auf die Überwachung der „Telekommunikation" abstellt, knüpft § 5 G10 an die Bezeichnung „Telekommunikationsbeziehungen" an.

Der Begriff der Telekommunikationsbeziehung hat auf Grund einer redaktionellen Anpassung an den Sprachgebrauch des Telekommunikationsgesetzes den früheren Begriff der Fernmeldeverkehrsbeziehung ersetzt.[251] Eine inhaltliche Änderung gegenüber dem Begriff der Fernmeldeverkehrsbeziehung war damit nicht bezweckt. Der Begriff der Fernmeldeverkehrsbeziehung wird, in Übereinstimmung mit der

[249] Gesetz zur Neuregelung von Beschränkungen des Brief-, Post- und Fernmeldegeheimnisses v. 26.06.2001, BGBl. I 2001, S. 1254.

[250] Zur Begründung und Bedeutung des Ausbaus der Kabelverbindungen, der Digitalisierung und Paketvermittlung: BT-Drs. 14/5655, S. 17; zur Massenerfassung von E-Mails: Huber, in: Erbs-Kohlhaas, § 5 G10 Rn 13.

[251] BT-Drs. 13/8016, S. 8, 24.

fernmeldetechnischen Bezeichnung, in Rechtsprechung und Literatur als planmäßig festgelegter (Post- und) Fernmeldeverkehr zwischen zwei bestimmten Endpunkten in beiden Richtungen definiert.[252] Mit dieser Formulierung soll zum Ausdruck gebracht werden, dass die Überwachungsmaßnahmen nur auf die Fernmeldeverbindungen gerichtet sind, die genau abgegrenzt und individualisiert werden können. Eine globale oder generelle Kontrolle ganzer Gebiete ist danach unzulässig.[253]

b) Internationale Telekommunikationsbeziehungen - leitungsgebunden -

aa) Begriffsbestimmung

Für den Bereich der leitungsgebundenen Telekommunikationsbeziehungen bedeutet die genannte Begriffsbestimmung, dass es sich zum Beispiel um ein bestimmtes Sammelkabel zwischen zwei Fernsprechknotenämtern handelt, das in der Regel nach internationalen Absprachen mit einer konkreten Kennziffer bezeichnet ist.[254] Entsprechend der früheren Fassung wird mit der verfahrensrechtlichen Regelung des § 5 Abs. 1 S. 3 i.V.m. S. 1 G10 des Weiteren vorausgesetzt, dass sich einer der beiden Endpunkte der konkreten Fernmeldeverkehrsbeziehung außerhalb des Gebiets der Bundesrepublik Deutschland und fernerhin in einem Gebiet befindet, von dem aus die in den Tatbeständen des § 5 Abs. 1 G10 genannten Gefahren drohen oder jedenfalls erkannt werden können.[255] Dass die Fernmeldeverbindung dabei stets grenzüberschreitend sein muss, kommt nunmehr durch das Adjektiv „international" zum Ausdruck, wonach schon begrifflich vorausgesetzt wird, dass die Beziehung über den Rahmen eines Staates hinausgeht und die rein inländischen Verkehre ausgeschlossen werden sollten.[256] Den Gesetzgebungsmaterialien ist zu entnehmen, dass danach der Fernmeldeverkehr zwischen dem In- und Ausland, d.h. der, der von oder nach Deutschland geführt wird, erfasst wird.[257] Welche geographischen Gebiete - in der Regel ein Land oder abgegrenzter Teil eines solchen - hierfür geeignet sind, legt der nach § 10 Abs. 1 G10 zuständige Bundesminister

[252] Arndt, RuP 1980, 42, Arndt, NJW 1995, 169 (171), Arndt, NJW 1985, 107 (108), Arndt, DÖV 1996, 459 (460); BVerfG, Beschluss v. 20.06.1984, 1 BvR 1494/78 Rn 69, NJW 1985, 121 (122).

[253] Arndt, RuP 1980, 42 (43), Arndt, NJW 1985, 107 (108).

[254] Arndt, RuP 1980, 42.

[255] Arndt, NJW 1985, 107 (108); ähnlich Borgs-Maciejewski/Ebert, § 3 G10 Rn 4.

[256] BT-Drs. 12/6853, S. 42, 43.

[257] BT-Drs. 14/5655, S. 18; Huber, NJW 2013, 2572 (2573).

vor der konkreten Anordnung in einer Urkunde fest, deren Inhalt der Zustimmung seitens des Abgeordnetengremiums nach § 14 G10 bedarf.[258] Eine Beschränkungsmaßnahme für eine Fernmeldeverkehrsbeziehung, die nicht in ein durch ministerielle Bestimmung festgelegtes Gefahrengebiet führt, ist danach von vornherein unzulässig.[259] Mit der Erweiterung der Überwachungstatbestände ergibt sich schon aus der Anzahl und der unterschiedlichen Art der Beobachtungsfelder eine zunehmende Vielzahl der Gebiete.[260] Notwendig ist aber auch hier eine geographische Raumbezogenheit, wonach die Gefahrengebiete territorial auf einzelne auszuweisende Staaten oder Teilgebiete der Staaten zu begrenzen sind. Ausgeschlossen ist danach die Bezeichnung ganzer Weltregionen oder Kontinente - wie Balkan, Nordafrika oder Asien - als Gefahrengebiet.[261]

bb) Abgrenzung zur Ausland-Fernmeldeaufklärung

Die begriffliche Anknüpfung an internationale Telekommunikationsbeziehungen als staatsübergreifende Verbindungen lässt auch eine Subsumtion von Übermittlungen zu, die sowohl ihren Ausgangs- als auch ihren Endpunkt jeweils im Ausland haben und keinen unmittelbaren territorialen Bezug zur Bundesrepublik Deutschland aufweisen.[262] Terminologisch ausgenommen vom Regelungsgehalt des § 5 G10 bleiben unzweifelhaft die rein ausländischen Binnenverkehre. Mit der Anbindung an den Bereich der „internationalen Telekommunikationsbeziehungen" ist in § 5 G10 damit nur ein Teilbereich der technisch möglichen und tatsächlich erfolgenden Fernmeldeaufklärung der verbleibenden Funksignale im Ausland erfasst.

Fraglich blieb danach zunächst, ob außerhalb des von § 5 G10 erfassten Anwendungsraums noch eine Aufklärung des „offenen Himmels"[263] erlaubt war. Diese Fragestellung ergab sich daraus, dass der Bundesnachrichtendienst eine ausreichende rechtliche Grundlage für die auf das Ausland bezogene Fernmeldeaufklärung stets in § 1 Abs. 2 BNDG gesehen hat.[264] Hiernach konnte zum einen auf eine auch weiterhin neben § 5 G10 bestehende Zulässigkeit zur Überwachung, zumindest der nicht von § 5 G10 erfassten ausländischen Verbindungen, geschlossen werden. Andererseits konnte in § 5 G10 im Verhältnis zu § 1 Abs. 2 BNDG eine

[258] Zu Verfahrenserleichterungen bei Gefahr im Verzug: § 14 Abs. 2 G10.

[259] Arndt, RuP 1980, 42 (43).

[260] Arndt, DÖV 1996, 459 (461).

[261] Arndt, DÖV 1996, 459 (461); Beispiele für Regionen: Porzner, SZ v. 10.07.1993, S. 9.

[262] So auch Löffelmann/Zöller, NachrichtendienstR, Rn C.59.

[263] Huber, NJW 2013, 2572 (2573, 2575).

[264] BT-Drs. 19/26103, S. 1, 49.

abschließende Spezialvorschrift gesehen werden, die eine weitergehende Überwachungspraxis ohne gesetzliche Grundlage nicht zuließ.

Spätestens mit den 2016[265] in das BNDG eingefügten Bestimmungen der §§ 6 ff verfügte der Auslandsnachrichtendienst jedoch unzweifelhaft über eine rechtliche Grundlage zur Ausland-Ausland-Fernmeldeaufklärung, mit der auch eine klare Trennung zwischen der Überwachung nach dem G10 und dem BNDG erreicht werden sollte.[266] Die Überwachung bezog sich danach auf die vom Inland aus erfassten Gespräche von Ausländern im Ausland. Die Aufklärung mit Hilfe von im Ausland stationierten Überwachungsanlagen wurde dabei weiterhin auf § 1 Abs. 2 BNDG gestützt.[267]

Mit Urteil vom 19. Mai 2020[268] hat das Bundesverfassungsgericht die Regelungen zur Ausland-Ausland-Fernmeldeaufklärung, §§ 6, 7 und §§ 13 bis 15 BNDG a.F., für nicht mit Art. 10 Abs. 1 und Art. 5 Abs. 1 S. 2 GG vereinbar erklärt und dem Gesetzgeber eine Frist zur Novellierung bis zum 31. Dezember 2021 eingeräumt. Nach der Entscheidung ist die Bindung der deutschen Staatsgewalt an die Grundrechte nach Art. 1 Abs. 3 GG nicht auf das deutsche Staatsgebiet begrenzt. Jedenfalls der Schutz der Art. 10 Abs. 1 und Art. 5 Abs. 1 S. 2 GG als Abwehrrechte gegenüber einer Telekommunikationsüberwachung erstreckt sich nach Ansicht des Gerichts auch auf Ausländer im Ausland. Dies gilt unabhängig davon, ob die Überwachung vom Inland oder vom Ausland aus erfolgt.[269]

Eine grundlegende Überarbeitung der Vorschriften zur Umsetzung der Vorgaben des Gerichts im neuen Abschnitt 4 des BNDG (§§ 19-62) ist Inhalt des Gesetzes vom 19. April 2021[270]. An der klaren Abgrenzung zwischen den Maßnahmen nach dem BNDG und dem G10 sollte sich hiermit jedoch nichts ändern.[271] Nach der Legaldefinition des § 19 Abs. 1 BNDG versteht man unter der strategischen Ausland-Fernmeldeaufklärung allein

---

[265] Gesetz zur Ausland-Ausland-Fernmeldeaufklärung des Bundesnachrichtendienstes v. 23.12. 2016, BGBl. I 2016, S. 3346.

[266] BT-Drs. 18/9041, S. 23.

[267] Dietrich/Eiffler-Löffelmann, HB d. ND, VI § 4 D Rn 175.

[268] BVerfG, Urteil v. 19.05.2020, 1 BvR 2835/17, NJW 2020, 2235.

[269] BVerfG, Pressemitteilung Nr. 37/2020 v. 19.05.2020, abrufbar unter: https://www.bundesverfassungsgericht.de/SharedDocs/Pressemitteilungen/DE/2020/bvg20-037.html, (abgerufen am 30.09. 2022).

[270] Gesetz zur Änderung des BND-Gesetzes zur Umsetzung der Vorgaben des Bundesverfassungsgerichts sowie des Bundesverwaltungsgerichts v. 19.04.2021, BGBl. I 2021, S. 771; zum Gesetz: Graulich, GSZ 2021, 121; zur strategischen Ausland-Fernmeldeaufklärung: Löffelmann/Zöller, NachrichtendienstR, Rn C.57 ff.

[271] BT-Drs. 19/26103, S. 56.

die Erfassung der Daten von Ausländern im Ausland; eine solche ist durch eine automatische Filterung sicherzustellen. Die Verarbeitung - und damit auch die Erhebung - von Daten aus Telekommunikationsverkehren von deutschen Staatsangehörigen, von inländischen juristischen Personen sowie von sich im Bundesgebiet aufhaltenden Personen ist danach nicht zulässig. Sie soll sich ausschließlich nach dem Rechtsregime des G10 richten.[272]

Der Ausschluss von Deutschen und Inländern bezeichnet danach die klare Trennung der Ausland-Fernmeldeaufklärung vom G10. Dies bedeutet, dass für die Abgrenzung ein territorialer bzw. personeller Inlandsbezug maßgebend ist, der damit auch ein neues Merkmal der strategischen Beschränkung des G10 bildet. Der Verlauf der Telekommunikationsverkehre allein kann danach nicht ausreichen, da auch deutsche Staatsangehörige bei einem Aufenthalt außerhalb von Deutschland von der Überwachung betroffen sein könnten.

Die vom Gesetzgeber beabsichtigte Grenzziehung berücksichtigt jedoch nicht, dass auch von der strategischen Kontrolle des G10 ausländische Anschlüsse von Nicht-deutschen erfasst werden. Dies ergibt sich mittelbar aus § 5 Abs. 2 S. 3 G10[273], wonach die Beschränkung der Suchbegriffe, das Verbot zur gezielten Erfassung von Telekommunikationsanschlüssen oder kernbereichsrelevanten Informationen, gerade nicht für Telekommunikationsanschlüsse von Ausländern im Ausland gilt. Außerdem gehen auch die Ausführungen in den Gesetzesmaterialien zum BNDG[274] und die Regelung des § 23 Abs. 5 S. 2 BNDG von Überschneidungen zwischen den Maßnahmen des § 19 BNDG und der strategischen Kontrolle nach dem G10 aus. So bestimmt § 23 Abs. 5 S. 2 BNDG, dass, soweit zu den in Satz 1 der Vorschrift genannten Zielen bereits eine Beschränkungsanordnung nach den §§ 3, 5 oder 8 G10 vorliegt, eine nach Satz 1 vorausgesetzte Anordnung entbehrlich ist. Darüber hinaus wird eine konsequente Abgrenzung auch durch § 19 Abs. 7 S. 6 BNDG unterlaufen, der zufällig durch die Ausland-Fernmeldeaufklärung erhobene Daten von Deutschen oder inländischen Personen unter bestimmten Voraussetzungen für verwendbar erklärt.

---

272 BT-Drs. 19/26103, S. 65.

273 Zu verfassungsrechtlichen Bedenken gegen die Regelung: Huber, in: SicherheitsR, § 5 G10 Rn 41 ff.

274 In der Praxis verwendet der BND ein mehrstufiges, automatisiertes Filtersystem, um Verkehr nach § 19 Abs. 7 S. 1 BNDG zu erkennen und unwiederbringlich zu löschen, sofern keine Beschränkungsmaßnahme nach dem G10 vorliegt, BT-Drs. 19/26103, S. 65.

c) Internationale Telekommunikationsbeziehungen - nicht leitungsgebunden -

Im Hinblick auf die im Rahmen der Fernmeldeaufklärung dargelegten technischen Gegebenheiten stellt sich jedoch die Frage, ob die für leitungsgebundene Telekommunikationsbeziehungen gegebene Eingrenzung auch für die nicht leitungsgebundenen Telekommunikationsbeziehungen vorzunehmen ist.

Bei den nicht leitungsgebundenen Telekommunikationsbeziehungen handelt es sich um alle drahtlos, d.h. mobil über Kurzwelle, Richtfunk oder auch Satellit, vermittelten Fernmeldeverbindungen.

Die schon in Bezug auf § 3 G10 a.F. bestrittene Möglichkeit einer trennscharfen Abgrenzung zwischen einer Überwachung bestimmter Fernmeldeverkehrsverbindungen einerseits und einer globalen Gebietskontrolle andererseits[275] lässt eine Konkretisierung auf bestimmte Fernmeldeverkehre im Hinblick auf die drahtlose Kommunikation erst recht problematisch erscheinen. Zwar kann eine Individualisierung noch hinsichtlich konkreter Richtfunkstrecken erreicht werden; jedoch hat die Fernmeldeaufklärung gezeigt, dass die gegebenen technischen Mittel so eingesetzt werden können, dass sie zumindest zunächst wie ein „Staubsauger" alle im Äther vorhandenen Funksignale aufnehmen.[276] Das technisch Machbare berechtigt indes nicht dazu, den nicht leitungsgebundenen Verkehr von der Begrenzungswirkung auszuklammern, die mit dem Begriff der Telekommunikationsbeziehung verbunden ist. Der Gesetzgeber hat die gesetzliche Regelung der Fernmeldeaufklärung nicht als gesonderten Tatbestand ausgestaltet, sondern in die Konzeption der strategischen Kontrolle als weitere Gefahrentatbestände eingebunden. Mit der Anknüpfung an die entsprechenden Tatbestands- und Verfahrensvoraussetzungen müssen dann auch die daraus ableitbaren Einschränkungen zur Anwendung kommen, da der Begriff innerhalb eines Tatbestandes nicht verschiedenartig ausgelegt werden kann. Auf der Grundlage der geltenden Fassung muss daher sichergestellt werden, dass die zu überwachenden Funkverbindungen konkret individualisierbar sind und zu den im Vorhinein bestimmten Gefahrengebieten bestehen. Eine generelle Aufnahme aller im Luftraum befindlichen Funksignale ist demgemäß nach § 5 G10 nicht zulässig,[277] da schon das Erfassen der Funksignale einen Eingriff in das Grundrecht aus Art. 10 GG darstellt, der in § 5 G10 und seinen Voraussetzungen eine Rechtsgrundlage haben muss.

---

275 Roewer, § 3 G10 Rn 4; demgegenüber Arndt, NJW 1985, 107 (108).

276 Arndt, DÖV 1996, 459 (460).

277 Arndt, NJW 1995, 169 (171).

In Anlehnung an das bisherige Verfahren muss der zuständige Bundesminister auch im Hinblick auf die zu überwachenden nicht leitungsgebundenen Telekommunikationsbeziehungen die geographischen Gebiete bestimmen, in denen sich die ausländischen Endpunkte der Fernmeldeverkehrsbeziehungen befinden müssen.

d) Gebündelte Übertragung

§ 5 Abs. 1 S. 1 G10 setzt im Weiteren voraus, dass die von der Überwachung erfasste Telekommunikation gebündelt übertragen worden ist. Diese Voraussetzung grenzt insoweit die strategische Beschränkung nach § 5 G10 von der Individualkontrolle nach § 3 G10 ab. Verbindungen, die zu einem einzelnen Anschluss führen, dürfen grundsätzlich nicht Gegenstand der strategischen Fernmeldekontrolle sein. Die Überwachung eines bestimmten Individualanschlusses bleibt der Kontrolle nach § 3 G10 vorbehalten.

e) Begrenzung der Übertragungskapazität

Dafür, dass mit der Neufassung des Gesetzes vom 26. Juni 2001[278] die Begrenzung auf nicht leitungsgebundene Verkehre entfallen ist, sieht das Gesetz einen Ausgleich vor. Nach § 10 Abs. 4 S. 3 und 4 G10 muss in der Anordnung festgelegt werden, welcher Anteil der auf den festgelegten Übertragungswegen zur Verfügung stehenden Übertragungskapazität überwacht werden darf. Dieser Anteil darf in den Fällen des § 5 G10 höchstens 20 % betragen. Die gesetzte quantitative Obergrenze legt danach den Anteil der mit einem bestimmten Zielgebiet anfallenden Menge von Telekommunikationen fest, der der Fernmeldekontrolle zur Verfügung steht.[279]

---

278 Gesetz zur Neuregelung von Beschränkungen des Brief-, Post- und Fernmeldegeheimnisses v. 26.06.2001, BGBl. I 2001, S. 1254.

279 Hintergrund für die Begrenzung der Übertragungskapazität ist die Entscheidung des Bundesverfassungsgerichts vom 14. Juli 1999 (BT-Drs. 14/5655, S. 18; BVerfG, Urteil v. 14.07.1999, 1 BvR 2226/94 Rn 222, NJW 2000, 55 (62)). Darin hat das Gericht im Rahmen der Verfassungsmäßigkeit der strategischen Fernmeldekontrolle hervorgehoben, dass die Überwachung auf etwa 10 % des gesamten Fernmeldeaufkommens begrenzt sei. Zugleich ist eine Zunahme des Anteils auf Grund des technischen Fortschritts für die Zukunft vorausgesehen worden. Die Obergrenze von 20 % ist im Gesetzgebungsverfahren auf Grund der Technik der Paketvermittlung gewählt worden. Wenn die Kommunikationsdatenblöcke jeweils über unterschiedliche Übertragungswege geleitet werden, nehme die Wahrscheinlichkeit, alle Pakete zusammenfügen zu können, exponentiell mit jedem gebildeten Paket ab. Folglich bedürfe es eines entsprechend vergrößerten Erfassungsansatzes, um die Chance auf die gesamte Telekommunikation zu wahren.

f) Selektion durch Suchbegriffe

Die Art und Weise der Erfassung des Fernmeldeverkehrs wird bestimmt durch die Festlegung der zu verwendenden Suchbegriffe nach § 5 Abs. 2 G10. Tauchen die im Einzelnen festgelegten und in ein EDV-System eingegebenen Suchbegriffe in dem vom Bundesnachrichtendienst überwachten Fernmeldeverkehr auf, so wird dieser vom Computer selektiert und der weiteren Bearbeitung zugeführt. Zur Sicherstellung der Sachbezogenheit der Überwachung dient § 5 Abs. 2 S. 2 Nr. 1 G10, wonach die Suchbegriffe - mit Ausnahme von Satz 3 - zunächst keine Identifizierungsmerkmale enthalten dürfen, die zu einer gezielten Erfassung bestimmter Telekommunikationsanschlüsse führen. Grundsätzlich ist danach zu gewährleisten, dass nicht durch die Aufnahme formaler Suchbegriffe, wie der Anschlussnummer und gezielt bestimmten Suchcodes, die Anschlüsse und Teilnehmer identifiziert werden. Eine Ausnahme macht § 5 Abs. 2 S. 3 G10 für Telekommunikationsanschlüsse im Ausland, sofern ausgeschlossen werden kann, dass Anschlüsse von Inhabern oder regelmäßigen Nutzern deutscher Staatsangehörigkeit gezielt erfasst werden.[280] Die Suchbegriffe müssen zur Aufklärung von Sachverhalten über den in der Anordnung bezeichneten Gefahrenbereich bestimmt und geeignet sein. Als Suchbegriff könnte nach nachrichtendienstlichen Aussagen z.B. die Technische Universität Scharif in Teheran genannt werden.[281] Ferner kommen Bezeichnungen bestimmter Waffentypen, chemischer und biologischer Stoffe, Namen ausländischer Firmen, Benennungen von Terrorgruppen oder Geheimwörter für Rauschgifte in Betracht.[282] Die Suchbegriffe müssen in der Beschränkungsanordnung genannt und damit entsprechend genehmigt werden.

11.) Betroffene

a) Betroffene nach § 5 G10

Die Überwachung nach § 5 G10 richtet sich grundsätzlich nicht gegen bestimmte Anschlüsse, sondern leitungsgebundene und nicht leitungsgebundene Telekommunikationsbeziehungen. Im Rahmen der festgelegten Übertragungskapazität wird eine Vielzahl der über die Übertragungswege vermittelten Gespräche erfasst und durch die Suchbegriffe selektiert.

---

[280] Auf die Probleme bei deutschen Nutzern und doppelter Staatsangehörigkeit weist Huber, in: Erbs-Kohlhaas, § 5 G10 Rn 16 hin.

[281] Güllich, Der Spiegel, Heft 15/1993, 65 (70).

[282] Auch Paeffgen, StV 1999, 668 (669).

Da es weder steuerbar noch vorhersehbar ist, über welche Telekommunikationsbeziehungen ein Gespräch verläuft, kann folglich jeder von der Überwachungsmaßnahme betroffen werden. Der einzelne Gesprächsteilnehmer wird danach unabhängig davon überwacht, ob gegen ihn Verdachtsmomente vorliegen. Auch im Hinblick auf die zielgerichtete Überwachung bestimmter ausländischer Anschlüsse nach § 5 Abs. 2 S. 3 G10 durch die Benennung der Anschlussnummer bzw. Identifizierungsmerkmal als Suchbegriff enthält der Überwachungstatbestand keinerlei personen- oder verhaltensbezogene Voraussetzungen.

b) Schutz der Vertrauensverhältnisse

Mit der Regelung zum Schutz höchstpersönlicher und persönlicher Beziehungen gegenüber der Individualkontrolle ist auch die Bestimmung zum Schutz des Kernbereichs privater Lebensgestaltung im Rahmen der strategischen Beschränkung festgelegt worden. Der Schutz wird dabei durch zwei Anknüpfungspunkte umgesetzt.

Zum einen verbietet § 5 Abs. 2 S. 2 Nr. 2 G10 bereits auf der Anordnungsebene die Verwendung von Suchbegriffen, die den Kernbereich privater Lebensgestaltung betreffen. Beispiele hierfür könnten etwa Begriffe wie „Liebe“, „Gebet“, „Lebenswille“ oder Gefühlsbezeichnungen bilden. Dies soll jedoch nur die gezielte Erfassung solcher Daten ausschließen.[283] Insbesondere beim Einstellen formeller Suchbegriffe zu Anschlussnummern und -adressen kann dabei nicht ausgeschlossen werden, dass kernbereichsrelevante Inhalte betroffen sind.

Zum anderen normiert § 5a G10 für Beschränkungen nach § 1 Abs. 1 Nr. 2 G10 ein absolutes Erfassungs- und Verwertungsverbot geschützter Kommunikationsinhalte, das von Löschungspflichten und Vorkehrungen für Zweifelsfälle (§ 3a Abs. 1 S. 2 bis 7 G10 entsprechend) begleitet wird. Wie bei § 3a Abs. 2 G10 ist eine vorläufige Nutzung der Erkenntnisse bei Gefahr im Verzug möglich. Die Regelung des § 5a G10 führt zu einer Differenzierung zwischen der sog. klassischen strategischen Kontrolle nach § 5 Abs. 1 S. 3 Nr. 1 G10 und den später aufgenommenen Überwachungstatbeständen der § 5 Abs. 1 S. 3 Nrn. 2 bis 8 G10. Da § 5a S. 1 G10 nur auf Nummer 2 des § 1 Abs. 1 verweist, der wiederum auf die Überwachung nach § 5 Abs. 1 S. 3 Nr. 2 bis 8 G10 Bezug nimmt, gilt die Gewährleistung nicht für die strategische Beschränkung auf der Grundlage des § 5 Abs. 1 S. 3 Nr. 1 G10. Da mit § 5a G10 eine ausdrückliche gesetzgeberische Entscheidung getroffen worden ist, kommt eine darüber hinausgehende

283 BT-Drs. 16/12448, S. 11.

planwidrige Lücke für die ausgenommenen Fälle, die entsprechende Schutzbestimmungen ermöglichen würde, nicht in Betracht.

12.) Eingriffsmodalitäten

Unter dem Gesichtspunkt eines möglichst effektiven Grundrechtsschutzes durch die gesetzliche Ausgestaltung des Verfahrens sieht das Gesetz auch verschiedene Anforderungen für die Durchführung der Überwachungsmaßnahmen vor.

a) Anordnungskompetenz

Eine Beteiligung des Parlamentarischen Kontrollgremiums besteht zunächst bei der Festlegung der Telekommunikationsbeziehungen und der dafür maßgeblichen Gefahrengebiete, deren Bestimmung durch den zuständigen Bundesminister nach § 5 Abs. 1 S. 2 G10 der Zustimmung des G10-Gremiums bedarf.

Die Kompetenz zur Anordnung der konkreten Maßnahme liegt gemäß § 10 Abs. 1 G10 für Anträge der Landesverfassungsschutzbehörden bei der zuständigen Landesbehörde und im Übrigen beim Bundesministerium des Innern. Erforderlich ist ferner die Zustimmung der G10-Kommission nach § 15 Abs. 5 und 6 G10, die hierbei jedoch an die Bestimmung der Gefahrengebiete und die damit getroffene Wertentscheidung für eine Gefahrengeneigtheit des Gebiets gebunden ist.[284]

b) Dauer

Für die Dauer der Maßnahme gelten nach § 10 Abs. 5 G10 dieselben Grundsätze wie für die Individualkontrolle.

c) Benachrichtigung Betroffener

Die Voraussetzungen für die Benachrichtigung der Betroffenen über die Maßnahmen der strategischen Beschränkungen sind in § 12 Abs. 2 G10 enthalten. Danach gelten für den Bereich der strategischen Fernmeldekontrolle die Regelungen über Mitteilungen in Fällen der Individualkontrolle grundsätzlich entsprechend.

Im Unterschied hierzu beginnt jedoch die neuerlich eingeführte Fünfjahresfrist für den Ausschluss der Benachrichtigung nicht mit der Beendigung der Maßnahme, sondern mit der Erhebung der Daten selbst. Darüber hinaus bedarf es einer Mitteilung danach generell nicht, wenn die Daten sogleich nach ihrer Erhebung unverzüglich gelöscht worden sind.

---

[284] Borgs-Maciejewski/Ebert, § 3 G10 Rn 5.

In Umsetzung der Entscheidung des Bundesverfassungsgerichts[285] zur Vorgängerbestimmung ist insoweit nunmehr sichergestellt, dass von der Mitteilung nur insoweit abgesehen werden kann, wenn eine weitere Verwendung der Daten ausgeschlossen ist. Andererseits ist mit der Einführung der Fünfjahresfrist in § 12 Abs. 2 S. 2 G10 jedoch ein neuer Ausschlusstatbestand eingefügt worden, der erneut Ausnahmen von der Benachrichtigungspflicht ermöglicht, ohne eine zwischenzeitliche weitere Verwendung der Daten zu berücksichtigen.[286]

d) Rechtsschutz

Gemäß § 13 G10 ist für die Zulässigkeit des Rechtsweges zwischen der Beschränkung nach § 5 Abs. 1 S. 3 Nr. 1 G10 und den Anordnungen nach § 5 Abs. 1 S. 3 Nrn. 2 bis 8 G10 zu differenzieren.

Im Fall der Anordnung wegen der Gefahr eines bewaffneten Angriffs auf die Bundesrepublik Deutschland nach § 5 Abs. 1 S. 3 Nr. 1 G10 ist der Rechtsweg, wie im Bereich der Individualkontrolle, erst nach der Mitteilung an den Betroffenen zulässig. Hieraus folgt, dass der Rechtsweg gegen die Anordnung von Beschränkungsmaßnahmen durch die strategische Fernmeldekontrolle auf Grund der übrigen Gefahrentatbestände des § 5 Abs. 1 S. 3 G10 immer offen ist.

Soweit die Rechtswegeröffnung nicht von der Mitteilung abhängig ist, ist auch die Geltendmachung des Rechtsschutzes vor Beendigung der Maßnahme im Falle einer zufälligen Kenntniserlangung theoretisch denkbar. Da es sich bei der Anordnung um einen Verwaltungsakt handelt, kommt hier eine Anfechtungsklage in Betracht. Im Übrigen ergibt sich der Rechtsschutz auch durch die Fortsetzungsfeststellungsklage.

V. Beschränkungen nach § 1 Abs. 1 Nr. 2 i.V.m. § 8 G10

Aus Anlass der Entführungsfälle auf den Philippinen im Jahre 2000 ist mit der Novellierung vom 26. Juni 2001[287] ein neuer Überwachungstatbestand bei Gefahr für Leib oder Leben einer Person im Ausland gemäß § 8 G10 eingefügt worden.

285 BVerfG, Urteil v. 14. 07.1999, 1 BvR 2226/94 Rn 291, 292, NJW 2000, 55 (67).

286 Gesetz zur Neuregelung von Beschränkungen des Brief-, Post- und Fernmeldegeheimnisses v. 26.06.2001, BGBl. I 2001, S. 1254.

287 Gesetz zur Neuregelung von Beschränkungen des Brief-, Post- und Fernmeldegeheimnisses v. 26.06.2001, BGBl. I 2001, S. 1254.

1.) Eingriffsvoraussetzungen

§ 8 G10 berechtigt den BND zu Beschränkungen nach § 1 G10 für internationale Telekommunikationsbeziehungen im Sinne des § 5 Abs. 1 S. 1 G10, wenn dies erforderlich ist, um eine im Einzelfall bestehende Gefahr für Leib oder Leben einer Person im Ausland rechtzeitig zu erkennen oder ihr zu begegnen und dadurch Belange der Bundesrepublik Deutschland unmittelbar in besonderer Weise berührt sind.

a) Gefahr für Leib oder Leben einer Person

Die neu eingeführte Beschränkungsmöglichkeit setzt danach zunächst eine im Einzelfall bestehende Gefahr für Leib oder Leben einer Person im Ausland voraus.

Entsprechend der oben dargelegten Struktur des Gefahrbegriffs ist mit dem Merkmal „im Einzelfall“ das quantitative Element angesprochen. Im Unterschied zum Gefahrenbegriff der Grundnorm des § 1 Abs. 1 G10, der im Sinne einer abstrakten Gefahr an die Beurteilung „typischer Fälle“ bzw. „einer Mehrzahl von Fällen“ anknüpft, handelt es sich bei der im Einzelfall bestehenden Gefahr um eine konkrete Gefahr. Während sich diese Voraussetzung ausdrücklich aus der Formulierung des § 8 Abs. 1 G10 ergibt, stellt sich unter dem Gesichtspunkt der zeitlichen Komponente des Gefahrenbegriffs die Frage, ob der konkreten Gefahr die Einzel- oder die Doppelprognose zugeordnet ist. Die überwiegende Ansicht in der Literatur und Rechtsprechung geht bei der konkreten Gefahr von einer Einzelprognose aus.[288] Für eine Begriffsbestimmung, die zumindest im Kontext des § 8 G10 eine Doppelprognose beinhaltet, lässt sich die allgemeine Beobachtungsaufgabe des Nachrichtendienstes anführen, die eine frühzeitige Informationsgewinnung über außen- und sicherheitspolitische Gefahrenlagen rechtfertigt. Auch der Wortlaut des § 8 Abs. 1 G10, wonach die Gefahr „rechtzeitig“ zu erkennen ist, deutet in diese Richtung. Dem steht jedoch der Sinn und Zweck der Regelung entgegen. Die Funktion dieser neuen Beschränkungsmöglichkeit wird nach der Gesetzesbegründung darin gesehen, in einzelnen Krisensituationen, wie bei Geiselnahmen, die diplomatischen Bemühungen und das Krisenmanagement sowohl der Bundesrepublik als auch der örtlich betroffenen Regierung zu unterstützen.[289] Dabei sollen vor allem nachrichtendienstliche Hinweise über die Lage vor Ort, den Aufenthaltsort des Opfers oder Verhandlungsziele der Entführer gewonnen werden.[290] Anknüpfungspunkte der Aufklärungsmaßnah-

---

[288] Unter A. II. 1.) a).

[289] BT-Drs. 14/5655, S. 22.

[290] BT-Drs. 14/5655, S. 22.

men sind danach bereits aktuell bestehende Krisenlagen, bei denen schon in allernächster bzw. in absehbarer Zeit hinreichend wahrscheinlich mit einer Rechtsgutbeeinträchtigung gerechnet werden kann oder eine solche bereits eingetreten ist. Hieraus ergibt sich, dass die neu eingefügte Überwachungsbefugnis nicht auf die frühzeitige Erkennung zukünftiger Bedrohungsszenarien, sondern auf die Aufklärung momentaner, örtlich und zeitlich begrenzter Krisensituationen abzielen soll. Diese Eingrenzung des Tatbestandes lässt sich nur mit der zeitlichen Betrachtungsweise der Einzelprognose verwirklichen, wonach bereits gegenwärtig die hinreichende Wahrscheinlichkeit einer Rechtsgutbeeinträchtigung bestehen muss.

Der Begriff der „Gefahr“ in § 8 Abs. 1 G10 ist danach im Sinne einer konkreten Gefahr auf der Basis der Einzelprognose zu verstehen.

b) Belange der Bundesrepublik Deutschland

Die Überwachung ist nach § 8 Abs. 1 G10 im Weiteren nur zulässig, wenn die Gefährdung Belange der Bundesrepublik Deutschland unmittelbar in besonderer Weise berührt. Die Krisensituation muss danach einen spezifischen Bezug zur Bundesrepublik aufweisen und von herausragender Bedeutung sein. Allgemein politische, wirtschaftliche, militärische oder diplomatische Beziehungen zur Krisenregion reichen dafür nicht aus.

Nicht erforderlich ist hingegen, dass die gefährdete Person die deutsche Staatsangehörigkeit besitzt.[291] Ausreichend ist, wenn die betroffene Person ständig in Deutschland lebt oder sich die Forderungen der Geiselnehmer gegen deutsche Staatsangehörige richten.[292] Denkbar ist auch, dass der Geiselnehmer durch Personen oder Gruppierungen aus Deutschland unterstützt wird.

2.) Subsidiarität

Nach § 8 Abs. 3 S. 1 G10 ist die Maßnahme nur zulässig, wenn die Erforschung des Sachverhalts auf andere Weise aussichtslos oder wesentlich erschwert wäre.

Abweichend von der Eingriffsstruktur der strategischen Beschränkung nach § 5 G10, die ohne Rücksicht auf derartige Subsidiaritätsbedingungen zulässig ist, übernimmt das Gesetz damit die Anforderungen, die auch für die Individualkontrolle gelten. Zur Begründung der Regelung ist angeführt worden, dass die Fernmeldekontrolle bei § 8 G10 in einer konkreten Krisensituation eingesetzt wird und daher eine höhere Aufklärungs-“dichte“

---

291 BT-Drs. 14/5655, S. 22; wohl auch Huber, NVwZ 2009, 1321 (1326).

292 BT-Drs. 14/5655, S. 22.

aufweisen kann als die Kontrolle nach § 5 G10. Daher sollten die Voraussetzungen des neuen Überwachungstatbestandes im Vergleich zu § 5 G10 verschärft werden.[293] Auf Grund des hohen Schutzgutes von Leib und Leben einer Person und der fehlenden operativen örtlichen Zuständigkeit im Ausland sind die Anforderungen an vorrangige Maßnahmen aber nicht zu streng zu veranschlagen.[294]

3.) Eingriffshandlung

Bei der Art und Weise der Erfassung der Telekommunikation bestehen zunächst weitgehend Parallelen zur Fernmeldekontrolle nach § 5 G10. Die zur Überwachung in Betracht kommenden Telekommunikationsbeziehungen werden auch hier gemäß § 8 Abs. 2 G10 vom zuständigen Bundesminister mit Zustimmung des Parlamentarischen Kontrollgremiums festgelegt.

Für die Zustimmung ist im Rahmen des § 8 G10 nach Absatz 2 Satz 2 jedoch eine qualifizierte Mehrheit von zwei Dritteln der Mitglieder erforderlich. Da das parlamentarische Kontrollgremium durch den Bundestag derzeit mit elf Mitgliedern besetzt worden ist, ist für die gebotene zwei-Drittel-Mehrheit eine Zustimmung von acht Mitgliedern erforderlich. Gegenüber der bei § 5 G10 ausreichenden einfachen Mehrheit von insgesamt sechs Stimmen bedeutet das Erfordernis zweier zusätzlicher Befürworter eine Verschärfung. Darüber hinaus tritt die Bestimmung der zu überwachenden Telekommunikationsbeziehungen nach § 8 Abs. 2 S. 3 G10 spätestens nach zwei Monaten außer Kraft. Dabei soll auch die Eingriffshandlung dem Umstand Rechnung tragen, dass die Maßnahme nach § 8 G10 auf eine einzelne, örtlich und zeitlich begrenzte Krisensituation zugeschnitten ist. Sollte die Situation länger als zwei Monate andauern, so bleibt jedoch die Möglichkeit einer erneuten Bestimmung, die dann wiederum die Zustimmung von zwei Dritteln der Mitglieder des Parlamentarischen Kontrollgremiums erfordert.[295]

Da die Kontrolle nach § 8 G10 in einer konkreten Krisensituation eingesetzt wird, ist für die Beschränkungen auf eine Obergrenze der zur Überwachung freigegebenen Übertragungskapazität verzichtet worden.[296] Der Anteil kann hier daher über 20 % hinausgehen und zu einer erheblich größeren Erfassung von Daten führen.

---

293 BT-Drs. 14/5655, S. 22.

294 Huber, in: Erbs-Kohlhaas, § 8 G10 Rn 9.

295 BT-Drs. 14/5655, S. 22/3.

296 BT-Drs. 14/5655, S. 24.

4.) Betroffene

a) Betroffene nach § 8 G10

Entsprechend § 5 G10 erfolgt die Anordnung der Maßnahmen nach § 8 Abs. 1 G10 grundsätzlich im Hinblick auf internationale Telekommunikationsbeziehungen und nicht auf bestimmte Individualanschlüsse. Auf Grund des Einzelfallbezuges gestattet § 8 Abs. 3 S. 4 G10 im Unterschied dazu jedoch eine weitergehende Verwendung von Suchbegriffen, die danach auch zu einer gezielten Erfassung der Rufnummern oder einer anderen Kennung des Telekommunikationsanschlusses, einschließlich der gefährdeten Personen, führen kann.

b) Schutz der Vertrauensverhältnisse

Die Anordnung der Überwachung nach § 8 G10 unterliegt denselben Schutzbestimmungen wie § 5 G10. So erklärt zum einen § 8 Abs. 3 S. 3 G10 den § 5 Abs. 2 S. 2 bis 6 G10 zum Verbot von kernbereichsrelevanten Suchbegriffen für entsprechend anwendbar. Zum anderen folgt die Anwendung des § 5a G10 aus der hiernach bestehenden Bezugnahme auf § 1 Abs. 1 Nr. 2 G10, der wiederum auf die Überwachung nach § 8 G10 verweist.

5.) Eingriffsmodalitäten

a) Anordnungskompetenz

Abgesehen von den strengeren Anforderungen an die Mehrheitsverhältnisse bei der Zustimmung zur Festlegung der Telekommunikationsbeziehungen, gelten hier die gleichen Grundsätze wie bei der strategischen Beschränkung nach § 5 G10.

b) Dauer

Im Gegensatz zur Anordnung nach § 5 G10, die gemäß § 10 Abs. 5 G10 zunächst auf drei Monate zu befristen ist, ist die Maßnahme bei § 8 G10 anfänglich auf zwei Monate begrenzt. Diese Fristsetzung ergibt sich aus der Geltungsdauer für die Bestimmung der zu überwachenden Telekommunikationsbeziehungen nach § 8 Abs. 2 S. 3 G10, da die Anordnung der Maßnahme ohne eine korrespondierende Bestimmung der Telekommunikationsbeziehungen unzulässig ist.

c) Benachrichtigung Betroffener

Die Anforderungen an die Benachrichtigung des Betroffenen bestimmt § 12 Abs. 2 G10 für die Kontrolle nach § 5 und § 8 G10 einheitlich.

d) Rechtsschutz

Der Rechtsweg gegen die Beschränkungsmaßnahmen nach § 8 G10 ist ohne Rücksicht auf die Mitteilung an den Betroffenen eröffnet. Dies ergibt sich im Umkehrschluss aus § 13 G10, der den Rechtsschutz gegen die Beschränkungen nach den §§ 3 und 5 Abs. 1 S. 3 Nr. 1 G10 ausdrücklich von einer Mitteilung der Beschränkung an den Betroffenen abhängig macht. Die Art und die Voraussetzungen des Klageverfahrens entsprechen dem Rechtsschutz gegen die Anordnungen nach § 5 Abs. 1 S. 3 Nrn. 2 bis 8 G10.

VI. Zwischenergebnis

Das prägende Merkmal der strategischen Beschränkungen gemäß den §§ 5 und 8 G10 ergibt sich aus der technischen Methode und Durchführung der Überwachungsmaßnahmen. Im Rahmen der festgelegten Überwachungskapazitäten werden die durch die im Einzelnen festgelegten Telekommunikationsbeziehungen vermittelten Gespräche anhand von Wortbanken selektiert. Auf Grund dieser Eingriffstypologie, bei der Datenmengen mit bestimmten Suchkriterien abgeglichen werden, lassen sich die Überwachungsmaßnahmen der §§ 5 und 8 G10 als strategische Rasterfahndung bezeichnen. Da die Anknüpfungspunkte für die Erfassung des Gesprächs danach allein die benutzten Übertragungswege und die Verwendung eines bestimmten Suchwortes sind, erfolgt die Überwachung unabhängig davon, ob gegen den Betroffenen ein Verdacht bezüglich der Verursachung der im Einzelnen bezeichneten Gefahren besteht oder nicht. Die gegenüber der überwachten Person fehlende Verdachtsgrundlage wird indes insbesondere durch die primär sachbezogene und nicht vornehmlich personenbezogene Zielrichtung der Maßnahme aufgewogen.[297] Es geht hierbei um die Gewinnung sachbezogener Erkenntnisse über die in den Tatbeständen umschriebenen Gefahrenlagen und grundsätzlich nicht um die gezielte Überwachung ausdrücklich benannter Personen und Anschlüsse.

Während § 5 G10 an das Vorliegen einer abstrakten Gefahr anknüpft, wird die Überwachung nach § 8 G10 in einer einzelnen, örtlich und zeitlich begrenzten Krisensituation eingesetzt und verlangt dementsprechend das Vorliegen einer im Einzelfall bestehenden konkreten Gefahr. Im

[297] BVerfG, Urteil v. 14.07.1999, 1 BvR 2226/94 Rn 241, NJW 2000, 55 (63).

Unterschied zum Vorfeld konkreter Gefahren, in dem die einer Gefahrenverursachung Verdächtigen oftmals nicht bzw. noch nicht erkennbar sind, ergeben sich im Rahmen der Abwehr von konkreten Gefahren in größerem Umfang Hinweise, die auf bestimmte Personen hindeuten. Die Telefonanschlüsse dieser Personen können dann unter den auch bei § 8 G10 anwendbaren Voraussetzungen des § 5 Abs. 2 S. 3 G10 in die Suchbegriffe mit einbezogen werden, so dass für die als Ausnahme vorgesehene Regelung zur Überwachung bestimmter Anschlüsse hier ein größerer Anwendungsbereich zu erwarten ist. Darüber hinaus verzichtet das Gesetz bei § 8 G10 auch auf eine Obergrenze für die zur Kontrolle verfügbare Übertragungskapazität. Der zu überwachende Anteil kann hiernach im Einzelfall nach pflichtgemäßem Ermessen festgesetzt werden. Als Ausgleich für die höhere Aufklärungsdichte der Maßnahme enthält das Gesetz einige verschärfte verfahrensrechtliche Bestimmungen. Zu nennen sind diesbezüglich die Subsidiaritätsklausel, das Erfordernis einer qualifizierten Mehrheit bei der Zustimmung des parlamentarischen Kontrollgremiums für die zur Überwachung in Betracht kommenden Telekommunikationsbeziehungen und die Befristung der Maßnahme auf zwei Monate. Parallelen ergeben sich bei den für das G10 spezifischen Beteiligungsrechten des Gremiums und der Kommission, die bei der Bestimmung der Telekommunikationsbeziehungen und der Anordnung der Maßnahme zu wahren sind. Der neben der Fünfjahresregelung nur für strategische Beschränkungen vorgesehene Ausnahmetatbestand von der Mitteilungspflicht für den Fall der Löschung der Daten gilt ebenfalls für die Überwachung nach § 5 und § 8 G10. Für die Eröffnung des Rechtsweges gegen die Anordnung und ihren Vollzug differenziert das Gesetz zwischen der Zulässigkeit zur Wahrnehmung des Rechtsschutzes vor und nach der Benachrichtigung und beeinflusst damit auch die Form des Rechtsschutzes.

B. Strafprozessuale Überwachungsbefugnisse nach § 100a Abs. 1 S. 1 StPO

Im Anschluss an die Erläuterung der präventiv ausgerichteten nachrichtendienstlichen Abhörbefugnisse sollen vor der direkten Gegenüberstellung der Überwachungsregelungen auch die entsprechenden strafprozessualen Tatbestände zunächst hinsichtlich der Eingriffsvoraussetzungen und Verfahrensbestimmungen betrachtet werden.

Eingriffe in das Grundrecht auf Unverletzlichkeit des Fernmeldeverkehrs nach Art. 10 GG durch Überwachung der Telekommunikation zu repressiven Zwecken können auf der gesetzlichen Grundlage des § 100a der Strafprozessordnung unter den dort genannten Eingriffsvoraussetzungen angeordnet werden.

Die gravierendsten Änderungen des § 100a StPO sind durch das Gesetz vom 17. August 2017[298], das die ausdrückliche Berechtigung zur Quellen-TKÜ und Online-Durchsuchung geschaffen hat, und durch das „Gesetz zur Neuregelung der Telekommunikationsüberwachung und anderer verdeckter Ermittlungsmaßnahmen sowie zur Umsetzung der Richtlinie 2006/24/EG" vom 21. Dezember 2007[299] vorgenommen worden. Ziel der Überarbeitung aus dem Jahre 2007 war die Schaffung eines harmonisierten Gesamtsystems strafprozessualer Ermittlungsmethoden und die Umsetzung technischer, rechtpraktischer und höchstrichterlicher Anpassungsvorgaben[300], deren Realisierung einer erneuten verfassungsrechtlichen Überprüfung standgehalten hat.[301]

I. Eingriffsvoraussetzungen

Nach den Neufassungen des § 100a Abs. 1 StPO ist die Überwachung und Aufzeichnung der Telekommunikation auch ohne Wissen des Betroffenen zulässig, wenn bestimmte Tatsachen den Verdacht begründen, dass jemand als Täter oder Teilnehmer eine in Absatz 2 bezeichnete schwere Straftat begangen, in den Fällen, in denen der Versuch strafbar ist, zu begehen versucht, oder durch eine Straftat vorbereitet hat (Nummer 1) und die Tat auch im Einzelfall schwer wiegt (Nummer 2).

Zulässig ist die Überwachungsmaßnahme danach, wie zuvor, in Verfahren, die bestimmte im Gesetz aufgezählte Katalogtaten zum Gegenstand haben.

---

298 Gesetz zur effektiveren und praxistauglicheren Ausgestaltung des Strafverfahrens v. 17.08.2017, BGBl. I 2017, S. 3202; dazu: Blechschmitt, StraFo 2017, 361; Roggan, StV 2017, 821; Singelnstein/Derin, NJW 2017, 2646.

299 Gesetz zur Neuregelung der Telekommunikationsüberwachung und anderer verdeckter Ermittlungsmaßnahmen sowie zur Umsetzung der Richtlinie 2006/24/EG v. 21.12.2007, BGBl. I 2007, S. 3198 (die Nummerierungen der Regelungen entsprechen jedoch nicht mehr der aktuellen Fassung); zum Gesetz: Eckhardt, CR 2007, 336; Glaser/Gedeon, GA 2007, 415; Nöding, StraFo 2007, 456; Puschke/Singelnstein, NJW 2008, 113; Wolter, GA 2007, 183 zum Schutz der Zeugnisverweigerungsrechte und des Kernbereichs; Zöller, StraFo 2008, 15.

300 BT-Drs. 16/5846, S. 1 f, 22.

301 BVerfG, Beschluss vom 12.10.2011, 2 BvR 236/08, StV 2012, 257 mit Anm. Gercke; dazu: Sachs, JuS 2012, 374; die Antragsteller hatten insbesondere die Weite des Straftatenkatalogs des § 100a Abs. 2 StPO sowie die Ausgestaltung der Vertrauensschutzbestimmungen gerügt.

1.) Straftatenkatalog

Im Unterschied zu der Vorgängerbestimmung ist der Katalog möglicher Anlasstaten durch das Gesetz vom 21. Dezember 2007[302] neu geordnet, inhaltlich überarbeitet und als Auflistung schwerer Straftaten bezeichnet worden.

Der Begriff der schweren Straftat, dem eine Zwischenstellung zwischen der besonders schweren Tat im Sinne des § 100c Abs. 1 Nr. 1 StPO und der Straftat von erheblicher Bedeutung nach § 100g Abs. 1 S. 1 Nr. 1 StPO zukommt, soll grundsätzlich solche Straftaten umfassen, die eine Mindesthöchststrafe von fünf Jahren Freiheitsstrafe aufweisen. In Einzelfällen sollen Tatbestände mit einer geringeren Freiheitsstrafe auf Grund der besonderen Bedeutung des geschützten Rechtsgutes oder des besonderen öffentlichen Interesses an der Strafverfolgung aufgenommen werden können.[303] Hieran müssen sich die zahlreichen Delikte messen lassen, die als Vergehenstatbestände oder minder schwere Fälle ausgestaltet sind[304].

Im Rahmen der Neuordnung waren zahlreiche Delikte, wie beispielsweise Strafvorschriften des Wehrstrafgesetzbuchs und Zuwiderhandlungen gegen das Vereinsverbot sowie Straftaten gegen die Sicherheit der in der Bundesrepublik Deutschland stationierten Truppen der nichtdeutschen Vertragsstaaten des Nordatlantikvertrags, aus dem Katalog genommen worden.[305]

Gleichzeitig mit der Neuordnung ist der Deliktskatalog des § 100a StPO erneut um zahlreiche Straftatbestände erweitert worden[306], deren Aufnahme vielmals mit der Bedeutung der Telekommunikationsüberwachung bei der Bekämpfung der Organisierten Kriminalität und der

---

302 Gesetz zur Neuregelung der Telekommunikationsüberwachung und anderer verdeckter Ermittlungsmaßnahmen sowie zur Umsetzung der Richtlinie 2006/24/EG v. 21.12.2007, BGBl. I 2007, S. 3198.

303 BT-Drs. 16/5846, S. 40.

304 Wie z.B. §§ 100a, 244 Abs. 1 Nr. 2, 260, 306 Abs. 2 StGB.

305 § 20 Abs. 1 Nrn. 1 - 4 VereinsG; § 100a S. 1 Nrn. 1d) und e) StPO a.F.; der zunächst im Regierungsentwurf ebenfalls nicht mehr enthaltene § 86 StGB ist auf Grund der Beschlussempfehlung des Rechtsausschusses (BT-Drs. 16/6979, S. 43) wieder aufgenommen worden, da die durchgeführte Sachverständigenanhörung ergeben habe, dass die Telekommunikationsüberwachung ein wichtiges Instrument sei, um insbesondere mittels der Kommunikation über das Internet begangene Straftaten nach § 86 StGB aufklären zu können.

306 Zu der Problematik der Ausweitung des Straftatenkatalogs: Eckhardt, CR 2007, 336 (337); Nöding, StraFo 2007, 456 (458), bereits früher: Kerner/Rixen, GA 1996, 355 (393); Neuhaus, FS für Riess, S. 375 (384); Welp, Überwachung und Kontrolle, S. 97.

Wirtschaftskriminalität[307] begründet worden ist. Hierzu zählen die Korruptionsdelikte der §§ 108e, 298, 299 unter den in § 300 S. 2 StGB genannten Voraussetzungen, die §§ 332, 334 StGB, die Fälschungsdelikte der §§ 152a Abs. 3 und 152b Abs. 1 bis 4 StGB, die besonders schweren Fälle und Qualifikationstatbestände des Betrugs, Computerbetrugs, Subventionsbetrugs und Bankrotts in Nummer 1n), o) und s) des § 100a Abs. 2 StPO sowie die Steuerstraftatbestände nach § 100a Abs. 2 Nr. 2 StPO. Aus dem der Organisierten Kriminalität zuzurechnenden Bereich wurden darüber hinaus die Straftaten gegen die persönliche Freiheit nach den §§ 232 Abs. 1 und 2, 233 Abs. 2, 233a StGB und die besonders schweren sowie die banden- und gewerbsmäßig begangenen Fälle der Urkundenfälschung in den Katalog eingestellt. Neu einbezogen wurde auch § 20a Abs. 1 bis 3 KrWaffKontrG bezüglich des illegalen Umgangs mit Antipersonenminen. Weitere Ergänzungen wurden mit Wertungswidersprüchen im Vergleich zur Wohnraumüberwachung und der Vermeidung von Abgrenzungsschwierigkeiten zu bereits erfassten Straftatbeständen gerechtfertigt.[308] Auf Vorschlag des Rechtsausschusses sind die Erweiterungen noch um die Straftaten aus dem Grundstoffüberwachungsgesetz ergänzt worden.[309] Die Entwicklungen im Radsportbereich sind der Grund für die Aufnahme der in § 100a Abs. 2 Nr. 3 StPO genannten Dopingdelikte.[310]

Hinzu kamen später die Straftaten aus dem Neue-psychoaktive-Stoffe-Gesetz, das Verbrechen der Aggression gemäß § 13 VölkerStGB[311] sowie Tatbestände des Sexualstrafrechts, der Manipulation bei Sportwetten, staatsgefährdender Gewalttaten, das Vorenthalten und Veruntreuen von Arbeitsentgelt und zuletzt der Wohnungseinbruchdiebstahl gemäß § 244 Abs. 4 StGB[312].

---

[307] BT-Drs. 16/5846, S. 41 bis 43.

[308] Z.B. § 252 StGB und §§ 7, 12 VölkerStGB; BT-Drs. 16/5846, S. 42, 43.

[309] BT-Drs. 16/6979, S. 43, 10.

[310] Gesetz zur Bekämpfung von Doping im Sport v. 10.12.2015, BGBl. I 2015, S. 2210.

[311] Gesetz zur Änderung des Völkerstrafgesetzbuches v. 22.12.2016, BGBl. I 2016, S. 3150; die Tatbestände des Völkermords, der Verbrechen gegen die Menschlichkeit, der Kriegsverbrechen und des Verbrechens der Aggression berechtigen auch in Zusammenarbeit mit dem Internationalen Strafgerichtshof nach § 59 IStGHG zur Telekommunikationsüberwachung; zu heimlichen Ermittlungsmaßnahmen im Prozessrecht der internationalen Strafgerichtsbarkeit: Hauck, ZStW 2012, 473.

[312] Gesetz zur Modernisierung des Strafverfahrensrechts v. 10.12.2019, BGBl. I 2019, S. 2121; zur Einordnung der Aufnahme des § 244 Abs. 4 StGB: Claus, NStZ 2020, 57 (62 f); Vorenthalten und Veruntreuen von Arbeitsentgelt durch Gesetz gegen illegale Beschäftigung und Sozialleistungsmissbrauch v. 11.07.2019, BGBl. I 2019, S. 1066; zu § 266a StGB: BGH, Urteil v. 8.01.2020, 5 StR 122/19, wistra 2020, 260 (zum Vorsatz); BGH, Urteil v. 18.07.2019, 5 StR 649/18, wistra 2020, 207 (zur Arbeitgebereigen-

Die Aufnahme der Straftatbestände des Sportwettenbetrugs und der Manipulation von berufssportlichen Wettbewerben unter den Voraussetzungen des § 265e S. 2 StGB macht erneut deutlich, dass zwar die Aufzählung der Straftatbestände in § 100a Abs. 2 StPO endlich,[313] der Katalog jedoch keineswegs abschließend ist. Die Erschwerungsgründe des § 265e S. 2 StGB enthalten Regelbeispiele für besonders schwere Fälle und lassen damit weitere unbenannte Fälle zu.[314] Sowohl der Wortlaut des § 100a Abs. 2 Nr. 1p) StPO als auch die Gesetzesbegründung nehmen uneingeschränkt Bezug auf die Regelung des § 265e S. 2 StGB und sprechen umfassend von „den besonders schweren Fällen“ der Korruptionsstraftaten.[315] Anderweitige Anhaltspunkte dafür, dass allein die ausdrücklich aufgeführten Fälle der Nummern 1 und 2 des § 265e S. 2 StGB zur Voraussetzung bestimmt werden, bestehen nicht. Die Vorschrift ist damit offen für vergleichbare Fälle und trägt dies in den Tatbestand des § 100a StPO hinein.

2.) Begehungsweise

Nach der ausdrücklichen gesetzlichen Regelung in Nummer 1 des § 100a Abs. 1 StPO steht den als Täter oder Teilnehmer begangenen Katalogtaten deren mit Strafe bedrohter Versuch sowie die Vorbereitung der Tat durch eine Straftat gleich.

Entgegen geäußerter Zweifel und Kritik geht die überwiegende Ansicht in der Rechtswissenschaft, bestätigt durch den Gesetzgeberwillen[316], mit dem Wortlaut des Gesetzes davon aus, dass die Vorbereitung einer Katalogtat durch jede beliebige, nicht notwendig katalogisierte Straftat begangen

schaft); Heghmanns, wistra 2001, 51; Gesetz zur Änderung der Verfolgung der Vorbereitung von schweren staatsgefährdenden Gewalttaten v. 12.06.2015, BGBl. I 2015, S. 926; Einundfünfzigstes Gesetz zur Änderung des Strafgesetzbuches – Strafbarkeit von Sportwettenbetrug und der Manipulation von berufssportlichen Wettbewerben v. 11.04.2017, BGBl. I 2017, S. 815; Gesetz zur Umsetzung des Rahmenbeschlusses des Rates der Europäischen Union zur Bekämpfung der sexuellen Ausbeutung von Kindern und der Kinderpornographie v. 31.10.2008, BGBl. I 2008, S. 2149; Gesetz zur Bekämpfung der Verbreitung neuer psychoaktiver Stoffe v. 21.11.2016, BGBl. I 2016, S. 2615.

313 LR-Hauck, § 100a Rn 47.

314 So zum Gesetz zur Neuregelung der Telekommunikationsüberwachung und anderer verdeckter Ermittlungsmaßnahmen sowie zur Umsetzung der Richtlinie 2006/24/EG v. 21.12.2007, BGBl. I 2007, S. 3198 auch Eckhardt, CR 2007, 336 (337).

315 BR-Drs. 235/16, S. 21.

316 In BT-Drs. 16/5846, S. 40 heißt es: durch eine „andere - ihrerseits nicht notwendig schwere -“ Straftat vorbereitet.

werden kann. Danach kann auch ein als Vorbereitung zum Mord begangener Diebstahl der Tatwaffe bereits die Überwachung auslösen.[317]

Auf den Verdacht einer Geldwäschestraftat kann die Überwachung seit der Novellierung des Regelwerks zur Bekämpfung der Geldwäsche[318] jedoch nur gestützt werden, wenn die zugrundeliegenden Vortaten ihrerseits Katalogtaten des § 100a StPO sind.[319] Nach dem zuvor geltenden Tatbestand des § 100a Abs. 2 Nr. 1m) StPO a.F. war diese Eingrenzung auf die Fälle beschränkt, dass die Strafbarkeit des Vortatbeteiligten als Geldwäsche auf Grund des Inverkehrbringens des inkriminierten Gegenstands in Betracht kam.

Streitig wird fernerhin beurteilt, inwieweit durch den Wortlaut des § 100a Abs. 1 S. 1 Nr. 1 StPO auch die nach § 30 Abs. 2 StGB strafbare Vorbereitung einer Katalogtat erfasst wird; was aber mit der überwiegend vertretenen Meinung bejaht werden kann.[320]

3.) Einzelfallbetrachtung der Tat

Im Unterschied zur vorherigen Regelung, wonach bereits der Verdacht einer Katalogtat zur Durchführung der Telekommunikation berechtigen konnte, setzt § 100a Abs. 1 S. 1 Nr. 2 StPO nunmehr ausdrücklich voraus, dass die Anlasstat für die Maßnahme auch im Einzelfall schwer wiegt.

Damit setzt das Gesetz die konkrete Betrachtung der Tat an die Stelle der zuvor allein durch dic Aufnahme in den Straftatenkatalog indizierten, abstrakt getroffenen Wertung. Als Ausprägung des Verhältnismäßigkeitsprinzips sollen durch die Anforderung die Fälle ausgeschlossen werden, die zwar eine Katalogtat bilden, jedoch mangels hinreichender Schwere einen Eingriff in das Fernmeldegeheimnis nicht rechtfertigen können. Erforderlich ist eine Würdigung der Umstände des Einzelfalls.[321] Kriterien für die Bedeutung der Tat können dabei beispielsweise die Schutzwürdigkeit des

---

[317] KK-Bruns, § 100a Rn 29, KMR-Bär, § 100a Rn 29; Meyer-Goßner/Schmitt-Köhler, § 100a Rn 12; LR-Hauck, § 100a Rn 49; Schnarr, NStZ 1990, 257 (259); kritisch Welp, S. 55 FN 41.

[318] Gesetz zur Verbesserung der strafrechtlichen Bekämpfung der Geldwäsche v. 9.03.2021, BGBl. I 2021, S. 327.

[319] BT-Drs. 19/24180, S. 39; so schon zur Vorgängerregelung: Gercke/Julius/Temming/Zöller-Gercke, § 100a Rn 18; LR-Hauck, § 100a Rn 48; zumindest für den Fall, dass auch eine Verurteilung wegen Geldwäsche auf Grund der Vorrangklausel des § 261 Abs. 9 S. 2 StGB a.F. (ähnlich § 261 Abs. 7 StGB) nicht zu erwarten war: BGH, Beschluss v. 26.02.2003, 5 StR 423/02, NJW 2003, 1880.

[320] KMR-Bär § 100a Rn 29; LR-Hauck, § 100a Rn 49; Meyer-Goßner/Schmitt-Köhler, § 100a Rn 12; Schnarr, NStZ 1990, 257 (259).

[321] LR-Hauck, § 100a Rn 44; BT-Drs. 16/5846, S. 40.

verletzten Rechtsguts, die Bedrohung der Allgemeinheit, die Art der Begehung sowie die Folgen der Tat für die Opfer und das Zusammenwirken mit anderen Tätern und Taten bilden.[322]

4.) Verdacht

Die Überwachung der Telekommunikation setzt auch nach der Neuregelung des § 100a Abs. 1 S. 1 Nr. 1 StPO voraus, dass der Verdacht der Begehung der Katalogtaten durch bestimmte Tatsachen begründet ist. Der Tatverdacht muss weder hinreichend noch dringend sein.[323] Erforderlich ist aber, dass er durch hinreichend gesicherte, schlüssige Tatsachen unmittelbar ein gewisses Maß an Konkretisierung erreicht hat und mehr als nur unerheblich ist.[324] Auf der Grundlage kriminalistischer Erfahrungen ist hiernach bei der Beurteilung ein gewisser Spielraum eröffnet.[325]

Da sich der Verdacht darauf bezieht, dass jemand als Täter oder Teilnehmer die „Straftat" begangen hat, ist mit der nicht unbestrittenen Ansicht davon auszugehen, dass sich der Verdacht auch auf die Rechtswidrigkeit und Schuld erstrecken muss.[326]

II. Subsidiarität

Nach § 100a Abs. 1 S. 1 Nr. 3 StPO ist die Überwachung der Telekommunikation nur zulässig, wenn die Erforschung des Sachverhalts oder die Ermittlung des Aufenthaltsortes des Beschuldigten auf andere Weise wesentlich erschwert oder aussichtslos wäre.

Die bereits in der früheren Fassung der Überwachungsbefugnis enthaltene Subsidiaritätsklausel ist auch in die Neuregelungen

322 KMR-Bär, §100a Rn 30; LR-Hauck, § 100a Rn 44; Meyer-Goßner/Schmitt-Köhler, § 100a Rn 11; Knierim, StV 2008, 599 (603).

323 Graf-Graf, § 100a Rn 106; KMR-Bär, § 100a Rn 24; LR-Hauck, § 100a Rn 42; Meyer-Goßner/ Schmitt-Köhler, § 100a Rn 9.

324 Graf-Graf, § 100a Rn 107; KMR-Bär, § 100a Rn 24; LR-Hauck, § 100a Rn 42; zu Ermittlungsmaßnahmen wegen mitgliedschaftlicher Beteiligung an einer kriminellen Vereinigung nach § 129 StGB ohne Anfangsverdacht: Eisenberg, JA 2017, 462.

325 Gercke/Julius/Temming/Zöller-Gercke, § 100a Rn 16; Graf-Graf, § 100a Rn 107; KK-Bruns, § 100a Rn 30; KMR-Bär, § 100a Rn 25; LR-Hauck, § 100a Rn 42; Meyer-Goßner/Schmitt-Köhler, § 100a Rn 9; BGH, Urteil v. 16.02.1995, 4 StR 729/94, NStZ 1995, 510 mit kritischer Anmerkung Bernsmann.

326 Eisenberg, Rn 2484; Gercke/Julius/Temming/Zöller-Gercke, § 100a Rn 16; SK/StPO-Wolter/Greco, § 100a Rn 43; a.A. Graf-Graf, § 100a Rn 107; LR-Hauck, § 100a Rn 42; Meyer-Goßner/ Schmitt-Köhler, § 100a Rn 9.

übernommen worden und gilt zusätzlich zu dem allgemeinen Grundsatz der Verhältnismäßigkeit.[327]

Eine wesentliche Erschwerung der Sachverhaltserforschung liegt dann vor, wenn andere Aufklärungsmethoden einen wesentlich höheren Verfahrensaufwand erfordern. Die wesentliche Erschwerung kann durch einen größeren Zeitaufwand oder mit unterschiedlichen Gewichtungen auch durch den Arbeitsaufwand sowie unter Einbeziehung von Kostengesichtspunkten als begründet angesehen werden.[328]

Die Aussichtslosigkeit der Erforschung des Sachverhalts auf andere Weise ist im Rahmen des § 100a StPO dann zu bejahen, wenn andere Ermittlungsmöglichkeiten fehlen oder mit hoher Wahrscheinlichkeit keinen Erfolg versprechen.[329]

Speziell für jedes Gesetz ist die in der Abstufung der Subsidiaritätsklauseln zum Ausdruck gebrachte Rangfolge der einzelnen Eingriffsbefugnisse zu bestimmen.[330] Aus den unterschiedlichen Formulierungen und Anforderungen folgt danach, dass die Telekommunikationsüberwachung und die Überwachung des außerhalb von Wohnungen gesprochenen Wortes nach § 100f Abs. 1 StPO als gleichrangig, die akustische Wohnraumüberwachung auf Grund der erhöhten Anforderungen in § 100c Abs. 1 Nr. 4 StPO hingegen nur als letztes Mittel angesehen wird.

Die in der Subsidiaritätsklausel des § 100a Abs. 1 S. 1 Nr. 3 StPO enthaltene Zielsetzung der Maßnahme, die Erforschung des Sachverhalts und die Ermittlung des Aufenthaltsortes des Beschuldigten, folgt aus dem repressiven Verfahrenszweck, dem die Überwachungsmaßnahme dient. Zur Förderung des Strafverfahrens können die Ergebnisse der Überwachung dabei unmittelbar als Beweismittel oder zur Vornahme weiterer Ermittlungshandlungen dienen.[331]

III. Eingriffshandlung

§ 100a Abs. 1 S. 1 StPO erlaubt die Überwachung und Aufzeichnung der Telekommunikation ab dem Anordnungszeitpunkt. Sie umfasst dabei neben

---

327 KK-Bruns, § 100a Rn 32; KMR-Bär, § 100a Rn 32.

328 KK-Bruns, § 100a Rn 31, wonach Kostengesichtspunkte allein die Maßnahme nicht rechtfertigen und der Arbeitsaufwand unvertretbar sein muss; nur ausnahmsweise einen Kostenaufwand berücksichtigend und auf den Umfang des Arbeitsaufwands abstellend LR-Hauck, § 100a Rn 45; Meyer-Goßner/Schmitt-Köhler, § 100a Rn 13.

329 KMR-Bär, § 100a Rn 31; LR-Hauck, § 100a Rn 45; ähnlich Meyer-Goßner/Schmitt-Köhler, § 100a Rn 13.

330 Rieß, Meyer-GS, S. 367 (386 ff).

331 Welp, S. 51.

den Kommunikationsinhalten auch die näheren Umstände der Telekommunikation[332] und erlaubt dabei den Zugriff sowohl auf die traditionelle Telekommunikation mittels Telefons als auch auf die durch Mobilfunk, Satellit, Text- und Bildübermittlungsdienste sowie Computernetze, wie das Internet, vermittelten Datenübertragungen.[333] Die zulässig angeordnete Überwachung kann dabei auch die Gespräche mit ausländischen Anschlüssen erfassen.[334]

IV. Betroffene

Mit der geltenden Regelung des § 100a Abs. 3 StPO zum Kreis der zulässigerweise Betroffenen einer Überwachung ist die frühere Bestimmung des § 100a S. 2 StPO a.F. wörtlich übernommen worden.

1.) Betroffene nach § 100a Abs. 3 StPO

Als Betroffener kommt zunächst der Beschuldigte in Betracht. Hierbei handelt es sich um den Tatverdächtigen, gegen den bereits ein Ermittlungsverfahren eingeleitet ist oder gegen den es mit der Anordnung der Überwachung als erste Ermittlungshandlung eingeleitet wird.[335] Insbesondere zur Aufenthaltsermittlung kann die Maßnahme aber auch gegen Angeschuldigte und Angeklagte, jedoch nicht gegenüber einem rechtskräftig Verurteilten angeordnet werden, da bei letzterem, nach dem Sinn und Zweck des § 100a StPO, eine das Strafverfahren fördernde Wirkung nicht mehr erreicht werden kann.[336]

Der von der Maßnahme Betroffene muss hinreichend bestimmt sein. Die Identität ist dabei ohne Belang.[337]

---

332 Allg. Ansicht, nur LR-Hauck, § 100a Rn 61.

333 LR-Hauck, § 100a Rn 59; zum Surfen im Internet und zur Diskussion des Begriffs der Telekommunikation: Gercke/Julius/Temming/Zöller-Gercke, § 100a Rn 11-14; zum Surfen im Internet als Telekommunikation i.S.d. § 100a StPO: BVerfG, Beschluss v. 6.07.2016, 2 BvR 1454/13 mit zustimmender Anmerkung Bär, ZD 2017, 132; zur Überwachung der E-Mail-Kommunikation: Becker/Baser-Dogan, StV 2022, 459; KMR-Bär, § 100a Rn 18, 51 ff; Brodowski, JR 2009, 402; Zimmermann, JA 2014, 321; weitere Fragen zum Begriff der Telekommunikation sollen hier nicht vertieft werden, da in § 1 Abs. 1 G10 derselbe Begriff verwendet wird.

334 Graf-Graf, § 100a Rn 158.

335 Graf-Graf, § 100a Rn 147; KMR-Bär, § 100a Rn 67; LR-Hauck, § 100a Rn 175; Meyer-Goßner/ Schmitt-Köhler, § 100a Rn 17.

336 Welp, S. 51/2; a.A. für das Vollstreckungsverfahren LR-Hauck, § 100a Rn 37; Meyer-Goßner/Schmitt-Köhler, § 100a Rn 17.

337 LR-Hauck, § 100a Rn 175; Meyer-Goßner/Schmitt-Köhler, § 100a Rn 17.

Gegen andere Personen als den Beschuldigten darf sich die Anordnung der Maßnahme gemäß § 100a Abs. 3 StPO nur richten, wenn auf Grund bestimmter Tatsachen anzunehmen ist, dass sie für den Beschuldigten bestimmte oder von ihm herrührende Mitteilungen entgegennehmen oder weitergeben (sog. Nachrichtenmittler) oder dass der Beschuldigte ihren Anschluss oder ihr informationstechnisches System[338] benutzt.

Soweit vorausgesetzt wird, dass bestimmte Tatsachen für die Annahme des Kontakts sprechen, kann auf die obigen Ausführungen verwiesen werden.

Als Vermittlungspersonen kommen vor allem Ehegatten, Freunde, Nachbarn und Gastwirte, aber auch die Berufskollegen und der Arbeitgeber des Beschuldigten in Betracht. Hierbei kann es zulässig sein, die Telefonanlage eines ganzen Wirtschaftsunternehmens zu überwachen.[339] Auch die Überwachung öffentlicher Netze wird ganz überwiegend, bei Vorliegen der Voraussetzungen, als zulässig erachtet.[340] Ob auch die Opfer einer Straftat überwacht werden dürfen, wird streitig beurteilt[341]; ist aber mit dem Wortlaut der Vorschrift zu bejahen.

Unerheblich ist indes, ob die Nachrichtenmittler oder Anschlussinhaber gutgläubig oder bösgläubig sind.[342]

2.) Schutz der Vertrauensverhältnisse

Die Frage, inwieweit durch § 100a StPO die Möglichkeit eröffnet wird, in Geheim- oder Vertrauenssphären zeugnisverweigerungsberechtigter Berufsträger nach § 53 StPO einzudringen, war lange Zeit, insbesondere in Bezug auf Strafverteidiger, im Anwendungsbereich der Vorgängerbestimmung streitig diskutiert worden. Das früher teilweise aus der Garantie des Rechts auf ungehinderten mündlichen Verkehr zwischen Beschuldigtem

338 Die Erfassung des informationstechnischen Systems ist eine Folge der Einfügung der Befugnisse nach § 100a Abs. 1 S. 2 und 3 StPO; zum Begriff des informationstechnischen Systems dort.

339 LR-Hauck, § 100a Rn 176; einschränkend für die Überwachung des Nachrichtenmittlers Meyer-Goßner/Schmitt-Köhler, § 100a Rn 19, 20.

340 KK-Bruns, § 100a Rn 33; KMR-Bär, § 100a Rn 69; LR-Hauck, § 100a Rn 177.

341 Verneinend und bei Kidnapping auf die allgemeinen Rechtfertigungsgründe abstellend Nelles, FS für Stree und Wessels, S. 719 (726, 734); bejahend: LR-Hauck, § 100a Rn 178; Graf-Graf,§ 100a Rn 151; KK-Bruns, § 100a Rn 33; KMR Bär, § 100a Rn 68; Meyer-Goßner/Schmitt-Köhler, § 100a Rn 19; Mahnkopf/Döring, NStZ 1995, 112 (113); aus Verhältnismäßigkeitsgründen zweifelnd Gercke/Julius/Temming/Zöller-Gercke, § 100a Rn 27.

342 LR-Hauck, § 100a Rn 179; Meyer-Goßner/Schmitt-Köhler, § 100a Rn 19.

und seinem Verteidiger nach § 148 StPO abgeleitete Überwachungsverbot war nicht einhellig anerkannt.[343]

a) Schutz der Vertrauensverhältnisse nach § 160a StPO

aa) Schutz zeugnisverweigerungsberechtigter Personen nach § 160a Abs. 1 und 2 StPO

Durch die Neuregelung des Gesetzes ist vorbehaltlich der §§ 97, 100d Abs. 5 und § 100g Abs. 4 mit § 160a StPO für alle Ermittlungsmaßnahmen eine ausdrückliche Vorschrift zum Schutz der zeugnisverweigerungsberechtigten Berufsgeheimnisträger geschaffen worden. Die zunächst als § 53b StPO geplante und durch den Rechtsausschuss leicht veränderte Norm[344] differenziert nach den Berufsgruppen.

§ 160a Abs. 1 S. 1 StPO bestimmt zunächst Ermittlungsmaßnahmen, die sich gegen eine in § 53 Abs. 1 S. 1 Nrn. 1, 2 oder 4 StPO genannte Person richten und voraussichtlich Erkenntnisse erbringen würde, über die diese das Zeugnis verweigern dürfte, als unzulässig. Für dennoch erlangte Erkenntnisse gilt ebenso wie für die den besagten Zeugnisverweigerungsrechten unterliegenden Erkenntnisse aus Maßnahmen, die sich nicht gegen eine in Satz 1 genannte Person richten, nach § 160a Abs. 1 S. 2 bis 5 StPO ein Löschungsge- und Verwertungsverbot. Danach wird das Vertrauensverhältnis zu Seelsorgern, Abgeordneten und Strafverteidigern durch ein absolutes Erhebungs- und Verwertungsverbot geschützt.[345]

Diese Eingriffsbeschränkung ist durch die Änderungsgesetze zur Stärkung des Schutzes des Vertrauensbereichs von Rechtsanwälten im Strafprozess auch auf Rechtsanwälte und Kammerrechtsbeistände ausgedehnt worden.[346] Damit ist klargestellt worden, dass im Gleichlauf zu § 53 Abs. 1 S. 1 Nr. 3 StPO alle Rechtsanwälte in den Anwendungsbereich des § 160a Abs. 1 StPO einbezogen sind. Neben den in den Rechtsanwaltskammern Aufgenommenen sollen insbesondere auch Berufsträger aus

343 Welp, NStZ 1986, 294, (297/8): Abhörverbot bis der Verteidiger nach § 138a ausgeschlossen worden ist und auch zum Streitstand, zugleich ablehnende Besprechung des Urteils des BGH v. 5.11.1985, 2 StR 279/85.

344 BT-Drs. 16/5846, S. 9; BT-Drs. 16/6979, S. 6, 19, 45.

345 Verwertungsverbot für dem Verteidiger bekannt gewordene Erkenntnisse: BGH, Beschluss v. 18.02.2014, StB 8/13, StV 2014, 388 mit Anm. Scharenberg.

346 Gesetz zur Stärkung des Schutzes von Vertrauensverhältnissen zu Rechtsanwälten im Strafprozessrecht v. 22.12.2010, BGBl. I 2010, S. 2261; Gesetz zur Neuregelung des Schutzes von Geheimnissen bei der Mitwirkung Dritter an der Berufsausübung schweigepflichtiger Personen v. 30.10.2017, BGBl. I 2017, S. 3618.

Nicht-EU-Staaten, deren Ausbildung und Befugnisse dem Beruf des Rechtsanwalts in der Bundesrepublik Deutschland entsprechen, umfasst sein.[347] Ob die Personen dem Schutz unterliegen, kann dabei im jeweiligen Einzelfall im Rahmen einer Prognose zur Berufsgeheimnisträgereigenschaft bei der Anordnung entschieden werden und ist im Anschluss an die Maßnahme hinsichtlich eines Verwertungsverbots zu überprüfen.[348]

Soweit durch eine Ermittlungsmaßnahme eine in § 53 Abs. 1 S. 1 Nrn. 3 bis 3b oder 5 StPO genannte Person betroffen wäre und dadurch voraussichtlich Erkenntnisse erlangt würden, über die diese Person das Zeugnis verweigern dürfte, ist dies gemäß den Vorgaben des § 160a Abs. 2 StPO im Rahmen der Prüfung der Verhältnismäßigkeit bei der Erhebung und Verwertung der Erkenntnisse zu Beweiszwecken besonders zu berücksichtigen. Danach ist der Schutz insbesondere bei Ärzten und Journalisten nur relativ ausgestaltet. Abzuwägen ist das Interesse der Allgemeinheit, ggf. auch des Opfers, an einer wirksamen Strafrechtspflege gegen das öffentliche Interesse an den von den Berufsgeheimnisträgern wahrgenommenen Aufgaben und das individuelle Interesse an der Geheimhaltung der ihnen anvertrauten oder bekanntgewordenen Tatsachen.[349] Für den strafprozessualen Abwägungsmaßstab der Verhältnismäßigkeit trifft § 160a Abs. 2 S. 1, 2. HS StPO eine Konkretisierung, wonach bei Verfahren, die keine Straftat von erheblicher Bedeutung betreffen, in der Regel nicht von einem Überwiegen der Strafverfolgungsinteressen auszugehen und die Maßnahme danach unzulässig ist. Da § 100a StPO mit der Voraussetzung der schweren Straftat als eine Zwischenstellung zwischen der besonders schweren Straftat und der Straftat von erheblicher Bedeutung eine Kategorie geschaffen hat, an die höhere Anforderungen als an den Begriff der Delikte von erheblicher Bedeutung zu stellen sind, kann die Vermutungsregel des § 160a Abs. 2 StPO nicht eingreifen. Für die Anordnung des § 100a StPO bedeutet dies, dass nicht von einer grundsätzlichen Unzulässigkeit der Maßnahme und einem Überwiegen der schutzwürdigen Interessen der Funktionsträger auszugehen ist.

Abweichend von Absatz 1 beschränkt § 160a Abs. 2 StPO nur die Verwertung geschützter Informationen zu Beweiszwecken und nicht auch als Spurenansatz für weitere Ermittlungen.

---

347 BT-Drs. 18/12940, S. 12.

348 BT-Drs. 18/12940, S. 13.

349 KK-Griesbaum, § 160a Rn 14; Meyer-Goßner/Schmitt-Köhler, § 160a Rn 9a.

bb) Schutz der Berufshelfer nach § 160a Abs. 3 StPO

Für die Berufshelfer der in § 53 StPO genannten Zeugnisverweigerungsberechtigten gelten gemäß § 160a Abs. 3 StPO die Regelungen der Absätze 1 und 2 jeweils entsprechend.

cc) Entprivilegierung nach § 160a Abs. 4 StPO

Die Beschränkungen des § 160a StPO bestehen jedoch nicht ausnahmslos. Nach § 160a Abs. 4 StPO sind die Schutzbestimmungen nicht anzuwenden, wenn bestimmte Tatsachen den Verdacht begründen, dass die zeugnisverweigerungsberechtigte Person an der Tat oder an einer Datenhehlerei, Begünstigung, Strafvereitelung oder Hehlerei beteiligt ist. Durch den Ausnahmetatbestand soll verhindert werden, dass der Schutz zur Begründung von Geheimbereichen führt, in denen kriminelles Verhalten staatlicher Aufklärung entzogen ist.[350] Dabei bedeutet jede weitere Ausweitung des Anwendungsbereichs zugleich eine Einschränkung des Berufsschutzes.[351]

Da die ursprünglich vorgesehene Voraussetzung, die Einleitung eines Ermittlungsverfahrens gegen die Berufsgeheimnisträger, auf Empfehlung des Rechtsausschusses gestrichen worden ist, genügt der auch für die Anordnung geforderte Maßstab eines durch bestimmte Tatsachen begründeten Verdachts für die Beteiligung an der Haupttat oder eine der genannten Anschlusstaten.[352]

Ist die Tat nur auf Antrag oder mit Ermächtigung verfolgbar, so gilt die Verstrickungsregelung nach § 160a Abs. 4 S. 2 StPO bei Medienmitarbeitern nur, sobald und soweit der Antrag oder die Ermächtigung erteilt ist.

Auch nach der Neukonzeptionierung des Schutzes in § 160a StPO ist die Zulässigkeit der Überwachung eines Strafverteidigers noch nicht eindeutig. Die Annahme eines aus der Garantie des Rechts auf ungehinderten Verkehr zwischen dem Beschuldigten und seinem Verteidiger abgeleiteten Überwachungsverbots führte insbesondere bei der Anerkennung einer Entprivilegierung im Hinblick auf die Wertungen der §§ 148, 138a StPO zu einem Widerspruch.[353] Sowohl der Wortlaut des § 160a Abs. 4 StPO mit der uneingeschränkten Verweisung auf den Anwendungsbereich der Absätze 1

[350] BT-Drs. 16/5846, S. 37.

[351] Die Aufnahme der Datenhehlerei durch Gesetz zur Einführung einer Speicherpflicht und einer Höchstspeicherfrist für Verkehrsdaten v. 10.12.2015, BGBl. I 2015, S. 2218; die Forderung des Bundesrates zur Aufnahme des Geldwäschetatbestandes in BT-Drs. 16/5846, S. 80, zustimmend die Bundesregierung BT-Drs. 16/5846, S. 92.

[352] BT-Drs. 16/5846, S. 9; Rechtsausschuss, BT-Drs. 16/6979, S. 45.

[353] Puschke/Singelnstein, NJW 2008, 113 (117).

bis 3 als auch die Gesetzeserläuterungen,[354] die sich ausführlich mit der Gewährleistung der Verteidigerrechte auseinandersetzen, lassen jedoch keinen Zweifel, dass die Vorschrift des § 160a Abs. 4 StPO nach dem Willen des Gesetzgebers auch auf Strafverteidiger anzuwenden ist. Auch die wiederholte Befassung der Legislative mit der Thematik der Schutzrechte und die Intention, ein ausdifferenziertes harmonisches Gesamtsystem zu schaffen,[355] bieten keinen Raum, die Ermittlungsmaßnahmen im Wege der Gesetzesinterpretation weitergehenden Eingriffsbeschränkungen zu unterwerfen, die nicht durch den parallel anwendbaren § 100d StPO zum Schutz des Kernbereichs privater Lebensgestaltung bestehen.[356]

Neben der Gewährleistung des Schutzes der in § 160a StPO genannten Zeugnisverweigerungsberechtigten macht die Einfügung der Vorschrift im Wege des Umkehrschlusses damit auch deutlich, dass eine weitergehende Einschränkung der Überwachung nach § 100a StPO durch Analogie bezüglich der in den persönlichen Beziehungen begründeten Rechte im Sinne des § 52 StPO nicht in Betracht kommt. Die ausdrückliche Regelung der Überwachungsverbote in § 160a und § 100d StPO zeigt, dass der Gesetzgeber von der Notwendigkeit einer nach den Eingriffsformen differenzierenden gesetzlichen Abwägungsentscheidung ausgeht. Ein Schutz der Vertrauensverhältnisse kann hiernach nur im Gewährleistungsbereich der höchstpersönlichen Lebensgestaltung nach § 100d StPO begründet sein.[357]

---

354 BT-Drs. 16/5846, S. 35.

355 BT-Drs. 16/5846, S. 1; Befassung durch den Gesetzgeber beispielsweise beim Gesetz zur Änderung des Zollfahndungsdienstgesetz und anderer Gesetze v. 12.06.2007, BGBl. I 2007, S. 1037, zur Wohnraumüberwachung beim Gesetz zur Verbesserung der Bekämpfung der Organisierten Kriminalität v. 4.05.1998, BGBl. I 1998, S. 845 und Gesetz zur Umsetzung des Urteils des Bundesverfassungsgerichts v. 3.03.2004 (akustische Wohnraumüberwachung) v. 24.06.2005, BGBl. I 2005, S. 1841, zum BKAG beim Gesetz zur Neustrukturierung des Bundeskriminalamtsgesetzes v. 1.06. 2017, BGBl. I 2017, S. 1354.

356 Wie hier Kühne, StrafprozessR, Rn 525.1 bei besonders schweren Delikten, für die hohe Verdachtsgründe sprechen; für ein Überwachungsverbot zugunsten des Verteidigers, Ausnahme im Falle einer „echten Beteiligung" an der Haupttat: KK-Bruns, § 100d Rn 29; KMR-Bär, § 100a Rn 71; Meyer-Goßner/Schmitt-Köhler, § 100a Rn 21; Ausnahme nach einem Ausschluss nach § 138a StPO: Gercke/Julius/Temming/Zöller-Gercke, § 100a Rn 28; LR-Hauck, § 100a Rn 182; Beulke/ Ruhmannseder, StV 2011, 180 (186); so auch Welp, NStZ 1986, 294 (298) zur früheren Gesetzeslage; eine verfassungsrechtliche Grenze besteht für die Fälle, in denen die Überwachung auf die Kommunikation mit dem einer Katalogtat beschuldigten Mandanten des Verteidigers bei einem konkreten Vertrauensverhältnis abzielt, KMR-Bär, § 100a Rn 71.

357 Für ein Verwertungsverbot auf Grund einer Abwägung nach § 100d Abs. 5 S. 2 StPO in Einzelfällen (etwa bei Nähe zum Kernbereich) KK-Bruns, § 100d Rn 28.

b) Kernbereichsschutz nach § 100d StPO

Zum Schutz der Höchstpersönlichkeit ist die Überwachung nach § 100a StPO gemäß § 100d Abs. 1 StPO unzulässig, wenn tatsächliche Anhaltspunkte für die Annahme vorliegen, dass durch die Maßnahme allein Erkenntnisse aus dem Kernbereich privater Lebensgestaltung erlangt werden. Dennoch erlangte Erkenntnisse, so § 100d Abs. 2 StPO, dürfen nicht verwertet werden.

Die Fassung orientierte sich damit an bereits bestehenden Bestimmungen zur Umsetzung der höchstrichterlichen Vorgaben[358]. Das Abhörmittel ist vom Ansatz des Schutzkonzepts nach § 100d Abs. 1 StPO grundsätzlich zulässig und nur in den Fällen ausgeschlossen, in denen die Prognose - für die keine vorausgehenden Ermittlungen getätigt zu werden brauchen - ausschließlich kernbereichsrelevante Erkenntnisse erwarten lässt.[359] Ist die Erfassung einzelner kernbereichsrelevanter Inhalte für die Zulässigkeit der Überwachungsmaßnahme danach von vornherein unerheblich, so werden nur seltene Ausnahmen zu einer Versagung der Anordnung unter diesem Gesichtspunkt führen.[360] Das Risiko der Erfassung höchstpersönlicher Inhalte ist damit regelmäßig gegeben.

Nach den oben dargelegten Grundsätzen kann dies mangels Vorhersehbarkeit des Telefongesprächs nur dann in Kauf genommen werden, wenn das Rechtsgut, zu dessen Schutz der Anlasstatbestand besteht, eine entsprechende Bedeutung aufweist. Anders als bei der Überwachung nach dem G10, die zu dem eigens normierten Rechtsgüterschutz nach § 1 des Gesetzes erfolgt, knüpft die strafprozessuale Kontrolle ausschließlich an die Straftatbestände und ihre Bedeutung im Einzelfall an. Auch wenn die Straftatbestände des § 100a Abs. 2 StPO als schwerwiegende Straftat angesehen werden, so muss dies nicht gleichermaßen auch für die durch sie bewahrten Schutzgüter gelten. Denn die Bedeutung der Straftat kann nicht nur durch das verletzte Gut, sondern auch durch die Art und Weise der Begehung, die Folgen für das Opfer oder das Aufklärungsinteresse begründet sein. Die Hochrangigkeit des Rechtsguts kann unzweifelhaft bei den Staatsschutzdelikten sowie den gegen das Leben oder die Freiheit einer Person gerichteten Taten angenommen werden. Bei reinen Vermögensdelikten kann eine entsprechende Bedeutung beispielshalber bei einer

---

358 Z.B. § 23a Abs. 4a ZFdG a.F.

359 BT-Drs. 16/5846, S. 44 zur insoweit entsprechenden Regelung in § 100a Abs. 4 StPO a.F.

360 KMR-Bär, § 100d Rn 17; kritisch zur Regelung: Puschke/Singelnstein, NJW 2008, 113 (114); Wolter, GA 2007, 183 (196 f); ein Erhebungsverbot auch bei Mischgesprächen nimmt SK/StPO-Wolter/Greco, § 100a Rn 57 an.

Verletzung von gesamtgesellschaftlich relevanten Werten oder Gemeinschaftsgütern bejaht werden. Für die Überwachung auf Grund der übrigen Katalogtaten ist das Risiko der Erfassung kernbereichsrelevanter Inhalte auszuschließen oder zu minimieren. In Betracht kommt, dass die Telekommunikation in Echtzeit - live - mitgehört wird oder der Erkenntnisauswertung bei automatischer Aufzeichnung eine gesonderte Sichtung vorangeht. Aus der gesetzlichen Bestimmung ergibt sich eine Verpflichtung zu einer dahingehenden Vorgehensweise jedoch nicht.

Auf Grund der Verknüpfung des Kernbereichsgehalts mit dem Aufklärungsziel der Befugnis kann der Kernbereichsinhalt im strafprozessualen Sachzusammenhang für § 100a StPO wie bei der Wohnraumüberwachung nach § 100c StPO bestimmt werden. Dies bedeutet, dass bei Äußerungen, die sich unmittelbar auf eine konkrete Straftat beziehen, der Bereich der zu schützenden Höchstpersönlichkeit im überwachten Gespräch verlassen und ein ausreichender Sozialbezug für die Überwachung gegeben ist.[361]

V. Eingriffsmodalitäten

Die formellen Voraussetzungen der Überwachungsbefugnis des § 100a StPO bestimmen sich hinsichtlich der Anordnungskompetenz, der Dauer, der Benachrichtigungspflichten und des Rechtsschutzes nach den ebenfalls teilweise neu geregelten §§ 100e und 101 StPO. Dic Vorschriften dienen vor allem der Stärkung des Grundrechtsschutzes durch Verfahrenssicherungen und der Vereinheitlichung der formellen Vorschriften bei den verdeckten Ermittlungsmaßnahmen.

1.) Anordnungskompetenz

Bei der Zuständigkeit für die Anordnung der Überwachung haben die grundlegenden Änderungen aus dem Jahre 2007[362] inhaltlich an die zuvor geltenden Bestimmungen angeknüpft. Die Anordnungen der Maßnahme erfolgen nach § 100e Abs. 1 StPO auf Antrag der Staatsanwaltschaft

---

[361] BVerfG, Urteil v. 3.03.2004, 1 BvR 2378/98 Rn 137, NJW 2004, 999 (1003); Unverwertbarkeit aber im Falle eines Selbstgesprächs im nichtöffentlichen Raum: BGH, Urteil v. 22.12.2011, 2 StR 509/10, NStZ 2012, 277; KMR-Bär, § 100d Rn 9; ablehnend Zimmermann, GA 2013, 162 (173); auch weisen Gespräche mit dem Verteidiger einen Bezug zum Kernbereich auf, BVerfG, Beschluss v. 12.10.2011, 2 BvR 236/08 Rn 215, StV 2012, 257 (259).

[362] Gesetz zur Neuregelung der Telekommunikationsüberwachung und anderer verdeckter Ermittlungsmaßnahmen sowie zur Umsetzung der Richtlinie 2006/24/EG v. 21.12.2007, BGBl. I 2007, S. 3198.

grundsätzlich durch das Gericht, das zudem nach Beendigung der Maßnahme gemäß § 100e Abs. 5 S. 2 StPO über das Ergebnis zu informieren ist.

Entsprechend dem zuvor geltenden Recht darf die Maßnahme bei Gefahr im Verzug auch von der Staatsanwaltschaft angeordnet werden. Die Eilanordnung tritt aber außer Kraft, wenn sie nicht binnen drei Werktagen richterlich bestätigt wird. Auch bei Außerkrafttreten bleiben die rechtmäßig erlangten Erkenntnisse jedoch verwertbar.[363]

2.) Dauer

Die Dauer der Maßnahme beträgt gemäß § 100e Abs. 1 S. 4, 5 StPO zunächst höchstens drei Monate, kann aber unbegrenzt immer wieder bis zu drei Monate verlängert werden, wenn die Voraussetzungen der Anordnung auch unter Berücksichtigung der gewonnenen Ermittlungsergebnisse fortbestehen.[364]

3.) Benachrichtigung Betroffener

Verpflichtungen zu Benachrichtigungen über die im Einzelnen genannten verdeckt durchgeführten strafprozessualen Maßnahmen sieht die Verfahrensregelung des § 101 StPO vor.

Im Falle des § 100a StPO ist eine Pflicht zur Benachrichtigung der Beteiligten der überwachten Telekommunikation nach § 101 Abs. 4 S. 1 Nr. 3 StPO unabhängig davon geboten, ob die Maßnahme erfolgreich oder erfolglos geblieben ist.[365]

a) Benachrichtigungszeitraum

Die Mitteilung hat nach § 101 Abs. 5 S. 1 StPO zu erfolgen, sobald dies ohne Gefährdung des Untersuchungszwecks, des Lebens, der körperlichen

[363] KMR-Bär, § 100e Rn 4; Meyer-Goßner/Schmitt-Köhler, § 100e Rn 4; eine zunächst im Regierungsentwurf neu aufgenommene Verwertungsbeschränkung bei fehlerhaft angenommener Eilbedürftigkeit war auf Empfehlung des Rechtsausschusses entfallen, da ein bei willkürlicher Annahme des Ausnahmetatbestandes in der Rechtsprechung anerkanntes Verwertungsverbot ausreiche, BT-Drs. 16/6979, S. 43.

[364] Zur Fristberechnung: Günther, Kriminalistik 2006, 683; eine zunächst geplante Verkürzung der Befristung auf 2 Monate und ein Entscheidungsvorbehalt zugunsten des übergeordneten Gerichts bei Verlängerung über 6 Monate hinaus (in BT-Drs. 16/5846, S.11) sind nicht in die Novellierung des § 100e StPO eingeflossen.

[365] Meyer-Goßner/Schmitt-Köhler, § 101 Rn 6.

Unversehrtheit und der persönlichen Freiheit einer Person und von bedeutenden Vermögenswerten möglich ist.[366]

Im Umkehrschluss aus § 101 Abs. 5 S. 1 StPO folgt, dass eine Benachrichtigung der Beteiligten solange zurückgestellt werden kann, wie eine Gefährdung der in Absatz 5 Satz 1 aufgelisteten Rechtsgüter möglich ist.

Mit den im Vergleich zur Vorgängerbestimmung vorgenommenen Beschränkungen der Zurückstellungsgründe[367] sind nebenher jedoch Kriterien eingeführt worden, die einen endgültigen Ausschluss der Benachrichtigung ermöglichen. Die Benachrichtigung muss[368] nach § 101 Abs. 4 S. 3 StPO unterbleiben, wenn die Abwägung der Interessen im Einzelfall das Überwiegen schutzwürdiger Belange einer betroffenen Person ergibt. Berücksichtigung finden hier neben Gefährdungen von Leben und Gesundheit oder des persönlichen Lebensbereichs auch geschäftsschädigende Auswirkungen.[369] Ein Absehen von der Benachrichtigung eines Beteiligten der überwachten Telekommunikation, gegen den sich die Maßnahme nicht gerichtet hat, ist gemäß § 101 Abs. 4 S. 4 StPO möglich, wenn dieser von der Überwachung nur unerheblich betroffen wurde und anzunehmen ist, dass er kein Interesse an der Benachrichtigung hat. Gemeint sind damit insbesondere die strafrechtlich unerheblichen Gespräche zur Besorgung von Alltagsgeschäften.[370]

Die auf Schutzwürdigkeitserwägungen beruhenden Ausschlusstatbestände werden durch Praktikabilitätsgründe ergänzt. Nach § 101 Abs. 4 S. 5 StPO sind Nachforschungen zur Feststellung der Identität der beteiligten Kommunikationsteilnehmer zur Ermöglichung der Benachrichtigung nur

---

366 Nach BVerfG, Beschluss v. 12.10.2011, 2 BvR 236/08 Rn 236, StV 2012, 257 (261/2) kann sich die Einordnung des Begriffs der bedeutenden Vermögenswerte beispielsweise an dem Merkmal der Sachen von bedeutendem Wert in §§ 315 Abs. 1, 315a Abs. 1, 315b Abs. 1, 315c Abs. 1 StGB orientieren; die Wertgrenze liegt bei § 315b Abs. 1 StGB für die Annahme einer Gefährdung einer Sache von bedeutendem Wert bei mindestens 750,00 Euro: BGH, Beschluss v. 28.09.2010, 4 StR 245/10 Rn 6,7, NStZ 2011, 215; nach KMR-Bär, § 101 Rn 27 muss eine Untergrenze von 1.300 Euro deutlich überschritten sein.

367 Die Streichung des Zurückstellungsgrundes der Gefährdung der öffentlichen Sicherheit geht nach BT-Drs. 16/5846, S. 60 auf die Forderung des Bundesverfassungsgerichts an den Gesetzgeber zurück, statt einer Generalklausel die Rechtsgüter zu benennen, die er als so gewichtig einschätzt, dass sie einen Mitteilungsausschluss rechtfertigen können. Zugleich ist der Zurückstellungsgrund der weiteren Verwendung eines verdeckten Ermittlers auf die Maßnahme des § 110a StPO beschränkt worden.

368 KMR-Bär, § 101 Rn 24: „zwingend".

369 KK-Bruns, § 101 Rn 23; KMR-Bär, § 101 Rn 24; Zöller, StraFo 2008, 15 (24).

370 BT-Drs. 16/5846, S. 60.

vorzunehmen, wenn dies unter Berücksichtigung der Eingriffsintensität der Maßnahme gegenüber der Person, des Aufwands für die Feststellung ihrer Identität sowie der daraus für diese oder andere Personen folgenden Beeinträchtigungen geboten ist. Neben dem Aufwand, der mit den Nachforschungen verbunden ist, sind danach auch Erwägungen hinsichtlich der Wirkung der Nachforschungen zu berücksichtigen, da die Ermittlungen zur Identitätsfeststellung den Grundrechtseingriff sowohl gegenüber der Zielperson als auch bei sonstigen Beteiligten noch vertiefen können.[371]

Auf Grund der mit Gesetz vom 21.12.2007[372] eingefügten gerichtlichen Verfahrenskontrolle in § 101 Abs. 6 S. 1, 2 und Abs. 7 StPO bedarf die Entscheidung über weitere Zurückstellungen nach Absatz 5 der Vorschrift und ihre Dauer der Zustimmung des für die Anordnung der Maßnahme zuständigen Gerichts, wenn die Benachrichtigung nicht binnen 12 Monate nach Beendigung der Maßnahme erfolgt. Das zuständige Gericht kann gemäß § 101 Abs. 6 S. 3 StPO auch einem endgültigen Absehen von der Benachrichtigung zustimmen, wenn die Voraussetzungen für eine Benachrichtigung mit an Sicherheit grenzender Wahrscheinlichkeit auch in Zukunft nicht eintreten werden. Der Regelungszusammenhang dieses Ausschlussgrundes mit dem gerichtlichen Kontrollverfahren in § 101 Abs. 6 StPO macht deutlich, dass diese Entscheidung erst nach einem Jahr zulässig ist.[373]

b) Zu benachrichtigende Betroffene

Nach § 101 Abs. 4 S. 1 Nr. 3 StPO sind im Falle der Überwachung nach § 100a StPO die Beteiligten der überwachten Telekommunikation zu benachrichtigen.

Die Neufassung aus dem Jahr 2007[374] hat den Begriff der Beteiligten aus der Vorgängerbestimmung durch die Beteiligten der überwachten Telekommunikation konkretisiert. Ausweislich der Gesetzeserläuterungen sind mit der geltenden Formulierung die Personen gemeint, die

---

[371] BT-Drs. 16/5846, S. 60; KK-Bruns, § 101 Rn 23 geht von einem Absehen von Nachforschungen im Regelfall aus.

[372] Gesetz zur Neuregelung der Telekommunikationsüberwachung und anderer verdeckter Ermittlungsmaßnahmen sowie zur Umsetzung der Richtlinie 2006/24/EG v. 21.12.2007, BGBl. I 2007, S. 3198.

[373] Puschke/Singelnstein, NJW 2008, 113 (116): nach einer Zurückstellung von mehreren Jahren; an keine Frist gebunden: KK-Bruns, § 101 Rn 27; Meyer-Goßner/Schmitt-Köhler, § 101 Rn 24.

[374] Gesetz zur Neuregelung der Telekommunikationsüberwachung und anderer verdeckter Ermittlungsmaßnahmen sowie zur Umsetzung der Richtlinie 2006/24/EG v. 21.12.2007, BGBl. I 2007, S. 3198.

telekommuniziert haben. Damit soll dem Umstand Rechnung getragen werden, dass bei diesen Personen in das Recht aus Art. 10 GG eingegriffen wird.[375] Dies wird regelmäßig bezüglich des Anschlussinhabers und des Beschuldigten gegeben sein. Hat der Inhaber des überwachten Anschlusses aber nicht über diesen kommuniziert, so muss er ebenso wenig unterrichtet werden wie der Beschuldigte, dessen Nachrichtenmittler mit einem Dritten gesprochen hat.[376]

4.) Berichterstattung

Ferner werden in § 101b Abs. 1 StPO Berichtspflichten für die Länder und die Generalbundesanwaltschaft begründet, deren Angaben in eine vom Bundesamt für Justiz im Internet zu veröffentlichende Übersicht über die angeordneten Maßnahmen einfließen.

5.) Rechtsschutz

Durch Gesetz vom 21.12.2007[377] ist mit § 101 Abs. 7 S. 2 StPO auch eine Bestimmung zum Rechtsschutz aufgenommen worden, die jedoch dem Wortlaut nach nur den nachträglichen Rechtsschutz betrifft.

Für die Form des Rechtsschutzes[378] gegen die Überwachung nach § 100a StPO ist somit nach wie vor danach zu unterscheiden, ob sich das Begehren gegen eine erledigte oder gegen eine noch nicht erledigte Maßnahme richtet. Innerhalb dieser Fälle ist zu unterscheiden, ob die Ermittlungsmaßnahme von einem Richter auf Grund originärer Kompetenz oder von einem Staatsanwalt im Wege des Eilverfahrens angeordnet worden ist. Wie bei den präventiv ausgerichteten heimlichen Überwachungen ist das Rechtsschutzbegehren gegen die Maßnahme nach § 100a StPO von der vorherigen Kenntniserlangung des Eingriffs abhängig, die auch in der strafprozessualen Praxis in der Regel erst durch die Benachrichtigung nach Beendigung der Maßnahme erfolgt. Gleichwohl ist der Rechtsschutz gegen eine noch fortdauernde Maßnahme denkbar.[379]

---

375 BT-Drs. 16/5846, S. 58; bereits bei der Vorgängerbestimmung war auf die materielle Rechtsposition abgestellt worden, so Welp, S. 113; in dem Sinne auch wohl Kaiser, NJW 1969, 18 (19).

376 BT-Drs. 16/5846, S. 58.

377 Gesetz zur Neuregelung der Telekommunikationsüberwachung und anderer verdeckter Ermittlungsmaßnahmen sowie zur Umsetzung der Richtlinie 2006/24/EG v. 21.12.2007, BGBl. I 2007, S. 3198.

378 Zum Rechtsschutz bei strafprozessualen Zwangsmaßnahmen auf der Basis der alten Rechtslage: Hölscher, S. 1 ff; Amelung, NJW 1979, 1687.

379 Meyer-Goßner/Schmitt-Köhler, § 101 Rn 26a: „praktisch nur selten“.

a) Rechtsschutz gegen die noch nicht erledigte Maßnahme

aa) Richterliche Anordnung der Maßnahme

Nach § 101 Abs. 7 S. 2 StPO können die in Absatz 4 Satz 1 der Vorschrift genannten Personen eine gerichtliche Entscheidung über die Maßnahme nach § 100a StPO auch nach ihrer Beendigung beantragen. Der Antrag des Betroffenen muss innerhalb von zwei Wochen nach seiner Benachrichtigung erfolgen.

Laut der Gesetzesbegründung[380] hat die ausdrückliche Regelung zum nachträglichen Rechtsschutz im Wesentlichen die Funktion, dem Betroffenen den Nachweis eines Rechtsschutzbedürfnisses im Einzelfall zu ersparen; soll aber nicht dazu führen, dass die zuvor anerkannten Rechtsbehelfe verdrängt werden.

Ist eine noch nicht erledigte Maßnahme auf Grund der Regelkompetenz des § 100e Abs. 1 S. 1 StPO durch den Richter angeordnet worden, so kann der Betroffene nach §§ 304 ff StPO - wie auf der Grundlage der alten Rechtslage - weiterhin die Beschwerde mit dem Ziel der Aufhebung der Anordnung einlegen.[381] Ist die Maßnahme, wie im Regelfall, ohne vorherige Anhörung des Betroffenen ergangen, kommt subsidiär, bei Ausschluss der Beschwerde nach §§ 304 Abs. 4 und 5, 305 StPO, ein Antrag auf nachträgliches rechtliches Gehör nach § 33a StPO in Betracht.

Aus der Formulierung „auch" in § 101 Abs. 7 S. 2 StPO wird teilweise geschlossen, dass auch der Antrag nach § 101 Abs. 7 StPO vor Erledigung der Maßnahme zulässig ist.[382] Dagegen sprich jedoch, dass mit den Bestimmungen zur Frist und Beschwerde spezielle Vorschriften nur für das nachträgliche Rechtsschutzbegehren getroffen worden sind.[383] Überdies sollte, der nur auf den nachträglichen Rechtsschutz abstellenden Gesetzesbegründung nach, auf Grund der Regelung vor allem der Nachweis des Rechtsschutzbedürfnisses entbehrlich werden, der bei einer noch nicht erledigten Maßnahme gerade keiner besonderen Darlegung bedarf.

bb) Eilanordnung der Maßnahme

Eine ausdrückliche Regelung des Rechtsschutzes gegen die im Rahmen der Eilkompetenz durch die Staatsanwaltschaft angeordnete Maßnahme enthält die Strafprozessordnung nicht. In der Literatur und Rechtsprechung

---

380 BT-Drs. 16/5846, S. 62.

381 Singelnstein, NStZ 2009, 481; Beulke/Swoboda, § 15 IV 2 Rn 497.

382 Meyer-Goßner/Schmitt-Köhler, § 101 Rn 25.

383 Singelnstein, NStZ 2009, 481 (482); BT-Drs. 16/5846, S. 62; Beulke/Swoboda, § 15 IV 2 Rn 502.

wurde die Frage des Rechtsschutzes kontrovers beurteilt. Nach der nunmehr aber ganz überwiegend in der Literatur und Rechtsprechung vertretenen Ansicht kann der Rechtsschutz durch Anrufung des Richters analog § 98 Abs. 2 S. 2 StPO begehrt werden.[384] Die frühere Gegenmeinung wendete hingegen das Rechtsschutzverfahren nach §§ 23 ff EGGVG an.[385] Gegen diese Ansicht spricht insbesondere die in § 23 Abs. 3 EGGVG angeordnete Subsidiarität des Rechtsweges, die auch gegenüber der analogen Anwendung des § 98 Abs. 2 S. 2 StPO geltend gemacht werden kann. Denn der Sinn der Regelung des § 23 Abs. 3 EGGVG besteht darin, die Zuständigkeit des sachnäheren Fachgerichts zu wahren.[386] § 98 Abs. 2 S. 2 StPO bezweckt gerade, dass dem Richter eine nachträgliche Entscheidung über den Grundrechtseingriff ermöglicht werden soll, der die Regelkompetenz zur Anordnung besitzt.[387] Insofern wird durch die Analogie die Sachnähe des Gerichts erhalten.

b) Rechtsschutz gegen die erledigte Maßnahme

Auch bezüglich des Rechtsschutzbegehrens gegen eine erledigte Maßnahme ist danach zu differenzieren, ob sich der Betroffene gegen eine richterliche Anordnung oder eine Eilentscheidung der Staatsanwaltschaft wendet.

aa) Richterliche Anordnung der Maßnahme

Die vormals ebenfalls umstrittene Frage, welches Rechtsschutzverfahren dem Betroffenen zur Verfügung steht, wenn er sich gegen eine erledigte Anordnung wenden möchte, ist durch die Einfügung des § 101 Abs. 7 S. 2 StPO in der Weise geregelt, dass der nachträgliche Rechtsschutz ohne Nachweis eines besonderen Feststellungsinteresses eröffnet ist.

Nach der Sonderregelung des § 101 Abs. 7 S. 2 StPO können die Beteiligten der überwachten Kommunikation auch nach Beendigung der Maßnahme bis zu zwei Wochen nach ihrer Benachrichtigung die Überprüfung der Rechtmäßigkeit der Maßnahme sowie der Art und Weise des Vollzugs beantragen. Über den Antrag entscheidet grundsätzlich das für die Anordnung zuständige Gericht, gegen dessen Entscheidung nach § 101 Abs. 7 S. 3 StPO die sofortige Beschwerde statthaft ist. Für den Fall, dass bereits

---

384 Beulke/Swoboda, § 15 IV 2 Rn 496; OLG Oldenburg, Beschluss v. 14.05.1990, 1 VAs 3/90, NStZ 1990, 504 bei erkennungsdienstlicher Behandlung; Fezer, Jura 1982, 18 (21); Merten/Merten, ZRP 1991, 213 (214); Singelnstein, NStZ 2009, 481 (482).

385 Schenke, NJW 1976, 1816 (1820, 1822/23).

386 Welp, Überwachung und Kontrolle, S. 68.

387 Welp, Überwachung und Kontrolle, S. 68.

die öffentliche Klage erhoben und der Angeklagte benachrichtigt worden ist, entscheidet nach § 101 Abs. 7 S. 4 StPO das mit der Sache befasste Gericht in der das Verfahren abschließenden Entscheidung. Die Gesetzesbegründung zur Neuregelung stellt ausdrücklich fest, dass die Unterrichtung des Betroffenen keine zwingende Voraussetzung bildet, aber den Lauf der zwei-Wochen-Frist auslöst.[388]

Auch im Hinblick auf den nachträglichen Rechtsschutz ist von einer Spezialregelung des § 101 Abs. 7 S. 2 StPO auszugehen, da bei der Annahme einer Parallelität zur Beschwerde nach den §§ 304 ff StPO die Voraussetzung der zwei-Wochen-Frist leerliefe.[389] Ferner könnte der erklärte Zweck der Fristsetzung, eine Löschung der Daten zu gewährleisten, weitgehend nicht erfüllt werden, da nach der Rechtsprechung des Bundesverfassungsgerichts eine Vernichtung der Daten erst erfolgen kann, wenn die Informationen nicht mehr für den nachträglichen Rechtsschutz benötigt werden.[390] Auf Grund der ausdrücklichen Bezugnahme auf Absatz 4 Satz 1 in § 101 Abs. 7 S. 2 StPO richtet sich der Rechtsschutz für die nicht dort genannten Personen aber weiterhin nach den allgemeinen Vorschriften.[391]

bb) Eilanordnung der Maßnahme

Im Hinblick auf den Rechtsschutz gegen die erledigte staatsanwaltschaftlich angeordnete Eilmaßnahme ist zu berücksichtigen, dass § 100e Abs. 1 S. 3 StPO die auch aus anderen Regelungsbereichen bekannte Verfahrensgestaltung[392] vorsieht, nach der die Eilanordnung der Maßnahme außer Kraft tritt, wenn sie nicht binnen drei Werktagen richterlich bestätigt wird. Mit der Möglichkeit einer richterlichen Entscheidung über die Aufrechterhaltung der fortdauernden Überwachung ist jedoch noch keine Aussage darüber getroffen, ob dem Betroffenen auch nach dem Außerkrafttreten der Anordnung Rechtsschutz gegen die Eilverfügung der Staatsanwaltschaft zusteht. Um den nach Art. 19 Abs. 4 S. 1 GG erforderlichen Rechtsschutz

[388] BT-Drs. 16/5846, S. 62; KMR-Bär, § 101 Rn 34b.

[389] BGH, Beschluss v. 8.10.2008, StB 12-15/08 Rn 6,7, NJW 2009, 454: Sonderregelung für den nachträglichen Rechtsschutz; KK-Bruns, § 101 Rn 34; Meyer-Goßner/Schmitt-Köhler, § 101 Rn 26a; offengelassen KMR-Bär, § 101 Rn 34a; für die Zulässigkeit der Beschwerde unter den Voraussetzungen des § 101 Abs. 7 StPO und auch zur Kritik an der Frist und zum Verfahren: Singelnstein, NStZ 2009, 481 (483 f).

[390] Dazu BT-Drs. 16/5846, S. 62 f.

[391] KMR-Bär, § 101 Rn 34b; Meyer-Goßner/Schmitt-Köhler, § 101 Rn 26a.

[392] Beispielsweise § 74 Abs. 2 S. 3 ZFdG.

zu gewährleisten, wurden auch hierzu unterschiedliche Rechtswege in der Literatur und Rechtsprechung diskutiert.[393]

Da die Regelung des § 101 Abs. 7 S. 2 StPO dem Wortlaut nach für alle Maßnahmen nach § 100a StPO gilt, ist auch der Rechtsschutz gegen eine Eilanordnung nach der Bestimmung nunmehr vorgegeben.[394]

C. Unterschiede der nachrichtendienstlichen und strafprozessualen Befugnisse zur Überwachung der Telekommunikation

Die Darstellung der präventiven G10-Abhörregelungen und der repressiven Eingriffsnorm des § 100a StPO mag bereits erkennen lassen, dass zwischen den Zuständigkeitsbereichen zwar einerseits erhebliche Divergenzen bestehen, auf der anderen Seite aber auch Gemeinsamkeiten und kaum fassbare Unterschiede feststellbar sind, die zu Überschneidungen der Eingriffsvoraussetzungen führen. Der Vergleich dieser präventiven und repressiven Befugnisse zur Telekommunikationsüberwachung kann sich daher nicht auf den Hinweis des Bestehens gleichartiger und unterschiedlicher Methoden beschränken, sondern erfordert eine strukturelle und inhaltliche Gegenüberstellung der Gefahrenabwehr- und Strafverfolgungsmaßnahmen.

Die geltende Gesetzeslage dokumentiert zunächst eine formale Trennung von Prävention und Repression, nach der die einzelnen Sicherheitsbereiche in verschiedenen Gesetzen geregelt und unterschiedlichen Institutionen zugewiesen sind. Anhand der jeweiligen Zielsetzungen, charakteristischen Strukturprinzipien und Ermächtigungsgrundlagen können dabei die verschiedenartigen Grenzen aufgezeigt werden, die den Überwachungsbehörden im Hinblick auf ihre Aufgaben gesetzt sind.

Die zwischen den Überwachungsvorschriften bestehenden Unterschiede der dargestellten Zuständigkeiten konturieren zugleich die verbleibenden Bereiche, in denen sich die Anwendungen überschneiden, und sind daher zuvörderst herauszustellen. Die Gegenüberstellung erlaubt im

---

[393] Die überwiegende Auffassung ging mit unterschiedlicher dogmatischer Begründung davon aus, dass dem Betroffenen das Verfahren nach § 98 Abs. 2 S. 2 StPO zur Feststellung der Rechtswidrigkeit der staatsanwaltschaftlichen Anordnung offensteht, dazu: Welp, Überwachung und Kontrolle, S. 74; differenzierend zwischen der Rechtswidrigkeit der Anordnung und der Art und Weise der Durchführung: Merten/Merten, ZRP 1991, 213 (214/5); a. A. zur Zulässigkeit des Rechtswegs nach den §§ 23 ff EGGVG gegenüber Maßnahmen der Staatsanwaltschaft Genzel, NJW 1969, 1562 (1566); zum Meinungsstand: Fezer, Jura 1982, 18, 126 (22 ff).

[394] Im Ergebnis Meyer-Goßner/Schmitt-Köhler, § 101 Rn 25.

Anschluss die Feststellung darüber, inwieweit Übereinstimmungen zwischen den Überwachungszuständigkeiten bestehen und damit eine Konkurrenzsituation sicherheitsbehördlichen Handelns gegeben ist.

I. Unterschiede der präventiven und repressiven Eingriffsziele

Die Trennung formaler Art unterstreicht, dass mit der Zielsetzung der Prävention und der Repression auch funktionelle, strukturelle und tatbestandliche Unterschiede verbunden sind.

1.) Zielsetzung der Prävention

Das Ziel der Prävention ist die Abwehr einer Gefahr für die jeweils im Gesetz aufgeführten Rechtsgüter. Mit dieser Zielsetzung bildet die Prävention eine unverzichtbare Grundfunktion des demokratischen Rechtsstaats.[395] Der sich dabei aus den Grundrechtsgarantien ergebende Schutzauftrag verpflichtet den Staat, die grundrechtlichen Freiheiten des Einzelnen und die Rechtsordnung vor Beeinträchtigungen zu schützen.[396] Diesen Schutzpflichten genügt der Staat nicht nur durch repressive Maßnahmen und Leistungen, sondern vor allem auch durch schadenverhinderndes Handeln.[397] Insbesondere in den Fällen, in denen neue Risiken für die grundrechtlichen Freiheiten entstanden sind oder eingetretene Schäden nicht oder nicht ausreichend beseitigt werden können, bestehen staatliche Handlungspflichten.[398]

Die Beschaffung der Informationen durch die Nachrichtendienste zielt auf das Erkennen und die Abwehr von Gefahren für die nationale Sicherheit und gesellschaftliche Grundordnung ab. Die Zielsetzung der Prävention kommt dabei auch in den Überwachungsgrundlagen des G10 zum Ausdruck, die die Abwehr einer Gefahr explizit als Eingriffsvoraussetzung bestimmen. Unterschiede bestehen nur insoweit, als die Befugnisse der §§ 3 und 5 G10 eine abstrakte Gefahr genügen lassen, wohingegen § 8 G10 das Vorliegen einer konkreten Gefahr verlangt.

---

395 Vgl. Herzog, HB d. StaatsR, Bd. IV, § 72 Rn 26, 38, 82, 89; Isensee, HB d. StaatsR, Bd. IX, § 190 Rn 132.

396 BVerfG, Beschluss v. 29.07.2009, 1 BvR 1606/08 Rn 9, 10, NVwZ 2009, 1494 (1495) für die Rechtsgüter aus Art. 2 Abs. 2 S. 1 GG; die Notwendigkeit rechtsstaatlicher Begrenzungen betont Lisken/Denninger-Denninger, HB d. PolR, 7. Auflg. 2021, Kap. B Rn 16, 24; Klein, DVBl. 1994, 489 (490).

397 Vgl. Isensee, HB d. StaatsR, Bd. IX, § 190 Rn 132.

398 Grimm, KritV 1986, 38 (48/9); zur Terrorgefahr Lisken/Denninger-Denninger, HB d. PolR, 7. Auflg. 2021, Kap. B Rn 12.

2.) Zielsetzung der Repression

Der Begriff der Repression, der grundsätzlich die Bekämpfung menschlichen Strebens durch autoritäre oder gesellschaftsimmanente Verhältnisse bezeichnet, umschreibt, auf die innere Sicherheit bezogen, die Durchführung strafverfahrensrechtlicher Maßnahmen durch die Strafverfolgungsorgane als Repräsentanten des staatlichen Gewaltmonopols.[399] Gegenstand ist die Straftat, die als Verletzung des in der Rechtsordnung zum Ausdruck kommenden sozialethischen Wertesystems des menschlichen Zusammenlebens zu verstehen ist.[400] Die Gewährleistung eines rechtsstaatlichen Strafverfahrens ermöglicht die Wiederherstellung des Rechtsfriedens durch eine gerechte Entscheidung über die Strafbarkeit des Beschuldigten und sichert zugleich die Rechte des Beschuldigten und das materielle Schuldprinzip.[401]

Der wirksamen Aufklärung und Verfolgung von Straftaten und Überführung des Täters kommt von Verfassungs wegen unter dem Gesichtspunkt der Menschenwürde und der Gewährleistung der rechtsstaatlichen Grundordnung somit eine hohe Bedeutung zu. So hat auch das Bundesverfassungsgericht in zahlreichen Entscheidungen das unabweisbare Bedürfnis einer wirksamen Strafverfolgung hervorgehoben, das öffentliche Interesse an einer möglichst vollständigen Wahrheitsermittlung im Strafverfahren betont und die wirksame Aufklärung gerade schwerer Straftaten als einen wesentlichen Auftrag eines rechtsstaatlichen Gemeinwesens bezeichnet.[402]

Insofern ist die Strafverfolgung an die Tatbestände und Anwendungsgrenzen des materiellen Strafrechts geknüpft.[403] Zudem hat das Bundesverfassungsgericht einschränkend betont, dass die vollständige Aufklärung der Straftat nicht die Erforschung der Wahrheit „um jeden Preis“[404] bedeute, sondern die Menschen- und Grundrechte der Verfahrensbeteiligten zu sichern seien.

Der Zweck des Strafverfahrens ergibt sich bei der Eingriffsnorm des § 100a StPO ausdrücklich aus dem Subsidiaritätsgrundsatz, wonach die Maßnahme zulässig ist, wenn die Erforschung des Sachverhalts oder die Ermittlung des Aufenthaltsortes des Beschuldigten auf andere Weise

399 Repression, in: Kettelhöhn, Kriminologie-Lexikon-online, abrufbar unter: http://www.krimlex.de/artikel.php?BUCHSTABE=&KL_ID=156, (abgerufen am 24.05.2022).

400 Wessels/Beulke/Satzger, AT, § 1 Rn 9 zur Schutzfunktion des Strafrechts.

401 Heghmanns, Strafverfahren, Rn 3, 4; Rieß, JR 2006, 269 (270, 277).

402 BVerfG, Urteil v. 12.03.2003, 1 BvR 330/96 Rn 57, NJW 2003, 1787 (1789); auch Singelnstein/Putzer, GA 2015, 564 (567).

403 MK/StPO-Kudlich, Einl. Rn 22.

404 BVerfG, Beschluss v. 24.02.2011, 2 BvR 1596/10 Rn 10, abrufbar unter: https://www.bundesverfassungsgericht.de, (abgerufen am 29.09.2022); BGHSt 31, 304 (309); Heghmanns, Strafverfahren, Rn 9.

aussichtlos oder wesentlich erschwert wäre. Die Formulierung nimmt ausdrücklich Bezug auf die Interessen der Strafverfolgung und macht deutlich, dass die Überwachungsmaßnahme nur zu diesem Zweck zulässig sein kann.

3.) Unterschiede der Zielsetzungen

Die präventiven und repressiven Zielsetzungen unterscheiden sich sowohl hinsichtlich der Ausrichtung als auch bezüglich des Anknüpfungspunktes. Geht es bei der Prävention um die Abwehr und damit um die Verhinderung eines mit hinreichender Wahrscheinlichkeit in der Zukunft eintretenden Schadens, so ist die repressive Tätigkeit als Verfahren zur Durchsetzung der Vorgaben des materiellen Strafrechts auf die Erforschung des strafrechtlich relevanten Sachverhalts einer begangenen Tat sowie auf die Erfassung und Überführung des Täters gerichtet. Während die Prävention somit an ein in der Zukunft liegendes Ereignis anknüpft, ist die Repression ein vergangenheitsorientiertes, punktuelles, tat- und täterbezogenes Tätigwerden. Die staatliche Prävention ist, als in die Zukunft gerichtetes Ziel, vorausschauend und daher prognostisch fundiert.[405] Nicht nur die Beurteilung der Frage, von wem eine Gefahr droht, sondern auch die Frage, ob überhaupt eine Rechtsverletzung bevorsteht, beruht letztlich auf behördlichen Prognosen, die naturgemäß unsicher sind. Insgesamt erhöht sich hierdurch die Wahrscheinlichkeit eines sachlich von dem Betroffenen nicht veranlassten Eingriffs in seine Grundrechte.

Eine effektive Schadensverhinderung bedeutet zugleich, dass der primäre Anknüpfungspunkt das Geschehen ist, das das Schadensereignis erwarten lässt; welcher Zustand oder welches Verhalten die Gefahr ausgelöst hat, ist danach zweitrangig.[406] Die sachbezogene Ausrichtung der präventiven Gefahr bedingt auch, dass es allein auf den objektiven Geschehensablauf und nicht auf subjektive Kriterien ankommt. Ziel der Erlangung von Informationen ist es nicht, den Betroffenen der Rechtsverletzung zu überführen, sondern möglichst viele Erkenntnisse über den mit dem Verursachungsbeitrag in Gang gesetzten Kausalverlauf, der zum Schadenseintritt führt, zu erfahren, um hierdurch den Schaden verhindern zu können. Kategorien, wie das Verschulden und die Verschuldensfähigkeit, die im Strafrecht von Bedeutung sind, spielen dabei keine Rolle.[407] Für die

---

405 Lisken/Denninger-Denninger, HB des PolR, 5. Auflg. 2012, Kap. D Rn 170.

406 Für das Polizeirecht: Paeffgen, Zur Theorie und Systematik des Strafprozessrechts, S. 13 (16).

407 Lisken/Denninger-Denninger, HB d. PolR, 5. Auflg. 2012, Kap D Rn 170; Knemeyer, POR, 11. Auflg. 2007, Rn 323.

Findung eines gerechten strafrechtlichen Urteils müssen sich die Sachverhaltsfeststellungen hingegen auch auf die Rechtswidrigkeit und Schuld des Täters beziehen. Im Mittelpunkt des strafprozessualen Verfahrens stehen geradeso die Persönlichkeitsmerkmale, Motivationen und die Verhaltensweisen des Täters, die sich in der strafbaren Rechtsverletzung manifestiert haben. Die strafprozessuale Verfolgung der Straftat macht sich daher weniger die Blickrichtung des Rechtsgüterschutzes als vielmehr die Sichtweise des Täters zu eigen.

Die sachbezogene Ausrichtung präventiver Tätigkeit wird insbesondere bei der strategischen Kontrolle des BND deutlich, deren Ziel, auch der technischen Konzeption nach, vornehmlich die Sammlung sach- und nicht personenbezogener Informationen ist.

Mit der Anknüpfung an die konkrete Straftat verwirklicht das Strafprozessrecht überdies die Ziele des materiellen Strafrechts. Nach den für das Strafrecht vertretenen Vereinigungstheorien besteht der Sinn der Strafe auch in der Vergeltung für das in der Vergangenheit begangene Unrecht.[408] Die Vergeltung sowie der Ausgleich der Schuld des Täters und der Sühnegedanke sind Aspekte, die der Gefahrenabwehr fremd sind.

II. Unterschiede der präventiven und repressiven Aufgabenbereiche

In die Erfüllung der präventiv und repressiv ausgerichteten Schutzaufträge sind die Aufgaben der Nachrichtendienste und Strafverfolgungsbehörden eingebettet.

1.) Aufgaben der Nachrichtendienste

Nach den §§ 1, 3 BVerfSchG obliegt den Verfassungsschutzbehörden der Schutz der freiheitlichen demokratischen Grundordnung, des Bestandes und der Sicherheit des Bundes und der Länder einschließlich der auswärtigen Belange der Bundesrepublik. Die Aufgaben der Nachrichtendienste bezwecken die Erhaltung der verfassungsmäßigen Grundlagen der Bundesrepublik Deutschland und damit eines nach innen und außen funktionsfähigen Staates, der seinen Bürgern die Wahrung ihrer Menschenrechte sichern kann. Das Hauptbetätigungsfeld ist dabei die Beobachtung und Aufklärung extremistischer Bestrebungen von Deutschen und Ausländern sowie von Aktivitäten fremder Geheimdienste.[409]

---

408 Zur Vereinigungstheorie: Wessels/Beulke/Satzger, AT, § 1 Rn 26.

409 Gröpl, S. 340.

Die Zuständigkeit erstreckt sich darüber hinaus auch auf die Aufklärung terroristischer Aktivitäten, obgleich diese nicht ausdrücklich in der Aufgabennorm des § 3 BVerfSchG enthalten sind.[410] Ein einheitlicher Begriff des Terrorismus existiert nicht.[411] In Anlehnung an den Ursprung des Wortes sind unter Terror diejenigen Verhaltensweisen zu verstehen, die Schrecken und Angst verbreiten. Differenzierter beschreiben europäische Definitionen terroristische Straftaten durch ein objektives Element, die Umschreibung der erfassten Gewalttaten, und ein subjektives Absichtsmerkmal. Den objektiven Tatbestand bilden Angriffe und Drohungen gegen das Leben, die körperliche Unversehrtheit und öffentliche Einrichtungen sowie Geiselnahmen und Waffendelikte. Subjektive Ziele können die Einschüchterung der Bevölkerung, der Zwang auf öffentliche und internationale Organisationen und die ernsthafte Destabilisierung oder Zerstörung staatlicher Grundstrukturen sein.[412] Hierzu zählen auch Aktionen gegen besonders herausgehobene Vertreter des gesellschaftspolitischen Systems, um das Ansehen des Regierungs- und Polizeiapparates zu beeinträchtigen.[413] Terrorismus richtet sich folglich sowohl gegen den Bestand und die Sicherheit des Bundes und der Länder als auch gegen die freiheitliche demokratische Grundordnung unter dem Gesichtspunkt der durch sie verbürgten Menschenrechte auf Leben, körperliche Unversehrtheit und persönliche Freiheit.[414]

Mit der durch das Terrorismusbekämpfungsgesetz[415] eingeführten Nummer 4 des § 3 Abs. 1 BVerfSchG bezieht sich der Aufklärungsauftrag auch auf Bestrebungen, die gegen den Gedanken der Völkerverständigung gerichtet sind. Hierdurch soll die Beobachtung ausländerextremistischer Organisationen ermöglicht werden, die sich gegen politische Gegner im Ausland richten und denen sicherheitsgefährdende Gewaltanwendungen oder entsprechende Vorbereitungshandlungen in Deutschland nicht oder nur sehr schwer nachzuweisen sind.[416]

---

410 Gröpl, S. 347.

411 Wissenschaftlicher Dienst des Deutschen Bundestags, WD 3 – 417/09, S. 4.

412 Götz, HB d StaatsR, Bd. IV, § 85 Rn 12 zum Rahmenbeschluss der Europäischen Union vom 13. Juni 2002.

413 Gröpl, S. 346.

414 Gröpl, S. 347; Roewer, § 3 BVerfSchG Rn 41.

415 Gesetz zur Bekämpfung des internationalen Terrorismus v. 9.01.2002, BGBl. I 2002, S. 361.

416 BT-Drs. 14/7386, S. 38: die Beobachtung dieser Bestrebungen war nach § 3 Abs. 1 Nrn. 1 bis 3 BVerfSchG nicht eindeutig legitimiert; gleichwohl bilden sie einen Nährboden für terroristische und extremistische Ansichten, deren nachrichtendienstliche Aufklärung als erforderlich angesehen wird.

Auch der illegale Technologietransfer kann im Weiteren einen nachrichtendienstlichen Aufklärungsgegenstand bilden, da die verbotene Ausfuhr von Kriegswaffen, Kernbrennstoffen und sonstigen sensitiven Gütern und Erkenntnissen die äußere Sicherheit der Bundesrepublik Deutschland oder einer ihrer Bündnispartner beeinträchtigen kann.[417] Hierbei können insbesondere die Beschaffungsmaßnahmen von Ländern, wie Libyen, hinsichtlich der ABC-Waffen und Trägertechnologien in einem möglichst frühen Stadium verhindert werden.[418] Oftmals werden die entsprechenden Exporte und Vermittlungen auch für oder von einem Nachrichtendienst begangen, was den Tatbestand des § 3 Abs. 1 Nr. 2 BVerfSchG eröffnet.[419]

Nach überwiegend vertretener Ansicht kann aus § 3 BVerfSchG jedoch ein Beobachtungsauftrag hinsichtlich der Organisierten Kriminalität nicht oder zumindest noch nicht abgeleitet werden.[420] Die Organisierte Kriminalität wird definiert als eine von Gewinn- und Machtstreben bestimmte planmäßige Begehung von Straftaten, die einzeln oder in ihrer Gesamtheit von erheblicher Bedeutung sind, wenn mehr als zwei Beteiligte auf längere oder unbestimmte Dauer arbeitsteilig unter Verwendung gewerblicher oder geschäftsähnlicher Strukturen unter Anwendung von Gewalt oder anderer zur Einschüchterung geeigneter Mittel oder unter Einflussnahme auf Politik, Medien, öffentliche Verwaltung, Justiz oder Wirtschaft zusammenwirken.[421] Trotz des hohen Gefährdungspotentials, das mit dieser Form der Kriminalität verbunden ist, sind jedoch noch keinerlei Anhaltspunkte dafür sichtbar, dass die Ausprägungen der Organisierten Kriminalität einen Umfang angenommen haben, der als Angriff auf die verfassungsmäßige Grundordnung angesehen werden kann.[422] Darüber hinaus liegt der Schwerpunkt der Organisierten Kriminalität in der Erlangung

417 Roewer, § 3 BVerfSchG Rn 67.

418 Hocke/Sachs/Pelz-Schrey, § 24 AWG Rn 2; zu den Ländern dürften auch der Iran, Irak sowie Pakistan und Syrien gehören.

419 Roewer, § 3 BVerfSchG Rn 69; daneben wirkt der Verfassungsschutz bei den personellen und technischen Sicherheitsüberprüfungen nach § 3 Abs. 2 S. 1 BVerfSchG mit.

420 Gröpl, S. 356; Gusy, StV 1995, 320 (325): nur wenn von einer Organisation Bestrebungen zur ungesetzlichen Beeinflussung der Verfassungsorgane ausgehen; das Bundeslagebild des BKA verzeichnet für 2021 bislang jedoch keine Anhaltspunkte für gefestigte Bezüge von OK-Gruppierungen zum Bereich Terrorismus/politisch motivierte Kriminalität, BKA, Bundeslagebild Organisierte Kriminalität 2021, S. 51, abrufbar unter: https://www.bka.de/DE/AktuelleInformationen/StatistikenLagebilder/Lagebilder/OrganisierteKriminalitaet/organisiertekriminalität_node.html, (abgerufen am 13.06.2022).

421 Zöller, S. 331; Gusy, StV 1995, 320 (321).

422 Gusy, StV 1995, 320 (324); Hetzer, StV 1999, 165 (168/9); Rupprecht, Kriminalistik 1993, 131 (134); Schaefer, NJW 1999, 2572.

wirtschaftlicher Vorteile und nicht in der politischen Ausrichtung des Agierens.[423]

Die Aufklärung der mit der internationalen Kriminalität verbundenen Gefahrenlagen steht jedoch in engem Bezug zur Tätigkeit des BND. Die Aufgabe des BND besteht gemäß § 1 Abs. 2 S. 1 BNDG in der Sammlung und Auswertung von Informationen zur Gewinnung von Erkenntnissen über das Ausland, die von außen- und sicherheitspolitischer Bedeutung sind. Der BND ist somit grundsätzlich für die Auslandsaufklärung und die Abwehr der Spionage zuständig. Erfasst werden aber auch Beeinträchtigungen der inneren Sicherheit durch Gefahren, die aus dem Ausland drohen.[424] Auf Grund der Erweiterung der Befugnisse bei der strategischen Überwachung kann der BND die Fernmeldekontrolle auch zur Bekämpfung der in § 5 Abs. 1 G10 genannten Rechtsverletzungen einsetzen. Bei den der organisierten Kriminalität zuzurechnenden Verhaltensweisen der Proliferation und des Drogenexports sowie der damit zusammenhängenden Geldwäsche handelt es sich um Aktivitäten, die oftmals dadurch gekennzeichnet sind, dass sie von ausländischen Staaten oder von Organisationen mit staatlicher Unterstützung oder Duldung ausgehen.[425]

Insgesamt besteht die präventive Arbeit des BND in einer umfassenden Informationsbeschaffung auf politischem und militärischem Gebiet, aber auch in der Beobachtung wirtschaftlicher und technischer Teilbereiche sowie der Aufklärung gegnerischer Nachrichtendienste.[426] Das Gleiche gilt für die Aufklärung terroristischer Vereinigungen, sofern diese Beziehungen zu ausländischen Gruppen aufweisen. Ferner übernimmt der BND nachrichtendienstliche Sonderaufträge des Bundeskanzlers und der Bundesregierung im Ausland.[427]

Der MAD erfüllt innerhalb des Geschäftsbereichs der Bundeswehr im Wesentlichen die Pflichten, die den Verfassungsschutzbehörden obliegen. Daneben ermöglicht § 2 MADG aber auch die Einbeziehung von Personen, die nicht dem Geschäftsbereich des Bundesministers der Verteidigung angehören oder in ihm tätig sind. Hierzu gehören insbesondere Personen aus dem Umfeld der dem militärischen Bereich Angehörenden.

---

[423] Hetzer, StV 1999, 165 (170); ähnlich Gusy, StV 1995, 320 (324); a.A. Werthebach/Droste-Lehnen, ZRP 1994, 57 (63), die eine politische Dimension bei der Feststellung OK-typischer Verhaltensweisen annehmen.

[424] Rupprecht, Kriminalistik 1993, 131 (134).

[425] BVerfG, Urteil v. 14.07.1999, 1 BvR 2226/94 Rn 204, NJW 2000, 55 (60); Zöller, S. 360.

[426] Gröpl, S. 222; Haedge, S. 204; Porzner, Die Verwaltung 1993, 235 (240).

[427] Gröpl, S. 222; Porzner, Die Verwaltung 1993, 235 (240); Zöller, S. 306.

Der Sinn der Sammlung und Auswertung von Informationen durch die Nachrichtendienste besteht grundsätzlich darin, die Bundesregierung über verfassungsfeindliche Bestrebungen sowie außen- und sicherheitspolitisch relevante Erkenntnisse zu unterrichten.[428] Dabei besteht insbesondere beim BND eine enge Verbundenheit mit der Richtlinienkompetenz des Bundeskanzlers und dessen Leitung der Bundesregierung.[429] Die von den Nachrichtendiensten verfassten Berichte gehen darüber hinaus nicht nur an die zuständigen Minister, den Kanzler und die Staatssekretäre, sondern auch an die Fraktionschefs im Bundestag einschließlich der Opposition.[430] Die Gewinnung der Informationen ist damit ein unentbehrliches Beurteilungselement der Entscheidungsfindung der Regierung und der Mitglieder des Bundestages. In dieser Aufgabe liegt das primäre Definitionsmerkmal der Zweckbestimmung der Nachrichtendienste.

Die Ausrichtung auf die Aufklärung politisch-relevanter Beurteilungsgrundlagen ergibt sich auch aus den Begriffsbestimmungen des § 4 Abs. 1 BVerfSchG, wonach die durch den Verfassungsschutz zu erforschenden Verhaltensweisen politisch motiviert sein müssen.

2.) Aufgaben der Strafverfolgungsbehörden

Die Aufgaben der Strafverfolgungsbehörden bei der Durchsetzung des materiellen Strafrechts bestehen zum einen darin, die Wahrheit über das Vorliegen einer Straftat zu erforschen sowie den Straftäter zu ermitteln, zum anderen darin, den unschuldigen Verdächtigen vor einer Verurteilung zu bewahren und die Rechte im Verfahren zu gewährleisten.[431] Die Zuständigkeit weist die Strafprozessordnung originär der Staatsanwaltschaft und den Polizeibehörden in § 161 i.V.m. § 163 StPO zu. Ziel der Erforschung des Sachverhalts ist es nach §§ 160 Abs. 1, 170 Abs. 1 StPO, der Staatsanwaltschaft die Entschließung darüber zu ermöglichen, ob bezüglich eines bestimmten Täters wegen einer bestimmten Straftat „genügend Anlass zur Erhebung der öffentlichen Klage" besteht oder das Verfahren einzustellen ist. Zur Erkennung der materiellen Wahrheit über das Vorliegen einer Straftat sind gemäß § 160 Abs. 2 StPO nicht nur belastende, sondern auch entlastende Umstände zu ermitteln, weil erst aus der Gesamtbetrachtung eine Entscheidung zum Verdachtsgrad getroffen werden kann.[432] Die Ermittlungspflicht erstreckt sich nach § 160 Abs. 3 StPO darüber hinaus

---

[428] Ritter, S. 17, 24 für den BND; Roggan, GA 2016, 393 (403).

[429] Zöller, S. 305.

[430] Ritter, S. 24.

[431] KK-Fischer, Einl. Rn 1, 3; ausführlich Roxin/Schünemann, § 1 Rn 2 - 8.

[432] Zu diesem Ermittlungsauftrag: Heghmanns, GA 2003, 433 (442).

auch auf die Kriterien, die für die Bestimmung der Rechtsfolgen der Tat von Bedeutung sind. Hierzu gehört die Erforschung der Persönlichkeit des Täters und sein Werdegang.[433]

Zur Aufnahme der Ermittlungen und zur Erforschung des Sachverhalts sind die Staatsanwaltschaften auf Grund des in den §§ 160 Abs. 1, 152 Abs. 2 StPO verankerten Legalitätsprinzips bei Vorliegen des Anfangsverdachts einer Straftat verpflichtet.[434] Umfasst sind dabei alle Tatbestände des Strafgesetzbuches sowie die zahlreichen Strafvorschriften der Nebengesetze.

3.) Unterschiede der Aufgaben

Die von einander abweichenden Zielsetzungen der präventiven und repressiven Sicherheitsbereiche bedingen strukturelle Unterschiede hinsichtlich der Zuständigkeit der mit den Ermittlungen beauftragten Behörden. Der Vergleich verdeutlicht, dass die repressive Aufklärungstätigkeit teilweise erheblich weiter, andererseits auch wesentlich enger als die der Gefahrenabwehr ist.

Neben der Beobachtung von extremistischen Bestrebungen obliegt den Nachrichtendiensten die Aufklärung des Terrorismus und des illegalen Technologietransfers. Die Beschränkung auf den Schutz der verfassungsmäßigen Ordnung des Bundes und der Länder und die dadurch bedingte weitgehende Ausklammerung der Organisierten Kriminalität zeigen zugleich, dass die Nachrichtendienste nicht mit der Aufklärung der sogenannten allgemeinen Kriminalität beschäftigt sind, die keinen Bezug zu den elemetaren Schutzgütern des Staates aufweist. Der Aufgabengegenstand der Strafverfolgungsbehörden geht hingegen weit über diese Bereiche hinaus und erstreckt sich auf Ermittlungen in allen strafrechtlichen Deliktsfeldern. Demgegenüber umfasst der Schutzauftrag der Nachrichtendienste über den Bereich des Strafrechts hinaus auch die Beeinträchtigungen, die auf strafrechtlich irrelevanten Gefahrenursachen beruhen, sofern sie die einschlägigen Rechtsgüter bedrohen oder schädigen.

Bei den dem BND zugewiesenen Zuständigkeiten in Kriminalitätsbereichen, wie beispielsweise der Aufklärung der Proliferation oder Hackerangriffe nach § 5 Abs. 1 G10, handelt es sich überdies oftmals um internationale oder besonders bedeutsame Ermittlungsanlässe, die auch von ausländischen Staaten oder von Organisationen mit staatlicher Unterstützung oder Duldung initiiert werden. Hierdurch entsteht eine Dimension, die mit den Mitteln der Strafverfolgung allein nicht bekämpft werden

---

433 Meyer-Goßner/Schmitt-Köhler, § 160 Rn 17.

434 Nur Meyer-Goßner/Schmitt-Schmitt, § 152 Rn 2, 4.

kann, sondern internationale außenpolitische Reaktionen auf Regierungsebene erforderlich macht.[435]

Hierin spiegelt sich wider, dass die nachrichtendienstlichen Informationserhebungen auf die Aufklärung politisch motivierter Verhaltensweisen und die Beratung der Exekutive bei der Willens- und Entscheidungsfindung zu Fragen der inneren und äußeren Sicherheit begrenzt sind. Der strafrechtliche Ermittlungsauftrag verpflichtet demgegenüber unabhängig von einer politischen Motivation der Taten zur Verfolgung und zielt auf die Entscheidung über die Anklageerhebung und die reibungslose Durchführung der prozessualen Hauptverhandlung ab.

III. Unterschiede der präventiven und repressiven Arbeitsweisen

Zur Erfüllung der Aufgaben stehen den Sicherheitsbehörden zahlreiche Mittel und Methoden zur Verfügung, deren Einsatz von einer an den Zielsetzungen ausgerichteten Arbeitsweise und ihren Prinzipien bestimmt wird.

1.) Arbeitsweise der Nachrichtendienste

Zur Sammlung und Auswertung nachrichtendienstlich relevanter Informationen darf das Bundesamt für Verfassungsschutz nach den §§ 8, 9 BVerfSchG nachrichtendienstliche Mittel einsetzen. Hierzu gehören die in § 8 Abs. 2 BVerfSchG nicht abschließend genannten Methoden und Gegenstände, wie der Einsatz von V-Leuten[436] oder Tarnpapieren. Das Charakteristikum nachrichtendienstlicher Tätigkeit ist dabei, dass die Zuständigkeit auf die Aufklärung und Beobachtung[437] von Gefahren und die Erstellung von Lageberichten und Analysen beschränkt bleibt. Dies ist Ausdruck des aus der Geschichte des Reichssicherheitshauptamtes bzw. der „Gestapo" zu erklärenden Trennungsgebots[438], dessen Ziel darin besteht, nachrichtendienstliche Informationserhebung und exekutive Zwangsbefugnisse streng voneinander zu trennen und letztere auf die polizeiliche

---

435 BVerfG, Urteil v. 14.07.1999, 1 BvR 2226/94 Rn 204, NJW 2000, 55 (60); in diesem Sinne Zöller, S. 360.

436 Eine ausdrückliche Regelung besteht nunmehr in den §§ 9a und b BVerfSchG.

437 Zum Beobachtungsauftrag: Lindner/Unterreitmeier, DVBl. 2019, 819.

438 Borgs-Maciejewski/Ebert, § 3 BVerfSchG Rn 128; weitere Nachweise bei Roewer, § 3 BVerfSchG Rn 191, der den Grund für die Beschränkung der Befugnisse der Nachrichtendienste demgegenüber in der mangelnden Kontrollierbarkeit einer starken, die Besatzungszonen übergreifenden Zentralgewalt sieht.

Gefahrenabwehr bzw. die Verfolgung von Straftaten zu beschränken.[439] Auszugehen ist dementsprechend von einer organisatorischen und befugnisrechtlichen Trennung zwischen den Nachrichtendiensten und den Strafverfolgungsbehörden, die einfachgesetzlich in § 2 Abs. 1 S. 3, § 8 Abs. 3 BVerfSchG sowie in § 1 Abs. 4, § 4 Abs. 2 MADG und § 1 Abs. 1 S. 2, § 2 Abs. 3 BNDG Aufnahme gefunden hat. Danach dürfen die Nachrichtendienste weder einer polizeilichen Dienststelle angegliedert werden, noch stehen ihnen polizeiliche Befugnisse oder Weisungsbefugnisse zu. Zu den „Polizeibefugnissen“, die den Nachrichtendiensten versagt sind, zählen die mit polizeilichem Zwang durchsetzbaren Standardmaßnahmen, wie die Identitätsfeststellung, die Festnahme, Ingewahrsamnahme sowie Durchsuchungen und Beschlagnahmen.[440] Daraus folgt, dass die nachrichtendienstlich benötigten Informationen von den Betroffenen freiwillig - eventuell unter Täuschung - gegeben oder von den Diensten heimlich erlangt werden müssen.

Die Begrenzung der Mittel und die Bedeutung des Schutzes der obersten Grundwerte der Bundesrepublik Deutschland sind auch die Rechtfertigung dafür, dass die Dienste bereits frühzeitig im Vorfeld von Gefahren Erkenntnisse über verfassungsfeindliche Bestrebungen sammeln dürfen.[441] Der frühzeitige Einsatz der Arbeit zur Erkenntnisgewinnung bildet den traditionsgemäß zugewiesenen Aufgabenbereich der Dienste, der lange Zeit für die anderen Sicherheitsbehörden verschlossen war. Deutlich wird dieser Aufgabenbereich durch die Anknüpfung der Befugnisse an die Begriffe der „tatsächlichen Anhaltspunkte“ und der „Bestrebungen“.

Aus der Zielsetzung der Früherkennung im Vorfeld konkreter Gefahren folgt die Verlagerung auf die Erforschung von Strukturen.[442] Die langfristige und strukturelle Beobachtung von extremistischen und terroristischen Gruppierungen sowie die Aufklärung von politischen Zusammenhängen und Verflechtungen können nicht auf monokausale oder punktuelle Taterwägungen gestützt werden, wie sie für eine auf den konkreten Einzelfall bezogene Strafverfolgung typische sind.

Überdies besteht mit dem Bundesamt für Verfassungsschutz im Nachrichtendienstbereich eine Behörde, die eine Zentralstellenfunktion übernimmt und der nach § 5 BVerfSchG ausdrücklich eine zentrale

---

[439] Zum Trennungsgebot: Teil 4 B. I. 3.) d) cc).

[440] Roewer, § 3 BVerfSchG Rn 200.

[441] Roth, in: SicherheitsR, § 4 BVerfSchG Rn 105.

[442] Sächsisches Staatsministerium des Innern, Verfassungsschutzbericht 2009, S. 3 Fn 1, abrufbar unter: https://www.publikationen.sachsen.de, (abgerufen am 29.09.2022); Roth, in: SicherheitsR, § 4 BVerfSchG Rn 109: Entwicklungstendenzen.

Informationsauswertung sowie technische und fachliche Unterstützungsaufgaben zugeschrieben sind.[443]

Im Bereich der Gefahrenabwehr spielt ferner der Grundsatz der Effektivität eine besondere Rolle.[444] Ansatzpunkte für die Berücksichtigung der Effektivität als Maßstab präventiven Handelns bilden die Tatbestandsanforderungen, wonach die Aufgabenerfüllung nicht erschwert werden darf.[445] Anerkannt ist die Berücksichtigung des Grundsatzes der Effektivität darüber hinaus im Rahmen der Auswahl der Heranziehung eines von mehreren Verantwortlichen.[446] Da die Gefahrenabwehr zu einem Zeitpunkt einsetzt, in dem mögliche Rechtsgüterverletzungen noch abgewendet werden können, wird die Schadensverhütung - durch den Verhältnismäßigkeitsgrundsatz gemildert - um fast jeden Preis als geboten angesehen.[447] Auch geht es vorrangig darum, Schäden von hochrangigen Rechtsgütern der inneren und äußeren Sicherheit der Bundesrepublik Deutschland abzuwenden. Das Ergebnis der Abwägung bei der Durchführung gefahrenabwehrender Maßnahmen wird daher in beträchtlichem Maße zugunsten der Effektivität ausfallen. Insbesondere die mit Gesetz vom 17.11.2015 eingefügten §§ 9a und 9b BVerfSchG zum Einsatz von V-Leuten zeigen, dass sogar eine weitreichende Begehung von Straftaten im Bereich nachrichtendienstlicher Aufgabenerfüllung zulässig ist.[448]

Zugleich soll mit Rücksicht auf das frühe Eingreifen präventiver Maßnahmen auch eine entsprechende Flexibilität zur effektiven Aufgabenerledigung sichergestellt werden.[449] Der frühe Zeitpunkt der Vorfeldbeobachtung eröffnet einen weiten Spielraum bei der taktischen Vorgehensweise und der Schwerpunktsetzung hinsichtlich der Erkenntnisziele. Die Flexibilität des Handelns wird dadurch begünstigt, dass für die Gefahrenabwehr, wie für die Eingriffsverwaltung grundsätzlich, die Geltung des Opportunitätsprinzips

---

[443] Durch die Novelle des BVerfSchG aus dem Jahre 2015 (Gesetz zur Verbesserung der Zusammenarbeit im Bereich des Verfassungsschutzes v. 17.11.2015, BGBl. I 2015, S. 1938) ist die Zentralstellenfunktion des Bundesamtes für Verfassungsschutz gestärkt worden; zum Gesetz: Krings, DRiZ 2015, 124; Marscholleck, NJW 2015, 3611.

[444] Lisken/Denninger-Denninger, HB d. PolR, 5. Auflg. 2012, Kap. D Rn 170: „effektive und flexible Reaktion auf eine Schadenswahrscheinlichkeit"; Knemeyer, POR, 11. Auflg. 2007, Rn 123.

[445] Z.B. § 3 Abs. 2 G10.

[446] Knemeyer, POR, 11. Auflag. 2007, Rn 340.

[447] Paeffgen, Zur Theorie und Systematik des Strafprozessrechts, S. 13 (20).

[448] Gesetz zur Verbesserung der Zusammenarbeit im Bereich des Verfassungsschutzes v. 17.11.2015, BGBl. I 2015, S. 1938; dazu: Roggan, GA 2016, 393 (398 ff), kritisch zu den Regelungen: Scharmer, StV 2016, 323, (325, 327).

[449] Lisken/Denninger-Rachor, HB d. PolR, 5. Auflg. 2012, Kap. E Rn 101: Flexibilität polizeilichen Handelns.

kennzeichnend ist.[450] Nach dem Opportunitätsprinzip liegt es im Ermessen der Behörde, die Sachlage zu bewerten und eine Entscheidung bezüglich des Tätigwerdens zu treffen. Das Ermessen besteht dabei in zweifacher Hinsicht. Zum einen kann die Behörde entscheiden, ob in einer bestimmten Situation überhaupt eine Maßnahme ergriffen werden soll; zum anderen kann sie wählen, mit welchen Mitteln der sich im Einzelfall anbietenden Maßnahmen sie einschreiten will.[451]

Dass auch die Antragstellungen und Anordnungen der Überwachung nach dem G10 im Ermessen der Behörden liegen, ergibt sich aus dem Gesetzeswortlaut, wonach die Maßnahmen angeordnet werden „dürfen" oder angeordnet werden „können".[452] Selbst bei Vorliegen aller tatbestandlichen Voraussetzungen sind der Antrag bzw. die Anordnung nicht zwingend vorgeschrieben.

Im Rahmen der pflichtgemäßen Ausübung des Ermessens fließen dabei die nachrichtendienstlichen Erfahrungen, Motive und Interessen in die Entscheidung mit ein, die durch die geheimen Kenntnisse sowie die speziellen Arbeitsweisen, Strategien und Taktiken geprägt sind.

Der auf der Rechtsfolgenseite bestehende Entscheidungsspielraum des Ermessens wird auf der Tatbestandsseite ergänzt durch die im präventiven Sicherheitsrecht bestehende Vielzahl unbestimmter Rechtsbegriffe.[453] Als unbestimmte Rechtsbegriffe können insbesondere die Formulierungen der „tatsächlichen Anhaltspunkte", der „Gefahr" und der „Bestrebung" angesehen werden.[454] Als Bestandteil gesetzlicher Eingriffstatbestände ermöglichen damit auch diese Bezeichnungen eine Entscheidung über die Anwendung der Überwachungsmaßnahmen unter Heranziehung ermittlungstechnischer Erfahrungen[455] sowie präventiver Lageeinschätzungen und Prognosen.

---

450 Roewer, § 3 BVerfSchG Rn 202 für die Verfassungsschutzbehörden.

451 Lisken/Denninger-Rachor, HB d. PolR, 5. Auflg. 2012, Kap. E Rn 105; Lisken/Denninger-Graulich, HB d. PolR, 7. Auflg. 2021, Kap. E Rn 118, 109.

452 Z.B. § 3 Abs. 1 G10: „dürfen".

453 Bei deren Auslegung und Anwendung wird der Verwaltung von der gerichtlichen Rechtspraxis eine eigene, gerichtlich nur begrenzt überprüfbare Entscheidungsbefugnis eingeräumt, VGH Mannheim, Urteil v. 27.09.1999, 1 S 1781/98, NVwZ-RR 2000, 287 (288): „Prognosespielraum"; dagegen Lisken/Denninger-Buchberger, HB d. PolR, 7. Auflg. 2021, Kap K Rn 78; Dietrich/Eiffler-Warg, HB d. ND, V § 1 A Rn 23.

454 Lisken/Denninger-Buchberger, HB des PolR, 7. Auflg. 2021, Kap K Rn 78 für den Begriff der Gefahr; Dietrich/Eiffler-Warg, HB d. ND, V § 1 A Rn 23 für den Begriff der tatsächlichen Anhaltspunkte; Dietrich/Eiffler-Warg, HB d. ND, V § 1 A Rn 8: Begriff Gefahr und Bestrebung sind eng verwandt.

455 BVerwGE 66, 192 (199) für Anhaltspunkte.

Die Arbeitsweise der Nachrichtendienste wird dabei in besonderem Maße durch Geheimhaltung bestimmt. Um den politischen Entscheidungsträgern eine verlässliche Grundlage für die Außen- und Sicherheitspolitik zu liefern, ist es erforderlich, ein möglichst genaues Lagebild über das Ausland und die inländischen verfassungsfeindlichen Bestrebungen zu zeichnen. Da die aus allgemein zugänglichen Quellen erlangten Informationen nicht immer richtig und vollständig sind, ist der Nachrichtendienst darauf angewiesen, Informationen zu beschaffen, die von den Betreffenden zurückgehalten werden.[456] Für die Arbeitsweise der Nachrichtendienste bedeutet dies, dass sie sowohl selbst auf den Einsatz heimlicher Aufklärungsmethoden als auch auf die Abschirmung ihrer Behörde, Quellen und Informationsarbeit bedacht sein müssen.[457]

Auch der BND ist, als geheimer Auslandsnachrichtendienst, zur Erfüllung seiner Aufgaben auf die Aktivierung geheimer Nachrichtenquellen, wie zum Beispiel das Anwerben und Ausfragen von ausländischen Geheimnisträgern, angewiesen.[458] Dabei unterhält er weltweit Außenstellen, die als Legale-Residenturen bei den deutschen Botschaften oder als Illegale-Residenturen beim Goetheinstitut oder bei Tarnfirmen eingerichtet sind.[459]

Darüber hinaus werten die Nachrichtendienste in großem Umfang auch offene Quellen, wie zum Beispiel Zeitungsmeldungen, Nachrichtensendungen und Internetauftritte, aus.[460]

Die aus offenen und geheimen Quellen erlangte Fülle der Informationen wird in der nächsten Phase der Aufklärungsarbeit auf der Grundlage nachrichtendienstlicher Methoden ausgewertet. Die Auswertung umfasst die Auswahl, Prüfung und Bewertung der Nachrichten sowie die Ergänzung, Zusammenstellung, Aufbewahrung und Verwertung der gewonnenen Ergebnisse.[461] Die Bewertung der Information erfolgt dabei sowohl hinsichtlich der Zuverlässigkeit der Quellen als auch im Hinblick auf den Wahrheitsgehalt und die Relevanz des Quelleninhalts auf der Grundlage nachrichtendienstlich erprobter Analysemethoden und Erfahrungen.[462] Eine Bindung an gesetzlich bestimmte Grundsätze besteht - mit

456 Porzner, Die Verwaltung 1993, 235 (244).

457 Porzner, Die Verwaltung 1993, 235 (244); die besondere Notwendigkeit heimlicher Arbeit betont Dietrich/Eiffler-Gusy, HB d. ND, IV § 1 D Rn 69; ähnlich Roggan, GA 2016, 393 (405); zum Quellenschutz auch Roewer, § 3 BVerfSchG Rn 161.

458 Zur operativen Aufklärung: Haedge, S. 206, 215.

459 Zöller, S. 307.

460 Haedge, S. 207; Ritter, S. 20/21.

461 Ritter, S. 22.

462 Zur Auswertung auch Roewer, § 3 BVerfSchG Rn 9; Ritter, S. 22, 23.

Ausnahme des Verhältnismäßigkeitsprinzips - bei der Auswertung und Analyse weitgehend jedoch nicht.[463] Als ein Beispiel für die mögliche Weite geheimdienstlicher Arbeitsmethoden kann die sogenannte „Desinformation“ dienen.[464] Hierbei werden den Medien bewusst gefälschte Unterlagen zur Veröffentlichung zugespielt, um Stimmungen und Einstellungen der Bevölkerungen oder Regierungen zu beeinflussen.

Die Arbeit der Nachrichtendienste ist ferner durch eine enge Koordination und Kooperation untereinander, aber auch durch ein hohes Maß an Zusammenarbeit mit ausländischen Partnerdiensten und Institutionen bestimmt.[465] Hierdurch gelangen die Behörden aber auch an Informationen, die sie selbst nicht oder nicht in dieser Weise hätten erheben können oder dürfen. Dass diese gleichwohl in die eigenen Auswertungen und Beurteilungsgrundlagen einbezogen werden, zeigt eindrucksvoll eine Äußerung des ehemaligen Präsidenten des Bundesamtes für Verfassungsschutz Fromm, aus der sich ergibt, dass auch durch Foltermaßnahmen erlangte Erkenntnisse genutzt werden oder zumindest genutzt wurden.[466]

2.) Arbeitsweise der Strafverfolgungsbehörden

Die strafprozessualen Ermittlungen unterliegen den vielfältigen Regularien und der prinzipiell strengen Formbindung der Strafprozessordnung. Als ein nicht nur das materielle Strafrecht durchsetzendes, sondern auch grundrechtsicherndes Verfahren zur Schuldfeststellung[467] bestimmen die das Strafverfahren beherrschenden Grundsätze die Arbeitsweise der Strafverfolgungsbehörden.

Das in den §§ 160 Abs. 1 und 152 Abs. 2 StPO konkretisierte Legalitätsprinzip verpflichtet die Staatsanwaltschaft bei Vorliegen eines Anfangsverdachts, die Ermittlungen aufzunehmen. Der Anfangsverdacht

---

463 Roewer, § 3 BVerfSchG Rn 10; datenschutzrechtliche Bestimmungen, wie z.B. die Regelungen zur Kennzeichnung, Speicherung, Löschung und Übermittlung von Daten, sind weitgehend spezialgesetzlich im G10 und ergänzend im BVerfSchG, BNDG und MADG vorgesehen.

464 Dazu Ritter, S. 25 ff; zu berücksichtigen ist, dass den deutschen Nachrichtendiensten wegen ihres Auftrags subversive Aktivitäten nicht zustehen, Dietrich/Eiffler-Warg, HB d. ND, V § 1 A Rn 6.

465 Vgl. z.B. § 22b, § 22c BVerfSchG; Bundesamt für Verfassungsschutz, Was macht eigentlich der Verfassungsschutz? - Wissenswertes rund um den deutschen Inlandsnachrichtendienst, S. 26/7, Stand: Juli 2022, abrufbar unter: https://www.verfassungsschutz.de/SharedDocs/publikationen/DE/allgemein/2022-08-18-faq.pdf?_blob=publikationFile&v=3, (abgerufen am 29.09. 2022); Ritter, S. 108 ff.

466 Bei Roggan/Bergemann, NJW 2007, 876 (877).

467 KK-Fischer, Einl. Rn 1.

setzt zureichende tatsächliche Anhaltspunkte für das Vorliegen einer verfolgbaren Bezugstat voraus.[468] Die Ermittlungen sollen sich auf die für die gesetzlichen Tatbestandsmerkmale maßgeblichen inneren und äußeren Tatsachen und Vorgänge konzentrieren. Ermittlungseingriffe dürfen nur auf das Auffinden von verfahrens- und sachverhaltsrelevanten Beweismitteln gerichtet sein.[469]

Der Sinn des Verfolgungszwangs besteht darin, die Verfolgung jedes Verdächtigen, ohne Ansehen der Person, zu gewährleisten.[470] Da danach nicht den Strafverfolgungsbehörden die Entscheidung darüber überlassen ist, wer im konkreten Fall bestraft werden soll, sondern die Voraussetzungen und das Verfahren staatlicher Sanktionierung durch das Gesetz selbst bestimmt werden, verwirklicht der Grundsatz das rechtsstaatliche Demokratieprinzip sowie die Grundsätze der Gesetzmäßigkeit staatlichen Handelns und der Gleichheit vor dem Gesetz. Die Staatsanwaltschaft wird dadurch zur Objektivität verpflichtet und hat damit nicht nur die Belange der Funktionsfähigkeit der Strafrechtspflege, sondern auch die Interessen des Betroffenen an der Wahrung seiner Grundrechte und seiner Stellung in dem grundrechtsorientierten Verfahren wahrzunehmen.

Zu den grundlegenden strafprozessualen Verfahrensgarantien gehören neben dem Legalitätsprinzip insbesondere das Fairnessprinzip in Verbindung mit der Chancengleichheit, die Fürsorgepflicht und Unschuldsvermutung sowie das Offizialprinzip, das Akkusationsprinzip und die Beweisgrundsätze. Darüber hinaus werden durch die Regelungen der Strafprozessordnung die weiteren Verfahrensgrundsätze, das rechtliche Gehör, das Recht auf den gesetzlichen Richter sowie die Prinzipien der Öffentlichkeit und der Mündlichkeit des Prozesses gewahrt.[471]

Der elementarste Grundsatz des Strafverfahrens ist das Fairnessgebot. Dieses generalklauselartige Prinzip hat seine Grundlagen in den Wertentscheidungen des Rechtsstaats sowie in Art. 6 Abs. 1 MRK.[472] Der Gedanke des fairen Verfahrens besagt, dass dem Beschuldigten die größtmögliche Optimierung verfassungsmäßiger Werte zu sichern ist.[473] Ihm muss die Chance eingeräumt werden, sich gegenüber der ihm an Mitteln überlegenen Anklagebehörde zu verteidigen.[474] Hierzu gehört eine gewisse

468 MK/StPO-Schuhr, vor §§ 133 ff Rn 23.

469 Singelnstein/Putzer, GA 2015, 564 (567).

470 Lisken/Denninger-Denninger, HB d. PolR, 5. Auflg. 2012, Kap D Rn 184.

471 Zu den Prinzipien: Roxin/Schünemann, § 10 Rn 1, 2 ff; KK-Fischer, Einl. Rn 5 ff.

472 KK-Fischer, Einl. Rn 111.

473 Roxin/Schünemann, § 11 Rn 5.

474 Zum Recht der Verteidigung: KK-Fischer, Einl. Rn 113, 116.

Durchschaubarkeit des Verfahrensablaufs, der insbesondere durch die bestehenden Benachrichtigungspflichten Rechnung getragen wird.

Die Beweisgrundsätze des Strafprozesses richten sich in erster Linie an das entscheidende Gericht, sind überwiegend aber auch im Rahmen der für die Entscheidung über die Anklageerhebung erforderlichen Prognose zur Verurteilungswahrscheinlichkeit zu berücksichtigen.[475] Von den Beweisgrundsätzen - dem Ermittlungsgrundsatz, der Unmittelbarkeit, der freien Beweiswürdigung sowie der Entscheidungsregel „in dubio pro reo" - sind für die Abgrenzung der Strafverfolgung von der nachrichtendienstlichen Aufklärung vor allem die beiden zuletzt genannten Prinzipien von Bedeutung. Der Grundsatz der freien Beweiswürdigung bedeutet, dass die Organe der Strafrechtspflege nach ihrer persönlichen Überzeugung entscheiden.[476] Um den Angeklagten bzw. Angeschuldigten oder Beschuldigten vor Fehleinschätzungen zu schützen, ist nach herrschender Meinung in der Literatur und Rechtsprechung zu verlangen, dass eine mindestens objektiv hohe Wahrscheinlichkeit für die Annahme des entscheidungserheblichen Sachverhalts besteht, die mit der subjektiven Überzeugung der entscheidenden Organe einhergeht.[477] Bloße Vermutungen oder rein subjektive Überzeugungen genügen danach nicht.

Der Grundsatz der freien Beweiswürdigung gilt darüber hinaus nur in dem Rahmen, der dem Verfahren durch die strengen Regeln des strafprozessualen Beweisrechts gezogen sind. Einschränkungen ergeben sich durch feststehende naturwissenschaftliche Erkenntnisse, positiv gesetzliche Bestimmungen sowie durch vorrangige Verfahrensgesichtspunkte.[478] Ein wichtiger Beweisgrundsatz der Strafprozeßordnung ist der Satz, dass im Zweifel zugunsten des Angeklagten zu entscheiden ist. Dieser in-dubio-pro-reo Grundsatz ergibt sich aus der in Art. 6 Abs. 2 MRK niedergelegten Unschuldsvermutung und gilt nach herrschender Ansicht in der Literatur nicht nur für die Schuld- und Straffrage, sondern auch für das Vorliegen der

---

[475] KK-Fischer, Einl. Rn 39: der Grundsatz der freien Beweiswürdigung gilt im ganzen Verfahren und für alle Organe der Strafrechtspflege; Eisenberg, Rn 1: für den Ermittlungsgrundsatz; Eisenberg, Rn 116: für den Grundsatz in dubio pro reo.

[476] KK-Fischer, Einl. Rn 39.

[477] Eisenberg, Rn 89, 91; BVerfG, Beschluss vom 30.04.2003, 2 BvR 2045/02 Rn 45, NJW 2003, 2444 (2445): Schuldspruch auf tragfähiger Beweisgrundlage, die die ojektiv hohe Wahrscheinlichkeit der Richtigkeit des Beweisergebnisses ergibt.

[478] Wie z.B. §§ 190 StGB, 274 StPO, 51 BZRG; Grundsatz, wonach vollständiges Schweigen des Angeklagten nicht zum Nachteil gewertet werden darf, Meyer-Goßner/Schmitt-Schmitt, § 261 Rn 16; auch BVerfG, Beschluss v. 7.07.1995, 2 BvR 326/92, NJW 1996, 449.

Prozessvoraussetzungen.[479] Der Inhalt der Unschuldsvermutung besagt, dass der Angeklagte bis zum gesetzlichen Nachweis der Schuld als unschuldig gilt. Bleiben danach Zweifel, ob sich der Beschuldigte wegen einer Straftat strafbar gemacht hat, muss sich dies in der Entscheidung zu seinen Gunsten auswirken.

3.) Unterschiede der Arbeitsweisen

Um für die frühzeitige Erkennung von Gefahren und langfristige Beratung der Bundesregierung zur Vorbereitung administrativer und politischer Entscheidungen ein umfassendes Bild über die komplexen Strukturen und Zusammenhänge der Innen- und Außenpolitik gewährleisten zu können, ist es den Diensten erlaubt, bereits in einem sehr frühen Stadium möglicher Gefahren tätig zu werden. Die Weite dieses Informationsbereichs wird dadurch gerechtfertigt, dass den geheimdienstlichen Behörden, im Gegensatz zu den Strafverfolgungsbehörden, keine Befugnisse zu Zwangsmaßnahmen zustehen. Die Strafverfolgungsbehörden können die Ermittlungen nach § 152 Abs. 2 StPO demgegenüber zwar erst bei Vorliegen eines Anfangsverdachts für eine begangene Straftat beginnen, haben im Rahmen dieser Aufklärungsarbeit allerdings auch die Möglichkeit, notwendige Maßnahmen durchzusetzen. So stehen den Strafverfolgungsbehörden während des gesamten Verfahrens, von der Zeugenbefragung bis zur Strafvollstreckung, Rechte zur Zwangsanwendung zu. Andererseits ist allgemein anerkannt, dass, im Unterschied zum nachrichtendienstlichen Funktionsbereich, in der strafprozessualen Arbeit grundsätzlich keine Straftaten zum Zwecke der Aufgabenerfüllung begangen werden dürfen.[480]

Geht es allein um die Sanktionierung der konkreten Straftat, so folgt hieraus ferner, dass sich die Aufklärung auf die Ermittlung des Täters und die Erforschung des strafrechtlich relevanten Teils eines Lebenssachverhalts konzentriert und abstrakte Strukturen der Kriminalität ohne Bezug zu einer bestimmten Tat unerheblich sind. Die Prävention eröffnet hingegen ein Tätigwerden unabhängig von einem auf den Einzelfall bezogenen Anlass bereits beim Vorliegen abstrakter Gefahrenlagen. Um eine Verdichtung von Gefahrenanzeichen bemerken zu können, werden nicht nur einzelne Personen, sondern langfristige Beobachtungen von Strukturen und

[479] KK- Fischer, Einl. Rn 50, 51; Roxin/Schünemann, § 45 Rn 62; in der Rechtsprechung wird hinsichtlich der Prozessvoraussetzungen eine Einzelfallbetrachtung befürwortet, wonach z.B. für die Frage der Verjährung die Geltung anerkannt ist, dazu: Eisenberg, Rn 127, 128.

[480] Ausnahme nur die Urkundendelikte gemäß § 110a Abs. 2 S. 2, Abs. 3 StPO; Roggan, GA 2016, 393 (401, 402).

Organisationen zum Gegenstand der Ermittlung abstrakt staatsgefährdender Verhaltensweisen. Auch nach der Aufklärung von verfassungsfeindlichen Bestrebungen, einschließlich strafrechtlich relevanter Verstöße, können die Beobachtungen solange aufrechterhalten werden, wie die abstrakte Gefahrenlage fortbesteht, um so Erkenntnisse über zukünftige Taten und Täter zu erlangen.

Ferner ist das Strafverfahren geprägt vom Legalitätsprinzip, wohingegen das Nachrichtendienstrecht vom Opportunitätsgrundsatz bestimmt wird. Darüber hinaus sind die Nachrichtendienste bei der Bewertung und Einschätzung der Sachverhalte und Erkenntnisse, von den Bindungen des Verhältnismäßigkeitsprinzips abgesehen, grundsätzlich frei, so dass hier nachrichtendienstliche Erfahrungen, Taktiken und Methoden sowie Geheimhaltungsinteressen in die Entscheidungen zu einer Aufnahme und effizienzgesteuerten und flexiblen Durchführung der Tätigkeit einfließen können. Eine formalisierte Beweisaufnahme unter Beachtung vorgegebener Prinzipien findet im Gefahrenabwehrrecht keine Anwendung. Die sich daraus ergebende Weite denkbarer Anhaltspunkte und Rückschlüsse auf Bedrohungslagen birgt damit zugleich ein großes Fehlbeurteilungsrisiko.[481]

Anders verhält es sich hingegen bei den Strafverfolgungsbehörden. Diese sind an die strengen Regularien und Beweisgrundsätze der Strafprozeßordnung gebunden. Bei den Entscheidungen sind insbesondere die Unschuldsvermutung und das Fairneßprinzip zu berücksichtigen. Auf Grund der Unschuldsvermutung werden Maßnahmen im Ermittlungsverfahren auf Grund eines bestimmten Verdachts zwar nicht ausgeschlossen, aber an bestimmte strenge Voraussetzungen geknüpft.

IV. Unterschiede der präventiven und repressiven Befugnistatbestände zur Telekommunikationsüberwachung

Den Sicherheitsbehörden sind hinsichtlich der speziellen gesetzlich geregelten Eingriffsbefugnisse auf Grund des jeweiligen Regelungszusammenhangs mit grundsätzlich verschiedenen Zielsetzungen, Aufgabenbereichen und Arbeitsweisen und einer darauf bezogenen Abwägungsbilanz unterschiedliche Schranken gesetzt. Nachdem die Quellen-TKÜ jüngst durch das Gesetz zur Anpassung des Verfassungsschutzrechts[482] in das G10 eingefügt worden ist, besteht der gravierendste Unterschied darin, dass den

---

[481] Löffelmann/Zöller, NachrichtendienstR, Rn A.64.

[482] Gesetz zur Anpassung des Verfassungsschutzrechts v. 5.07.2021, BGBl. I 2021, S. 2274.

Nachrichtendiensten aktuell die Befugnis einer Online-Durchsuchung versagt ist und vorerst auch versagt bleiben wird.

Aber auch der Vergleich der nachrichtendienstlichen und strafprozessualen Tatbestände der herkömmlichen Telekommunikationsüberwachung zeigt Ermittlungsbereiche auf, in denen die jeweils andere Behörde von der Überwachung ausgeschlossen ist.

1.) Überwachungsanlass

Vergleicht man die zur Telekommunikationsüberwachung berechtigenden Anlasstaten und Gefahrentatbestände, so lässt sich zunächst feststellen, dass der Deliktskatalog des § 100a StPO, dem Aufklärungsauftrag entsprechend, vor allem im Bereich der sogenannten allgemeinen Kriminalität erheblich weiter ist als der des § 3 Abs. 1 S. 1 G10.

Zu nennen sind hier insbesondere die Geld- und Wertzeichenfälschungen, die Straftaten gegen die sexuelle Selbstbestimmung, die Urkundenfälschung sowie die in § 100a Abs. 2 Nr. 1 j) bis o) und q) StPO genannten Eigentums- und Vermögensdelikte. Ferner gehören hierzu die Tatbestände der §§ 108e, 184c Abs. 2, 232, 232a Abs. 1 bis 5, 232b, 233 Abs. 2, 233a, 234, 234a, 332 und 334 StGB. Nicht von § 3 Abs. 1 S. 1 G10 erfasst werden ferner die Straftaten nach §§ 127 Abs. 3 und 4, 184b sowie § 298 StGB. Der strafrechtliche Katalog geht aber auch im Hinblick auf die vom G10 thematisch in Bezug genommenen Deliktsbereiche über die nachrichtendienstliche Aufzählung hinaus. Dies gilt für die §§ 97, 109d und 109h sowie 129 und 307 Abs. 1 bis 3, 309 Abs. 1 bis 4, 310 Abs. 1, 313, 314, 315b Abs. 3, 316a sowie 316c Abs. 4 StGB. Mit Ausnahme des Tatbestandes der Aggression nach § 13 VStGB werden ferner die Strafnormen aus dem Nebenstrafrecht der Nummern 2 bis 11 des § 100a Abs. 2 StPO nicht erfasst.

Darüber hinaus sind die nachrichtendienstlichen Überwachungsmaßnahmen durch die Verweisung auf § 1 Abs. 1 Nr. 1 G10 auf Sachverhalte beschränkt, in denen eine Gefahr für die freiheitliche demokratische Grundordnung, den Bestand oder die Sicherheit des Bundes oder eines Landes einschließlich der Sicherheit der in der Bundesrepublik Deutschland stationierten Truppen der nichtdeutschen Vertragsstaaten des Nordatlantikvertrages droht. Die Ausrichtung gilt ausdrücklich insbesondere für die in § 3 Abs. 1 S. 1 Nr. 6b) G10 aufgelisteten Tatbestände, die überwiegend ebenfalls in § 100a Abs. 2 StPO enthalten sind.[483]

Allein mit der genannten verfassungsfeindlichen Zielrichtung werden auch die Straftatbestände umschrieben, die den Zweck der Vereinigung

[483] Mit Ausnahme von § 316b Abs. 3 StGB.

nach § 3 Abs. 1 S. 2 G10 bilden können, wohingegen diese in § 100a Abs. 2 StPO durch die Verweisung auf § 129 StGB mit einem bestimmten Höchststrafmaß angegeben werden. Weitere Disparitäten sind im Vergleich zu § 100a Abs. 2 StPO i.V.m. § 129 StGB durch die Einbeziehung der §§ 86 bis 87 StGB und der Parteien sowie die Anforderungen zur Mitgliedschaft in § 3 Abs. 1 S. 2 G10 entstanden.

Überdies ist der Straftatenkatalog des § 100a Abs. 2 StPO in Bezug auf die §§ 83, 89b, 316b Abs. 3 StGB, § 20 Abs. 1 Nrn 1 bis 4 VereinsG, § 95 Abs. 1 Nr. 8 AufenthG und die Straftaten gegen die Sicherheit der in Deutschland stationierten NATO-Truppen enger als der in § 3 Abs. 1 G10. Auch für den Fall einer Gefahr für die innere oder äußere Sicherheit der Bundesrepublik Deutschland auf Grund des unbefugten Verschaffens oder Veränderns von Daten steht den Strafverfolgungsbehörden im Unterschied zu den Nachrichtendiensten die Überwachungsmethode nicht offen.[484]

Geringere Abweichungen ergeben sich im Verhältnis zum BND, da diesem mit den zusätzlichen Befugnissen zur strategischen Überwachung weitergehende Abhörbefugnisse eingeräumt sind.

Zu nennen sind hierbei die in § 5 Abs. 1 S. 3 Nrn. 2 bis 6 G10 umschriebenen Überwachungsbereiche der Begehung internationaler terroristischer Anschläge, der Verbreitung von Kriegswaffen, der Verbringung von Betäubungsmitteln sowie der Beeinträchtigung der Geldwertstabilität und der internationalen organisierten Geldwäsche. Anders als die strafprozessuale Überwachungsnorm, die in diesen Aufgabenfeldern an die Straftatbestände der entsprechenden Gesetze, des KrWaffKontrG, AWG, WaffG, VStGB und des BtMG, sowie an die Tatbestände der §§ 129 bis 129b, 146, 151, 152, 152a Abs. 3, 152b Abs. 1 bis 4, 261 StGB anknüpft, beschreibt § 5 G10 aber Gefahrenlagen, die auch durch andere Verhaltensweisen als die strafrechtlich relevanten Tathandlungen oder durch straffreie Vorbereitungen begründet werden können. Soweit die Abhörmaßnahmen an den Verdacht einer Geldwäsche anknüpfen, weicht die strafprozessuale Befugnis außerdem durch die speziellen Anforderungen des § 100a Abs. 2 Nr. 1m) StPO ab, die der strafgesetzlichen Struktur des § 261 StGB als Auffangtatbestand Rechnung tragen.

Das neben der Aufklärung von Staatsschutz-, Terrorismus-, Schleusungs- und Waffendelikten sowie Betäubungsmittelverstößen und Eingriffen in den Finanzkreislauf eingefügte Betätigungsfeld der Angriffe auf

[484] § 3 Abs. 1 S. 1 Nr. 8 G10 i.V.m. §§ 202a, 202b, 303a, 303b StGB; zur Computersabotage, auch im Vergleich zur polnischen Vorschrift: Heghmanns, FS für Szwarc, S. 319; zum Tatobjekt des § 303 StGB: Heghmanns, FS für Tolksdorf, S. 271.

IT-Systeme in § 5 Abs. 1 S. 3 Nr. 8 G10[485] macht weitere Diskrepanzen zwischen den den Behörden zur Verfügung stehenden Überwachungsmitteln deutlich. Nach § 5 Abs. 1 S. 3 Nr. 8 G10 ist die Überwachung im Gefahrbereich der internationalen kriminellen, terroristischen oder staatlichen Angriffe mittels Schadprogrammen oder vergleichbar schädlich wirkenden informationstechnischen Mitteln auf die Vertraulichkeit, Integrität oder Verfügbarkeit von IT-Systemen in Fällen von erheblicher Bedeutung mit Bezug zur Bundesrepublik Deutschland zulässig.

Die charakteristischerweise diesem nachrichtendienstlichen Aufklärungsgegenstand zuzuordnenden Straftatbestände der §§ 202a bis 202d sowie § 303a und § 303b StGB sind hingegen nicht im Straftatenkatalog des § 100a StPO aufgenommen und berechtigen somit unmittelbar[486] nicht zur strafprozessualen Telekommunikationsüberwachung. Während den Strafverfolgungsbehörden jedoch für den Fall, dass die Cyberbedrohungen durch das gewerbsmäßige, bandenmäßige oder bewusste Betreiben einer Handelsplattform im Internet nach § 127 Abs. 3 oder 4 StGB begründet werden, neben der Überwachung nach § 100a StPO auch die Online-Durchsuchung offensteht, hat sich der Gesetzgeber bezüglich der Geheimdienste ausdrücklich gegen diese Methode entschieden.

Die Verschiedenheit der strategischen Beschränkung des Nachrichtendienstrechts und der Telekommunikationsüberwachung nach der Strafprozessordnung setzt sich auch beim Vergleich zu § 8 G10 fort, da auch hier auf eine Anbindung der Voraussetzungen an die Straftatbestände des StGB und obendrein auf die Geltungsbedingungen der §§ 5 bis 7 StGB verzichtet worden ist. Die Unterschiede sind dabei am größten, wenn die Personengefahren durch andere als die in § 5 und § 6 StGB genannten Tatbestände verursacht werden und für den Geltungsbereich des deutschen Strafrechts danach oder nach § 7 Abs. 1 oder 2 StGB entweder die Opfer oder die Täter grundsätzlich Deutsche sein müssen.[487] Denn für § 8 G10 ist es nicht erforderlich, dass die gefährdete Person oder der Täter die deutsche Staatsangehörigkeit besitzt.

Die Unabhängigkeit von den Kategorien des Strafrechts bedingt ferner, dass persönliche Strafausschließungs- und Strafaufhebungsgründe sowie die Rechtswidrigkeit und Schuld des Handelns, das die Gefahr begründet oder zu ihrer Entstehung und Aufrechterhaltung beiträgt, für die nachrichtendienstliche Überwachung irrelevant sind.

---

[485] Eingefügt durch Gesetz zur Verbesserung der Zusammenarbeit im Bereich des Verfassungsschutzes v. 17.11.2015, BGBl. I 2015, S. 1938.

[486] Mittelbar durch § 129a i.V.m. § 303b StGB.

[487] Eine Ausnahme gilt, wenn der Täter im Inland betroffen ist.

Selbst die Neuregelung zur Überwachung von Telekommunikationsanschlüssen auf Schiffen in § 3 Abs. 1a G10, die mit dem tatbestandlichen Verweis auf § 72 Abs. 1 ZFdG die Strafvorschriften des Kriegswaffenkontrollgesetzes in Bezug nimmt, lässt bereits die Planung von Vorbereitungshandlungen[488] für einen ungenehmigten Umgang mit den genannten Waffen und Materialien als zulässigen Kontrollgegenstand ausreichen und verlagert damit die Überwachungsvorschrift weit in das Vorfeld strafrechtlicher Kategorien. Demgegenüber zählen zu den möglichen Anlasstaten der strafprozessualen Überwachung nur die strafbewehrten vorsätzlichen Verstöße gegen die Kriegswaffenkontrolltatbestände nach § 100a Abs. 2 Nr. 9 StPO i.V.m. § 4 StGB, die dabei jedoch auch die minder schweren Fälle erfassen.

Auf Grund der aktuell fehlenden Bezugnahme des § 3 Abs. 1a G10 auf die Zuwiderhandlungen gegen das Außenwirtschaftsverkehrsrechts nach § 72 Abs. 2 ZFdG besteht die nach § 100a Abs. 2 Nr. 6 StPO zulässige Überwachung bei rechtswidrigen Verstößen nach §§ 17, 18 AWG i.V.m. § 4 StGB für den BND nach § 3 Abs. 1a G10 derzeit nicht.

Die rückblickende Ausrichtung und restriktive Tendenz der straf- und strafprozessrechtlichen Maßnahmen und die auf die Verhinderung eines zukünftigen Schadens ausgerichtete Zielsetzung der nachrichtendienstlichen Prävention spiegeln sich auch in den jeweiligen befugnisrechtlichen Anknüpfungspunkten hinsichtlich der Tatbegehung wider. Während die nachrichtendienstlichen Befugnisse des § 3 G10 bereits im Stadium der Planung einsetzen, muss für die Überwachung nach § 100a StPO die Schwelle des strafbaren Versuchs überschritten sein. Bei der strategischen Überwachung nach § 5 und § 8 G10 reicht schon jede Ursache für das Vorliegen der Gefahr.

2.) Verdachtsgrad

Ein weiteres der Merkmale, die den Eingriffstatbestand bestimmen, ist der vorausgesetzte Verdachtsgrad, der in den präventiven und repressiven Befugnissen unterschiedlich festgelegt wird.

Nach § 3 G10 reicht es aus, wenn „tatsächliche Anhaltspunkte“ für die Annahme des Tatverdachts sprechen. Diese müssen noch nicht so gesichert sein, dass sich aus ihnen bereits die näheren Umstände der geplanten Tat, wie Ort, Zeit und Tatbeteiligte, ableiten lassen. § 5 und § 8 G10 verzichten

[488] Auch wenn für die Neuregelung des § 72 ZFdG der in § 23a ZFdG a.F. verwendete Begriff der Straftatenvorbereitung aufgegeben worden ist, so sollen die ihn konkretisierenden Regelbeispiele jedoch weiterhin die Eingriffsvoraussetzungen ausfüllen, BT-Drs. 19/12088, S. 109/10.

überdies auf jegliche Verdachtsanforderungen hinsichtlich der Tatsachengrundlage und deren Konkretisierungsgrad. Eine Eingrenzung ergibt sich hier nur aus der für die Gefahr geforderten Wahrscheinlichkeit eines Schadenseintritts. § 100a StPO verlangt im Gegensatz hierzu, dass bestimmte Tatsachen den Tatverdacht begründen und wählt damit eine Voraussetzung, die Bestandteil eines Systems verschiedener, abgestufter Intensitätsgrade innerhalb der Strafprozessordnung ist. Im Unterschied zu den „tatsächlichen Anhaltspunkten" setzt die strafprozessuale Vorschrift ein höheres Konkretisierungsmaß der für die Anknüpfungstatsachen sprechenden Umstände voraus. Durch den Zusatz, dass es sich um „bestimmte" Tatsachen handeln muss, wird deutlich, dass strengere Anforderungen in Form gesicherter Tatsachen vorauszusetzen sind.

Die Unterschiede bezüglich der Verdachtsgrundlage sind überdies mit Differenzen beim Prognosegegenstand verbunden. Entsprechend der auf die Verhinderung eines zukünftigen Schadens ausgerichteten Zielsetzung setzt die präventive Prognose eine vorgreifliche Einschätzung zu dem weiteren Geschehen und der schadensbezogenen Relevanz voraus, wohingegen der strafprozessuale Verdacht auf die in der Vergangenheit liegende Straftat bezogen ist. Während § 3 G10 dabei noch Planungshandlungen als Anknüpfungspunkte für den Verdacht verlangt, fehlen bei der strategischen Kontrolle des G10 jegliche Hinweise auf mögliche Indikatoren. Die Befugnisnormen erlauben vielmehr einen Zugriff auf eine Vielzahl und Vielfältigkeit denkbarer Anhaltspunkte für das zukünftige Geschehen und ermöglichen damit eine subjektivierte Betrachtungsweise unter Rückgriff auf nachrichtendienstliche Erfahrungen und Einschätzungen.

Die Voraussetzungen der tatsächlichen Anhaltspunkte für eine Prognose zur künftigen Begehung von Straftaten verbinden damit die Folgerung von einer unsicheren Grundlage mit einer Vermutung über zukünftiges Geschehen, während der strafprozessuale Überwachungstatbestand des § 100a StPO einen Verdacht verlangt, der auf der Basis erwiesenen Wissens den Schluss auf einen feststehenden Sachverhalt der Vergangenheit zulässt.

Auch soweit die Abwehr einer konkreten Gefahr voraussetzt, dass mit dem Eintritt einer Rechtsgutverletzung mit hinreichender Wahrscheinlichkeit gerechnet werden kann, können die Voraussetzungen hinter denen des § 100a StPO zurückbleiben. Zu berücksichtigen ist dabei, dass nach allgemein anerkannter Überzeugung das Ausmaß des angenommenen Schadens und die Bedeutung des gefährdeten Rechtsgutes den Wahrscheinlichkeitsgrad beeinflussen können.[489] Insoweit unterscheidet sich die präventive

[489] Lisken/Denninger-Bäcker, HB d. PolR, 7. Auflg. 2021, Kap D Rn 101.

Gefahrenwahrscheinlichkeit von dem strafprozessualen Verdachtsgrad, der keiner Relativierung zugänglich ist.

3.) Subsidiaritätsbedingungen

Die Überwachungstatbestände der §§ 3 und 8 G10 sowie § 100a StPO sind bezüglich der Subsidiaritätsbedingungen identisch, nehmen teilweise jedoch innerhalb ihres Regelungssystems - von der Verhältnismäßigkeit im Einzelfall abgesehen - eine andere Rangstufe ein.

Als Ausprägung des Verhältnismäßigkeitsgrundsatzes eröffnen die Klauseln im Weiteren die Möglichkeit, die den jeweiligen Aufgabenbereich bestimmenden unterschiedlichen, bereichsspezifischen nachrichtendienstlichen und kriminalistischen Bewertungen in die Entscheidung einfließen zu lassen. Die Erwägungen der Geheimdienste sind dabei vor allem dadurch geprägt, langfristig Erkenntnisse über Zusammenhänge und Strukturen zu gewinnen und geheime Quellen, Mitarbeiter und Methoden zu schützen. Der strafprozessuale Ansatz ist demgegenüber auf die Aufklärung eines situativen und individualisierten, zeitlich abschätzbaren Sachverhalts gerichtet.

Die strategische Überwachung nach § 5 G10 ist abweichend davon ohne Rücksicht auf etwaige Subsidiaritätsbedingungen zulässig und wird auf Grund der Andersartigkeit der strategischen Aufklärungsmethode, wie auch § 8 G10, neben den anderen Überwachungsmitteln eingesetzt.

4.) Betroffene

a) Betroffene der Überwachungsmaßnahmen

Die als Zielperson der Telekommunikationsüberwachung in Betracht kommenden Betroffenen werden im präventiven und repressiven Aufgabenbereich sehr unterschiedlich bestimmt.

Nach § 3 Abs. 1 G10 richtet sich die Überwachung vorrangig gegen denjenigen, der der angenommenen Planung oder Begehung der Straftat verdächtig ist. Das Gleiche gilt für den der Mitgliedschaft in einer verfassungsfeindlichen Vereinigung Verdächtigen nach § 3 Abs. 1 S. 2 G10. § 100a StPO bestimmt als primäre Zielperson demgegenüber den einer Straftat Beschuldigten, gegen den ein Ermittlungsverfahren eingeleitet ist. Dem Begriff des Beschuldigten kommt in der Strafprozessordnung die Funktion einer rechtsstaatlichen Begrenzung zu, wonach die strafprozessualen Ermittlungen nur gegen denjenigen betrieben werden können, bei dem der Verdacht einer rechtswidrigen und schuldhaften Verwirklichung eines Straftatbestandes besteht.[490]

Da sich die Verdachtsgrundlage der „bestimmten Tatsachen“ des § 100a Abs. 1 Nr. 1 StPO jedoch nicht nur auf die Tatbegehung, sondern auch auf die Täterschaft des Beschuldigten bezieht, gelten ferner die zur Verdachtsgrundlage festgestellten Unterschiede bei der Festlegung der primären Zielperson gleichermaßen.

Zugleich begrenzt der Begriff des Beschuldigten die Zulässigkeit der Überwachung insofern, als sich das Mittel gegen den Anschluss einer bestimmten individualisierbaren Person richten muss, und steht damit im Gegensatz zur strategischen Kontrolle der §§ 5 und 8 G10. Die Telekommunikationsbeziehungen werden hier durch eine vermutete Aufklärungsrelevanz bestimmt, die als eine Art Rasterfahndung zu einem großen Ausmaß an Eingriffen führt. Die Erfassung ist primär bedingt durch den Übertragungsweg, über den ein Gespräch verläuft, und sekundär durch die Verwendung eines der angeordneten Suchbegriffe. Damit kann unabhängig vom Bestehen eines Verdachts oder eines Beitrages zur Gefahrverursachung jeder Teilnehmer des Telekommunikationsnetzes der Abhörmaßnahme ausgesetzt sein.

Hinsichtlich der Überwachung von Kontaktpersonen hat sich der § 3 G10 an der Regelung des § 100a Abs. 3 StPO zur Kontrolle der Nachrichtenmittler und Anschlussinhaber orientiert. Die sich gegenüber der Überwachung des Verdächtigen bei § 3 G10 daraus ergebenden erhöhten Verdachtsanforderungen bringen damit eine andere Wertung innerhalb des Regelungszusammenhangs zum Ausdruck.

Eine Differenzierung zwischen den primäre genannten Zielpersonen und den Kontaktpersonen ist bei den strategischen Kontrollen hingegen unerheblich.

b) Schutz der Vertrauensverhältnisse

Abweichungen können auch bei der Ausgestaltung der präventiven und repressiven Bestimmungen zum Schutz von Vertrauensverhältnissen festgestellt werden.

aa) Schutz der zeugnisverweigerungsberechtigten Personen

Unterschiede bestehen dabei bezüglich der jeweiligen Überwachungsausnahmen zugunsten der zeugnisverweigerungsberechtigten Personen für die Individualüberwachung, auch wenn die Bestimmungen des § 3b G10 und

490 MK/StPO-Schuhr, vor §§ 133 ff Rn 23.

§ 160a StPO der Grundkonzeption nach weitgehend identische Regelungsinhalte aufweisen.

Eine Nichtübereinstimmung besteht zunächst auf Grund der fehlenden Bezugnahme auf Satz 4 in § 3b Abs. 1 S. 5 G10 hinsichtlich der Dokumentationspflichten. Weitere Ungleichheiten folgen aus den verschiedenen bereichsspezifischen Erwägungen der Aufgabenbereiche, die im Rahmen der Verhältnismäßigkeitsabwägung beim relativen Erhebungsverbot nach Absatz 2 der Vorschriften eingestellt werden können und deren Erstreckung auf die Verwertung der Erkenntnisse bei § 3b Abs. 2 G10 überdies fehlt.

Im Vergleich der Entprivilegierungstatbestände setzen sich die bei den Verdachtsanforderungen der Überwachungstatbestände bestehenden Unterschiede fort. Darüber hinaus gehen die Anknüpfungspunkte für die Rückausnahmen auseinander. Während die strafprozessuale Vorschrift auf die Beteiligung an der Tat oder an bestimmten Anschlusstaten abstellt, entfällt die Eingriffsbegrenzung bei der nachrichtendienstlichen Kontrolle, wenn der Zeugnisverweigerungsberechtigte Verdächtiger ist oder als dessen Nachrichtenmittler die Unterstützungshandlung bewusst wahrnimmt. Durch die Erfassung der Beteiligung an den im Einzelnen aufgezählten Nachfolgedelikten, wie Hehlerei, Begünstigung oder Strafvereitelung, werden die möglichen Katalogtaten für die Zeugnisverweigerungsberechtigten sowohl gegenüber § 100a Abs. 2 StPO als auch im Vergleich zu § 3 Abs. 1 G10 erweitert. § 3b Abs. 4 G10 bleibt hingegen auch für die Geheimnisträger auf den Verdacht der Überwachungstatbestände beschränkt.

Im Gegensatz zu den speziellen Eingriffsbeschränkungen der Individualüberwachung enthalten die Vorschriften zur strategischen Beschränkung keine ausdrücklichen Ausnahmebestimmungen für Berufsgeheimnisträger, deren Schutz somit nur über die Gewährleistung des Kernbereichs privater Lebensführung erfolgen kann.

bb) Kernbereichsschutz

Die deutlichste Diskrepanz zum bestehenden strafprozessualen Überwachungsschutz besteht darin, dass die strategische Kontrolle nach § 5 Abs. 1 S. 3 Nr. 1 G10 nicht in den Anwendungsbereich der nachrichtendienstlichen Bestimmung zur Gewährleistung des Kernbereichs privater Lebensführung in § 5a G10 einbezogen ist. Für diese Abhörmethode besteht gemäß § 5 Abs. 2 S. 2 Nr. 2 G10 somit nur ein Verwendungsverbot für den Höchstpersönlichkeitsbereich betreffende Suchbegriffe, nicht jedoch ein Erfassungsverbot für entsprechende Inhalte.

Abweichungen ergeben sich aber auch aus dem Vergleich der Schutzbestimmung des § 3a G10 und der strafprozessualen Vorschrift des § 100d

Abs. 1 und 2 StPO, obgleich beide Normen ein Erhebungs- und ein absolutes Verwertungsverbot für die betroffenen Erkenntnisse statuieren. Unterschiede folgen zunächst daraus, dass sich die Abgrenzung zwischen der unantastbaren höchstpersönlichen Kommunikation und den verwertbaren Informationen mit Sozialbezug nach dem jeweils aufzuklärenden Ermittlungssachverhalt richtet, so dass auch die geschützten Gesprächsinhalte je nach dem Sachzusammenhang der Eingriffstatbestände unterschiedlich bestimmt werden. Während danach im präventiven Zuständigkeitsbereich alle Erkenntnisse als gemeinschaftsrelevant bewertet werden können, die sich auf die in den Überwachungsvorschriften umschriebenen Gefahren beziehen, gehören bei der repressiven Überwachung nur die unmittelbar auf eine konkrete Straftat bezogenen Äußerungen zu den verwertbaren Allgemeinbelangen. Insbesondere im Bereich der weitgehenden Vorfeldbefugnisse des G10 sind der Gemeinschaftsbezug und damit der Umfang verwendbarer Informationen ungleich größer als bei der tatbezogenen strafprozessualen Abhörmaßnahme.

Darüber hinaus sehen die nachrichtendienstlichen Schutzbestimmungen[491], abweichend von § 100d StPO, gesonderte Verfahrensvorschriften bei Zweifeln bezüglich der Zuordnung der Daten in Form einer Vorabsichtung und Entscheidungsbefugnis der G10-Kommission vor.

5.) Verfahrensrechtliche Anforderungen

Erhebliche Unterschiede zwischen den nachrichtendienstlichen und strafprozessualen Befugnissen zur Überwachung der Telekommunikation bestehen auch bei den Anforderungen, die die jeweiligen Regelungsbereiche an das Verfahren stellen.

a) Anordnungskompetenz

Im Unterschied zu der Gerichtszuständigkeit im strafprozessualen Regelfall sehen die nachrichtendienstlichen Eingriffstatbestände eine Anordnung durch das Bundesministerium des Innern beziehungsweise die Landesminister vor und begründen die Verantwortung damit im Funktionsbereich der Exekutive. Dies macht zugleich eine politische Verantwortlichkeit deutlich und eröffnet mit der Möglichkeit, von der Anordnung einer zulässig beantragten Maßnahme abzusehen, gleichzeitig eine Einflussnahme politischer Interessen.

Der Richtervorbehalt der Strafprozessordnung soll einen Ausgleich für den Verzicht auf die vorherige Anhörung des Betroffenen auf Grund der

[491] § 3a Abs. 1 S. 2-7, Abs. 2 G10; § 5a S. 4 i.V.m. § 3a Abs. 1 S. 2-7, Abs. 2 G10.

Heimlichkeit der Maßnahme und den mit der Überwachungsmaßnahme verbundenen schwerwiegenden und tiefgreifenden Eingriff in das Grundrecht aus Art. 10 GG bieten.[492] Charakteristisch für die G10-Maßnahmen sind die im Anordnungsverfahren vorgesehenen Beteiligungsrechte der G10-Kommission und des Parlamentarischen Gremiums. Diese haben die Funktion, eine wirksame parlamentarische Kontrolle zu gewährleisten und eine Kompensation für den im Rahmen des G10 eingeschränkten Rechtsschutz zu bilden.[493] Durch die Übertragung der Aufgaben auf ein hinreichend kleines Organ soll gleichzeitig den Geheimhaltungsinteressen der Nachrichtendienste Rechnung getragen werden.[494] Die Mitwirkungsrechte der Kommission sollen die Überprüfung eines Antrags durch ein Organ ermöglichen, das auf Grund seiner Unabhängigkeit und Weisungsfreiheit[495] die Gewähr dafür bietet, dass der Antrag hinreichend begründet und die Darstellung des Sachverhalts durch die beantragende Behörde kritisch betrachtet wird. Insoweit erfüllen die Beteiligungsrechte des präventiven Regelungsbereichs eine der in der Strafprozessordnung vorausgesetzten richterlichen Anordnung vergleichbare Funktion. Ob damit auch eine dem Wesen nach vergleichbare Kontrolle angenommen werden kann, hängt davon ab, ob die G10-Kommission als gerichtsähnliches Organ angesehen werden kann. Gegen eine Zuordnung der G10-Kommission zur rechtsprechenden Gewalt spricht primär, dass die Kommission auch von Amts wegen über die Maßnahme entscheidet, was mit einer richterlichen Vorgehensweise unvereinbar ist.[496] Der Kommission fehlt überdies das für die Abgrenzung der staatlichen Funktionsbereiche wesentliche Merkmal der rechtsprechenden Gewalt, wonach kein Richter zugleich Aufgaben der gesetzgebenden oder vollziehenden Gewalt wahrnehmen darf.[497] Im Gegensatz dazu hat die Praxis bereits gezeigt, dass zumindest ein Mitglied der Kommission zugleich auch Mitglied des Bundestages war.[498] Die

---

492 Zum Sinn und Zweck des Richtervorbehalts bei der Wohnungsdurchsuchung: BVerfG, Urteil v. 20.02.2001, 2 BvR 1444/00 Rn 27, 28, NJW 2001, 1121 (1122); zur Kritik am Richtervorbehalt: Heghmanns, GA 2003, 433 (438 ff).

493 Roewer, § 9 G10 Rn 1.

494 Roewer, § 9 G10 Rn 1.

495 Im Umkehrschluss Borgs-Maciejewski/Ebert, § 9 G10 Rn 4.

496 Borgs-Maciejewski/Ebert, § 9 G10 Rn 5.

497 § 4 Abs. 1 DRiG.

498 Bspw. Halina Wawzyniak, 2009 bis 2017 Mitglied des Deutschen Bundestags und in der 18. Wahlperiode (2013 bis 2017) stellvertretendes Mitglied der G10-Kommission, abrufbar unter: https://de.wikipedia.org/wiki/Halina_Wawzyniak, (abgerufen am 14.08.2022).

Kommission kann folglich nicht als gerichtsähnliches Organ angesehen werden, so dass mit der Übertragung der Aufgaben bei der Anordnung auf dieses Forum eine von der repressiven Kompetenzordnung abweichende Zuständigkeit begründet worden ist.

Verschiedene Zuständigkeitsbestimmungen bestehen auch bei der Anordnung der Überwachungsmaßnahmen im Eilverfahren. So liegt die Eilkompetenz zur Anordnung der Maßnahme nach § 100e Abs. 1 S. 2 StPO bei der Staatsanwaltschaft, wohingegen die nachrichtendienstliche Anordnung bei Gefahr im Verzug ebenfalls durch den primär zuständigen Bundes- beziehungsweise Landesminister ergeht.

Darüber hinaus lassen sich Ungleichheiten bei der weiteren Vorgehensweise feststellen. So erlaubt § 15a Abs. 1 G10, dass der Vollzug der Maßnahme bereits vor der Zustimmung der Kommission und, für den Vergleich bedeutender, bereits vor der Anordnung am Tag der Beantragung erfolgen darf. Ferner sieht § 100e Abs. 1 S. 3 StPO vor, dass die Anordnung der Staatsanwaltschaft automatisch außer Kraft tritt, wenn sie nicht binnen drei Werktagen vom Gericht bestätigt wird, wohingegen es nach der Verfahrensgestaltung des G10 der Aufhebung der Eilanordnung bedarf.

Abweichend von der repressiven Konzeption wird die Legitimation im nachrichtendienstlichen Kontext nicht durch das für den Regelfall zuständige Organ, sondern durch eine weitere Ausnahmekompetenz, den Vorsitzenden der G10-Kommission oder einen Vertreter, ermöglicht. Darüber hinaus sieht § 15a Abs. 2 S. 4 G10 die Option der Bestätigung der Eilanordnung unter Auflagen vor, die in der StPO fehlt.

Anders als bei der repressiven Eilanordnung einer Überwachung, deren Erkenntnisse auch nach ihrem Außerkrafttreten auf Grund fehlender Bestätigung durch den primär zuständigen Richter verwendet werden dürfen, stellt sich die Verwertungssituation im G10 dar. So sind zum einen die nachrichtendienstlichen Daten, die in Eilfällen vor der Anordnung der Maßnahme erhoben worden sind, nach Verstreichen der Anordnungsfrist des § 15a Abs. 2 S. 2 G10 unverzüglich zu löschen. Zum anderen ist im Fall von Gefahr im Verzug bei Nichtbestätigung der Anordnungen ein Verwertungsverbot für die zwischenzeitlich erlangten Informationen vorgesehen.[499]

b) Dauer

Unterschiede bestehen ferner hinsichtlich der möglichen Dauer der Anordnungen, die zwischen zwei und drei Monaten differiert. Die Bemessung

[499] So bereits zur Vorgängerregelung Huber, in: SicherheitsR, § 15 G10 Rn 59; a.A. Dietrich/Eiffler-Löffelmann, HB d. ND, VI § 4 D Rn 93.

der Maßnahmendauer gibt damit zugleich unterschiedliche Begründungs- und Überprüfungsabstände für Verlängerungen vor und ermöglicht die Erlangung eines unterschiedlichen Datenvolumens, das wiederum auch die Ausdehnung der Überwachung auf der Basis der erlangten Abhörergebnisse beeinflussen kann.

c) Benachrichtigungspflichten

Auf Grund der unterschiedlichen technischen Gegebenheiten und des anderslautenden Gesetzestextes werden im Überwachungsbereich der Nachrichtendienste nur diejenigen von der Maßnahme benachrichtigt, gegen die sich die Anordnung richtet,[500] wohingegen das strafprozessuale Verfahren eine Mitteilungspflicht gegenüber all jenen begründet, in deren materielles Recht durch die verdeckte Abhörmaßnahme eingegriffen worden ist. Dies bedeutet, dass hiernach, anders als nach dem G10, auch die Kommunikationspartner der Betroffenen zu benachrichtigen sind.

Fernerhin weichen die Regelungen über die Benachrichtigungspflichten hinsichtlich der zu berücksichtigenden Gesichtspunkte für ein Zurückstellen und Ausschluss der Mitteilung voneinander ab. Die Pflicht zur Benachrichtigung sehen zwar beide Regelungsbereiche erst für den Fall vor, dass keine Gefährdung des Zwecks der Beschränkung besteht; die Bestimmung des Benachrichtigungszeitpunkts kann dabei aber je nach dem Verfahrenszweck und Regelungszusammenhang unterschiedlich ausfallen. Die Ausführungen zu den Aufgaben und Zielsetzungen haben gezeigt, dass die Sicherheitsbehörden von unterschiedlichen Interessen bestimmt werden, die damit auch in die Entscheidung über die Benachrichtigung der Betroffenen einfließen. Dies führt dazu, dass die im Nachrichtendienstrecht stärker ausgeprägten Geheimhaltungsinteressen eher für einen späteren Benachrichtigungszeitpunkt sprechen, wohingegen das in der Strafprozessordnung im Vordergrund stehende Prinzip einer umfassenden Wahrung der Rechte des Betroffenen eher eine frühzeitige Mitteilung bedingt.

Über den Ermittlungszweck hinaus rechtfertigt auch die Gefährdung weiterer Rechtsgüter, wie des Lebens, der körperlichen Unversehrtheit, persönlichen Freiheit einer Person und bedeutenden Vermögenswerte, die Zurückstellung der strafprozessualen Benachrichtigung. Die Mitteilung im

---

[500] Dietrich/Eiffler-Löffelmann, HB d. ND, VI § 4 D Fn 330; für eine Benachrichtigung auch der Kommunikationspartner sowie weiterer Betroffener Dietrich/Eiffler-Löffelmann, HB d. ND, VI § 4 D Rn 85.

Nachrichtendienstrecht kann ergänzend hingegen nur bei Nachteilen für das Wohl des Bundes oder eines Landes unterbleiben.

Auch die Beteiligungszuständigkeiten bei der Entscheidung über eine Zurückstellung der Benachrichtigung ab einem Zeitraum von zwölf Monaten sind verschieden. Entsprechend der Kompetenzmodelle der Regelungsbereiche unterliegt das weitere Vorgehen nach § 101 Abs. 7 StPO der Entscheidung des für die Anordnung zuständigen Gerichts und nach § 12 Abs. 1 S. 3 G10 der Zustimmung der G10-Kommission.

Ferner gehen die Anforderungen an ein endgültiges Absehen von der Mitteilung auseinander. Ist dies bei einer negativen Prognose für das Eintreten der Benachrichtigungsvoraussetzungen im strafprozessualen Tätigkeitsbereich bereits nach einem Jahr möglich, besteht die Möglichkeit im nachrichtendienstlichen Kontext erst nach fünf Jahren, wenn zusätzlich die geltenden Löschungsvoraussetzungen gegeben sind. Hinzukommen bei den Überwachungsmaßnahmen zu repressiven Zwecken auch Benachrichtigungsausschlussgründe aus Abwägungs- und Praktikabilitätsgesichtspunkten.

Unterschiede ergeben sich auch bei den Berichts- und Unterrichtungspflichten. Während die strafprozessuale Berichtspflicht gegenüber dem Bundesamt für Justiz besteht, das Übersichten über die angeordneten Maßnahmen im Internet veröffentlicht, führt die Unterrichtung durch den Bundesminister im Nachrichtendienstrecht über das parlamentarische Kontrollgremium zu einer Informierung des Bundestages.

d) Rechtsschutz

Für das Rechtsschutzbegehren gegen eine nachrichtendienstliche und eine strafprozessuale Telekommunikationsüberwachung stehen unterschiedliche Rechtswege offen. Während für das Begehren gegen die nachrichtendienstlichen Maßnahmen die Verwaltungsgerichte zuständig sind, gehören Strafsachen vor die ordentlichen Gerichte.

Der gewichtigste Unterschied ergibt sich darüber hinaus aus der Regelung des § 13 i.V.m. § 12 G10. Da der Rechtsweg gegen die Individualkontrolle nach § 3 G10 und gegen die klassische strategische Beschränkung nach § 5 Abs. 1 S. 3 Nr. 1 G10 vor der Mitteilung der Maßnahme an den Betroffenen unzulässig ist, folgt daraus, dass der Rechtsweg gegen die in Vollzug befindliche Überwachung faktisch ausgeschlossen, aber auch nach Beendigung der Maßnahme langfristig verzögert oder unwahrscheinlich ist.

D. Konkurrenz der nachrichtendienstlichen und strafprozessualen Befugnisse zur Überwachung der Telekommunikation

Betrachtet man die dargestellten Zuständigkeiten zur Überwachung der Telekommunikation durch die Sicherheitsbehörden einerseits und die abgebildeten Unterschiede andererseits, so zeichnen sich zugleich die Bereiche ab, in denen sich die Kompetenzen überschneiden und die Nachrichtendienste und Strafverfolgungsbehörden mit demselben Überwachungsgegenstand befasst sind. Eine dahingehende Konkurrenzsituation der Befugnisse zur Überwachung der Telekommunikation ist dabei in sachbezogener, personenbezogener und zeitbezogener Hinsicht gegeben.

I. Sachbezogene Konkurrenzsituation

Unter sachlich gegenständlichen Gesichtspunkten können Überschneidungen präventiver und repressiver Überwachungstätigkeit dabei sowohl in Bezug auf die Zielsetzungen und die Aufgabenfelder der Sicherheitsbehörden als auch hinsichtlich der Überwachungsanlässe der Abhörbefugnisse festgestellt werden.

1.) Überschneidung der Zielsetzungen

Die Bereiche der nachrichtendienstlichen Gefahrenabwehr und der Strafverfolgung unterscheiden sich in der Zweckbestimmung, wie gezeigt, deutlich, fließen andererseits aber oftmals auch ineinander.

Als Verfahrensordnung zur Durchsetzung des materiellen Strafrechts verfolgt das Strafprozessrecht auch die Ziele des materiellen Rechts. Nach den für das Strafrecht vertretenen Vereinigungstheorien besteht der Sinn der Strafe nicht nur in der Vergeltung für das in der Vergangenheit begangene Unrecht, sondern auch in der Verhinderung zukünftiger Straftaten zum Schutz der Gesellschaft.[501] Diese präventive, zukunftsorientierte Zielrichtung der Strafe lässt dabei sowohl eine individuelle als auch eine generelle Betrachtungsweise zu. Durch die Ergreifung eines Täters und seine Verurteilung soll dieser davon abgehalten werden, weitere Straftaten

[501] Zur Vereinigungstheorie: Wessels/Beulke/Satzger, AT, § 1 Rn 26; Roxin/Greco, Strafrecht AT, § 3 Rn 33 - 36, der sich jedoch in § 3 Rn 37 für die präventive Theorie ausspricht; zur Verschmelzung von Strafrecht und Gefahrenabwehr bei polizeilichen Maßnahmen, wie der Gefährderansprachen, dem Aufenthaltsverbot und beim Umgang mit jungen Mehrfachtätern: Jasch, KJ 2014, 237 (238 ff); zur neueren Strafzweckdiskussion: Roxin, GA 2015, 185.

zu begehen (Individual- oder Spezialprävention).[502] Zum anderen wird durch die Androhung und Verhängung von Strafe für alle Mitglieder der Rechtsgemeinschaft eine abschreckende Wirkung und Hemmschwelle erzeugt, selbst Straftaten zu begehen.[503] Mit der Durchsetzung einer wirkungsvollen Strafverfolgung wird zugleich das Vertrauen der Bevölkerung in die Rechtsordnung und ihre Sicherung durch den Staat gefördert (Generalprävention).[504]

Ein weiterer präventiver Aspekt strafverfahrensrechtlicher Interessen ergibt sich aus der Zielsetzung der Vorsorge für die Verfolgung zukünftiger Straftaten. Seit der Entscheidung des Bundesverfassungsgerichts zur Rechtmäßigkeit der Telekommunikationsüberwachung im niedersächsischen Polizeigesetz ist die Streitfrage über die Einordnung der Verfolgungsvorsorge und den Regelungsstandort entsprechender Befugnisnormen praktisch zugunsten einer Zuweisung zum Bereich der Repression geklärt.[505] Durch die Erhebung und Verarbeitung von Daten und Unterlagen soll die Aufklärung zukünftiger Straftaten ermöglicht und erleichtert werden.[506] Mit dem Ziel der Gewährleistung einer effizienten Durchführung zukünftiger Strafverfahren weist die vorbreitende Tätigkeit einen repressiven Bezug auf, aus dem die Zuordnung der Verfolgungsvorsorge zur Repression abgeleitet wird. Mit dieser Vorsorge für die Aufklärung nur möglicher, noch unbestimmter Straftaten in der Zukunft kommt der Repression in einem Zeitpunkt, in dem der Anfangsverdacht nach § 152 Abs. 2 StPO noch nicht vorliegt, damit auch eine präventive Ausrichtung zu.[507] Beispiele für diese Zielrichtung bilden insbesondere die Maßnahmen nach den §§ 81b, 2. Alt. und 81g StPO sowie die für die Verfolgungsvorsorge charakteristische Informationssammlung, die durch das Bundeskriminalamt in seiner Strafverfolgungszuständigkeit im Rahmen der Zentralstellenfunktion hinsichtlich des Staatsschutzes sowie der international organisierten und terroristischen Straftaten wahrgenommen wird.

Ergeben sich aus der Sichtweise der Repression demnach zugleich auch präventive Effekte, so sind ebenso - umgekehrt - aus der Blickrichtung der Prävention repressive Aspekte feststellbar.

---

502 Roxin/Greco, Strafrecht AT, § 3 Rn 11 ff; Wessels/Beulke/Satzger, AT, § 1 Rn 23.

503 Heghmanns, Strafverfahren, Rn 3: Normtreue der Bevölkerung; Roxin/Greco, Strafrecht AT, § 3 Rn 25; Wessels/Beulke/Satzger, AT, § 1 Rn 23.

504 Roxin/Greco, Strafrecht AT, § 3 Rn 26; Wessels/Beulke/Satzger, AT, § 1 Rn 23.

505 BVerfG, Urteil v. 27.07.2005, 1 BvR 668/04, NJW 2005, 2603; zur Einordnung als Präventionsmaßnahme zuvor: Kniesel, ZRP 1987, 377 (380) m.w.N.

506 Singelnstein/Putzer, GA 2015, 564 (566).

507 BVerfG, Urteil v. 27.07.2005, 1 BvR 668/04 Rn 100, NJW 2005, 2603 (2605).

Eine repressive Perspektive der auf die Verhinderung einer zukünftigen Rechtsverletzung gerichteten Prävention kann sich im Rahmen doppelfunktionaler Maßnahmen ergeben. Die Doppelfunktionalität bezeichnet einen Sachverhalt, der zugleich eine Gefahrenlage und den Verdacht einer strafrechtlich relevanten Tat aufweist, so dass eine hiergegen gerichtete Maßnahme zugleich präventive als auch repressive Zwecke erfüllt.[508] Für die Behandlung doppelfunktionaler Maßnahmen kann auf die zumeist im allgemeinen Polizeirecht diskutierte Problematik abgestellt werden.[509] Die herrschende Meinung in Rechtsprechung und Literatur vertritt für die Zuordnung der Maßnahme die sogenannte Schwerpunkttheorie.[510] Danach kommt es für die Zuordnung der Maßnahme zum gefahrenabwehrenden oder strafverfolgenden Bereich darauf an, welcher Zweck nach dem Gesamteindruck in der konkreten Handlungssituation schwerpunktmäßig verfolgt wird. Mit der Bestimmung eines vorrangigen Handlungsziels geht einher, dass der jeweils untergeordnete Zweck als Nebeneffekt mit erfüllt wird. Liegt der Schwerpunkt der Maßnahme danach auf der Prävention, so überschneidet sich diese mit dem Ziel der Strafverfolgung. Insbesondere bei der präventiven Tätigkeit des Durchleuchtens extremistischer und terroristischer Szenen mittels einer langfristigen und planmäßigen Gewinnung von Informationen über die Arbeitsweise, die Strukturen und Mitglieder verdächtiger Organisationen werden gleichzeitig Daten sowohl über Taten der Vergangenheit als auch der Gegenwart generiert und damit auch die Erlangung und Sicherung von Beweisen für anschließende Strafverfahren ermöglicht.[511] Deutlich wird der Zusammenhang der Verhütung von Rechtsverletzungen mit der Strafverfolgung durch die zahlreichen Vorschriften für eine wechselseitige Datenübermittlung seitens der Sicherheitsbehörden, vorherige Unterrichtspflichten und gegenseitige Abstimmungen hinsichtlich der Benachrichtigung der

---

508 Schmidt, POR, Rn 88.

509 Kniesel, ZRP 1987, 377 (378); dazu auch Walden, S. 180 ff.

510 BVerfG, Beschluss v. 18.12.2018, 1 BvR 142/15 Rn 72, NJW 2019, 827 (832); BVerwGE 47, 255 (265): nach dem Gesamteindruck der Maßnahme; Knemeyer, POR, 11. Auflg. 2007, Rn 122; Meyer-Goßner/Schmitt-Schmitt, § 23 EGGVG Rn 2; Möstl/Kugelmann-Möstl, POR NRW, Vorbem. Rn 61; Lisken/Denninger-Graulich, HB d. PolR, 7. Auflg. 2021, Kap E Rn 178; kritisch Schenke, NJW 2011, 2838 (2841).

511 Zu Strukturermittlungen im Rahmen des präventiven Handlungsfeldes der Polizei bei Lisken/Denninger-Bäcker, HB d. PolR, 7.Auflg. 2021, Kap D Rn 242 ff; zur nachrichtendienstlichen Arbeitsweise unter C. III. 1.).

Betroffenen sowie durch inhaltliche Wertungsentscheidungen bezüglich anderer Funktionsbereiche.[512]

2.) Überschneidung der Aufgaben

Weitreichende Überschneidungen bestehen auch in Bezug auf die nachrichtendienstlichen und strafprozessualen Aufgabenbereiche.

Der den Nachrichtendiensten obliegende Schutz der Rechtsgüter der freiheitlichen demokratischen Grundordnung sowie des Bestandes und der Sicherheit des Bundes und der Länder umfasst auch die Aufklärung von Angriffen, die strafrechtlich relevant sind und daher von der repressiven Aufgabe der Strafverfolgungsbehörden umfasst sind. So bestehen im Bereich des Staatsschutzes insbesondere die Straftatbestände der §§ 81 ff StGB. Ferner liegt eine Strafbarkeit politisch extremistischer Bestrebungen oftmals in Propaganda- und Widerstandsdelikten, daneben aber auch in der Begehung von Verletzungen des Lebens bzw. der körperlichen Unversehrtheit, Bedrohungen sowie in Waffenverstößen, Brandstiftungen und Sachbeschädigungen begründet.[513]

Extremistische Vereinigungen streben - teils offen, teils verdeckt - totalitäre oder zumindest autoritäre Staatsformen an.[514] Die hierauf gerichteten Bestrebungen umfassen daher zahlreiche Aktionen, die langfristig darauf angelegt sind, die parlamentarische Demokratie, ihre Prinzipien und Einrichtungen zu beeinträchtigen bzw. zu beseitigen. Die für die Vorfeldaufklärung typische Arbeit der Nachrichtendienste besteht demgemäß in der langfristigen Erforschung verfassungsfeindlicher Strukturen, Bestrebungen und Verbindungen.[515] Dabei ist die Aufklärungstätigkeit der Nachrichtendienste nicht auf die Beobachtung von Vereinigungen und Gruppierungen beschränkt, sondern lässt auch die Überwachung staatsgefährdender

---

512 Z.B. § 72 Abs. 6, § 93 Abs. 2 S. 3 ZFdG; nach § 9a Abs. 3 S. 2 BVerfSchG ist für die Beendigung des Strafverfahrens die Bedeutung der Aufklärung der Bestrebungen, und damit der nachrichtendienstliche Aufklärungszweck, gegen die Tat und Schuldschwere abzuwägen, dazu kritisch: Lampe, NStZ 2015, 361 (370); Roggan, GA 2016, 393 (408); Überblick zu den Datenübermittlungsregelungen siehe ferner Teil 4 C.

513 Bundesministerium des Innern und für Heimat, Verfassungsschutzbericht 2021, S. 27, 34, abrufbar unter: https://www.bmi.bund.de, (abgerufen am 29.09.2022).

514 Ministerium des Innern und für Sport Rheinland-Pfalz, Rechtsextremismus, Absatz 1 zum Rechtsextremismus, abrufbar unter: http://mdi.rlp.dc/themen/verfassungsschutz/rechtsextremismus, (abgerufen am 29.09.2022).

515 Roth, in: SicherheitsR, § 4 BVerfSchG Rn 109: längerfristige Betrachtung.

Einzelpersonen zu.[516] Werden in dieser Zeit strafbare Handlungen begangen, zu deren Verfolgung die Strafverfolgungsbehörden tätig werden, so fällt der Tatverlauf unvermeidlich mit dem nachrichtendienstlichen Beobachtungsgegenstand zusammen.

Begründet, umgekehrt, die Begehung extremistischer Straftaten zugleich die Gefahr bevorstehender weiterer Aktionen der Personen und Personenzusammenschlüsse, so sind auch die Nachrichtenbehörden zuständig, da auf Grund der fehlenden Eingrenzung der Überwachungsfelder auch strafrechtlich relevante Verhaltensweisen als Ursachen für die Entstehung der Gefahr umfasst sind. Darüber hinaus können die Geheimdienste auch hinsichtlich vergangener strafrechtlicher Verstöße für die Überwachung zuständig bleiben, bis der Ausgangsverdacht ausgeräumt ist.[517]

Ähnliche Erwägungen, wie sie für die präventiven Strukturermittlungen bestehen, gelten auch für die Delikte, die eine banden- und gewerbsmäßige Begehungsweise unter Strafe stellen. Die Überwachung zur Aufklärung begangener Delikte von Gruppierungen, die sich zur fortwährenden Begehung von Straftaten zusammengetan haben, ist damit in gleicher Weise zulässig, wie die präventive Überwachung zur Verhinderung weiterer Taten. Oftmals ist die Strafbarkeit in diesen Fällen bereits allein schon durch die Organisation der Personenzusammenschlüsse erfüllt. Zu den Organisationdelikten gehören insbesondere die Tatbestände der §§ 129, 129a StGB, aber auch die §§ 84, 85 und - mittelbar[518] - § 86 StGB. Die Gründung dieser Vereinigungen markiert bereits die Entstehung einer abstrakten Gefährlichkeit für die durch die geplanten Aktionen beeinträchtigten Rechtsgüter und eröffnet somit auch eine präventive Überwachungszuständigkeit, die zugleich wiederum noch Zusammenhänge zu früheren Einzeltaten offenbaren kann.

Die gleichen Grundsätze gelten auch im Rahmen des Aufgabenbereichs der Spionageabwehr. Werden Agenten eines ausländischen Geheimdienstes oder Bestrebungen zur Preisgabe bzw. Verschaffung von Staatsgeheimnissen erkannt, so ist es angezeigt, die Strafverfolgung wegen der Verstöße gegen §§ 93 ff StGB zu betreiben und zugleich weitere Gefahren hinsichtlich der Nutzung der Staatsgeheimnisse abzuwehren und strukturelle Erkenntnisse über Organisation, Arbeitsweise und Ziele ausländischer Dienste zu gewinnen.

Ein weiterer Überlappungsbereich besteht bei den Zuständigkeiten zur Bekämpfung des Terrorismus. Hier ergeben sich die Aufgaben zur

[516] Vgl. § 4 Abs. 1 S. 3 BVerfSchG; dazu: Linzbach, GSZ 2022, 7.

[517] Borgs-Maciejewski/Ebert, § 3 BVerfSchG Rn 7.

[518] BGHSt 23, 64 (70,73).

Strafverfolgung sowohl hinsichtlich der Strafbarkeit nach § 129a StGB als auch bezüglich der von den Terroristen begangenen schwerwiegenden Einzeltaten. Parallel zum repressiven Tätigkeitsfeld ist hier die nachrichtendienstliche Aufgabe neben der langfristigen Strukturermittlung auch durch die Struktur des § 129a StGB als Organisationsdelikt begründet.[519]

Dies macht überdies deutlich, dass jede Ausweitung von Vorschriften des materiellen Strafrechts in das Stadium von Vorbereitungshandlungen bewirkt, dass die Maßnahmen des insoweit akzessorischen Strafprozessrechts faktisch als Mittel der Gefahrenabwehr dienen.[520]

Auch im Bereich der Bekämpfung der illegalen Ausfuhr der dem AWG und KrWaffKontrG unterliegenden Waren decken sich die Aufgaben der Nachrichtendienste einerseits und der Strafverfolgungsbehörden andererseits. Eine Zuständigkeit zur Strafverfolgung bezüglich der Überwachung des Außenwirtschaftsverkehrs folgt bei rechtswidrigen Ausfuhren im Sinne des AWG überwiegend aus der Strafbarkeit nach §§ 17 f AWG und den §§ 19 ff KrWaffKontrG. Mit den Fällen des illegalen Technologietransfers ist das Bundesamt für Verfassungsschutz insbesondere unter dem Gesichtspunkt der Sicherheit und der auswärtigen Beziehungen sowie der Wirtschaftsspionage befasst, soweit diese vom Ausland her durch gegnerische Nachrichtendienste gesteuert wird.[521] Auch der BND beobachtet den rechtswidrigen Transfer sensitiver Güter im Rahmen der Auslandsaufklärung, wie auch § 5 Abs. 1 S. 3 Nr. 3 G10 deutlich macht. Dass hier im Rahmen der illegalen Beschaffungsorganisationen und -strukturen bereits Straftaten begangen worden sind und zugleich die Begehung weiterer Verstöße droht, folgt daraus, dass bei den Lieferungen derart komplizierter Waffen- und Trägertechnologien sowie dem fortdauernden Beschaffungsbestreben der sogenannten Schwellenländer[522] Sukzessiv-, Teil- und Mehrfachlieferungen keine Seltenheit sein werden. Darüber hinaus ist zu berücksichtigen, dass für die Herstellung und Beschaffung dieser komplizierten Güter nur wenige Firmen und Personen in Frage kommen dürften, so dass sich die außenwirtschaftsrechtlichen Vorgänge oftmals auf dieselben Organisationen und Handelnden konzentrieren.

---

519 Zum Grundtatbestand des § 129 StGB als abstraktes Gefährdungs- sowie Organisationsdelikt: MK/StGB-Schäfer/Anstötz, § 129 Rn 4, 5; zur Zuständigkeit bezüglich des Terrorismus bei Gröpl, S. 347; Roewer, § 3 BVerfSchG Rn 41, 14.

520 Singelnstein/Putzer, GA 2015, 564 (577).

521 Roewer, § 3 BVerfSchG Rn 67, 69, 80; Gröpl, S. 367; Dietrich/Eiffler-Morweiser/Hinüber, HB d. ND, V § 5 E Rn 163, 165.

522 Zur Definition: Bundeszentrale für politische Bildung, Lexikon der Wirtschaft, abrufbar unter: https://www.bpb.de/kurz-knapp/lexika/lexikon-der-wirtschaft/20580/schwellenlaender, (abgerufen am 27.07.2022).

Für den Bereich der Bekämpfung der Organisierten Kriminalität läßt sich, wie bereits dargelegt, eine Zuständigkeit des Verfassungsschutzes auf der Grundlage der derzeitigen Rechtslage grundsätzlich nicht begründen. Die Aufgaben zur Abwehr und Aufklärung des Kriminalitätsbereichs werden von den Strafverfolgungsbehörden wahrgenommen. Gleichwohl können die Verfassungsschutzbehörden mit diesem Phänomen befasst sein, wenn Gruppierungen der Organisierten Kriminalität mit Institutionen eines anderen Staates zusammenwirken, dessen Strukturen für die auswärtigen Beziehungen der Bundesrepublik Deutschland aufzuklären sind.[523] Bestehen dabei Zusammenhänge zu kriminellen Gruppierungen in Deutschland, so können auch Erkenntnisse für die Strafverfolgung im Inland gewonnen werden. Ferner ist nach der Neufassung des § 5 Abs. 1 S. 3 G10 auch der BND mit der Aufklärung von bedeutenden Fällen der internationalen Verbreitung von Kriegswaffen, des unerlaubten Außenwirtschaftsverkehrs, der Formen des Rauschgifthandels sowie der Geldfälschungs- und der Geldwäschedelikte betraut; Kriminalitätsformen, die für die Organisierte Kriminalität typisch sind.

Auch bei der Art und Weise der Aufgabenerfüllung lassen sich Angleichungen der strafverfahrensrechtlichen und nachrichtendienstlichen Bereiche feststellen, die mit einer „Vergeheimdienstlichung“[524] beschrieben werden. Hierzu zählt neben dem stetigen Ausbau der heimlichen Ermittlungsmaßnahmen auch die immer stärkere Einbeziehung von Nichtverdächtigen durch Maßnahmen mit erheblicher Streubreite.[525] Dies gilt etwa für die Funkzellenabfrage und die Rasterfahndung, aber auch bei der Erhebung von Telekommunikationsdaten.

Darüber hinaus sind Beobachtungen zur Rechtswirklichkeit der Strafverfahren zu dem Ergebnis gekommen, dass insbesondere bei Ermittlungen unter Einsatz technischer Überwachungsmittel die faktische Durchführung und Datenverarbeitung weitgehend unkontrolliert von Staatsanwaltschaft und Gericht bei der Polizei liegen und damit für den Betroffenen und die Öffentlichkeit weitgehend im Verborgenen stattfinden.[526] Dieser Effekt werde dadurch ergänzt, dass die Richtervorbehalte in der Praxis keine

523 Dietrich/Eiffler-von Lampe, HB d. ND, V § 6 D Rn 22, 23.

524 Schünemann, ZIS 2009, 484 (488); Singelnstein/Putzer, GA 2015, 564 (565); Paeffgen, Zur Theorie und Systematik des Strafprozessrechts, S. 13 (19).

525 Singelnstein/Putzer, GA 2015, 564 (565, 573); für die Telekommunikationsüberwachung Welp, StV 1994, 161 (162).

526 Conen, FS für Eisenberg, S. 459 (469/70); Singelnstein/Putzer, GA 2015, 564 (577); zur Durchsetzung des Strafverfahrensrechts mit präventiv-polizeilichen Elementen und der Verschiebung von Kontrollmacht sowie der Forderung einer konsequenten Trennung repressiver und präventiver Aufgaben: Heghmanns, GA 2003, 433 (434 ff, 449).

effektive Kontrolle gewährleisten.[527] Auch zeigten Anordnungsbeschlüsse für Telekommunikationsüberwachungen, dass insbesondere bei Ermittlungen im Bereich der Organisierten Kriminalität die Notwendigkeit der Maßnahmen mit Strukturermittlungen und der Aufklärung künftiger Straftaten begründet wird.[528] Überdies handelt es sich in beiden Aufgabenbereichen um verdachtsbasiert initiierte Ermittlungen.

Fernerhin sind auch verfahrensrechtliche Gemeinsamkeiten präventiver und repressiver Arbeit feststellbar. So gilt das das Strafverfahren prägende Legalitätsprinzip nicht ausnahmslos, sondern wird sowohl durch opportune Verfahrenseinstellungen als auch durch Opportunitätserwägungen bei der Art und Weise der Ermittlungen beeinflusst.[529] Andererseits sind auch die Nachrichtendienste trotz der weitreichenden Geltung des Opportunitätsprinzips bei der Datenerhebung und Datenübermittlung im Falle des Vorliegens von tatsächlichen Anhaltspunkten für eine verfassungsfeindliche Bestrebung oder geheimdienstliche Tätigkeit zur Aufnahme von Beobachtungen verpflichtet.[530]

3.) Überschneidung der Überwachungsanlässe

Die in den Aufgabenbereichen festgestellte Konkurrenzsituation setzt sich auf der Ebene der Befugnisse zur Telekommunikationsüberwachung fort.

Nach der Struktur der dargestellten sicherheitsbehördlichen Abhörbefugnisse wird der Überwachungsanlass durch die Aufklärungstatbestände, den Verdachtsgrad hierfür und die Subsidiaritätsbedingungen bestimmt.

a) Aufklärungstatbestände

Der Vergleich der zur Überwachung berechtigenden Straftaten zeigt, dass die dem Aufgabenbereich der Extremismusbekämpfung zuzuordnenden, dem Schutz der freiheitlichen demokratischen Grundordnung dienenden Straftatbestände, §§ 80a bis 82, 84 bis 86, 87 bis 89a, 89c Abs. 1 bis 4 StGB, sowohl die Nachrichtendienste als auch die Strafverfolgungsbehörden zu Telefonabhörmaßnahmen berechtigen. Gemeinsamkeiten bestehen im Weiteren im Hinblick auf die zum Schutz der äußeren Sicherheit und der Erfassung der sicherheitsgefährdenden oder geheimdienstlichen Tätigkeit

---

527 Conen, FS für Eisenberg, S. 459 (469/70).

528 Kinzig, StV 2004, 560 (563); gegen diese Tendenz Böhme/Röske, NStZ 2014, 69 (70); BT-Drs. 16/5846, S. 24.

529 Zu den Opportunitätseinstellungen: Heghmanns, in: Heghmanns/Scheffler, HB zum Strafverfahren, Kap V B.

530 Dietrich/Eiffler-Warg, HB d. ND, V § 1 A Rn 40.

bestehenden Tatbestände - §§ 94 bis 96, 97a bis 100a und §§ 109e bis 109g StGB.

Auch bei der Aufklärung terroristischer Aktivitäten rechtfertigen die §§ 129a bis 130 StGB nachrichtendienstliche und strafprozessuale Überwachungen. Besteht eine terroristische Zielrichtung, so ist eine Zuständigkeitsüberschneidung damit auch hinsichtlich aller in § 129a Abs. 1 und 2 StGB bezeichneten Taten gegeben, die zugleich in § 100a StPO aufgeführt sind, selbst wenn diese nicht in § 3 G10 katalogisiert sind. Dies gilt für die Tatbestände der §§ 307 Abs. 1 bis 3, 309 Abs. 1 bis 4, 313, 314 StGB sowie einzelne Strafvorschriften aus dem Waffengesetz, Kriegswaffenkontrollgesetz sowie dem Völkerstrafgesetzbuch.

Inhaltsgleich sind die Straftatenkataloge von § 100a StPO und § 3 G10 auch in Bezug auf § 13 VStGB.

Weitere Bereiche, in denen sich die Befugnisse überlappen, sind durch die Erweiterung des § 3 Abs. 1 S. 1 G10 um die Nr. 6b) entstanden. Danach kann die Individualkontrolle nach § 3 G10, wie die Kontrolle nach § 100a StPO, auch hinsichtlich des Verdachts der Straftaten nach den §§ 211, 212, 239a, 239b, 306 bis 306c, den §§ 308 Abs. 1 bis 3, 315 Abs. 3 sowie § 316c Abs. 1 und 3 StGB angeordnet werden. Voraussetzung ist nach § 3 Abs. 1 S. 1 Nr. 6b) G10 allerdings, dass sich die Straftaten gegen die freiheitliche demokratische Grundordnung, den Bestand oder die Sicherheit des Bundes oder eines Landes richten. Von Bedeutung ist dessen ungeachtet, dass sich die politisch extremistische Zweckbestimmung der Straftat von der Motivation des Täters im Einzelfall ableitet, die in dem frühen Stadium nachrichtendienstlicher Überwachung oftmals nicht feststellbar ist und damit erst durch die Überwachung erlangt werden kann.[531] Infolgedessen erfasst die nachrichtendienstliche Kontrolle bereits weit vor der Bejahung eines Anfangsverdachts im Sinne des § 152 Abs. 2 StPO Erkenntnisse aus dem Bereich der allgemeinen Kriminalität, die auch für ein späteres Strafverfahren von Bedeutung sein können. Ferner ist die Zuständigkeit der Strafverfolgung unabhängig von der politisch extremistischen Ausrichtung der Straftaten gleichzeitig ab dem Vorliegen des Anfangsverdachts der entsprechenden Delikte immer gegeben.

Eine Angleichung des Überwachungstatbestandes des § 3 Abs. 1 G10 bezüglich des zusätzlich in § 100a StPO aufgeführten § 129 StGB ist darüber hinaus durch den in Anlehnung an § 129 StGB gestalteten § 3 Abs. 1 S. 2 G10 erfolgt. Die mit den Straftaten gegen die nachrichtendienstlichen Schutzgüter generalklauselartig umschriebene Zweckbestimmung der Vereinigung, die den Personenzusammenschluss zum Beobachtungsfall

[531] Mit Kritik dazu: Huber, NJW 2001, 3296 (3297); Wollweber, ZRP 2001, 213 (214).

werden lässt, schließt alle Straftatbestände ein, die auf Grund einer konkreten Betrachtungsweise mit dem Ziel der Beeinträchtigung der freiheitlichen demokratischen Grundordnung, des Bestands oder der Sicherheit des Bundes oder eines Landes begangen werden. Ausgenommen sind, wie oben ausgeführt, nur die reinen Organisationsdelikte und, in Abgrenzung zu § 3 Abs. 1 S. 1 Nr. 6a) G10, die in § 129a StGB genannten Straftatbestände.

Da die freiheitliche demokratische Grundordnung auch die Achtung der Rechte auf Leben und freie Entfaltung umfasst, besteht eine Zuständigkeit für telefonische Abhörmaßnahmen nach § 3 Abs. 1 S. 2 G10 danach zur Abwehr von Gefahren für Leib, Leben oder Freiheit und betrifft damit die Rechtsgüter, die auch durch Strafrechtsnormen, wie die §§ 232, 233 Abs. 2, 234, 234a, 249 bis 255, 176, 176c StGB, geschützt werden und ebenfalls zu einer Überwachung nach § 100a StPO berechtigen. Zu den genannten Straftatbeständen gehören ferner die Vorschriften der §§ 316a, 310 Abs. 1 StGB, die einen Angriff auf Leib oder Leben einer Person sanktionieren.

Ein strafrechtlicher Schutz von Sachgütern wird durch § 315 Abs. 3 StGB gewährt, der im Katalog des § 100a StPO enthalten ist und sich auf Sachen von bedeutendem Wert bezieht, deren Erhaltung im öffentlichen Interesse geboten ist und die ebenso durch extremistische Bestrebungen bedroht sein können.

Zu weiteren Kongruenzen kommt es auch in der Planungs- und Vorbereitungsphase von Rechtsgutverletzungen, soweit in diesen Stadien ein strafbares Verhalten vorliegt. Beispiele hierfür bieten die Tatbestände der §§ 80a, 87, 96, 100a Abs. 2, 146 Abs. 1 Nr. 1 sowie § 234a Abs. 3 StGB, die bereits Vorbereitungshandlungen zur eigentlichen Rechtsgutverletzung unter Strafe stellen. Auch die Unternehmensdelikte im Sinne von § 11 Abs. 1 Nr. 6 StGB, wie § 82 StGB, verlagern die Strafbarkeit in das Vorfeld einer Rechtsgutbeeinträchtigung. Das Gleiche gilt für die Verabredung eines Verbrechens nach § 30 StGB. Parallele Anwendungsbereiche der Überwachungsnormen bestehen darüber hinaus auch in den Fällen, in denen in der Planungs- und Vorbereitungsphase einer Katalogtat bereits andere Delikte verwirklicht werden, da es für die Vorbereitungshandlungen nach § 100a StPO ausreicht, dass diese nach irgendwelchen Vorschriften strafbar sind.

Weitere Überlagerungen der Kompetenzen entstehen im Bereich der Dauer-[532] und Seriendelikte[533], der Organisationsdelikte und der Gefähr-

---

532 Zum Begriff: Roxin/Greco, Strafrecht AT, § 10 Rn 105.

533 Zum Begriff: Wessels/Beulke/Satzger, AT, § 20 Rn 1263.

dungsdelikte.[534] Ein Vorgehen gegen andauernde bzw. wiederkehrende Rechtsverletzungen sowie gegen Organisationen, die sich zur fortdauernden Begehung von Straftaten zusammengeschlossen haben, erfüllt zum einen die Funktion, bisher begangene Rechtsverletzungen aufzuklären, und zum anderen, die Gefahr bevorstehender neuer strafbewehrter Rechtsverstöße abzuwehren, die durch die fortwirkende und wiederholte Tatbegehung sowie den Zweck der Organisation begründet wird. Die abstrakten und konkreten Gefährdungsdelikte knüpfen die Strafbarkeit allein an Handlungen, die Gefahren für Menschen oder Sachen auslösen, ohne dass bereits ein Schaden eingetreten sein muss. Zum Zeitpunkt des strafbaren Tuns besteht somit auch eine Gefahrenlage,[535] die bereits zu nachrichtendienstlichen Maßnahmen berechtigen kann.

Besteht für ein bestimmtes Rechtsgut eine abstrakte oder konkrete Gefahr auf Grund eines Verhaltens, das zugleich einen Straftatbestand erfüllt, so ist der präventive und strafprozessuale Funktionsbereich darüber hinaus im Zeitpunkt des Versuchs der Tat eröffnet. Mit dem Ansetzen zur Verwirklichung des Tatbestandes i.S.v. § 22 StGB steht die Verletzung des Rechtsgutes bereits (mit hinreichender Wahrscheinlichkeit) unmittelbar bevor und ist nach Angriffsziel, -mittel und -zeit durch das nach außen erkennbar gewordene tatbestandliche Verhalten schon bis zu einem gewissen Grad konkretisiert, so dass in diesem Stadium regelmäßig spätestens der Eintritt der konkreten Gefahr gegeben ist. Zugleich begründet die Strafbarkeit des Versuchs den Anfangsverdacht zur Einleitung eines strafprozessualen Ermittlungsverfahrens.

Schnittmengen hinsichtlich der Anlasstatbestände bestehen auch zwischen dem Straftatenkatalog des § 100a StPO und den Gefahrentatbeständen des § 5 G10. Auch wenn die von § 5 G10 erfassten Aktivitäten oftmals von ausländischen Staaten oder Organisationen ausgehen und damit einen unmittelbaren Bezug zur Auslandsaufklärung des BND aufweisen, so werden auf Grund der Weite der Beobachtungsfelder des § 5 G10 auch die strafrechtlich relevanten inländischen Verhaltensweisen registriert, die den Gefahrenbereichen zuzuordnen sind.

Im Rahmen der Gefahr eines bewaffneten Angriffs auf die Bundesrepublik Deutschland ergeben sich Zuständigkeiten zur Strafverfolgung insbesondere unter dem Gesichtspunkt des in § 100a StPO genannten § 100 StGB, der neben der speziellen Tatbestandshandlung auch die Intention zur Herbeiführung der Gefahr eines Krieges für die Bundesrepublik Deutschland voraussetzt. Ferner sind hier die Tatbestände des Hochverrats, § 81

534 Zum Begriff: Wessels/Beulke/Satzger, AT, § 1 Rn 42 ff.

535 Wessels/Beulke/Satzger, AT, § 1 Rn 42.

StGB, sowie die §§ 94 bis 100a StGB zu nennen, da auch hier eine Gefahr für die äußere Sicherheit des Bundes entstehen kann.

Auf Grund der Erweiterung des strafgesetzlichen Anwendungsbereichs des § 129a StGB auf ausländische terroristische Vereinigungen durch die Neuregelung des § 129b StGB ist eine weitere Identität der strafprozessualen Überwachungsanlässe mit dem Überwachungstatbestand nach § 5 Abs. 1 S. 3 Nr. 2 G10 entstanden. Übereinstimmungen bestehen hiernach, wenn die in § 100a Abs. 2 StPO genannten Einzelstraftaten, wie zum Beispiel §§ 211, 212 StGB, mit einem terroristischen Hintergrund begangen werden, da § 5 Abs. 1 S. 3 Nr. 2 G10 keine deliktsbezogene Eingrenzung enthält.

Gleiche Anlässe für eine Überwachung der Telekommunikation ergeben sich auch unter dem Gesichtspunkt des illegalen Außenwirtschaftsverkehrs, da es sich bei den in § 5 Abs. 1 S. 3 Nr. 3 G10 umschriebenen Verhaltensweisen auch um Verstöße gegen die außenwirtschaftsrechtlichen Genehmigungsvorschriften handelt, die bei Vorliegen weiterer Voraussetzungen nach §§ 17, 18 AWG unter Strafe gestellt sind.

Die für eine Überwachung nach § 100a StPO gegebene strafrechtliche Relevanz der Einfuhr von Betäubungsmitteln in nicht geringen Mengen, die den BND nach § 5 Abs. 1 S. 3 Nr. 4 G10 zur Überwachung berechtigt, ergibt sich aus § 30 Abs. 1 Nr. 4 BtMG. Darüberhinaus weisen auch die Tatbestände des § 100a Abs. 2 Nr. 7 StPO in Verbindung mit § 29 Abs. 3 S. 2 Nr. 1 und § 30a BtMG Überschneidungen mit § 5 Abs. 1 S. 3 Nr. 4 G10 auf, wenn die dort genannte Einfuhr ebenfalls eine erhebliche Bedeutung aufweist.[536]

Die Geltung des deutschen Strafrechts auch für im Ausland begangene Geldfälschungen, die eine Überwachung nach § 5 Abs. 1 S. 3 Nr. 5 G10 rechtfertigen, ergibt sich aus den §§ 146, 151 und § 152 in Verbindung mit § 6 Nr. 7 StGB. Das insoweit geführte deutsche Ermittlungsverfahren erlaubt dabei ebenfalls die Telekommunikationsüberwachung nach § 100a Abs. 2 Nr. 1e) StPO.

Auch der Verdacht einer Geldwäsche rechtfertigt sowohl die nachrichtendienstliche Kontrolle nach § 5 Abs. 1 S. 3 Nr. 6 G10 als auch die strafprozessuale Überwachung nach § 100a Abs. 2 Nr. 1m) StPO, da gerade auch die Bundesrepublik Deutschland von internationalen Organisationen als bevorzugtes Land für Geldtransaktionen nach § 261 StGB angesehen

[536] Zu dem Anlassbereich und einer Beschränkung: Dietrich/Eiffler-Löffelmann, HB d. ND, VI § 4 D Rn 133.

wird.[537] Sieht man von dem Tatbestand der Geldwäsche neben der staatlichen Rechtspflege zugleich auch das durch die Vortat verletzte Rechtsgut als geschützt an,[538] so kann sich eine Überschneidung hinsichtlich aller in § 100a Abs. 2 StPO gelisteten Vortaten ergeben, deren Schutzgut mit dem in den nachrichtendienstlichen Befugnissen des § 1 G10 genannten übereinstimmt. Entsprechendes ergibt sich auch aus der Tatbestandsstruktur der Geldwäsche nach § 261 StGB. Der Tatbestand erfasst die Einschleusung inkriminierter Vermögensgegenstände in den legalen Finanz- und Wirtschaftskreislauf unter Verdeckung ihrer Herkunft.[539] Eine noch mögliche Abwendung der durch die Tathandlung begründeten Gefahr für die von § 261 StGB geschützten Rechtsgüter der Rechtspflege und des Geld- und Wirtschaftsverkehrs kann demnach mit der Verfolgung der durch die begangene Vortat erfüllten Straftaten zusammenfallen.

Überschneidungen der Überwachungsgründe können auch im Gefahrenbereich der Einschleusung nach § 5 Abs. 1 S. 3 Nr. 7 G10 entstehen, da die Handlungen der in § 100a Abs. 2 Nr. 5 StPO einbezogenen §§ 96 Abs. 2, 97 AufenthG in den Fällen des § 96 Abs. 4 AufenthG auch eine „Europaweite Schleusung"[540] erfassen.

Berücksichtigt man ferner, dass die Suchbegriffe, über die der Fernmeldeverkehr selektiert wird, Codewörter[541] für Rauschgifte, chemische Stoffe oder Waffen sowie Namen von Firmen oder Mitgliedern von Terrorgruppen sind, so wird deutlich, dass hierdurch nicht nur die Verhaltensweisen mit außen- und sicherheitspolitischem Bezug, sondern auch die Delikte der allgemeinen Kriminalität erfasst werden. Denn die verwendeten Codewörter können die Herausfilterung der Erkenntnisse nicht auf bestimmte Delikte beschränken, sondern zeichnen vielmehr jede Verwendung der Begriffe auf.[542] Mit der Ausdehnung der Gefahrenbereiche auf besondere

---

537 Einem Bericht des Handelsblatts vom 25.07.2018 zufolge, stützt eine im Auftrag des Bundesfinanzministeriums erfolgte Schätzung der Universität Halle den Verdacht, dass sich Deutschland zu einer Hochburg für Geldwäsche mit einem Volumen der Aktivitäten von 100 Milliarden Euro im Jahr 2015 entwickelt hat, Bender/Gauto/Greive/Hildebrand/Votsmeier, „Gangster´s Paradise" – wie Deutschland zur Hochburg für Geldwäscher wurde, Absatz 7.

538 Zum Meinungsstand hinsichtlich der geschützten Rechtsgüter: Fischer, § 261 Rn 2, danach wird überwiegend jedenfalls für § 261 Abs. 2 StGB auch das durch die Vortat verletzte Rechtsgut als umfasst angesehen.

539 Fischer, § 261 Rn 24.

540 Bergmann/Dienelt-Stephan, § 96 AufenthG Rn 34.

541 Zöller, S. 352.

542 Neben den Informationen zur allgemeinen Kriminalität werden dabei auch rein wissenschaftliche oder journalistische Inhalte aufgezeichnet.

Formen der Kriminalität werden auf Grund identischer Begrifflichkeiten somit in erheblichem Maße Erkenntnisse für die Strafverfolgung anfallen.

Die Erfassung des Fernmeldeverkehrs zwischen der Bundesrepublik und dem Ausland, die gezielte Erfassung bestimmter ausländischer Telefonanschlüsse sowie die technischen Möglichkeiten zur Identifizierung der Anschlussinhaber und ihre Zuordnung zu den Gesprächsinhalten eröffnen überdies Parallelen zur Individualkontrolle nach § 100a StPO. Zudem sind die in den Nummern 2 bis 8 des § 5 Abs. 1 S. 3 G10 aufgenommenen Gefahrentatbestände - im Unterschied zur Kriegsgefahr nach § 5 Abs. 1 S. 3 Nr. 1 G10 - stärker subjektbezogen.

Die Erweiterung der Gefahrenfelder in § 5 Abs. 1 S. 3 G10 hat die Überwachungsmöglichkeiten, abweichend vom klassischen Verfassungsschutz, auf die Bekämpfung der allgemeinen Kriminalität, wie die Bekämpfung des internationalen Terrorismus, des Rauschgiftschmuggels sowie der Geldwäsche- und Geldfälschungsaktivitäten, ausgedehnt und durch Übermittlungsregelungen sichergestellt, dass die gewonnenen Erkenntnisse auch für die Strafverfolgung nutzbar gemacht werden können. Befürchtet werden kann hierbei, dass eine Datenübermittlung von Anfang an das Hauptziel der Tätigkeit des BND bilden und die Überwachung auf die Beschaffung personenbezogener und -beziehbarer Informationen für die Strafverfolgungsbehörden angelegt werden kann. Das Bundesverfassungsgericht hat in seiner Entscheidung vom 14. Juli 1999 diesbezüglich beschränkend gefordert, dass die Möglichkeit der Verwendung der erlangten Erkenntnisse die Primärfunktion des BND als Nachrichtendienst „nicht überlagern“ darf.[543] In der Betonung des Primärzwecks liegt zugleich aber auch die Anerkennung einer von Beginn an real existierenden Sekundärfunktion der Überwachung für die Strafverfolgung.

Der neu eingefügte Gefahrentatbestand des § 8 G10 ermöglicht die Durchführung der strategischen Beschränkung im Falle einer konkreten Gefahr für Leib oder Leben einer Person im Ausland, wenn dadurch Belange der Bundesrepublik Deutschland unmittelbar in besonderer Weise berührt sind. Der Bezug zum Inland wird insbesondere dann als gegeben angesehen, wenn die gefährdete Person Deutscher ist, ständig in Deutschland lebt oder sich die Forderungen bei Geiselnahmen gegen deutsche Staatsangehörige richten. Der Anlass der Einführung der Regelung, religiös motivierte terroristische Akte aus dem Jahr 2000,[544] macht deutlich, dass nicht nur politisch begründete Straftaten zur Telekommunikationsüberwachung berechtigen können. Die Zuständigkeit der

543 BVerfG, Urteil v. 14.07.1999, 1 BvR 2226/94 Rn 206, NJW 2000, 55 (60).

544 Huber, NJW 2001, 3296 (3300); Wollweber, ZRP 2001, 213 (214).

Strafverfolgungsbehörden besteht in diesem Beobachtungsfeld insbesondere im Hinblick auf die Straftaten gegen das Leben und die persönliche Freiheit gemäß den §§ 211, 212 und § 239b StGB, wenn die innerstaatliche Strafgewalt nach den Grundsätzen der §§ 5 bis 7 StGB begründet ist. Aber auch bei den übrigen in § 100a Abs. 2 Nr. 1i) StPO genannten Straftaten sowie den Tatbeständen des Raubes, der Erpressung und der Straftaten gegen die sexuelle Selbstbestimmung können die präventiven und die repressiven Aufklärungen während der Aufrechterhaltung der Zwangswirkung auf der Opferseite ineinanderfließen.

b) Verdachtsgrad

Auch die von den präventiven und repressiven Überwachungsbefugnissen geforderten Verdachtsgrade gehen bei den laufenden Beobachtungen ineinander über, wenn sich zunächst nicht erwiesene Anhaltspunkte zu bestimmten Tatsachen verdichten oder wenn, wie bei § 5 und § 8 G10, keine Vorgaben bestehen.

c) Subsidiaritätsbedingungen

Abgesehen von den unterschiedlichen Abwägungsmaßstäben, die den Einsatz der Telekommunikationsüberwachung als präventive und repressive Arbeitsmethode bestimmen, sind die Subsidiaritätsklauseln in den Überwachungstatbeständen von § 3 und § 8 G10 mit § 100a StPO identisch. Eine zur Konkurrenzsituation führende sachliche Übereinstimmung kann in Bezug auf einen konkreten Anwendungsfall aber auch immer dann entstehen, wenn die unterschiedlich geprägten Entscheidungsgrundsätze zu demselben Ergebnis, der Durchführung der Abhörmaßnahme, führen. Dies gilt insbesondere im Verhältnis zur Überwachung nach § 5 G10, die nur unter dem Vorbehalt der allgemeinen Verhältnismäßigkeit steht.

Darüber hinaus ist die Abwägung auch durch die abstrakten Wertungen des Gesetzgebers für die innersystematische Rangfolge beeinflusst, die einen Gleichlauf der präventiven und repressiven Regelungsbereiche von § 100a StPO, § 3 und § 8 G10 hinsichtlich der Nachrangigkeit der Wohnraumüberwachung begründet.

II. Personenbezogene Konkurrenzsituation

Neben dem sachlich gegenständlichen Einsatzgebiet der präventiven und repressiven Normen kann die Konkurrenzsituation auch in Bezug auf den personellen Anwendungsbereich bestehen. Eine Überschneidung wird dabei durch den Kreis der jeweils möglichen Adressaten sowie die Vorschriften zum Schutz von Vertrauensverhältnissen und des Kernbereichs privater Lebensgestaltung bestimmt, durch die der Kreis der Betroffenen eingeschränkt wird.

1.) Betroffene der Überwachungsmaßnahmen

Eine Deckungsgleichheit bezüglich des von der Überwachung betroffenen Personenkreises besteht zunächst in allen Bereichen des Staatsschutzes, des Terrorismus, des Außenwirtschaftsverkehrs, der Organisierten Kriminalität und der sogenannten allgemeinen Kriminalität, in denen die Aufgaben- und Arbeitsfelder der präventiven und repressiven Sicherheitsbehörden übereinstimmen. Mit der Verfolgung und Überführung von Tätern und Teilnehmern begangener Straftaten erfasst die repressive Sicherheitsaufgabe auch diejenigen Personen, die in Zukunft Rechtsverletzungen begehen und als Verursacher der aufzuklärenden Gefahren der langfristigen nachrichtendienstlichen Überwachung unterliegen. Umgekehrt werden bei der Aufklärung nachrichtendienstlich relevanter Strukturen oftmals die potentiellen Straftäter und Verantwortlichen der zukünftigen Delikte zugleich die Täter und Teilnehmer der bereits begangenen Taten sein.

Der Organisierten Kriminalität sowie der Banden- und Gewerbsmäßigkeit der Begehung ist darüber hinaus der Zusammenschluss zur fortgesetzten Begehungsweise begriffsimmanent. Liegt die Ursache für die Entstehung einer nachrichtendienstlich relevanten Gefahr in strafbewehrten Verhaltensweisen, so ist der Täter der Vorbereitung oder Begehung der Tat zugleich der Täter oder Teilnehmer des repressiven Aufklärungsziels. Ferner ist die strafrechtlich relevante Beihilfe bereits im Stadium vor der Straftat möglich,[545] so dass auch hier eine Parallelität mit der präventiven Verantwortlichkeit besteht. Dies zeigt, dass bei mehreren Beteiligten zeitversetzte Tatbeiträge präventive und repressive Ermittlungen möglich machen.

Bei der Wahrnehmung einer doppelfunktionalen Aufgabe bedingt bereits die Einheitlichkeit des sowohl repressiv als auch präventiv relevanten Lebenssachverhalts, dass dem Überwachungsereignis auch eine entsprechend dual zu bejahende Verursachung durch den Betroffenen innewohnt.

Da bei der strategischen Überwachung jeder von der Kontrolle erfasst werden kann, der einen der filternden Suchbegriffe benutzt, kann es hierbei zu einer vollständigen Kongruenz mit dem personellen Anwendungsbereich des § 100a StPO kommen, wenn auch die Zielperson einer gleichzeitig angeordneten strafprozessualen Überwachung aufgezeichnet wird.

---

545 Sch/Sch-Heine/Weißer, § 27 Rn 17.

Weitere Berührungspunkte möglicher Adressaten präventiver und repressiver Überwachungsmaßnahmen lassen sich aus der Figur des Zweckveranlassers, als Störer im Sinne der Gefahrenabwehr, und der strafrechtlichen Teilnahmeform der Anstifter oder Gehilfen ableiten. Denn als Zweckveranlasser gelten diejenigen, die beabsichtigen oder zumindest in Kauf nehmen, dass ein anderer eine Gefahr unmittelbar verursacht.[546] Mit der Qualifizierung als Zweckveranlasser im Sinne der Gefahrenabwehr, auf die insbesondere auch die Einzelfallaufklärung nach § 8 G10 abzielt, können danach zugleich auch die Merkmale der §§ 26, 27 StGB gegeben sein.

Übereinstimmungen bestehen ferner bei der Zielgruppe der Nachrichtenmittler und Anschlussüberlasser, die als mögliche Adressaten der Maßnahme sowohl nach § 100a StPO als auch nach § 3 Abs. 2 S. 2 G10 in Betracht kommen. Darüber hinaus können auch die Anstifter und Tathelfer Kontaktpersonen im Sinne der Vorschriften sein.

2.) Geschützte Vertrauensverhältnisse

a) Schutz der zeugnisverweigerungsberechtigten Personen

Mit dem durch Gesetz zur Neuregelung der Telekommunikationsüberwachung und anderer verdeckter Ermittlungsmaßnahmen sowie zur Umsetzung der Richtlinie 2006/24/EG[547] geschaffenen § 160a StPO besteht eine für alle strafprozessualen Ermittlungsmaßnahmen geltende Vorschrift zum Schutz von Zeugnisverweigerungsberechtigten, wie sie, von einzelnen Unterschieden abgesehen, mit § 3b G10 grundsätzlich auch für die Individualkontrolle gegeben ist. Dies bedeutet, dass die Eingriffsbeschränkungen zum Schutz der in § 53 Abs. 1 S. 1 Nrn. 1, 2 und 4 StPO genannten Personen, der Rechtsanwälte sowie der Kammerrechtsbeistände absolut, für die in § 53 Abs. 1 S. 1 Nrn. 3 bis 3b und 5 StPO aufgeführten Berufsgeheimnisträger auf Grund einer abwägungsabhängigen Entscheidung relativ ausgestaltet sind. Die Eingriffsbegrenzungen gelten in beiden Regelungsbereichen darüber hinaus auch für die Berufshelfer der Funktionsträger nach § 53a StPO.

Der Gedanke der Entprivilegierung der Zeugnisverweigerungsberechtigten, wie ihn § 160a Abs. 4 S. 1 StPO beim Verdacht der Tatbeteiligung für die geschützten Berufsgeheimnisträger vorsieht, findet sich auf die jeweilige Tatbestandsverantwortlichkeit bezogen auch in § 3b G10.

---

546 Schmidt, POR, Rn 768.

547 Gesetz zur Neuregelung der Telekommunikationsüberwachung und anderer verdeckter Ermittlungsmaßnahmen sowie zur Umsetzung der Richtlinie 2006/24/EG v. 21.12.2007, BGBl. I 2007, S. 3198.

b) Kernbereichsschutz

Weitere Eingriffsbegrenzungen des personalen Anwendungsbereichs können zum Schutz des Kernbereichs der privaten Lebensgestaltung geboten sein. Nach § 100d Abs. 1 S. 1 StPO ist, vergleichbar zu § 3a Abs. 1 S. 1 G10, die Maßnahme unzulässig, wenn tatsächliche Anhaltspunkte für die Annahme vorliegen, daß allein Erkenntnisse aus dem Kernbereich der Höchstpersönlichkeit erlangt würden. Obgleich für die Zuordnung zum Kernbereich der Inhalt des Gesprächs und der Sachbezug zum Aufklärungsgegenstand maßgebend sind, ist zu berücksichtigen, dass derartige Gespräche überwiegend mit Personen des persönlichen Vertrauens geführt werden. Betroffen sind daher zumeist Unterhaltungen mit dem Ehepartner, engsten Familienangehörigen, besonderen persönlichen Freunden sowie einem Seelsorger oder Strafverteidiger. Abgesehen von teilweise unterschiedlichen Anforderungen an den Prognosemaßstab führen so beide Regelungen zu Einschränkungen bei der Überwachung des genannten Personenkreises und bedingen so einen identischen Ausgrenzungskreis.

III. Zeitbezogene Konkurrenzsituation

Der zeitliche Anwendungsbereich wird durch die Dauer vorgegeben, für die die Maßnahme angeordnet werden darf. Den nachrichtendienstlichen und strafprozessualen Überwachungsbestimmungen ist gemeinsam, dass die erstmalige Anordnung der Maßnahmen auf zwei oder drei Monate befristet ist.

Eine zeitliche Deckung für die Durchführung von Maßnahmen zur Überwachung des Telekommunikationsverkehrs besteht damit sowohl während einer gleichlaufenden Anordnungsdauer als auch bei den unbegrenzt möglichen Anschlussverlängerungen, die in allen Regelungsbereichen möglich bleiben.

Teil 2 Vergleich nachrichtendienstlicher und strafprozessualer Befugnisse zur Quellen-TKÜ

A. Befugnisse nach § 100a Abs. 1 S. 2 StPO und § 11 Abs. 1a S. 1 G10

Ebenfalls eingebettet in die aufgabenspezifischen Zielsetzungen und Arbeitsweisen sind die nachrichtendienstlichen und strafprozessualen Befugnisse zur Quellen-TKÜ, deren Unterschiede und Gemeinsamkeiten auf Grund der Angleichung der Eingriffskonzipierung im Rahmen der Darstellung der Ermächtigungstatbestände aufgezeigt werden sollen.

Nach § 100a Abs. 1 S. 2 StPO darf die Überwachung und Aufzeichnung der Telekommunikation auch in der Weise erfolgen, dass in von dem Betroffenen genutzte informationstechnische Systeme eingegriffen wird, wenn dies notwendig ist, um die Überwachung und Aufzeichnung insbesondere in unverschlüsselter Form zu ermöglichen. Die Regelung enthält damit für die Art und Weise der Überwachung unter zusätzlichen Voraussetzungen ein besonderes technisches Verfahren und erweitert damit den Umfang der Eingriffshandlung um die sogenannte Quellen-TKÜ.[548]

Durch das Gesetz zur Anpassung des Verfassungsschutzrechts vom 5. Juli 2021[549] ist auch das G10 um eine Regelung zur Durchführung der Quellen-TKÜ ergänzt worden. Das im Rahmen der Durchführungs- und nicht der Befugnisvorschriften in § 11 Abs. 1a G10 eingefügte Aufklärungsrecht entspricht im Übrigen weitgehend den Bestimmungen des § 100a Abs. 1 S. 2 StPO sowie dessen Absatz 5.

I. Eingriffsvoraussetzungen

Die materiellen Voraussetzungen für die Quellen-TKÜ sind dabei dieselben Zulässigkeitsbedingungen wie die der jeweiligen klassischen Telekommunikationsüberwachung, sodass die zwischen § 100a Abs. 1 S. 1 StPO und

[548] Zur Diskussion vor Einführung des § 100a Abs. 1 S. 2 StPO: Gercke, StraFo 2014, 94 (95/6); Großmann, JA 2019, 241 (243); Roggan, NJW 2015, 1995 (1997/8); Sankol, CR 2008, 13.

[549] Gesetz zur Anpassung des Verfassungsschutzrechts v. 5.07.2021, BGBl. I 2021, S. 2274.

der nachrichtendienstlichen Individualkontrolle nach § 3 G10[550] festgestellten Divergenzen und Übereinstimmungen in gleicher Weise bestehen. Die Quellen-TKÜ ist dabei der herkömmlichen Überwachung gegenüber subsidiär.[551] Dies folgt daraus, dass der Eingriff nur erfolgen darf, wenn er notwendig ist, um die Überwachung und Aufzeichnung insbesondere in unverschlüsselter Form zu ermöglichen.

II. Eingriffshandlung

Die Quellen-TKÜ erlaubt nach § 100a Abs. 1 S. 2 StPO und § 11 Abs. 1a S. 1 G10 einen Eingriff in das von dem Betroffenen genutzte informationstechnische System.

1.) Zugriff auf das informationstechnische System des Betroffenen

a) Informationstechnisches System des Betroffenen

Das Bundesverfassungsgericht hat den Begriff des informationstechnischen Systems als Schutzbereich bei der Anerkennung des aus dem allgemeinen Persönlichkeitsrecht entwickelten Rechts auf Vertraulichkeit und Integrität informationstechnischer Systeme zugrunde gelegt[552] und hierbei ein durchaus weites grundrechtliches Verständnis vertreten.[553] Im Regelungszusammenhang des § 100a StPO und des daran orientierten § 11 Abs. 1a S. 1 G10 ist die Bezeichnung kommunikationsbezogen als ein System zu verstehen, das aus Hard- und Software sowie aus Daten besteht und konkret der Erfassung, Speicherung, Verarbeitung, Übertragung und Anzeige von Informationen und Daten zu Kommunikationszwecken dient.[554] Hierzu zählen Personalcomputer, Smartphones, elektronische Geräte in Wohnungen und Kraftfahrzeugen sowie verknüpfte Speichermedien, digitale Faxgeräte und Anrufbeantworter.[555]

---

550 Bei einer strategischen Beschränkung kommt eine Quellen-TKÜ praktisch wohl nicht in Betracht, Arg. auch § 9 Abs. 3 S. 2, 2. HS G10; Eingriffe in informationstechnische Systeme von Ausländern, §§ 34-39 BNDG.

551 BT-Drs. 18/12785, S. 51; KMR-Bär, § 100a Rn 42; zweifelnd Meyer-Goßner/Schmitt-Köhler, § 100a Rn 14e; vorausgesetzt sei damit lediglich die begründete Annahme, dass der Betroffene verschlüsselt kommuniziere, Roggan, StV 2017, 821 (822).

552 BVerfG, Urteil v. 27.02.2008, 1 BvR 370/07, NJW 2008, 822.

553 So LR-Hauck, § 100a Rn 100.

554 LR-Hauck, § 100a Rn 107.

555 LR-Hauck, § 100a Rn 108, 110; zu Cloud-Diensten auch Freiling/Safferling/Rückert, JR 2018, 9 (11).

Nach § 100a Abs. 1 S. 2 StPO und gleichermaßen nach § 11 Abs. 1a S. 1 G10 muss es sich um ein von dem Betroffenen genutztes informationstechnisches System handeln.

Eingriffsobjekt sind danach solche Systeme, über die der Betroffene tatsächlich jederzeit verfügen kann.[556] Hierbei kann es sich nur um solche Systeme handeln, die Ziel der Anordnung der Überwachung sein können. Im Gleichlauf zu § 100a Abs. 3 StPO und der Bezeichnung in der Anordnung nach § 100e Abs. 3 Nr. 5 StPO kommen dabei die Systeme des Beschuldigten und der Nachrichtenmittler in Betracht.

Ferner kann sich die Anordnung nach § 100a Abs. 3 StPO auch gegen Personen richten, von denen auf Grund bestimmter Tatsachen anzunehmen ist, dass der Beschuldigte ihr informationstechnisches System benutzt. Auch wenn § 3 G10 im Unterschied zu § 100a Abs. 3 StPO nicht ausdrücklich die Inhaber der vom Verdächtigen genutzten informationstechnischen Systeme als Zielpersonen nennt, so folgt die Zulässigkeit eines entsprechenden Eingriffs aus der Durchführungsmöglichkeit bei jedem genutzten System eines Betroffenen, gegen den sich die Anordnung richten kann.

Erweiternd erlaubt § 11 Abs. 1b G10 eine Erstreckung der Beschränkungsmaßnahmen auch auf weitere nach der Anordnung bekanntgewordene Kennungen von Telekommunikationsanschlüssen der Personen, gegen die sich die Anordnung richtet. Ausgenommen hiervon sind nur die in § 3 Abs. 2 S. 2 Variante 3 G10 genannten Anschlussinhaber. Danach bedarf es für die zusätzliche Überwachung keiner gesonderten Anordnung. Nach der Begründung zum Gesetzesentwurf soll die Anordnungsbehörde lediglich vor der Erweiterung und die G10-Kommission im Regelverfahren nach § 15 Abs. 6 G10 unterrichtet werden.[557] Mit der Erlaubnis zur Erweiterung bestehender Anordnungen auf weitere Kennungen von Telekommunikationsanschlüssen unterscheidet sich die nachrichtendienstliche Befugnis von der strafprozessualen, die mit den Vorgaben für die Anordnung nach § 100e Abs. 3 Nr. 5 StPO eine Individualisierung der zu überwachenden Anschlüsse und Systeme vor der Durchführung der Maßnahme bezweckt.

b) Einsatz technischer Mittel

§ 100a Abs. 1 S. 2 StPO gestattet den Einsatz mit technischen Mitteln. Diese ausdrückliche Konkretisierung der Art und Weise der Überwachung fehlt in § 11 Abs. 1a S. 1 G10, gilt aber im nachrichtendienstlichen Kontext

556 LR-Hauck, § 100a Rn 118.

557 BT-Drs. 19/24785, S. 23.

gleichermaßen, da § 11 Abs. 1a S. 6 Nr. 1 G10 die Protokollierung der Bezeichnung des eingesetzten technischen Mittels postuliert.

Damit besteht die Grundlage für die Infiltration des informationstechnischen Systems mit einer Software zur Ausleitung der telekommunikationsbezogenen Quelldaten, um eine Überwachung in unverschlüsselter Form zu erreichen. Möglich soll damit ein Ausleiten der Kommunikation „an der Quelle", d.h. vor deren Verschlüsselung auf dem Absendersystem oder nach deren Entschlüsselung beim Empfänger, sein.[558] Denkbar ist gleichermaßen der Einsatz entsprechender Hardwarelösungen, die einen entsprechenden Zugriff ermöglichen.[559]

Die Installation der Überwachungslösung soll auch mittels kriminalistischer List, wie etwa Täuschungen zur Erlangung der Zustimmung des Zugangsberechtigten, zulässig sein.[560] Auf Grund der im Vergleich zur Wohnraumüberwachung geringeren Eingriffsschwelle ist ein heimliches Betreten des Wohnraums zur Installation des Überwachungsmittels jedoch nicht umfasst.[561]

2.) Zugriff auf die laufende Kommunikation

Zusätzliche Voraussetzungen zu § 100a Abs. 1 S. 2 StPO stellt Absatz 5 der Regelung auf. Entsprechend dem Schutzbereich des Grundrechts aus Art. 10 GG beschränkt § 100a Abs. 5 S. 1 Nr. 1a) StPO, wie § 11 Abs. 1a S. 1 G10, zunächst den Zugriff auf die laufende Kommunikation und damit auf die Daten der gerade stattfindenden Telekommunikation.[562]

Die in § 11 Abs. 1a S. 1 G10 zur Überwachung der laufenden Kommunikation in unverschlüsselter Form zusätzlich enthaltene Beschränkung auf die Telekommunikation, „die nach dem Zeitpunkt der Anordnung übertragen worden ist", ergibt sich für die entsprechende Überwachungsmethode in § 100a Abs. 1 S. 2 StPO aus der Nachrangigkeit zur herkömmlichen Telekommunikationsüberwachung und der Abgrenzung zur Online-Durchsuchung.

558 Roggan, StV 2017, 821 (822); KK-Bruns, § 100a Rn 42.

559 KK-Bruns, § 100a Rn 42; LR-Hauck, § 100a Rn 122.

560 BT-Drs. 18/12785, S. 52; Roggan, StV 2017, 821 (822); KK-Bruns, § 100a Rn 46.

561 BT-Drs. 18/12785, S. 52; Großmann, JA 2019, 241 (243); Roggan, StV 2017, 821 (822); KMR-Bär, § 100a Rn 41, 47; KK-Bruns, § 100a Rn 46; zur Entsperrung biometrischer Sicherungen: Rottmeier/Eckel, NStZ 2020, 193 (197 f).

562 Meyer-Goßner/Schmitt-Köhler, § 100a Rn 14c; KK-Bruns, § 100a Rn 44, 45; zur Kritik: LR-Hauck, § 100a Rn 128-130; zum Begriff der „laufenden Kommunikation" zuvor auch Buermeyer, StV 2013, 470.

3.) Schutzpflichten

Daneben stellen sowohl § 100a Abs. 5 S. 1 Nrn. 2 und 3 StPO als auch § 11 Abs. 1a S. 3 Nrn. 2 und 3 G10 verschiedene Schutzpflichten zur Sicherung des infiltrierten Systems auf. Hiernach muss gewährleistet sein, dass an dem informationstechnischen System nur Veränderungen vorgenommen werden, die für die Datenerhebung unerlässlich sind, und diese bei Beendigung der Maßnahme, soweit technisch möglich, automatisiert rückgängig gemacht werden.

Ferner ist das eingesetzte Mittel nach § 100a Abs. 5 S. 2 StPO und § 11 Abs. 1a S. 4 G10 nach dem Stand der Technik gegenüber unbefugter Nutzung zu schützen.

§ 100a Abs. 5 S. 3 StPO, wie auch § 11 Abs. 1a S. 5 G10, bestimmen, dass die kopierten Daten nach dem Stand der Technik gegen Veränderungen, unbefugte Löschung und Kenntnisnahme zu schützen sind.

III. Verfahrensrechtliche Anforderungen

Da - abgesehen von einer genauen Bezeichnung der erfassten Systeme in der Anordnung nach § 100e Abs. 3 S. 2 Nr. 5 StPO und in dem Antrag nach § 9 Abs. 3 S. 2, 2. HS G10 sowie einer akzentuierten Unterrichtung des Parlamentarischen Kontrollgremiums - keine speziellen verfahrensrechtlichen Regelungen für die Quellen-TKÜ getroffen worden sind, gelten die Vorgaben der herkömmlichen nachrichtendienstlichen und strafprozessualen Telekommunikationsüberwachung und bedingen damit im Vergleich dieselben Unterschiede und Gemeinsamkeiten.

B. Befugnisse nach § 100a Abs. 1 S. 3 StPO und § 11 Abs. 1a S. 2 G10

Die Überwachungsalternative des § 100a Abs. 1 S. 3 StPO und des gleichlautenden § 11 Abs. 1a S. 2 G10 soll den Zugriff auf Umstände und Inhalte der Kommunikation ermöglichen, die mittels einer Quellen-TKÜ ab dem Zeitpunkt der Anordnung nur noch nicht erhoben werden konnten, weil das technische Mittel zur Überwachung noch nicht installiert worden war und die Daten daher bereits nach dem Übertragungsvorgang auf dem informationstechnischen System gespeichert worden sind.[563] Dies wird im Gesetz mit den Voraussetzungen umschrieben, dass auf dem informationstechnischen System des Betroffenen gespeicherte Inhalte und Umstände der Kommunikation überwacht und aufgezeichnet werden dürfen, wenn

---

[563] LR-Hauck, § 100a Rn 140.

sie auch während des laufenden Übertragungsvorgangs im öffentlichen Telekommunikationsnetz in verschlüsselter Form hätten überwacht und aufgezeichnet werden können.

Die in § 11 Abs. 1a S. 2 G10 zusätzlich genannte Beschränkung der Überwachung auf Inhalte und Umstände der Kommunikation, die ab dem Zeitpunkt der Anordnung gespeichert worden sind, folgt im strafprozessualen Befugnisbereich aus § 100a Abs. 5 S. 1 Nr. 1b) StPO und wird entsprechend auch im inhaltsgleichen § 11 Abs. 1a S. 3 Nr. 1b) G10 wiederholt.

Auch die Abweichungen bei der Anknüpfung der technischen Sicherheitsvorgaben - an den laufenden Kommunikationsvorgang in § 11 Abs. 1a S. 3 Nr. 1b) G10 einerseits und an den Übertragungsvorgang in § 100a Abs. 5 S. 1 Nr. 1b) StPO andererseits - begründen keine Unterschiede, da hiermit in Abgrenzung des Anwendungsbereichs zur Online-Durchsuchung zum Ausdruck gebracht wird, dass die Überwachungsform auf Kommunikationsinhalte begrenzt ist, die auch mit der Quellen-TKÜ hätten erfasst werden können. Entsprechend verwendet § 11 Abs. 1a S. 2 G10 ebenfalls den Begriff des Übertragungsvorgangs.

Da die Regelungen als Ersatz für die Quellen-TKÜ konzipiert worden sind, teilt die Überwachungsalternative deren Voraussetzungen und Zielobjekte. Dies bedeutet insbesondere, dass noch nicht abgesendete Entwürfe von Nachrichten nicht gelesen werden dürfen.[564]

Für den Vergleich der nachrichtendienstlichen und strafprozessualen Überwachungsmöglichkeiten folgt aus dem Substitutionsverhältnis zur Quellen-TKÜ gleichzeitig, dass die hierzu festgestellten Unterschiede und Gemeinsamkeiten für die Befugnisse nach § 100a Abs. 1 S. 3 StPO und § 11 Abs. 1a S. 2 G10 entsprechend gelten. Abweichend ist nur zu berücksichtigen, dass der Rechtswegausschluss des § 13 G10 auf der Beschränkungsmöglichkeit des Absatz 2 Satz 2 des Art. 10 GG beruht,[565] der von der Überwachungsbefugnis des § 11 Abs. 1a S. 2 G10, die am Grundrecht auf Vertraulichkeit und Integrität informationstechnischer Systeme zu messen ist,[566] gerade nicht betroffen ist. Da der Wortlaut derzeit jedoch die genannte Maßnahmenvariante umfasst, könnte eine Eröffnung des Rechtswegs unabhängig von § 13 G10 allenfalls durch Auslegung erreicht werden.

---

564 BT-Drs. 18/12785, S. 51.

565 Huber, in: SicherheitsR, § 13 G10 Rn 2.

566 H.M.: BVerfG, Urteil v. 27.02.2008, 1 BvR 370/07 Rn 184, 187, 188, NJW 2008, 822 (825) zur Abgrenzung; BT-Drs. 18/12785, S. 51 zu § 100a Abs. 1 S. 3 StPO; LR-Hauck, § 100a Rn 146 zu § 100a Abs. 1 S. 3 StPO; a.A. Gitter/Marscholleck, GSZ 2021, 191 (192/93).

Teil 3 Strafprozessuale Befugnisse zur Online-Durchsuchung

Ein über § 100a StPO hinausgehender Zugriff auf Daten aus einem von dem Betroffenen genutzten informationstechnischen System ist nur mit dem Instrument der Online-Durchsuchung auf der ebenfalls durch Gesetz vom 17. August 2017[567] eingefügten Rechtsgrundlage des § 100b StPO zulässig.[568] Den Diensten bleibt jedoch auch nach der Ergänzung des G10 um die Regelung der Quellen-TKÜ eine Befugnis zur Online-Durchsuchung weiterhin verschlossen.

Die strafprozessuale Online-Durchsuchung als Eingriff in das allgemeine Persönlichkeitsrecht nach Art. 2 Abs. 1 i.V.m. Art. 1 Abs. 1 GG in seiner Ausprägung als Gewährleistung der Vertraulichkeit und Integrität informationstechnischer Systeme enthält im Vergleich zur Telekommunikationsüberwachung nach § 100a Abs. 1 StPO sowohl strengere materielle Voraussetzungen als auch höhere formelle Anforderungen und orientiert sich dabei weitgehend an der akustischen Wohnraumüberwachung.[569]

A. Eingriffsvoraussetzungen

Nach § 100b Abs. 1 StPO darf auch ohne Wissen des Betroffenen mit technischen Mitteln in ein von dem Betroffenen genutztes informationstechnisches System eingegriffen und dürfen Daten daraus erhoben werden, wenn zuvörderst bestimmte Tatsachen den Verdacht begründen, dass jemand als Täter oder Teilnehmer eine in Absatz 2 bezeichnete besonders schwere Straftat begangen oder in Fällen, in denen der Versuch strafbar ist, zu begehen versucht hat (Nummer 1) und die Tat auch im Einzelfall besonders schwer wiegt (Nummer 2).

Im Unterschied zu § 100a Abs. 1 StPO muss es sich bei dem Überwachungsanlass danach um den Verdacht einer im Katalog des § 100b Abs. 2 StPO genannten „besonders schweren" Straftat handeln, der eine

---

567 Gesetz zur effektiveren und praxistauglicheren Ausgestaltung des Strafverfahrens v. 17.08. 2017, BGBl. I 2017, S. 3202.

568 Zur Maßnahme der Online-Durchsuchung unter dem Gesichtspunkt der Heimlichkeit und zur Qualifizierung als Online-Überwachung: Heghmanns, FS für Eisenberg, S. 511 ff; zur Diskussion vor der Einführung des § 100b StPO auch KMR-Bär, § 100b Rn 4, 5.

569 Kritisch zu dieser Angleichung: Großmann, GA 2018, 439 (443 ff); kritisch auch bezüglich des Straftatenkatalogs: Kruse/Grzesiek, KritV 2017, 331 (346 ff).

entsprechende Bedeutung auch im Einzelfall zukommt. Hierbei hat der Gesetzgeber die im Tatbestand der Wohnraumüberwachung nach § 100c Abs. 2 StPO a.F. enthaltenen Delikte übernommen, die den durch das Bundesverfassungsgericht konkretisierten Anforderungen des Art. 13 Abs. 3 GG Rechnung tragen sollten.[570] Aus dem Inhalt der Auflistung hat die Gesetzesbegründung die in § 100b Abs. 2 Nr. 1a) StPO genannten Straftatbestände herausgestellt und ausgeführt, dass damit auch elektronische Angriffe fremder Mächte, wie Cyberspionage und Wirtschaftsspionage durch fremde Kräfte, von beachtlichem Gewicht umfasst sind.[571]

Anders als bei § 100a Abs. 1 S. 1 Nr. 1 StPO genügt die Vorbereitung einer Katalogtat durch ein nicht gelistetes Delikt hier nicht.

B. Subsidiarität

Die Online-Durchsuchung darf gemäß § 100b Abs. 1 Nr. 3 StPO im Weiteren nur eingesetzt werden, wenn die Erforschung des Sachverhalts oder die Ermittlung des Aufenthaltsortes des Beschuldigten auf andere Weise wesentlich erschwert oder aussichtslos wäre.

Mit diesen der Telekommunikationsüberwachung nach § 100a Abs. 1 S. 1 Nr. 3 StPO entsprechenden Anforderungen ist die Maßnahme dieser gegenüber gleichrangig und der Wohnraumüberwachung gegenüber vorrangig anwendbar. Dies führt jedoch zu Widersprüchen im Hinblick auf die Bewertung der Maßnahme durch das Bundesverfassungsgericht als der akustischen Wohnraumüberwachung vergleichbar.[572] Die Erläuterungen zum Gesetz stellen zwar fest, dass die Methode nur angewendet werden darf, wenn andere Ermittlungsmaßnahmen versagen, nimmt dann namentlich aber nur auf die offene Durchsuchung und Beschlagnahme Bezug.[573] Der höchstrichterlichen Einordnung der Eingriffsschwere der Online-Durchsuchung kann demnach nur im Rahmen der Verhältnismäßigkeit im Einzelfall Rechnung getragen werden.

Darüber hinaus ergibt sich aus § 100b Abs. 3 S. 2 Nr. 2 StPO, dass die Online-Durchsuchung auch zur Ermittlung des Aufenthaltsortes eines Mitbeschuldigten eingesetzt werden kann.

---

570 KMR-Bär, § 100b Rn 21.

571 BT-Drs. 18/12785, S. 55 als Beispiel wird der Cyberangriff auf den Deutschen Bundestag genannt.

572 BVerfG, Urteil v. 20.04.2016, 1 BvR 966/09 Rn 192, NJW 2016, 1781 (1793).

573 BT-Drs. 18/12785, S. 55; zur Kritik an der Rangfolge der Maßnahmen: Großmann, GA 2018, 439 (448).

C. Eingriffshandlung

§ 100b StPO erlaubt eine umfassende Überwachung der Nutzung des informationstechnischen Systems und die Erhebung aller Daten auf dessen Speichermedien durch die heimliche Infiltration der Geräte.[574] Im Unterschied zur klassischen Telekommunikationsüberwachung kann hier nicht nur auf neu hinzukommende, sondern auf alle gespeicherten Daten und damit auch die in der Vergangenheit angefallenen Informationen zugegriffen werden.[575] Die Online-Durchsuchung ist dabei weder auf Daten der Kommunikation noch durch eine Bezugnahme auf eine laufende Kommunikation begrenzt.[576]

Hierbei wird teilweise auch die akustische Überwachung über die am Gerät installierten Mikrofone auf Grund der Gleichsetzung der Voraussetzungen mit § 100c StPO, nicht jedoch eine optische Überwachung von Wohnräumen durch die Aktivierung der am System angeschlossenen Kamera als zulässig angesehen.[577] Gegen eine solche, wenn auch differenzierende, Ausweitung der Befugnis spricht der Wortlaut des § 100b Abs. 1 StPO, wonach ausschließlich eine Erhebung der Daten aus dem System und nicht mittels des Systems erfolgen darf.[578] Ob wegen der Orientierung der Voraussetzungen an der Regelung zur Wohnraumüberwachung das heimliche Eindringen in eine Wohnung zum Zwecke der Einbringung des Überwachungsmittels als Annexkompetenz zulässig ist, wird in der rechtswissenschaftlichen Literatur kontrovers diskutiert.[579]

Die Sicherungsmaßnahmen des § 100a Abs. 5 und 6 StPO gelten mit Ausnahme von Absatz 5 S. 1 Nr. 1 der Norm entsprechend.

---

574 KMR-Bär, § 100b Rn 1, 12; BT-Drs. 18/12785, S. 54; KK-Bruns, § 100b Rn 2, 4, 5 folgert aus dem Verhältnismäßigkeitsgrundsatz eine Beschränkung auf die Datenbestände, die für das jeweilige Strafverfahren relevant sind; so auch: Singelnstein/Derin, NJW 2017, 2646 (2647); Freiling/Safferling/Rückert, JR 2018, 9 (13).

575 KMR-Bär, § 100b Rn 2, 17; BT-Drs. 18/12785, S. 54; Großmann, JA 2019, 241 (244); zu den technischen Möglichkeiten der Maßnahme: Kruse/Grzesiek, KritV 2017, 331 (334/5).

576 KMR-Bär, § 100b Rn 17; Kruse/Grzesiek, KritV 2017, 331 (336).

577 KK-Bruns, § 100b Rn 5; für eine Unzulässigkeit auch bezüglich der Mikrofone KMR-Bär, § 100b Rn 16; Großmann, GA 2018, 439 (442/3); Großmann, JA 2019, 241 (244); Singelnstein/Derin, NJW 2017, 2646 (2647); Rüscher, NStZ 2018, 687 (690/1).

578 Singelnstein/Derin, NJW 2017, 2646 (2647).

579 Dafür, wenn ersichtlich keine anderen erfolgsversprechenden Möglichkeiten der Infiltration des Zielsystems bestehen: KK-Bruns, § 100b Rn 6; a.A. Singelnstein/Derin, NJW 2017, 2646 (2647).

D. Betroffene

I. Betroffene nach § 100b Abs. 3 StPO

Zielpersonen der Maßnahmen sind neben dem Beschuldigten nur die Personen, bei denen auf Grund bestimmter Tatsachen anzunehmen ist, dass der Beschuldigte deren informationstechnisches System benutzt.[580]

Die Nutzungsüberlassung kann in der Form der Mitbenutzung und sowohl freiwillig als auch unfreiwillig erfolgen.[581] Für die Zuordnung des Systems ist unabhängig von der rechtlichen Ausgestaltung auf das tatsächliche Verhältnis abzustellen, wonach in dem für die Ermittlung relevanten Zeitraum dem Beschuldigten das System nach allgemeiner Anschauung zum bestimmenden Gebrauch zugeordnet ist.[582]

Zusätzlich verlangt § 100b Abs. 3 S. 2 Nr. 2 StPO für die Inanspruchnahme Dritter, dass die Durchführung des Eingriffs in das informationstechnische System des Beschuldigten allein nicht zur Erforschung des Sachverhalts oder zur Ermittlung des Aufenthaltsortes eines Mitbeschuldigten führen wird.

§ 100b Abs. 3 S. 3 StPO stellt überdies ausdrücklich klar, dass die Maßnahme auch durchgeführt werden darf, wenn andere Personen unvermeidbar betroffen sind.

II. Schutz der Vertrauensverhältnisse

1.) Schutz der Vertrauensverhältnisse nach § 100d Abs. 5 StPO

§ 160a Abs. 5 StPO legt fest, dass die für § 100b StPO geltende spezielle Bestimmung des § 100d Abs. 5 StPO der Regelung des § 160a StPO vorgeht.

Abweichend von der Differenzierung des § 160a Abs. 1 und 2 StPO sind die Maßnahmen der Online-Durchsuchung danach in den Fällen des § 53 StPO immer unzulässig, so dass hiernach ein generelles Überwachungsverbot besteht. Ergibt sich während oder nach der Durchführung der Maßnahme, dass ein Fall des § 53 StPO vorliegt, gilt ein Verwertungsverbot nach § 100d Abs. 2 StPO.

Für die Fälle des § 53a und § 52 StPO bestimmt § 100d Abs. 5 S. 2 StPO unter Vorgabe der maßgeblichen Abwägungskriterien ein relatives Beweisverwertungsverbot. Danach dürfen die aus der Online-Durchsuchung

[580] § 100b Abs. 3 S. 1, 2 Nr. 1 StPO.

[581] KMR-Bär, § 100b Rn 29.

[582] KK-Bruns, § 100b Rn 12.

gewonnenen Erkenntnisse nur verwertet werden, wenn dies unter Berücksichtigung der Bedeutung des zugrunde liegenden Vertrauensverhältnisses nicht außer Verhältnis zum Interesse an der Erforschung des Sachverhalts oder der Ermittlung des Aufenthaltsortes eines Beschuldigten steht.

§ 100d Abs. 5 S. 2 StPO weicht in Bezug auf § 53a StPO damit von dem im § 160a StPO normierten Gleichlauf zwischen den Berufsgeheimnisträgern und den jeweiligen Berufshelfern ab und senkt damit den Schutz für die Helfer der in § 53 Abs. 1 S. 1 Nrn. 1, 2 und 4 StPO genannten Zeugnisverweigerungsberechtigten im Vergleich zur Telekommunikationsüberwachung ab.

Die Rückausnahme des § 160a Abs. 4 StPO bei Verstrickung gilt gemäß § 100d Abs. 5 S. 3 StPO für alle Zeugnisverweigerungsberechtigten entsprechend.

2.) Kernbereichsschutz nach § 100d StPO

Für den Kernbereichsschutz gelten die Beweiserhebungs- und Beweisverwertungsverbote des § 100d Abs. 1 und 2 StPO mit der Ergänzung des § 100d Abs. 3 StPO. Danach ist, soweit möglich, technisch sicherzustellen, dass Daten, die den Kernbereich der privaten Lebensführung betreffen, nicht erhoben werden. Dies bedeutet, dass sowohl Vorkehrungen bei der Durchführung als auch eine vorherige Prognose zur Kernbereichsrelevanz möglicher Erkenntnisse erforderlich sind.[583]

E. Eingriffsmodalitäten

Die Verfahrensvorschriften der §§ 100e und 101 StPO sehen im Vergleich zur Telekommunikationsüberwachung nach § 100a StPO erhöhte Anforderungen für die Anordnungskompetenz, die Dauer und die Benachrichtigung vor. Der Rechtsschutz bestimmt sich gleichermaßen nach § 101 Abs. 7 S. 2 StPO.

I. Anordnungskompetenz

Gemäß § 100e Abs. 2 S. 1 bis 3 StPO dürfen Maßnahmen nach § 100b StPO grundsätzlich nur auf Antrag der Staatsanwaltschaft durch eine nach § 74a Abs. 4 GVG eingerichtete besondere Strafkammer angeordnet werden; über eine Eilanordnung, die für ihre Fortdauer der Bestätigung der Strafkammer innerhalb einer drei-Tage-Frist bedarf, entscheidet der Vorsitzende der Kammer.

[583] I.Erg. KK-Bruns, § 100d Rn 9; Singelnstein/Derin, NJW 2017, 2646 (2647).

II. Dauer

Die Befristung der Maßnahmen und die Verlängerungen sind nach § 100e Abs. 2 S. 4, 5 StPO auf einen Monat begrenzt. Bei Verlängerungen über sechs Monate entscheidet gemäß § 100e Abs. 2 S. 6 StPO anstelle der Strafkammer das OLG.

III. Benachrichtigung Betroffener

Von einer Online-Durchsuchung sind, wie § 101 Abs. 4 S. 1 Nr. 4 StPO vorsieht, die Zielpersonen sowie die erheblich mitbetroffenen Personen zu benachrichtigen. Letztere sind vor allem diejenigen, die das betroffene informationstechnische System mitbenutzen oder von denen darin persönlichkeitsrelevante Daten gespeichert sind.[584] Voraussetzung ist, dass die Beeinträchtigung der Mitbetroffenen nicht nur unerheblich ist.

Die Regelungen für ein Unterbleiben und Zurückstellen der Benachrichtigung bei der herkömmlichen Telekommunikationsüberwachung gelten mit den Abweichungen entsprechend, dass der Fristbeginn für das gerichtliche Zustimmungserfordernis bei weiteren Aufschiebungen nach § 101 Abs. 6 S. 5 StPO auf sechs Monate verkürzt und ein Absehen von der Benachrichtigung nach § 101 Abs. 4 S. 4 StPO nicht möglich ist.

IV. Rechtsschutz

Auf Grund der speziell geregelten Entscheidungskompetenz des Vorsitzenden der in § 74a Abs. 4 GVG genannten Kammer nach § 100e Abs. 2 S. 2 StPO kann gegen dessen Eilanordnung die Beschwerde eingelegt werden.[585] Die Sonderregelung des § 101 Abs. 7 S. 2 StPO gilt auch für die Online-Durchsuchung nach § 100b StPO.

---

[584] KK-Bruns, § 101 Rn 14.

[585] Meyer-Goßner/Schmitt-Köhler, § 100e Rn 30.

Teil 4 Austausch der nachrichtendienstlichen und strafprozessualen Telekommunikationsdaten

A. Problematik des Datenaustausches

Der Vergleich der nachrichtendienstlichen und strafprozessualen Befugnisse zur Überwachung der Telekommunikation und der informationstechnischen Systeme zeigt, dass die Abhörtatbestände in den Regelungszusammenhang der jeweiligen Verfahrensordnung bzw. des jeweiligen Zuständigkeitsgesetzes eingebettet sind und damit zugleich den unterschiedlichen bereichsspezifischen Strukturen und Prinzipien unterliegen. Die konkrete Ausgestaltung der materiellen und formellen Eingriffsvoraussetzungen ist dabei das Ergebnis der nach der jeweiligen Zielsetzung, den Handlungsmaßstäben und Aufgaben getroffenen gesetzgeberischen Abwägungsentscheidung und der Umsetzung der rechtlichen und verfassungsgerichtlichen Vorgaben. Dabei sind den Nachrichtendiensten und den Strafverfolgungsbehörden neben der Individualkontrolle und der Quellen-TKÜ mit der strategischen Kontrolle einerseits und der Online-Durchsuchung andererseits Befugnisse eingeräumt, die dem jeweils anderen Überwachungskonkurrenten der Art nach nicht zur Verfügung stehen.

Gleichzeitig zeigt die Gegenüberstellung der Befugnisse Bereiche auf, in denen die Behörden mit demselben Aufklärungsgegenstand befasst sind. Die bestehende Konkurrenzsituation kann zuvörderst nicht durch eine Vorrangbestimmung der präventiven oder repressiven Überwachung gelöst werden. Gegen eine ausschließliche Zuständigkeit spricht, dass die Behörden über ein unterschiedliches Tatwissen verfügen und divergierenden Kontrollmechanismen unterstehen, so dass Abstimmungen und Entscheidungen bezüglich einer Alleinzuständigkeit nicht möglich sind.[586] Einem Ausschluss der repressiven Zuständigkeit zugunsten einer nachrichtendienstlichen Aufklärung steht überdies vor allem das Legalitätsprinzip entgegen, dem eine Überlassung erfolgversprechender Ermittlungen zugunsten von Behörden mit weitgehend opportunen und langfristig angelegten geheimen Tätigkeiten widerspricht.[587]

---

[586] Welp, DÖV 1970, 267 (271).

[587] Ähnlich Welp, DÖV 1970, 267 (271).

Die den Überwachungsbehörden - auch im Überschneidungsbereich - gezogenen unterschiedlichen Eingriffsgrenzen sollen den verfassungsrechtlichen Anforderungen, den Grundrechtsschranken und dem Verhältnismäßigkeitsgrundsatz, Rechnung tragen und zugleich die Erfüllung der jeweiligen Aufgaben ermöglichen. Der gefundene Ausgleich zwischen dem grundrechtlichen Schutz und den Zielen der Maßnahme, der sich in der konkreten Ausgestaltung der Eingriffsbefugnisse widerspiegelt, wird dabei durch das Zusammenspiel der jeweiligen materiellen und formellen Tatbestandsvoraussetzungen bestimmt. Maßgebend sind dabei vor allem die Gestaltung der Eingriffsschwelle, die Zahl der Betroffenen, die Streubreite der Überwachung sowie die Intensität der Beeinträchtigung, die sich in den möglichen Folgen, die dem Betroffenen auf Grund der Überwachung drohen, zeigt.[588] Auf der anderen Seite sind die Bedeutung der Rechtsgüter, zu deren Schutz die Maßnahmen getroffen werden sollen, und die Wahrscheinlichkeit der Rechtgutverletzung in die Abwägung einzubeziehen.[589] Zudem wird die Ausgewogenheit des Eingriffs durch verfahrensrechtliche Sicherungen beeinflusst, die auch als Kompensation für materielle Handlungsinstrumente fungieren.[590] Von Bedeutung sind bei den heimlichen Überwachungsmaßnahmen insbesondere der strafprozessuale Richtervorbehalt sowie der Zeitpunkt und die Ausschlussgründe für eine Benachrichtigung des Betroffenen, von der auch der Rechtsschutz überwiegend abhängig ist.

Dieses System der an dem konkreten Eingriff der jeweiligen Überwachungskonkurrenten gemessenen rechtlichen Ausgestaltung der Befugnisse wird jedoch unterlaufen, wenn die auf der Grundlage der Befugnis einer Sicherheitsbehörde erlangten Erkenntnisse anderen Überwachungskonkurrenten für eine Weiterverwendung zu ihren Zwecken ohne Einschränkung zur Verfügung gestellt werden.[591] Die Überwachungsbehörden könnten so durch die Überführung der Überwachungsdaten von einem in den anderen Verwendungszusammenhang Informationen erlangen, die sie mit den jeweils zur Verfügung stehenden eigenen Erhebungsbefugnissen nicht hätten erheben können. Die grundrechtssichernden Begrenzungen der Eingriffstatbestände und Verfahrensordnungen für die jeweiligen Überwachungsmöglichkeiten würden somit ihre Schutzfunktion verlieren.

---

[588] Zum Eingriffsgewicht: BVerfG, Beschluss v. 10.11.2020, 1 BvR 3214/15 Rn 96, NVwZ 2021, 226 (232).

[589] Die Maßgeblichkeit dieser Kriterien wird deutlich in BVerfG, Urteil v. 27.02.2008, 1 BvR 370/07 Ls 2, NJW 2008, 822.

[590] BVerfG, Urteil v. 27.02.2008, 1 BvR 370/07 Rn 257, NJW 2008, 822 (832).

[591] Hefendehl, GA 2011, 209 (221); Welp, DÖV 1970, 267 (269).

Führt der Datenaustausch dabei zu einer Umgehung verfassungsrechtlich gebotener Anforderungen, so hätte dies die Verfassungswidrigkeit und damit die Unzulässigkeit zur Folge.[592] Aber auch wenn die Weiterverwendung der Daten unter anderen als den jeweiligen Erhebungsvoraussetzungen rechtmäßig erscheinen kann, wird damit eine Rechtslage geschaffen, bei der die jeweils bestehenden Erhebungsvoraussetzungen außer Kraft gesetzt würden und die daher vom Gesetzgeber als unerwünscht angesehen werden dürfte.

Insbesondere im Bereich der Überschneidung der verschiedenen Beobachtungsfelder, in dem die Behörden mit der Aufklärung desselben Gegenstandes befasst sind, wird den Überwachungskonkurrenten jedoch die im Vergleich zu den anderen Ämtern eingeschränkte Kompetenz als bürokratische Arbeitsbehinderung erscheinen.[593] Zudem ist die Relevanz einer informationellen Zusammenarbeit in dieser Situation besonders groß, da in dem identischen Aufklärungsbereich die meisten Erkenntnisse anfallen dürften, die für beide Aufgabengebiete von Interesse sein können. Gleichzeitig ist aber auch die Wirkung der unterschiedlichen Eingriffsschranken vor allem in dem Bereich, in dem sich die Kompetenzen der Sicherheitsbehörden überschneiden, stark ausgeprägt. Sind die Gegenstände der präventiven und repressiven Aufklärung gleich, so können die in den jeweiligen Überwachungstatbeständen zum Ausdruck kommenden unterschiedlichen Abwägungsentscheidungen hierdurch nicht beeinflusst sein. Sie beruhen dabei vielmehr auf den übrigen strukturellen Unterschieden und Prinzipien der Aufgaben und Überwachungsbefugnisse. Die Einhaltung der unterschiedlichen Eingriffsgrenzen ist hierbei entscheidend, um die Hemmungswirkung, die auf den durch die Unterschiede begründeten Eingriffsgrenzen beruht, sicherzustellen. Der uneingeschränkte gegenseitige Zugriff auf die jeweiligen Datenbestände käme überdies einer Kumulation der Eingriffsrechte gleich, deren Intensität in dem Zusammenwirken über die der Einzelbefugnis hinausgeht und daher die Verhältnismäßigkeit einer jeden Maßnahme in Frage stellen könnte. Denn mit der Intensivierung des Eingriffs steigen auch die Anforderungen an die Bestimmtheit und Verhältnismäßigkeit im Vergleich zu einer Einzelmaßnahme.[594]

---

592 BVerfG, Urteil v. 20.04.2016, 1 BvR 966/09 Rn 288, NJW 2016, 1781 (1802): verfassungsrechtliche Anforderungen für eine Neuerhebung als Voraussetzung für eine Zweckänderung.

593 Welp, DÖV 1970, 267 (269).

594 Zu diesem Gesichtspunkt bei der Kumulation von Maßnahmen: Puschke, S. 124, 96, 117/8.

Die unterschiedlich austarierten Eingriffsbefugnisse bewirken ferner eine Machthemmung der Sicherheitsbehörden im gesamten Staatsgefüge. Der Staat in der Demokratieform ist der Zusammenschluss von Menschen, die sich nur zu ihrer Organisation eines Geflechts von öffentlichen Stellen mit je eigenen Kompetenzen und Befugnissen bedienen. Der Datenverbund zwischen diesen Stellen zur Regelung verschiedener Aufgaben ist daher nicht die Regel, sondern die Ausnahme von dem grundrechtssichernden Prinzip der Aufgabenteilung öffentlicher Gewalt auf verschiedene Hoheitsträger.[595] Könnten jedoch die mit den jeweiligen Befugnissen gewonnenen Erkenntnisse zwischen den Behörden uneingeschränkt ausgetauscht werden, so wird dieser Effekt aufgehoben. Denn die Erlangung von Erkenntnissen aus dem jeweils anderen Zuständigkeitsbereich ermöglicht den Behörden fremde (Teil-) Kompetenzen in Anspruch zu nehmen und schafft eine Rechtslage, die die jeweiligen Eingriffsgrenzen zur Disposition der Überwachungsbehörden stellt.[596]

Auch die föderale Struktur der Kompetenzverteilung zwischen den verschiedenen Sicherheitsbehörden der Bundesrepublik, die sowohl auf Länder- als auch auf Bundesebene konstituiert sind, kann durch einen weitgehenden Austausch präventiv und repressiv erhobener Daten umgangen werden. Das bundesstaatliche Prinzip bewirkt neben der Bewahrung einer historisch gewachsenen Vielfalt vor allem eine Begrenzung staatlicher Gewalt in Form „‚vertikaler' Gewaltenteilung"[597]. Auf Grund der grundgesetzlich vorgegebenen Verteilung der Gesetzgebungs- und Verwaltungszuständigkeiten wird auf Länderebene ein Gegengewicht zur politischen Macht des Bundes begründet.[598] Mit dem Austausch der Erkenntnisse aus unterschiedlichen Zuständigkeitsebenen wird diese Ordnung verschoben.

Bedenken bestehen gegen die Inanspruchnahme anderweitiger Zuständigkeitsergebnisse im Verhältnis zu den Nachrichtendiensten auch auf Grund des Trennungsgebots.[599] Auch wenn in einem informationellen Zusammenwachsen der Behörden noch keine vollständige Außerkraftsetzung des Prinzips gesehen werden kann,[600] so liegt in der Erlangung der jeweils anderen Erkenntnisse eine Beeinträchtigung des trennenden Aspekts.

---

595 Lisken/Denninger-Lisken/Denninger, HB d. PolR, 4. Auflg. 2007, Kap. C Rn 132.

596 Welp, DÖV 1970, 267 (269): Eingriffsgrenzen als fungible Größe in der Hand der agierenden Behörde.

597 Degenhart, StaatsR I, Rn 490.

598 Ohne ausdrückliche Kausalbestimmung: Degenhart, StaatsR I, Rn 490.

599 Dazu unter B. I. 3.) d) cc).

600 Lisken/Denninger-Bäcker, HB d. PolR, 7. Auflg. 2021, Kap B Rn 260a, wonach das Trennungsgebot nicht auf eine vollständige informationelle Abschottung abzielt.

Die Übertragung nachrichtendienstrechtlicher Erkenntnisse in das Strafverfahren kann überdies zu einem Verlust an Rechtsstaatlichkeit und Transparenz führen. Die Prinzipien der Strafverfolgung, wie insbesondere die Unschuldsvermutung, der Anfangsverdacht und die Beweisgrundsätze, sind Ausdruck eines strengen rechtsstaatlichen Verfahrens zur Sicherung der Rechte des Beschuldigten. Die Erlangung nachrichtendienstlicher Informationen beruht hingegen weitgehend auf taktischen Erwägungen, die von Quellenschutz und langfristig ausgerichteten Entscheidungen bestimmt werden.[601]

Darüber hinaus birgt die Zulässigkeit eines umfangreichen Informationsaustausches zwischen den Behörden immer auch die Gefahr, dass die bestehenden Befugnisse, die insbesondere im nachrichtendienstlichen Vorfeldbereich weitgehende Informationserhebungen ermöglichen, zur gezielten Erlangung von Erkenntnissen für andere Sicherheitsbereiche „missbraucht" bzw. instrumentalisiert werden.[602]

Aber auch ohne ein dahingehendes Misstrauen liegt es nahe, dass die Sicherheitsbehörden im Interesse einer effektiven Aufgabenerfüllung jede rechtlich zulässige Möglichkeit zu einer intensiven Zusammenarbeit und einem umfangreichen Datentransfer ausschöpfen.

Der Ausschluss eines jeglichen Datenaustausches zwischen den Sicherheitsbehörden als Konsequenz aus der Problematik und den Risiken, die mit der Übermittlung von Erkenntnissen verbunden sind, ist dabei ebenso abzulehnen wie eine uneingeschränkte informationelle Zusammenarbeit, die vormals mit einer Funktionseinheit der inneren Sicherheit begründet wurde.[603] Die Nutzbarmachung von Funden aus präventiven Überwachungsmaßnahmen zu repressiven Zwecken und umgekehrt ist erforderlich, um die jeweiligen Aufgaben zu erfüllen und nicht in Kenntnis relevanter Informationen auf Aufklärung und Schutz zu verzichten;[604]

---

601 Scharmer, StV 2016, 323 (325) verweist dabei darauf, dass die Weitergabe von nachrichtendienstlich erhobenen Informationen oftmals nicht aktenkundig gemacht wird, sondern vielmehr die Informationen persönlich und mündlich gegenüber der Polizei und Staatsanwaltschaft erörtert werden.

602 Zöller, S. 325; ähnlich für das Verhältnis zum Polizeirecht: Schnarr, StraFo 1998, 217 (222); zur Gefahr des Missbrauchs der Verwendung der Daten allgemein bei BVerfG, Beschluss v. 10.11.2020, 1 BvR 3214/15 Rn 96, NVwZ 2021, 226 (232).

603 Dazu: Lisken/Denninger-Schwabenbauer, HB des PolR, 7. Auflg. 2021, Kap G Rn 26; in diese Richtung bei einer engen Zusammenarbeit der Sicherheitsbehörden zu dem selben Zweck mit einem Kooperationsrecht wieder: Löffelmann/Zöller, NachrichtendienstR, Rn E.45, dazu auch Rn E.56.

604 Für eine Zulässigkeit des Datentransfers in eng umgrenzten Anwendungsfällen: Hefendehl, GA 2011, 209 (220).

was sicherlich auch der Bevölkerung schwer vermittelbar[605] und damit der Akzeptanz staatlichen Handelns abträglich wäre. Darüber hinaus ist ein Datentransfer auch auf Grund des Trennungsgebots erforderlich, da den Nachrichtendiensten die Exekutivbefugnisse zur Nutzbarmachung der Erkenntnisse gerade verwehrt sind.[606] Eine uneingeschränkte Datenweitergabe verbietet sich hingegen schon deshalb, weil damit zum einen gegen zwingende verfassungsrechtliche Vorgaben für den jeweiligen Regelungsbereich, wie sie beispielsweise für die präventive Wohnraumüberwachung in Art. 13 Abs. 4 GG bestehen, verstoßen werden könnte,[607] zum anderen die Vorgaben für eine Zweckänderung von Daten und der Verhältnismäßigkeitsgrundsatz nicht gewahrt wären.[608]

Die Herausforderung eines wechselseitigen Transfers von Informationen besteht damit in der Ausgestaltung einer Begrenzung, die der Notwendigkeit einer Datenübermittlung und den damit verbundenen Gefahren gerecht wird.

Theoretisch denkbar wäre zunächst eine Angleichung der in Rede stehenden präventiven und repressiven Überwachungstatbestände,[609] deren Eingriffsgrenzen sich dann an den jeweils strengsten Anforderungen ausrichten müssten, um in allen Befugnisbereichen zulässig zu sein. Eine dahingehende Vereinheitlichung würde jedoch den unterschiedlichen Aufgaben und der Stellung der Sicherheitsbehörden im Staatsgefüge sowie den damit verbundenen erforderlichen Grundvoraussetzungen nicht gerecht.

---

605 So der Bundesrat für die Erschwerung der Verwendung von Daten, die polizeirechtlich rechtmäßig erhoben worden sind, im Strafverfahren, BT-Drs. 13/9718, S. 38/9.

606 Gazeas, S. 46; Zöller, S. 324/5.

607 Ebenso Lisken/Denninger-Schwabenbauer, HB d. PolR, 7. Auflg. 2021, Kap G Rn 252; der Abbau jeglicher Informationsgrenzen zwischen den Sicherheitsbehörden wäre unzulässig, so BVerfG, Urteil v. 24.04.2013, 1 BvR 1215/07 Rn 106, NJW 2013, 1499 (1502).

608 Zum Verhältnismäßigkeitsgrundsatz: BVerfG, Urteil v. 20.04.2016, 1 BvR 966/09 Rn 320, NJW 2016, 1781 (1805); BVerfG, Urteil v. 24.04.2013, 1 BvR 1215/07 Rn 106, NJW 2013, 1499 (1502): Abbau jeglicher Informationsgrenzen zwischen den Sicherheitsbehörden würde den Grundsatz der Zweckbindung unterlaufen und wäre dann von vornherein unzulässig; dass auf Grund der bestehenden Unterschiede zwischen den präventiven und repressiven Aufgaben auch von einer Zweckänderung beim Transfer der je erhobenen Daten auszugehen ist, hat bereits Walden, S. 224 ff, herausgearbeitet; insofern bedeutet auch jede Datenweitergabe zumindest zwischen den Aufgabenbereichen der Nachrichtendienste und der Strafverfolgungsbehörden eine Zweckänderung, BVerfG, Urteil v. 14.07.1999, 1 BvR 2226/94 Ls. 6, NJW 2000, 55; zur Datenübermittlung auch: Zöller, Rechtsrahmen für die Übermittlung, S. 185 (187).

609 Zur Identität von Eingriffsvoraussetzungen: BVerfG, Urteil v. 26.04.2022, 1 BvR 1619/17 Rn 172f, NJW 2020, 1583 (1588).

Die Lösungsmöglichkeit kann damit nur in einem Regelungsmodell liegen, das die Umgehung der jeweils bestehenden Eingriffsbefugnisse und die damit verbundenen Folgen vermeidet, in dem es die Einhaltung der für den Datenempfänger geltenden Datenerhebungsvoraussetzungen durch ihre Übertragung auf den Erhalt bereichsfremder Erkenntnisse gewährleistet.

B. Rechtsfigur des hypothetischen Ersatzeingriffs

Der genannte Regulierungsansatz wird vom Gesetzgeber für die Strafprozessordnung durch die Rechtsfigur des hypothetischen Ersatzeingriffs umgesetzt. Umschrieben wird der Gedanke in den §§ 161 Abs. 3 und 479 Abs. 2 S. 1, S. 2 Nr. 1 StPO mit der Formulierung, wonach die Verwendung der in anderem Zusammenhang erhobenen Daten zur Aufklärung von Straftaten zulässig ist, zu deren Aufklärung eine solche Maßnahme auch nach der StPO hätte angeordnet werden dürfen.[610] Die nachrichtendienstlichen Übermittlungsvorschriften folgen dem Grundsatz für einzelne Überwachungsarten partiell durch eine eingeschränkte Angleichung der Übermittlungsschwelle an die Tatbestandsvoraussetzungen der Erhebungsrechte. So können Daten aus Maßnahmen nach § 100a StPO gemäß § 18 Abs. 6 S. 1 BVerfSchG nur an die Verfassungsschutzbehörden übermittelt werden, wenn tatsächliche Anhaltspunkte dafür bestehen, dass jemand eine der in § 3 Abs. 1 G10 genannten Straftaten plant, begeht oder begangen hat.[611]

Die prägenden Eigenschaften des hypothetischen Ersatzeingriffs sind eine Harmonisierung der Voraussetzungen für die Übermittlung bereichsfremder Daten mit den Anforderungen für einen entsprechenden Primäreingriff des Informationsempfängers und ihre Beurteilung anhand eines hypothetischen Ermittlungsverlaufs. Da die betreffenden Daten rein tatsächlich auf der Rechtsgrundlage der jeweils anderen Sicherheitsbehörde erhoben worden sind, kann die Prüfung der Zulässigkeitsvoraussetzungen für eine Erfassung der Erkenntnisse durch den Empfänger nur rein gedanklich erfolgen. Mit der Aufstellung einer hypothetischen Betrachtung sind Anwendungsschwierigkeiten der Rechtsfigur verbunden, die insbesondere die Frage nach dem Umfang der erforderlichen Voraussetzungen sowie dem maßgeblichen Zeitpunkt für deren Feststellung betreffen.

---

610 Zur Umsetzung des hypothetischen Ersatzeingriffs durch diese Vorschriften: Radtke-Kretschmer, § 161 Rn 14 zu § 161 Abs. 2 StPO a.F.; Graf-Wittig, § 479 Rn 5, 8; Graf-Sackreuther, § 161 Rn 16; BT-Drs. 16/5846, S. 64, 66 zu § 477 StPO-E und 161 Abs. 2 StPO-E.

611 Umschrieben wird der Gedanke beispielsweise auch in § 43 Abs. 1 S. 3 SächsPolG, § 39 Abs. 1 Nr. 1 NdsPOG.

Auf Grund der damit verknüpften Unsicherheiten ist der Rechtsgedanke des hypothetischen Ersatzeingriffs auch in die Kritik geraten. Bemängelt wird vor allem eine fehlende Berücksichtigung von Beurteilungskriterien, wie der Datenart, der Gesamtmenge der vorhandenen Daten, ihren Verknüpfungsmöglichkeiten und der Art und Weise der Erlangung.[612]

Inwieweit diesbezügliche Defizite tatsächlich anzunehmen sind, hängt davon ab, unter welchen Voraussetzungen eine Verwendung präventiv erhobener Daten zu repressiven Zwecken und umgekehrt zulässig sein kann. Diese inhaltliche Ausgestaltung der Rechtsfigur ist wiederum bedingt durch die dogmatische Begründung für die Erforderlichkeit eines solchen Harmonisierungsgebots, die im Folgenden somit zunächst untersucht werden soll.

I. Dogmatische Begründung der Rechtsfigur des hypothetischen Ersatzeingriffs

Die Grundlage für die Begründung des hypothetischen Ersatzeingriffs zur Beschränkung des Datenaustausches zwischen den Nachrichtendiensten und den Strafverfolgungsbehörden könnte zunächst aus dem Ursprung sowie dem Sinn und Zweck der Rechtsfigur ableitbar sein.

1.) Ursprung der Rechtsfigur

Die Idee des hypothetischen Ersatzeingriffs ist angelehnt an die aus dem amerikanischen Strafverfahren stammende, „inevitable discovery exception“ oder auch „hypothetical cleanpath doctrine“ genannte Ausnahme von Beweisverwertungsverboten für rechtswidrig erlangte Beweismittel.[613]

Die Doktrin der unvermeidlichen Entdeckung berücksichtigt das öffentliche Interesse am Zugang zu Beweisen, in dem sie diese zulässt, wenn sie die Behörden in die gleiche Lage versetzen würden, in der sie sich befunden hätten, wenn sie ausschließlich legale Mittel verwendet hätten.[614] Der Grund hierfür ist die Kehrseite der Ausschlussregel, deren Zweck darin besteht, die Ermittlungsbehörden davon abzuhalten, verfassungsmäßige und gesetzliche Regeln zu verletzen. Wenn feststellbar ist, dass die Rechtsverletzung für die Gewinnung der Beweise irrelevant war,

---

612 Hefendehl, GA 2011, 209 (227/8).

613 Reinbacher/Werkmeister, ZStW 2018, 1104 (1116 Fn 47).

614 Nix v. Williams 467 U.S. 431 (1984), abrufbar unter: https://supreme.justia.com/cases/federal/US/467/431/, (abgerufen am 21.07.2022).

dann hat der Abschreckungszweck so wenig Grundlage, dass die Beweise erhalten werden sollten.[615]

Dieser Begründungsansatz, wonach die Behörden von rechtsverletzenden Ermittlungen durch Verwertungsverbote abgeschreckt werden sollen, ähnelt dem in der deutschen Rechtsdiskussion vertretenen Disziplinierungsgedanken. Nach diesem Ansatz besteht die Funktion von unselbständigen Beweisverboten darin, den Behörden den Anreiz zur Verletzung von Beweiserhebungsbestimmungen zu nehmen.[616] Dieser Grundgedanke ist jedoch auf den hypothetischen Ersatzeingriff im Rahmen der Datenübermittlung nicht übertragbar, da es hierbei nicht um die Zulässigkeit der Verwertung von Beweisen innerhalb eines Verfahrens, sondern um die Einführung extern erhobener Daten in einen neuen Ermittlungsbereich geht. Darüber hinaus vermag die Lehre nicht die Verwertung von rechtmäßig erhobenen Daten zu erklären.[617]

2.) Sinn und Zweck der Rechtsfigur

Der Sinn und Zweck des Prinzips des hypothetischen Ersatzeingriffs besteht vielmehr in der Vermeidung der mit einem ungehinderten Datenaustausch verbundenen Folgen und Risiken. Dies ist zum einen die Einhaltung der kompetenzrechtlichen Bestimmungen zur Sicherung einer informationellen Gewaltenteilung, zum anderen die Verhinderung der Umgehung der den Behörden jeweils gezogenen Eingriffsgrenzen.

a) Gewährleistung der informationellen Gewaltenteilung

Der hypothetische Ersatzeingriff knüpft an die Erhebungsrechte des Empfängers und dessen Zuständigkeiten und Aufgaben an und soll gewährleisten, dass die Behörden keine Daten erhalten, die sie in eigener Kompetenz nicht hätte erheben dürfen.[618] Verhindert werden soll, dass die Datenübermittlung den Behörden faktisch Datenerhebungsbefugnisse verschafft, die diese nicht besitzen.[619]

Zu berücksichtigen ist diesbezüglich jedoch, dass der Gesetzgeber im Rahmen verfassungsrechtlicher Prinzipien und Rechte grundsätzlich frei in der Entscheidung darüber ist, welche Aufgaben er welchen Behörden

---

615 Nix v. Williams 467 U.S. 431 (1984), abrufbar unter: https://supreme.justia.com/cases/federal/US/467/431/, (abgerufen am 21.07.2022).

616 Dazu Muthorst, S. 53 ff, m.w.N.

617 So auch gegen den Ansatz Kelnhofer, S. 61.

618 Engelhardt, S. 149.

619 Engelhardt, S. 149.

überträgt.[620] Da damit prinzipiell eine Erweiterung von Zuständigkeiten unter den Übermittlungsvoraussetzungen für die Daten möglich erscheint, kann aus dem Funktionszusammenhang keine abschließende Erklärung für eine Angleichung der Übermittlungsvoraussetzungen an die Erhebungsvoraussetzungen im Sinne des hypothetischen Ersatzeingriffs gefolgert werden.

b) Gewährleistung der Umgehungsbeschränkung

Ebenso kann der Sinn des Umgehungsgedankens[621] keine letztverbindliche Grundlage für die Erforderlichkeit und den notwendigen Inhalt des Regelungsansatzes bilden.

Das Argument der Vermeidung einer Umgehung stützt sich darauf, dass die vom Gesetzgeber auf Grund des Gesetzesvorbehalts und der Wesentlichkeitstheorie geschaffenen Voraussetzungen für die gesetzlichen Ermächtigungsgrundlagen nicht umgangen werden dürfen und daher auch auf die Datenübermittlung zu übertragen sind. Die Antwort darauf, warum eine solche Gleichstellung erforderlich ist und nicht eine andere, von den Erhebungsvoraussetzungen abweichende Abwägung für die Übermittlung getroffen werden kann, bleibt das Argument des Umgehungsverbots jedoch schuldig. Auch wenn der Gesichtspunkt offensichtlich begreiflich ist, ist er hinsichtlich des Umfangs und der dogmatischen Begründung wenig konkretisiert.

3.) Grundlage der Rechtsfigur

Kann eine Rechtfertigung des hypothetischen Ersatzeingriffs somit nicht aus der Rechtsfigur selbst hergeleitet werden, so könnte ihre Begründung und inhaltliche Ausgestaltung im Weiteren in einer Zurückführung auf die Grundsätze der einzelnen Überwachungsbereiche oder die übergreifenden Datenschutz- und Verfassungsrechte gefunden werden. Anknüpfungspunkte hierzu beinhaltet auch die höchstrichterliche Rechtsprechung, deren Vorgaben dabei zunächst zusammenzustellen sind. Denn aufbauend auf den Ausführungen des Volkszählungsurteils enthalten die Entscheidungen des Bundesverfassungsgerichts zur Verfassungsmäßigkeit verschiedener Überwachungsregelungen auch Anforderungen an die Weitergabe und Verwendung der durch die Maßnahmen gewonnenen Daten, die in

[620] Für die Gefahrenabwehr Lisken/Denninger-Bäcker, HB d. PolR, 7.Aufl. 2021, Kap B Rn 215.

[621] Hypothetischer Ersatzeingriff als Ausformung eines allgemeinen Umgehungsverbots: Schnarr, StraFo 1998, 217 (222); als Sinn und Zweck der Regelung des § 161 Abs. 2 StPO-E in BT-Drs. 16/5846, S. 64.

der jüngeren Rechtsprechung ausdrücklich zunächst als hypothetischer Ersatzeingriff[622] und anschließend als hypothetische Datenneuerhebung[623] bezeichnet worden sind.

a) Rechtsprechung des Bundesverfassungsgerichts

aa) Volkszählungsurteil

Als Reaktion auf die Fortschritte und modernen Möglichkeiten einer automatisierten Datenverarbeitung, die es technisch ermöglicht, Daten unbegrenzt zu speichern, jederzeit abzurufen und mit anderen Datensammlungen zusammenzufügen, hat das Bundesverfassungsgericht in seiner Entscheidung zum Volkszählungsurteil vom 15. Dezember 1983[624] das Recht auf informationelle Selbstbestimmung entwickelt.

Dieses von dem Grundrecht des Art. 2 Abs. 1 i.V.m. Art. 1 Abs. 1 GG einbegriffene Recht gewährleistet die Befugnis des Einzelnen grundsätzlich selbst über die Preisgabe und Verwendung seiner persönlichen Daten zu bestimmen. Umfasst ist danach der Schutz gegen unbegrenzte Erhebung, Speicherung, Verwendung und Weitergabe personenbezogener Daten.[625]

Einschränkungen, die im überwiegenden Allgemeininteresse hinzunehmen sind, bedürfen, nach Aussage des Gerichts, einer normenklaren gesetzlichen Grundlage, bei der der Gesetzgeber den Grundsatz der Verhältnismäßigkeit zu beachten sowie organisatorische und verfahrensrechtliche Vorkehrungen zu treffen hat, um die Gefahr der Verletzung des Persönlichkeitsrechts entgegenzuwirken.[626]

Die zulässige Ausgestaltung einer Eingriffsbefugnis hänge dabei nicht nur von der Art und dem Umfang der zu erhebenden Daten, sondern entscheidend auch von ihrer Nutzbarkeit und Verwendungsmöglichkeit ab.[627] Die Verwendung der Daten sei auf den gesetzlich bestimmten Zweck begrenzt, den der Gesetzgeber bereichsspezifisch und präzise zu bestimmen hat. Eine Sammlung nicht anonymisierter Daten auf Vorrat zu

---

[622] BVerfG, Beschluss v. 7.12.2011, 2 BvR 2500/09 Rn 133, 147, NJW 2012, 907 (912, 913).

[623] BVerfG, Urteil v. 24.04.2013, 1 BvR 1215/07 Rn 226, NJW 2013, 1499 (1518); BVerfG, Urteil v. 20.04.2016, 1 BvR 966/09 Rn 287, NJW 2016, 1781 (1801).

[624] BVerfG, Urteil v. 15.12.1983, 1 BvR 209/83, NJW 1984, 419; die hier für die automatisierte Datenverarbeitung aufgestellten Grundsätze sind in BVerfG, Beschluss v. 9.03.1988, 1 BvL 49/86, NJW 1988, 2031, auf alle Datenerhebungen und Verwendungen ausgeweitet worden.

[625] BVerfG, Urteil v. 15.12.1983, 1 BvR 209/83 Rn 147, NJW 1984, 419 (422).

[626] BVerfG, Urteil v. 15.12.1983, 1 BvR 209/83 Rn 148, 149, NJW 1984, 419 (422).

[627] BVerfG, Urteil v. 15.12.1983, 1 BvR 209/83 Rn 150, NJW 1984, 419 (422).

unbestimmten oder nicht bestimmbaren Zwecken sei damit nicht zu vereinbaren. Schon angesichts der Gefahren der automatisierten Datenverarbeitung sei ein - amtshilfefester - Schutz gegen Zweckentfremdung durch Weitergabe- und Verwendungsverbote erforderlich.[628]

Offen ist seinerzeit geblieben, ob die Weitergabe der zu statistischen Zwecken erhobenen Daten unter Zweckentfremdung auf einer gesetzlichen Grundlage oder eine kombinierte Datenerhebung für verschiedene Zwecke zulässig gewesen wäre. Eine Regelung, die dennoch verschiedene Zwecke gleichzeitig erreichen will, ist - so das Gericht weiter - jedenfalls dann verfassungswidrig, wenn sie tendenziell Unvereinbares miteinander verbindet.[629]

Die grundlegenden Ausführungen des Gerichts, wonach jeder Datenverarbeitungsschritt vom Recht der informationellen Selbstbestimmung umfasst ist, machen in der Gesamtheit zunächst deutlich, dass in jeder Datenübermittlung und -verwendung ein Grundrechtseingriff liegt, der einer bereichsspezifischen und verfassungsgemäßen gesetzlichen Grundlage bedarf. Ferner postuliert das Gericht ein Zweckbindungsgebot für die Daten, das nur begrenzt Durchbrechungen zulässt. Hierzu deuten die Urteilserwägungen bereits auf die Notwendigkeit der Vereinbarkeit von unterschiedlichen Zwecken, denen die Daten dienen sollen.

bb) Urteil zum G10

Hatte das Bundesverfassungsgericht in seinem Beschluss zur strategischen Telefonüberwachung durch die Nachrichtendienste vom 20. Juni 1984[630] die Zulässigkeit der Weitergabe von Daten zunächst nur gestreift, knüpfen die verfassungsgerichtlichen Ausführungen in der Entscheidung vom 14. Juli 1999[631] zur Fernmeldeaufklärung des BND an die Erwägungen des Volkszählungsurteils an und übertragen diese auch auf Eingriffe in das Fernmeldegeheimnis.

So betont das Gericht ausdrücklich, dass die überwachte Kommunikation ihren von Art. 10 GG vermittelten Geheimschutz nicht dadurch verliert, dass bereits eine andere Stelle von dem Fernmeldevorgang Kenntnis erlangt hat, so dass sich daher die Anforderungen des Grundrechts auch auf die Weitergabe dieser Daten und Informationen beziehen.[632] Erneut

---

628 BVerfG, Urteil v. 15.12.1983, 1 BvR 209/83 Rn 154, NJW 1984, 419 (422).

629 BVerfG, Urteil v. 15.12.1983, 1 BvR 209/83 Rn 195, NJW 1984, 419 (426).

630 BVerfG, Beschluss v. 20.06.1984, 1 BvR 1494/78 Rn 87, 88, NJW 1985, 121 (124).

631 BVerfG, Urteil v. 14.07.1999, 1 BvR 2226/94, NJW 2000, 55; zum Urteil: Gusy, KritV 2000, 52.

632 BVerfG, Urteil v. 14.07.1999, 1 BvR 2226/94 Rn 166, 163, NJW 2000, 55 (57).

weist das Gericht konkretisierend auf die Notwendigkeit einer normenklaren und verhältnismäßigen Regelung hin, die die Zwecke, zu denen die Daten übermittelt und weiterverwendet werden dürfen, bereichsspezifisch und präzise festlegt.[633] Vorausgesetzt werde ferner, dass diese Zwecke mit dem ursprünglichen Zweck, der die Erhebung der Daten gerechtfertigt hat, nicht unvereinbar sind.[634]

Auf die Befugnis zur strategischen Fernmeldekontrolle bezogen, ist die seinerzeit bestehende Verpflichtung des BND, die aus der verdachtslosen Überwachung erlangten Daten zur Verhinderung, Aufklärung und Verfolgung bestimmter Straftaten an die zuständigen Behörden zu übermitteln, grundsätzlich als mit dem Erhebungszweck vereinbar angesehen worden. Zielen die weitgehenden Grundrechtseingriffe des BND - so das Gericht - jedoch von vornherein auf den Zweck der Verhinderung oder Verfolgung von Straftaten, lässt sich die Befugnis dazu nicht mit Art. 10 GG vereinbaren.[635] Grundrechtsbezogene Beschränkungen des Einsatzes bestimmter Erhebungsmethoden dürften nicht dadurch umgangen werden, dass Daten, die mit einer solchen Methode in rechtmäßiger Weise zu bestimmten Verwendungszwecken erhoben worden sind, in gleicher Weise auch für Zwecke zugänglich gemacht werden, die einen derartigen Methodeneinsatz nicht rechtfertigen würden.[636] Art. 10 GG schließe aber nicht jegliche Übermittlung an Behörden aus, denen eine verdachtslose Fernmeldeüberwachung nicht zusteht oder nicht zugestanden werden dürfte.[637]

Bedenken gegen die Regelung zur Übermittlung der aus der verdachtslosen und breit gestreuten Fernmeldeaufklärung gewonnenen Daten sind hingegen unter dem Gesichtspunkt der Verhältnismäßigkeit geltend gemacht worden. Die Schwere des Eingriffs ist darin gesehen worden, dass in einer Übermittlung der personenbezogenen Daten eine erneute Durchbrechung des Fernmeldegeheimnisses liegt, die auf Grund der sich anschließenden Maßnahmen gegen den Betroffenen größere Beeinträchtigungen als der Ersteingriff zur Folge haben kann.[638]

Die Unausgewogenheit hat sich dabei aus dem Zusammenspiel des für die Übermittlung vorausgesetzten Straftatenkatalogs, der Tatsachengrundlage für den Verdacht und der zeitlichen Erstreckung der Rechtsgutgefährdung in die Phase der Straftatenplanung ergeben.[639] In Bezug auf

633 BVerfG, Urteil v. 14.07.1999, 1 BvR 2226/94 Rn 165, NJW 2000, 55 (57).
634 BVerfG, Urteil v. 14.07.1999, 1 BvR 2226/94 Rn 167, NJW 2000, 55 (57).
635 BVerfG, Urteil v. 14.07.1999, 1 BvR 2226/94 Rn 261, NJW 2000, 55 (65).
636 BVerfG, Urteil v. 14.07.1999, 1 BvR 2226/94 Rn 261, NJW 2000, 55 (65).
637 BVerfG, Urteil v. 14.07.1999, 1 BvR 2226/94 Rn 262, NJW 2000, 55 (65).
638 BVerfG, Urteil v. 14.07.1999, 1 BvR 2226/94 Rn 269, NJW 2000, 55 (65).
639 BVerfG, Urteil v. 14.07.1999, 1 BvR 2226/94 Rn 273, 275, NJW 2000, 55 (66).

die Übermittlung der Daten für die Sanktionierung einer bereits erfolgten, aber nicht mehr verhinderbaren Rechtsgutverletzung hat es das Gericht als nicht gerechtfertigt angesehen, die Übermittlungsschwelle unter diejenige abzusenken, welche auch sonst bei der Strafverfolgung für Eingriffe in das Fernmeldegeheimnis nach § 100a StPO gilt.[640] Demgegenüber ist im Fall der Gefahrenabwehr, mit der die drohende Verletzung eines Rechtsgutes noch verhindert werden soll, eine andere Beurteilung angenommen worden, nach der mit verschiedenen Kombinationsmöglichkeiten der einzelnen Tatbestandselemente die Übermittlung gerechtfertigt werden kann.[641]

Zusammenfassend ist der Entscheidung zur strategischen Fernmeldekontrolle wiederum zu entnehmen, dass das Gericht die Datenübermittlung als eigenständigen Grundrechtseingriff wertet, für den andere Maßstäbe gelten als für die Datenerhebung. Auch wenn die jeweils grundrechtsgebotenen Beschränkungen bestimmter Erhebungsmethoden nicht umgangen werden dürfen, so dürfen hierbei gewonnene Daten gleichwohl an Behörden übermittelt werden, denen eine entsprechende Überwachungsbefugnis nicht zusteht.

Mit seinen Erwägungen greift das Gericht den Gedanken der Vereinbarkeit des ursprünglichen Erhebungszwecks mit den Zielen, zu deren Erfüllung die Daten an andere Behörden übermittelt werden, aus dem Volkszählungsurteil auf. Die Vereinbarkeit der Zwecke bemisst sich dabei an den tatbestandlichen und verfahrensrechtlichen Anforderungen der Übermittlungsregelung für die Weitergabe und der Verhältnismäßigkeit hinsichtlich ihrer Zusammenstellung und Tatbestandsalternativen.

cc) Urteil zum „Großen Lauschangriff“ und zum Außenwirtschaftsrecht

Auch in dem Urteil zur strafprozessualen Wohnraumüberwachung[642] sowie zur Verfassungsmäßigkeit der zollfahndungsrechtlichen Überwachungsbefugnisse vom selben Tag[643] hat sich das Bundesverfassungsgericht zur Weitergabe von Überwachungsdaten geäußert. Die Ausführungen knüpfen an die bereits in den vorangegangenen Entscheidungen dargelegten Grundsätze an und fassen die bislang entwickelten Voraussetzungen noch einmal zusammen.

Danach schließt der Grundsatz der Zweckbindung eine Zweckänderung durch die Weitergabe von Daten an andere Behörden nicht grundsätzlich

---

[640] BVerfG, Urteil v. 14.07.1999, 1 BvR 2226/94 Rn 277, NJW 2000, 55 (66).

[641] BVerfG, Urteil v. 14.07.1999, 1 BvR 2226/94 Rn 279, 276, NJW 2000, 55 (66).

[642] BVerfG, Urteil v. 3.03.2004, 1 BvR 2378/98, NJW 2004, 999.

[643] BVerfG, Beschluss v. 3.03.2004, 1 BvF 3/92, NJW 2004, 2213.

aus, diese erfordere jedoch ihrerseits eine gesetzliche Grundlage, die formell und materiell verfassungsgemäß ist.[644]

Insbesondere dürfe der Verwendungszweck, zu dem die Erhebung erfolgt ist, und der veränderte Verwendungszweck nicht miteinander unvereinbar sein.[645] Eine Unvereinbarkeit läge vor, wenn mit der Zweckänderung grundrechtsbezogene Beschränkungen des Einsatzes bestimmter Erhebungsmethoden umgangen werden, die Informationen also für den geänderten Zweck nicht oder nicht in dieser Art und Weise hätten erhoben werden dürfen.[646] Bei der Beurteilung der Tatbestandsvoraussetzungen für die Datenübermittlung sind dabei an die Elemente der Subsidiarität geringere Anforderungen gestellt worden, weil die belastende Information als sicher feststeht, die Unsicherheit der Prognose damit entfällt und eine alternative Beweiserhebung ebenfalls in die Grundrechte des Betroffenen eingreifen würde.[647]

Bei der Übermittlung der strafprozessual durch eine Wohnraumüberwachung gewonnenen Informationen zur Gefahrenabwehr sind danach für die Übermittlungsvorschriften die verfassungsrechtlichen Wertungen zu berücksichtigen gewesen, die in Art. 13 Abs. 4 GG für einen Primäreingriff getroffen worden sind.[648]

dd) Beschluss zur strafprozessualen Beweisverwertung

Die Frage der Verwertung personenbezogener Daten aus einer präventiv-polizeilichen Wohnraumüberwachung im Strafverfahren auf der Grundlage des § 261 StPO betrifft der Beschluss vom 7. Dezember 2011.[649] Das Bundesverfassungsgericht hat hierin die in den früheren Entscheidungen zur außenwirtschaftsrechtlichen Telekommunikationsüberwachung und zur strafprozessualen Wohnraumüberwachung zusammengefassten Anforderungen wiederholt und ausdrücklich als „hypothetischer Ersatzeingriff“ bezeichnet.[650]

---

644 BVerfG, Urteil v. 3.03.2004, 1 BvR 2378/98 Rn 334, NJW 2004, 999 (1019).

645 BVerfG, Urteil v. 3.03.2004, 1 BvR 2378/98 Rn 334, NJW 2004, 999 (1019); BVerfG, Beschluss v. 3.03.2004, 1 BvF 3/92 Rn 153, NJW 2004, 2213 (2220).

646 BVerfG, Urteil v. 3.03.2004, 1 BvR 2378/98 Rn 338, NJW 2004, 999 (1019).

647 BVerfG, Urteil v. 3.03.2004, 1 BvR 2378/98 Rn 340, NJW 2004, 999 (1019).

648 BVerfG, Urteil v. 3.03.2004, 1 BvR 2378/98 Rn 342, NJW 2004, 999 (1019).

649 BVerfG, Beschluss v. 7.12.2011, 2 BvR 2500/09, NJW 2012, 907.

650 BVerfG, Beschluss v. 7.12.2011, 2 BvR 2500/09 Rn 133, 147, NJW 2012, 907 (912, 913).

ee) Urteil zur Antiterrordatei - I -

In der Entscheidung vom 24. April 2013[651] hat sich das Gericht mit der Verfassungsmäßigkeit der Errichtung der Antiterrordatei als Verbunddatei verschiedener Sicherheitsbehörden zur Bekämpfung des internationalen Terrorismus befasst. Die Ausführungen knüpfen an die vorangegangenen Entscheidungen an und setzen im Rahmen der Überprüfung der Einbeziehung von Telekommunikationsdaten in die Antiterrordatei hinzu, dass das Kriterium der verfassungsrechtlichen Zulässigkeit - mit der nunmehrigen Bezeichnung der hypothetischen Datenneuerhebung - für die Beurteilung einer Weiterleitung bereits erhobener Daten nicht schematisch abschließend ist und die Berücksichtigung weiterer Gesichtspunkte nicht ausschließt.[652]

ff) Urteil zum BKA-Gesetz

Zu der Ermächtigung des BKA zum Einsatz heimlicher Maßnahmen hat das Bundesverfassungsgericht im Urteil vom 20. April 2016[653] Stellung genommen. Das Urteil soll eine konkretisierende Konsolidierung der langen Rechtsprechung beider Senate zur zweckändernden Folgenutzung von Daten markieren[654] und führt dazu die wesentlichen Grundsätze aus.

Jede Art der Verwendung von Daten zu einem anderen Zweck als dem Erhebungszweck ist danach, unabhängig davon, ob es sich um die Verwendung als Beweismittel oder als Ermittlungsansatz handelt, an dem Grundrecht zu messen, in das durch die Datenerhebung eingegriffen worden ist.[655] Die Ermächtigung zu einer Zweckänderung muss dabei dem Verhältnismäßigkeitsgrundsatz entsprechen und hat sich am Gewicht des Eingriffs der Datenerhebung zu orientieren.[656] Voraussetzung dafür ist, dass Daten aus eingriffsintensiven Überwachungs- und Ermittlungsmaßnahmen nach verfassungsrechtlichen Maßstäben neu auch für den geänderten Zweck mit vergleichbar schwerwiegenden Mitteln erhoben werden dürften.[657]

Das Gericht wertet das hiermit umschriebene Kriterium der Datenneuerhebung ausdrücklich als Konkretisierung und Ersatz für die vormals geforderte Vereinbarkeit von geänderter und ursprünglicher Zwecksetzung. Das Merkmal der Datenneuerhebung gelte allerdings nicht schematisch

---

651 BVerfG, Urteil v. 24.04.2013, 1 BvR 1215/07, NJW 2013, 1499.

652 BVerfG, Urteil v. 24.04.2013, 1 BvR 1215/07 Rn 226, NJW 2013, 1499 (1518).

653 BVerfG, Urteil v. 20.04.2016, 1 BvR 966/09, NJW 2016, 1781.

654 BVerfG, Urteil v. 20.04.2016, 1 BvR 966/09 Rn 292, NJW 2016, 1781 (1802).

655 BVerfG, Urteil v. 20.04.2016, 1 BvR 966/09 Rn 285, NJW 2016, 1781 (1801).

656 BVerfG, Urteil v. 20.04.2016, 1 BvR 966/09 Rn 286, NJW 2016, 1781 (1801).

657 BVerfG, Urteil v. 20.04.2016, 1 BvR 966/09 Rn 287, NJW 2016, 1718 (1801).

abschließend und schließe die Berücksichtigung weiterer Gesichtspunkte nicht aus. So steht die Tatsache, dass die Zielbehörde bestimmte Datenerhebungen, zu denen die Ausgangsbehörde berechtigt ist, ihrerseits wegen ihres Aufgabenspektrums nicht vornehmen darf, einem Datenaustausch nicht prinzipiell entgegen.[658] Auch können, so das Gericht weiter, Gesichtspunkte der Vereinfachung und der Praktikabilität bei der Schaffung von Übermittlungsvorschriften es rechtfertigen, dass nicht alle Einzelanforderungen, die für die Datenerhebung erforderlich sind, in gleicher Detailliertheit für die Übermittlung der Daten gelten. Das Erfordernis einer Gleichgewichtigkeit der neuen Nutzung bleibt hierdurch jedoch unberührt.[659]

Aus den dargelegten Anforderungen folgert das Gericht hinsichtlich der einzelnen Tatbestandselemente, dass die neue Nutzung der Daten dem Schutz von Rechtsgütern oder der Aufdeckung von Straftaten eines solchen Gewichts dienen muss, die verfassungsrechtlich ihre Neuerhebung mit vergleichbar schwerwiegenden Mitteln rechtfertigen könnten.[660]

Nicht in jedem Fall identisch müssen hingegen die Voraussetzungen einer Zweckänderung mit denen einer Datenerhebung hinsichtlich des erforderlichen Konkretisierungsgrades der Gefahrenlage oder des Tatverdachts sein. Verfassungsrechtlich ausreichend sei, dass sich aus den Daten - sei es aus ihnen selbst, sei es in Verbindung mit weiteren Kenntnissen der Behörde - ein konkreter Ermittlungsansatz ergibt.[661] Eine konkretisierte Gefahrenlage wie bei der Datenerhebung sei grundsätzlich nicht zu verlangen.[662]

Auf Grund des besonderen Eingriffsgewichts bedarf es allerdings bei Informationen aus Wohnraumüberwachungen oder Zugriffen auf informationstechnische Systeme einer Angleichung der Schwelle für die neue Nutzung an den Überwachungsanlass der Datenerhebung.[663]

Die Anforderungen an die Zulässigkeit einer Zweckänderung deutet der Senat insgesamt als eine behutsame Einschränkung der Maßstäbe, da das Kriterium der hypothetischen Datenneuerhebung nicht strikt angewandt, sondern in Blick auf die - die zu fordernde Aktualität der Gefahrenlage

658 BVerfG, Urteil v. 20.04.2016, 1 BvR 966/09 Rn 287, NJW 2016, 1718 (1801).
659 BVerfG, Urteil v. 20.04.2016, 1 BvR 966/09 Rn 287, NJW 2016, 1781 (1801/1802).
660 BVerfG, Urteil v. 20.04.2016, 1 BvR 966/09 Rn 288, NJW 2016, 1781 (1802).
661 BVerfG, Urteil v. 20.04.2016, 1 BvR 966/09 Rn 289, NJW 2016, 1781 (1802).
662 BVerfG, Urteil v. 20.04.2016, 1 BvR 966/09 Ls 2c), NJW 2016, 1781.
663 BVerfG, Urteil v. 20.04.2016, 1 BvR 966/09 Rn 291, NJW 2016, 1781 (1802).

bestimmenden - Eingriffsschwellen gegenüber früheren Anforderungen teilweise zurückgenommen wird.[664]

gg) Urteil zur Ausland-Ausland-Aufklärung

Die nachfolgende Entscheidung des Bundesverfassungsgerichts zur Ausland-Ausland-Aufklärung des BND[665] greift die Rechtsfigur der hypothetischen Datenneuerhebung begrifflich kurz auf und verortet sie bei der Verhältnismäßigkeit im engeren Sinne, anknüpfend an den Ausgangspunkt des Gewichts der in der Übermittlung liegenden Zweckänderung gegenüber dem Zweck der Datenerhebung.[666] Erneut wiederholt das Gericht, dass es danach darauf ankommt, ob die entsprechenden Daten nach verfassungsrechtlichen Maßstäben auch für den geänderten Zweck mit vergleichbar schwerwiegenden Mitteln neu erhoben werden dürften; wobei für die von vornherein auf die Weiterleitung der Erkenntnisse gerichtete Ausland-Ausland-Aufklärung Besonderheiten zu beachten gewesen seien.[667] Weil den Sicherheitsbehörden ein so weitreichendes Instrument wie die anlasslose Telekommunikationsüberwachung des BND innerstaatlich nicht zur Verfügung gestellt werden darf, sind die verfassungsrechtlichen Anforderungen herangezogen worden, die für die Wohnraumüberwachung und die Online-Durchsuchung gelten. Nach den Ausführungen des Gerichts entspricht dies dem Erfordernis eines herausragenden öffentlichen Interesses und hinreichend konkreter und qualifizierter Übermittlungsschwellen.[668]

Danach sind, differenzierend zwischen der Übermittlung zur Gefahrenabwehr und zur Strafverfolgung, Anforderungen sowohl an den Rechtsgüterschutz als auch an die Eingriffsschwellen zu stellen.[669] Eine Übermittlung zur Gefahrenabwehr ist im Entscheidungszusammenhang nach den Kriterien zum Schutz besonders gewichtiger Rechtsgüter, für die eine hinreichend konkretisierte Gefahr bestehen muss, als zulässig angesehen worden.[670] Für eine Übermittlung von Daten zur Strafverfolgung sind

---

664 Einem weitergehenden Verzicht auf das Erfordernis eines vergleichbaren Rechtsgüterschutzes, wie er in einem Sondervotum befürwortet wird, hat sich die Senatsmehrheit jedoch nicht angeschlossen, da die Grenzen der Zweckbindung als Kernelement des verfassungsrechtlichen Datenschutzes für das Sicherheitsrecht damit praktisch hinfällig würden, BVerfG, Urteil v. 20.04.2016, 1 BvR 966/09 Rn 292, NJW 2016, 1781 (1802).

665 BVerfG, Urteil v. 19.05.2020, 1 BvR 2835/17, NJW 2020, 2235.

666 BVerfG, Urteil v. 19.05.2020, 1 BvR 2835/17 Rn 216, NJW 2020, 2235 (2256).

667 BVerfG, Urteil v. 19.05.2020, 1 BvR 2835/17 Rn 216, 217, NJW 2020, 2235 (2256).

668 BVerfG, Urteil v. 19.05.2020, 1 BvR 2835/17 Rn 219, NJW 2020, 2235 (2256).

669 BVerfG, Urteil v. 19.05.2020, 1 BvR 2835/17 Rn 220, NJW 2020, 2235 (2256).

670 BVerfG, Urteil v. 19.05.2020, 1 BvR 2835/17 Rn 221, 222, NJW 2020, 2235 (2256/2257).

danach bestimmte Tatsachen für den Verdacht besonders schwerer Straftaten vorausgesetzt worden.[671]

hh) Beschluss zur Antiterrordatei - II -

Der Beschluss des Bundesverfassungsgerichts vom 10. November 2020[672] betrifft die mit dem auf die Entscheidung vom 24. April 2013[673] ergangenen Änderungsgesetz eingefügte Ergänzung eines § 6a ATDG für eine erweiterte projektbezogene Datennutzung zur Herstellung von Zusammenhängen zwischen Personen und Objekten.

Die Erwägungen für eine erweiterte Nutzung existierender Datenbestände knüpfen auch hier weiterhin an die Kriterien der hypothetischen Datenneuerhebung als Verhältnismäßigkeitsmaßstab i.e.S. an und bestimmen, dass die Voraussetzungen der Datenverwendung umso enger begrenzt werden müssen, je schwerer der in der ersten Erhebung liegende Eingriff wiegt.[674] Die nachfolgenden Begründungen greifen zunächst die Ausführungen aus dem Urteil zum BKA-Gesetz auf und betonen, dass für die Nutzung nachrichtendienstlicher Informationen durch die Polizei- und Sicherheitsbehörden gesteigerte verfassungsrechtliche Anforderungen gelten.[675] Anderes gelte für die Nutzung der Daten von Polizei- und Sicherheitsbehörden durch die Nachrichtendienste, da diese nach strengeren Regeln erhoben werden.[676] Welche Anforderungen nach dem Grundsatz der hypothetischen Datenneuerhebung an die Ausgestaltung einer Befugnis hinsichtlich Rechtsgüterschutz und Eingriffsschwelle im Einzelnen zu stellen sind, richtet sich nach der konkreten Belastungswirkung, so das Gericht im Grundsatz abschließend.[677]

Für die Nutzung der Antiterrordatei beim zu wahrenden Schutz von besonders gewichtigen Rechtsgütern[678] zum Zwecke der Gefahrenabwehr hat das Gericht eine hinreichend konkretisierte Gefahr als Eingriffsschwelle gefordert.[679] Diese gelte auch für die Nachrichtendienste; bei nicht tief in

---

671 BVerfG, Urteil v. 19.05.2020, 1 BvR 2835/17 Rn 221, 222, NJW 2020, 2235 (2256/2257).

672 BVerfG, Beschluss v. 10.11.2020, 1 BvR 3214/15, NVwZ 2021, 226.

673 BVerfG, Urteil v. 24.04.2013, 1 BvR 1215/07, NJW 2013, 1499.

674 BVerfG, Beschluss v. 10.11.2020, 1 BvR 3214/15 Rn 98, 97, NVwZ 2021, 226 (232).

675 BVerfG, Beschluss v. 10.11.2020, 1 BvR 3214/15 Rn 101, 102, NVwZ 2021, 226 (233).

676 BVerfG, Beschluss v. 10.11.2020, 1 BvR 3214/15 Rn 106, NVwZ 2021, 226 (233).

677 BVerfG, Beschluss v. 10.11.2020, 1 BvR 3214/15 Rn 107, NVwZ 2021, 226 (233).

678 BVerfG, Beschluss v. 10.11.2020, 1 BvR 3214/15 Rn 116, NVwZ 2021, 226 (234).

679 BVerfG, Beschluss v. 10.11.2020, 1 BvR 3214/15 Rn 118, NVwZ 2021, 226 (234); zur Voraussetzung der hinreichend konkretisierten Gefahr bereits BVerfG, Beschluss v. 27.05.2020, 1 BvR 1873/13 Rn 148 f, NJW 2020, 2699 (2710), jedoch ohne Bezug zur

die Privatsphäre eingreifenden und insgesamt weniger gewichtigen Eingriffen könne auch eine bestimmte, nachrichtendienstlich beobachtungsbedürftige Aktion oder Gruppierung im Einzelfall einen verfassungsmäßigen Anlass für die Datennutzung bieten.[680] Dies sei auch auf Eingriffe größeren Gewichts übertragbar, sofern bei der Ersterhebung Anforderungen für eine operative Tätigkeit - wie die der Polizei - eingehalten werden mussten.[681] Die Verwendung der Daten zu repressiven Zwecken ist nicht schon beim Bestehen eines Anfangsverdachts nach § 152 Abs. 2 StPO, sondern nur bei Vorliegen bestimmter den Verdacht begründender Tatsachen als gerechtfertigt erachtet worden.[682]

ii) Entscheidungen zur verfassungsschutzrechtlichen Datenverarbeitung

Im Jahr 2022 folgten zwei höchstrichterliche Entscheidungen[683] zur verfassungsschutzrechtlichen Datenverarbeitung, mit denen die Anforderungen an eine zweckändernde Datenübermittlung in Gestalt des hypothetischen Ersatzeingriffs weiter konkretisiert worden sind.

Dazu stellt das Bundesverfassungsgericht ausdrücklich fest, dass die im Urteil zum BKA-Gesetz genannten erleichternden Voraussetzungen für die Übermittlung von Daten bei Vorliegen eines konkreten Ermittlungsansatzes nicht für die Weitergabe verfassungsschutzrechtlich bzw. nachrichtendienstlich erhobener Erkenntnisse gelten.[684] Für die Nutzung dieser Informationen legt das Gericht vielmehr die bereits in der Entscheidung zur Ausland-Ausland-Aufklärung genannten Anforderungen an den Rechtsgüterschutz und die Eingriffsschwelle zugrunde.[685] Als besonders gewichtige Rechtsgüter werden dabei Leib, Leben und Freiheit einer Person sowie der Bestand und die Sicherheit des Bundes oder eines Landes bezeichnet. Auch

---

hypothetischen Datenneuerhebung.

680 BVerfG, Beschluss v. 10.11.2020, 1 BvR 3214/15 Rn 119, NVwZ 2021, 226 (234); BVerfG, Beschluss v. 27.05.2020, 1 BvR 1873/13 Rn 151, NJW 2020, 2699 (2711).

681 BVerfG, Beschluss v. 10.11.2020, 1 BvR 3214/15 Rn 119, NVwZ 2021, 226 (235).

682 BVerfG, Beschluss v. 10.11.2020, 1 BvR 3214/15 Rn 120, NVwZ 2021, 226 (235).

683 BVerfG, Urteil v. 26.04.2022, 1 BvR 1619/17, NJW 2022, 1583; hierzu: Zöller, StV 2022, 693; BVerfG, Beschluss v. 28.09.2022, 1 BvR 2354/13, NVwZ-RR 2023, 1.

684 BVerfG, Urteil v. 26.04.2022, 1 BvR 1619/17 Rn 247 f, 253, NJW 2022, 1583 (1598, 1599).

685 BVerfG, Urteil v. 26.04.2022, 1 BvR 1619/17 Ls 3a), b), NJW 2022, 1583; im Einzelnen, insbesondere für die Schwelle der konkretisierten Gefahr bei einer Datenübermittlung zur Gefahrenabwehr BVerfG, Urteil v. 26.04.2022, 1 BvR 1619/17 Rn 245 ff, NJW 2022, 1583 (1598/99); BVerfG, Beschluss v. 28.09.2022, 1 BvR 2354/13 Rn 121, NVwZ-RR 2023, 1 (8).

könne der Schutz von Sachen mit bedeutendem Wert, deren Erhaltung im öffentlichen Interesse geboten ist, die Übermittlung rechtfertigen.[686] Darüber hinaus wird eine Differenzierung nach dem Eingriffsgewicht der jeweiligen Einzelmaßnahme der Ersterhebung wegen der Besonderheiten nachrichtendienstlicher Aufgabenwahrnehmung ausgeschlossen.[687]

jj) Zusammenfassung der Rechtsprechung des BVerfG

Die dargestellte Rechtsprechung des Bundesverfassungsgerichts zu den Anforderungen an eine Datenübertragung zwischen Behörden verschiedener Aufgabenbereiche hat in ihrer Entwicklung mit der Anknüpfung an die hypothetische Datenneuerhebung eine konkretisierende Schwerpunktverlagerung erfahren.[688]

Mit der anfänglich im Vordergrund stehenden Voraussetzung, der Vereinbarkeit von Erst- und Weiterverwendungszweck, wird eine Äquivalenzprüfung der Ausgestaltung des Übermittlungszwecks in Bezug auf die ursprüngliche Ersterhebung seitens der Übermittlungsstelle vorgenommen.[689] Die Vergleichbarkeit des Übermittlungszwecks beurteilt sich dabei nach der Gesamtschau und dem Zusammenspiel der für die Weiterverwendung vorausgesetzten Tatbestandselemente und kann grundsätzlich durch verschiedene Kombinationsmöglichkeiten der Merkmale gewährleistet werden. Nur im Bereich besonders eingriffsintensiver Maßnahmen, wie der strategischen Kontrolle des BND, erfolgt dabei eine Orientierung der Übermittlungsschwelle grundrechtsbezogen an den Eingriffsmöglichkeiten des Empfängers, - im zu entscheidenden Fall - die Strafverfolgungsbehörde.[690]

Mit der ausdrücklichen Benennung des Kriteriums der hypothetischen Datenneuerhebung als Maßstab der Datenübermittlung ist der Fokus

686 BVerfG, Urteil v. 26.04.2022, 1 BvR 1619/17 Rn 243, NJW 2022, 1583 (1598); BVerfG, Beschluss v. 28.09.2022, 1 BvR 2354/13 Rn 130, NVwZ-RR 2023, 1 (10).

687 BVerfG, Urteil v. 26.04.2022, 1 BvR 1619/17 Rn 238, NJW 2022, 1583 (1597) im Zusammenhang der Datenübermittlung zur Gefahrenabwehr; auf Grund der Begründung dürfte die Aussage auch auf andere Übermittlungszwecke übertragbar sein.

688 Weiteren Entscheidungen des BVerfG zu informationserheblichen Eingriffen, wie die Entscheidungen zur Bestandsdatenauskunft (BVerfG, Beschluss v. 24.01.2012,1 BvR 1299/05, NJW 2012, 1419) sowie zu landesrechtlichen Regelungen der Rasterfahndung NRW (BVerfG, Beschluss v. 4.04.2006, 1 BvR 518/02, NJW 2006, 1939), präventiven Telekommunikationsüberwachung Nds (BVerfG, Urteil v. 27.07.2005, 1 BvR 668/04, NJW 2005, 2603) und nachrichtendienstlichen Online-Durchsuchung NRW (BVerfG, Urteil v. 27.02.2008, 1 BvR 370/07, NJW 2008, 822), sind keine neuerlichen Aussagen zum Datenaustausch zu entnehmen.

689 Vgl. oben, zu § 41 Abs. 2 AWG a.F., BVerfG, Beschluss v. 3.03.2004, 1 BvF 3/92 Rn 169, NJW 2004, 2213 (2221).

690 BVerfG, Urteil v. 14.07.1999, 1 BvR 2226/94 Rn 272, 273, 275, 277, NJW 2000, 55 (66).

jedoch in den jüngeren Entscheidungen stärker auf diese Angleichung an die Datenerhebungsbefugnis der Empfangsbehörde gelenkt worden.[691] Die Vereinbarkeit von Erhebungs- und Übertragungszweck wird durch das Kriterium der hypothetischen Datenneuerhebung konkretisiert und ersetzt. Wohl schon im Hinblick auf die datenschutzrechtlichen Vorgaben der Zweckbindung bleibt das Erfordernis der Gleichgewichtigkeit der neuen Nutzung jedoch bestehen.[692]

Die Verhältnismäßigkeit einer zulässigen Datenweitergabe ist nunmehr von einer Kombination des Ausgangspunkts, der Relation der Zweckänderung zum Erhebungszweck, und dem daran anknüpfenden Aspekt der hypothetischen Datenneuerhebung bestimmt.[693]

Dies könnte so gedeutet werden, dass je größer das Gewicht der in der Übermittlung liegenden Zweckänderung gegenüber der Ersterhebung der Daten ist, umso mehr die Übermittlungsschwelle an die entsprechende Befugnis zur Erlangung solcher Daten durch den Empfänger angepasst werden muss. Die Grundlage für diese Leitlinie könnte in der Annahme einer Systemordnung gesehen werden, die ein verfassungsgemäßes Gleichgewicht gewährleistet. Danach ist davon auszugehen, dass grundsätzlich alle Befugnistatbestände, die in dasselbe Grundrecht eingreifen, als miteinander vergleichbar angesehen werden können. Die Unterschiede der verschiedenen Aufgabenbereiche und Aufklärungsmethoden werden danach durch die unterschiedliche Strenge der Anforderungen an den jeweiligen Eingriff kompensiert. Folglich wäre die Gleichgewichtigkeit von Ersterhebungs- und Übermittlungszweck bei einer Angleichung der Weitergabebedingungen an die entsprechende Erhebungsbefugnis des Datenempfängers als hypothetische Neuerhebung immer gegeben.

---

691 Im Urteil des BVerfG v. 20.04.2016, 1 BvR 966/09 Rn 320, NJW 2016, 1781 (1805), ist für die hypothetische Datenneuerhebung bei der Datenübermittlung an die Verfassungsschutzbehörden § 8 BVerfSchG maßgeblich gewesen. Eine Orientierung an der Ersterhebungsbefugnis erfolgt weiterhin wohl dann, wenn dem Empfänger der Daten keine entsprechende Erhebungsmethode zusteht. Dies ergibt sich aus den Ausführungen zur Übermittlung von Daten des BKA aus einer Online-Durchsuchung an die Verfassungsschutzbehörden, so heißt es im Urteil des BVerfG v. 20.04.2016, 1 BvR 966/09 Rn 320 a.E., NJW 2016, 1781 (1805), dass es des Vorliegens der für die Datenerhebung maßgeblichen Eingriffsschwelle selbst, das heißt einer im Einzelfall drohenden Gefahr, bedarf. Da für die Aufklärung durch die Verfassungsschutzbehörden grundsätzlich - auch nach dem G10 - eine abstrakte Gefahr genügt und den Behörden keine Befugnis zur Online-Durchsuchung zusteht, kann damit nur die BKA-Befugnis gemeint sein.

692 BVerfG, Urteil v. 20.04.2016, 1 BvR 966/09 Rn 287, NJW 2016, 1781 (1802).

693 BVerfG, Urteil v. 19.05.2020, 1 BvR 2835/17 Rn 216, NJW 2020, 2235 (2256).

Die höchstrichterlichen Anforderungen an die Datenübermittlung beschränken die Zulässigkeitsprüfung der hypothetischen Datenneuerhebung jedoch auf den *verfassungsrechtlichen* Maßstab. Danach kommt es darauf an, ob die entsprechenden Daten nach verfassungsrechtlichen Maßstäben neu auch für den geänderten Zweck mit vergleichbar schwerwiegenden Mitteln erhoben werden dürften.[694] Von zwingenden Vorgaben abgesehen, sind die objektiven und vor allem subjektiven Verfassungsnormierungen, wie insbesondere der von der Telekommunikationsüberwachung betroffene Art. 10 GG, nicht so starr und begrenzt, dass sie nicht verschiedene alternative Ausgestaltungen für eine Datenübermittlungsermächtigung zuließen. Darüber hinaus sind die Voraussetzungen der Vergleichbarkeit und, daran anknüpfend, das Kriterium der hypothetischen Datenneuerhebung nach der Konzeption des Gerichts Bestandteil der Verhältnismäßigkeitsprüfung zur Datenübertragung.[695] Da die Angemessenheit der Datenüberführung danach der Abwägung zugänglich ist und neben der konkreten Belastungswirkung überdies durch weitere Erwägungen, wie auch die Praktikabilität,[696] bestimmt werden kann, müssen die Voraussetzungen für die Datenverwendung und deren Umfang in den betreffenden Rechtsgrundlagen letztlich nur umso enger begrenzt werden, je schwerer der Eingriff wiegt. Dabei orientiert sich das Gewicht der Zweckänderung am Gewicht des Eingriffs der ersten Datenerhebung.[697] Je schwerer dieser Eingriff wiegt[698] und je verschiedenartiger die Aufgaben, Befugnisse und die Art der Aufgabenwahrnehmung sind, desto größer ist das Gewicht des Datenaustausches.[699]

Darüber hinaus hat das Bundesverfassungsgericht in seiner Entscheidung zum BKA-Gesetz[700] regelmäßig Erleichterungen zugelassen, wonach bereits ein im Einzelfall konkreter Ermittlungsansatz zur Aufdeckung vergleichbar gewichtiger Straftaten bzw. zur Abwehr von zumindest auf mittlere Sicht drohenden Gefahren als Übermittlungsschwelle ausreichen kann.

Wie der Begriff des Ermittlungsansatzes inhaltlich zu verstehen ist und wo er hierarchisch in die Abstufungen der strafprozessualen Verdachtsgrade und präventiven Gefahrkonkretisierungen einzureihen ist, bestimmt das Gericht konkret nicht. Lediglich aus dem Zusammenhang

---

694 BVerfG, Urteil v. 20.04.2016, 1 BvR 966/09 Rn 287, NJW 2016, 1781 (1801); BVerfG, Urteil v. 26.04.2022, 1 BvR 1619/17 Rn 231, NJW 2022, 1583 (1596).

695 BVerfG, Urteil v. 26.04.2022, 1 BvR 1619/17 Rn 231, NJW 2022, 1583 (1596).

696 BVerfG, Urteil v. 20.04.2016, 1 BvR 966/09 Rn 287, NJW 2016, 1781 (1802).

697 BVerfG, Urteil v. 20.04.2016, 1 BvR 966/09 Rn 286, NJW 2016, 1781 (1801).

698 BVerfG, Beschluss v. 10.11.2020, 1 BvR 3214/15 Rn 98, NVwZ 2021, 226 (233).

699 BVerfG, Urteil v. 24.04.2013, 1 BvR 1215/07 Rn 114, NJW 2013, 1499 (1503).

700 BVerfG, Urteil v. 20.04.2016, 1 BvR 966/09 Rn 289, 290, NJW 2016, 1781 (1802).

der Erwägungen zur Rechtmäßigkeit von Datenübermittlungen ohne Aufgabenänderung lässt sich ableiten, dass an den konkreten Ermittlungsansatz als Voraussetzung der hypothetischen Datenneuerhebung strengere Anforderungen zu stellen sind, als an einen bloßen Spurenansatz.[701] Dies könnte zunächst bedeuten, dass hiernach insbesondere im strafprozessualen Zusammenhang engere Voraussetzungen gelten als die, die für die Einleitung von Ermittlungen nach § 152 Abs. 2 StPO bestehen. Der Spurenansatz wird im Zusammenhang der Datenverwertung höchstrichterlich jedoch als schlichter Ausgangspunkt für weitere Ermittlungen bezeichnet, der durch die Bindung an die für die Datenerhebung maßgeblichen Aufgaben und Anforderungen des Rechtsgüterschutzes einen hinreichend konkreten Ermittlungsbezug hat, den der Gesetzgeber nicht durch weitere einschränkende Maßgaben absichern muss.[702] Dies deutet darauf hin, dass der einzelne Spurenansatz keine speziellen Rechtskriterien erfüllen muss und damit erst die zweckändernden, erhöhten Verdachtsanforderungen denen des § 152 Abs. 2 StPO entsprechen müssen.[703] Für die Weitergabe zur Gefahrenabwehr bedarf der Ermittlungsansatz keiner konkretisierten Gefahrenlage[704] und liegt damit unterhalb der Schwelle tatsächlicher Anhaltspunkte für die Entstehung einer konkreten Gefahr.[705]

Strengere Anforderungen gelten nur bei Daten aus einer Online-Durchsuchung, der Wohnraumüberwachung sowie bei Verwendung von nachrichtendienstlich, vor allem verdachtslos, erhobenen Informationen.[706]

Nach dem Regelungsmodell der hypothetischen Datenneuerhebung in der Auslegung, die es durch das Bundesverfassungsgericht erfahren hat, besteht somit kein Grundsatz, der für alle Datenübermittlungen zwischen

701 BVerfG, Urteil v. 20.04.2016, 1 BvR 966/09 Rn 281, NJW 2016, 1781 (1801).

702 BVerfG, Urteil v. 20.04.2016, 1 BvR 966/09 Rn 281, NJW 2016, 1781 (1801).

703 Dies dürfte auch der Abstufung entsprechen, wonach bei den gegenüber dem Ermittlungsansatz erhöhten Anforderungen für die Übermittlung von nachrichtendienstlich erhobenen Daten an die Strafverfolgungsbehörden bestimmte Verdachtstatsachen verlangt werden, BVerfG, Urteil v. 26.04.2022, 1 BvR 1619/17 Rn 252, NJW 2022, 1583 (1599).

704 BVerfG, Urteil v. 20.04.2016, 1 BvR 966/09 Ls 2c), NJW 2016, 1781.

705 Zur Definition der konkretisierten Gefahr: BVerfG, Urteil v. 20.04.2016, 1 BvR 966/09 Rn 112, NJW 2016, 1781 (1785); BVerfG, Urteil v. 19.05.2020, 1 BvR 2835/17 Rn 222, NJW 2020, 2235 (2257).

706 BVerfG, Urteil v. 19.05.2020, 1 BvR 2835/17 Rn 219-222, NJW 2020, 2235 (2256-2257); schon BVerfG, Urteil v. 20.04.2016, 1 BvR 966/09 Rn 291, NJW 2016, 1781 (1802) für die Gefahrenabwehr.

den Sicherheitsbehörden eine Detailgleichheit zwischen den jeweiligen Datenerhebungs- und den Datenübertragungsregelungen postuliert.[707]

Dies bedeutet im Einzelnen zuvörderst, dass das Gericht eine Übermittlung von Überwachungsdaten grundsätzlich auch dann zulässt, wenn dem Empfänger eine der Primärerhebung entsprechende Abhörmethode generell nicht zusteht.[708] So dürfen insbesondere auch die Erkenntnisse aus der strategischen Kontrolle des BND an die Strafverfolgungsbehörden weitergegeben und die aus einer Online-Durchsuchung erlangten Erkenntnisse den Nachrichtendiensten zugänglich gemacht werden. Eine Ausnahme macht das Gericht nur, wenn die Überwachungsmaßnahme durch die Verfassung für den Datenempfänger ausgeschlossen ist.[709]

Darüber hinaus folgt aus der Einordnung des Regelungsgedankens in die Verhältnismäßigkeitsanforderungen auch, dass bezüglich der einzelnen Tatbestandselemente von den Datenerhebungsbefugnissen abweichende Voraussetzungen an eine Ermächtigung zur Zweitnutzung der Erkenntnisse gestellt werden können.

Für die Auswahl der Anlassgründe für eine Übermittlung bedeutet dies, dass der Rechtsgüterschutz oder die zu verfolgende Straftat bei der Zweckänderung grundsätzlich nur von solchem Gewicht sein müssen, dass sie verfassungsrechtlich eine Neuerhebung mit vergleichbar schwerwiegenden Mitteln rechtfertigen könnten.[710] Mit dem allein auf die Verfassungsmäßigkeit abstellenden Maßstab als äußerste Grenze wird hier ein neuer Abwägungsspielraum eröffnet, dessen Wahrnehmung nicht mit der für den Primäreingriff getroffenen Entscheidung bezüglich der Überwachungsgründe in gleicher Zusammenstellung übereinstimmen muss. Überdies genügt eine Relation zu vergleichbar schwerwiegenden Mitteln und nicht der jeweils konkret entsprechenden Überwachungsmethode. Gefordert bleibt insgesamt nur eine Gleichgewichtigkeit der neuen Nutzung,[711] womit das Verhältnis zur Ersterhebung angesprochen sein dürfte, das den europarechtlichen Anforderungen an die mit der Übermittlung verbundenen Zweckänderung Rechnung tragen soll. Soweit nähere Erwägungen zu der

---

707 Vgl. BVerfG, Urteil v. 20.04.2016, 1 BvR 966/09 Rn 287, NJW 2016, 1781 (1802); maßgeblich grundsätzlich die konkrete „Belastungswirkung" bei BVerfG, Beschluss v. 10.11.2020, 1 BvR 3214/15 Rn 107, NVwZ 2021, 226 (233).

708 BVerfG, Urteil v. 20.04.2016, 1 BvR 966/09 Rn 287, NJW 2016, 1781 (1801/02).

709 So für die Nutzung von Daten aus einer optischen Wohnraumüberwachung zur Strafverfolgung mit dem Argument aus Art. 13 Abs. 3 GG, BVerfG, Urteil v. 20.04.2016, 1 BvR 966/09 Rn 317, NJW 2016, 1781 (1805).

710 BVerfG, Urteil v. 20.04.2016, 1 BvR 966/09 Rn 288, NJW 2016, 1781 (1802).

711 BVerfG, Urteil v. 20.04.2016, 1 BvR 966/09 Rn 287, NJW 2016, 1781 (1802).

Schwere möglicher Anlasstaten getroffen werden,[712] kommt diesen Aussagen jedoch nur eine begrenzte Aussagekraft zu. Denn diese beruhen auf der höchstrichterlichen Gewichtung im Verhältnis zur konkret entscheidungserheblichen Erhebungsbefugnis, die überdies nachfolgend zwischenzeitlich weitgehend geändert worden ist.[713] Gleichwohl sollen im Hinblick auf ein Harmonisierungsgebot einzelne vom Bundesverfassungsgericht angewendete Eingriffsschwellen für einen Datenaustausch zwischen den Nachrichtendiensten und den Strafverfolgungsbehörden herausgestellt werden.

Der zuletzt höchstrichterlich geforderte Rechtsgüterschutz für die Weitergabe nachrichtendienstlicher Erkenntnisse an die Strafverfolgungsbehörden in Form der besonders schweren Straftaten[714] bedeutet hinsichtlich der Telekommunikationsdaten gegenüber den einfachgesetzlich nach § 100a StPO vorausgesetzten schweren Straftaten eine Beschränkung; bezüglich des § 100b StPO demgegenüber einen Gleichlauf.[715] Vorausgesetzt ist hiermit gleichwohl nur eine bestimmte Gewichtigkeit der erforderlichen Schutzgüter, nicht hingegen die Identität der Zusammensetzung der Übermittlungstatbestände mit der jeweiligen Katalogauswahl der Datenerhebungsbefugnis. Für die Übermittlung von Daten, die durch operativ tätige Sicherheitsbehörden erhoben worden sind, an die Nachrichtendienste ist selbst die Wahrung von besonders gewichtigen Rechtsgütern[716] auf Grund der Hochrangigkeit des nachrichtendienstlichen Schutzauftrags als gegeben anzusehen.

---

712 BVerfG, Urteil v. 20.04.2016, 1 BvR 966/09 Rn 316, NJW 2016, 1781 (1804) Ausrichtung an schweren Straftaten für die Übermittlung von Daten aus einer Telekommunikationsüberwachung an die Strafverfolgungsbehörden.

713 Das Fehlen eines einheitlichen Konzepts in der Rechtsprechung des BVerfG zur hypothetischen Datenneuerhebung kritisiert Schneider, GSZ 2022, 1 (2/3, 5), die die Entscheidungspraxis insbesondere unter dem Gesichtspunkt einer datumsbezogenen und präferierten zweckänderungsbezogenen Intensitätsbestimmung der Eingriffsschwere untersucht; kritisch auch Löffelmann, GSZ 2019, 16 (18), der vorschlägt, die Eingriffsintensität anhand von nach festzulegenden Kriterien bestimmten Schutzwürdigkeitseinstufungen der Daten zu ermitteln und dieser gewichtete Aufgabenkategorien zuzuordnen; kritisch zur Rechtsprechung des Gerichts im Zusammenhang mit der Entscheidung vom 26.04.2022 (BVerfG, Urteil v. 26.04.2022, 1 BvR 1619/17, NJW 2022, 1583) auch Gärditz, GSZ 2022, 161 (162): „teils recht freihändig“, „in den Konsequenzen undeutlich“, Gärditz, GSZ 2022, 161 (170): das Gericht „verheddert sich“; kritisch zum BVerfG, Urteil v. 20.04.2016, (1 BvR 966/09, NJW 2016, 1781): Zöller, Rechtsrahmen für die Übermittlung, S. 185 (192/193).

714 BVerfG, Urteil v. 26.04.2022, 1 BvR 1619/17 Ls 3b), NJW 2022, 1583.

715 Für einen nachrichtendienstspezifischen Begriff „der besonders schweren Straftaten“: Gärditz, GSZ 2022, 161 (167/168).

716 BVerfG, Beschluss v. 10.11.2020, 1 BvR 3214/15 Rn 116, NVwZ 2021, 226 (234).

Ausdrücklich stellt das Gericht fest, dass die Voraussetzungen einer Datenübertragung bezüglich des erforderlichen Konkretisierungsgrades der Gefahrenlage oder des Tatverdachts nicht mit der Datenerhebung identisch sein müssen. Hiernach reicht nunmehr regelmäßig, dass sich aus den Daten ein konkreter Ermittlungsansatz ergibt.[717]

Abweichungen bestehen hinsichtlich der Daten, die durch die Nachrichtendienste oder das Mittel der Online-Durchsuchung erlangt worden sind.[718] Hieraus hat das Gericht gefolgert, dass für die Übermittlung nachrichtendienstlicher Erkenntnisse an die Strafverfolgungsbehörden ein auf bestimmten Tatsachen gegründeter Verdacht für die besonders schweren Straftaten bestehen muss,[719] der insoweit den Anforderungen der § 100a und § 100b StPO entspricht. Für die Verbringung von repressiv erhobenen Daten in einen präventiven Sachzusammenhang würde nach den Ausführungen im BKA-Urteil grundsätzlich der konkrete Ermittlungsansatz genügen, der im Vergleich zur hinreichend konkretisierten Gefahr eine Absenkung bedeutet. Selbst wenn für die Nutzung von Daten durch die Nachrichtendienste eine hinreichend konkretisierte Gefahr gefordert ist,[720] reicht dazu jede bestimmte nachrichtendienstlich beobachtungsbedürftige Aktion oder Gruppierung im Einzelfall,[721] die damit zwar das Stadium der abstrakten Gefahr, wie es für die Aufgabeneröffnung nach § 1 G10 erforderlich ist, überschritten hat, jedoch unabhängig von dem Planungsverdacht eines in § 3 G10 konkret genannten Straftatbestands den Übermittlungsanlass bilden kann.

An das Tatbestandsmerkmal der Subsidiarität werden von Seiten des Bundesverfassungsgerichts fernerhin geringere Anforderungen gestellt, weil die belastende Information feststehe und die Unsicherheit der Prognose entfalle.[722] Diese Erwägung macht überdies deutlich, dass die erlangten Erkenntnisse, nach Ansicht des Gerichts, bei der Beurteilung der Eingriffsvoraussetzungen für die hypothetische Datenneuerhebung mit herangezogen werden können.

Kann sich das Vorliegen der Übermittlungskonditionen auch aus den erhobenen Daten selbst ergeben, so dürften auch weitgehend die

---

717 BVerfG, Urteil v. 20.04.2016, 1 BvR 966/09 Rn 289, NJW 2016, 1781 (1802).

718 Kritisch zur damit verbundenen Gleichstellung von nachrichtendienstlich erhobenen Daten mit denen einer Online-Durchsuchung: Unterreitmeier, GSZ 2022, 251 (256/257).

719 BVerfG, Urteil v. 26.04.2022, 1 BvR 1619/17 Ls 3b), NJW 2022, 1583.

720 BVerfG, Beschluss v. 10.11.2020, 1 BvR 3214/15 Rn 119, NVwZ 2021, 226 (234).

721 BVerfG, Beschluss v. 10.11.2020, 1 BvR 3214/15 Rn 119, NVwZ 2021, 226 (235/ 234), das hier herangezogene Argument einer Ersterhebung von Daten durch die operativ tätigen Polizeibehörden dürfte auch allgemein für die Strafverfolgungsbehörden gelten.

722 BVerfG, Urteil v. 3.03.2004, 1 BvR 2378/98 Rn 340, NJW 2004, 999 (1019).

personenbezogenen Voraussetzungen ohne Weiteres zu bejahen sein, da die übermittlungsrelevanten Verdachts- bzw. Gefahrenanzeichen zumeist auch auf einen hiernach Verdächtigen zielen. Soweit in den Entscheidungen konkret eine Eingrenzung des Kreises der möglichen Betroffenen für die Übermittlung in den Blick genommen wird, wird auf allgemeine Angemessenheits- und Zumutbarkeitsaspekte wegen einer fehlenden Differenzierung zwischen den Daten verschiedener Betroffener verwiesen.[723]

Auch bezüglich der formellen Bedingungen für eine Datenübertragung lassen sich nur vereinzelt Aussagen finden. So hat das Bundesverfassungsgericht bei heimlichen Grundrechtseingriffen die grundsätzliche Notwendigkeit einer vorbeugenden Kontrolle betont, die als Vorbehalt einer richterlichen Anordnung oder, für das Nachrichtendienstrecht, durch von Volksvertretern bestellte Organe und Hilfsorgane umzusetzen ist.[724] Soweit die Verwendung von Daten heimlich erfolgt, wird eine Pflicht, zumindest nachträgliche Benachrichtigungen vorzusehen, angenommen.[725] Detaillierte Organisationsvorgaben für die Mitteilungspflichten werden jedoch weitgehend nicht aufgestellt und Ausnahmen ausdrücklich als möglich bezeichnet.[726] Hinsichtlich der Nachrichtendienste verbleibt es bei einer Geltung der Aussagen in „entsprechender" Weise.[727] Für die Regelungen zur Weiterverwendung von Daten wird daneben lediglich ein hinreichender Rechtsschutz angemahnt.[728]

Mit dieser Ausgestaltung des hypothetischen Ersatzeingriffs bzw. der hypothetischen Datenneuerhebung, die im Rahmen einer gesonderten Abwägung für die Datenübertragung auf eine generelle Angleichung der Zulässigkeitsbedingungen für einen zweckändernden Datenaustausch an die Voraussetzungen der jeweils bereichsspezifischen Erhebungsbefugnis der Empfangsbehörde verzichtet, hat das Bundesverfassungsgericht - ebenso wie der Gesetzgeber -[729] die damit verbundene Möglichkeit einer

---

[723] BVerfG, Beschluss v. 3.03.2004, 1 BvF 3/92 Rn 176 i.V.m. 173, NJW 2004, 2213 (2221/22).

[724] BVerfG, Urteil v. 2.03.2010, 1 BvR 256/08 Rn 248, NJW 2010, 833 (844).

[725] BVerfG, Urteil v. 2.03.2010, 1 BvR 256/08 Rn 244, NJW 2010, 833 (843); BVerfG, Urteil v. 3.03.2004, 1 BvR 2378/98 Rn 292, NJW 2004, 999 (1015): Benachrichtigung grundsätzlich geboten, wenn dies Voraussetzung für die Möglichkeit der Inanspruchnahme gerichtlichen Rechtsschutzes ist.

[726] BVerfG, Urteil v. 2.03.2010, 1 BvR 256/08 Rn 244, NJW 2010, 833 (834).

[727] BVerfG, Urteil v. 2.03.2010, 1 BvR 256/08 Rn 244, NJW 2010, 833 (843); zur Ausgestaltung der Pflicht nach Art. 10 Abs. 2 S. 2 GG: BVerfG, Urteil v. 19.05.2020, 1 BvR 2835/17 Rn 271, NJW 2020, 2235 (2262/2263).

[728] BVerfG, Beschluss v. 3.03.2004, 1 BvF 3/92 Rn 179, NJW 2004, 2213 (2222).

[729] BR-Drs. 275/07, S. 143.

Umgehung gegebenenfalls auch strengerer Anforderungen hingenommen. Auch wenn grundlegende Aussagen zu der Eingriffsqualität der Datenübermittlung, ihrer verfassungsrechtlichen Zulässigkeit und der Relation von Datenerhebung und Datenverwendung getroffen worden sind, kann der höchstrichterlichen Rechtsprechung eine Begründung für eine grundsätzliche Harmonisierung der Übermittlungsregelungen für bereichsfremde Überwachungsdaten mit den Voraussetzungen einer entsprechenden Primärerhebung des Datenempfängers für alle Bereiche und Tatbestandselemente nicht entnommen werden.

Ob die Rechtsfigur des hypothetischen Ersatzeingriffs zur Vermeidung einer Umgehung von Eingriffsvoraussetzungen und ihren Folgen bei einem Datenaustausch zwischen den nachrichtendienstlichen und strafprozessualen Überwachungsbehörden als striktes Harmonisierungsgebot im Weiteren aus bereichsspezifischen, datenschutz- oder verfassungsrechtlichen Prinzipien hergeleitet werden kann, soll daher unter Anknüpfung an die dargelegten Grundannahmen des Bundesverfassungsgerichts im Folgenden untersucht werden.

b) Bereichsspezifische Grundsätze

Ein Erklärungsansatz für den hypothetischen Ersatzeingriff könnte zunächst den spezielleren bereichsspezifischen Grundsätzen zur Beweisverwertung und zur Behandlung von Zufallsfunden entnommen werden.

aa) Beweisverwertungsgrundsätze

Bereichsspezifische Regelungen bestehen sowohl für die Verwertung bzw. Verwendung der in anderem Aufgabenzusammenhang erhobenen Daten als auch für die im eigenen Aufgabenkontext erlangten Erkenntnisse.

So bestimmt das Nachrichtendienstrecht mit den §§ 3a, 3b und 5a G10 absolute und relative Verwertungsverbote für Daten aus dem Vertrauens- und Höchstpersönlichkeitsbereich, die durch G10-Maßnahmen erlangt worden sind. Die Regelungen in § 4 Abs. 4 Nr. 2, § 7 Abs. 4 S. 2 und § 8 Abs. 6 S. 2 G10 sowie in § 18 Abs. 6 BVerfSchG sehen fernerhin Beschränkungen für die Datenübermittlung vor, indem sie den Anlass für eine Zweitnutzung an bestimmte Voraussetzungen knüpfen. Auch die Strafprozessordnung enthält neben dem Kernbereichsschutz mit den §§ 100e Abs. 6, 161 Abs. 3 und § 479 StPO Vorgaben für die Verwendung bereichsfremd erhobener Informationen.

Die geschriebenen Regelungen zur Nutzungsbeschränkung für Daten sind jedoch im Strafprozessrecht nur ein Bestandteil umfangreicher Maximen des Beweisrechts, die nach wie vor umstritten sind und deren systematische Kodifizierung wohl auch Thema zukünftiger Gesetzgeber sein wird. Das derzeitige Beweisrecht unterscheidet zwischen Beweiserhebungs- und Beweisverwertungsverboten und unterteilt letztere in normierte, wie beispielsweise die genannten §§ 161 Abs. 3, 100e Abs. 6 sowie § 100d Abs. 3 StPO, und nicht normierte Verwertungsverbote. Innerhalb der nicht normierten Schranken werden selbständige Verbote, denen eine rechtmäßige Beweiserhebung vorangegangen ist, und unselbständige Verbote, die an eine rechtswidrige Erhebung anknüpfen, diskutiert.[730] Grundsätzlich führt dabei zum einen nicht jede unzulässige Beweisgewinnung zu einem Verwertungsverbot;[731] andererseits kann ein Beweisverwertungsverbot auch bei einer fehlerfreien Erhebung anzunehmen sein.

Bei der Einordnung des zu beurteilenden Sachverhalts werden verschiedene Kriterien herangezogen. So wird vornehmlich in der Literatur und Rechtsprechung basierend auf der vom BGH entwickelten Rechtskreistheorie[732] die Abwägungslehre vertreten.[733] Danach ist im Einzelfall unter Berücksichtigung der Schwere des Delikts bzw. der Art eines Verfahrensverstoßes das staatliche Interesse an der Strafverfolgung mit dem Individualinteresse des Betroffenen abzuwägen.[734] Nach anderer Ansicht[735] ist auf den Schutzzweck der im konkreten Einzelfall in Rede stehenden verletzten Verfahrensnorm abzustellen. Andere Ansätze bilden die Lehre vom Informationsbeherrschungsrecht, wonach die Verletzung des durch die Beweiserhebungsvorschriften vermittelten Zurückbehaltungsanspruchs einer Folgenbeseitigung bedarf, sowie Ausrichtungen an Disziplinierungs- und Selbstbeschränkungsgedanken.[736]

Bei Annahme eines Beweisverwertungsverbots eröffnet überdies die vom BGH entwickelte, in der Literatur teilweise abgelehnte[737] und vom Bundesverfassungsgericht[738] gebilligte Widerspruchslösung die

---

730 Eisenberg, Rn 332, 357 ff, 362 ff.

731 Heghmanns, ZIS 2016, 404; Singelnstein, ZStW 2008, 854 (888): ein generelles Verwertungsverbot ist nicht von der Verfassung gefordert.

732 BGHSt 11, 213 (214).

733 BGHSt 24, 125 (128 ff, insbesondere S. 130); BVerfG, Beschluss v. 7.12.2011, 2 BvR 2500/09 Rn 121 ff, NJW 2012, 907 (910 f); Heghmanns, ZIS 2016, 404 (409) mit einer Konkretisierung auf die Fallgruppen des Handlungs- und Erfolgsunrechts des Verfahrensverstoßes; Meyer-Goßner/ Schmitt-Schmitt, Einl. Rn 55a; Reinbacher/Werkmeister, ZStW 2018, 1104 (1119, 1120); KK-Greven, § 93 Rn 10.

734 Eisenberg, Rn 367; Reinbacher/Werkmeister, ZStW 2018, 1104 (1118, 1119/20).

735 Beulke/Swoboda, § 23 Rn 705 bei Verstoß gegen Bestimmungen des Strafverfahrensrechts.

736 Amelung, NJW 1991, 2533 (2534); Eisenberg, Rn 367a bis 369.

737 Roxin/Schünemann, § 24 Rn 34 m.w.N.

738 BVerfG, Beschluss v. 7.12.2011, 2 BvR 2500/09 Rn 124, NJW 2012, 907 (911).

Möglichkeit, die einem Verbot unterliegenden Daten gleichwohl zu nutzen. Nach der Widerspruchslösung muss ein Beschuldigter ohne Verteidiger nach einer Belehrung durch das Gericht der Verwertung bis zu dem in § 257 StPO genannten Zeitpunkt widersprechen; im Fall einer anwaltlichen Verteidigung gilt dies auch ohne einen entsprechenden gerichtlichen Hinweis.[739] Mit einer Entscheidung aus dem Jahre 2019 hat der BGH die Widerspruchslösung jedoch für das Ermittlungsverfahren eingeschränkt und die Berücksichtigung eines Beweisverwertungsverbots von Amts wegen vorgegeben.[740]

Bei der Beurteilung von Beweisfragen haben sich in der Rechtsprechung verschiedene, jedoch nicht abschließende Fallgestaltungen, die zu einem Verwertungsverbot führen können, herausgebildet.[741] Den Beweisregeln liegen dabei Abwägungen zur Intensität des Eingriffs sowie rechtsstaatliche und grundrechtliche Ableitungen aus dem allgemeinen Persönlichkeitsrecht, dem nemo-tenetur-Grundsatz, einem Anspruch auf ein faires Verfahren und der Entscheidung gegen eine Wahrheitsfindung „um jeden Preis" zugrunde.[742] Sie sind geprägt von einer Einzelfallbetrachtung und einer stark differenzierten, überwiegend richterrechtlich bestimmten Kasuistik, bei der sich die Fallgruppen überschneiden und die an strafprozessualen Maßstäben orientierte Einordnung oft schwer vorhersehbar erscheint.[743]

Das Beweisrecht bietet damit unterschiedliche Grundlagen, die zwar einzeln als verfassungsrechtliche Begründung für ein Verwertungsverbot diskutiert werden können, in der Gesamtheit des Beweisrechts jedoch nicht als eine allgemeingültige Rechtfertigung für das Prinzip des hypothetischen Ersatzeingriffs, der unabhängig von Bedingungen des Einzelfalls

[739] BGHSt 38, 214 (225); die Notwendigkeit eines Widersprechens wird bei fehlender Belehrung nach § 136 Abs. 1 S. 2 StPO (BGH, Urteil v. 12.01.1996, 5 StR 756/94, NJW 1996, 1547 (1549)), Verstößen gegen den Richtervorbehalt (BGH, Urteil v. 9.05.2018, 5 StR 17/18, NJW 2018, 2279) oder Verstößen gegen die Anforderungen bei der Anordnung der Telekommunikationsüberwachung angenommen (BGH, Beschluss v. 7.03.2006, 1 StR 534/05, StV 2008, 63 (65)); anders bei Fehlern bei der Durchsuchung: BGH, Urteil v. 6.10.2016, 2 StR 46/15, NJW 2017, 1332 mit zustimmender Anmerkung von Heghmanns, ZJS 2017, 499.

[740] BGHSt 64, 89; zur weiteren Neuausrichtung der Rechtsprechung bzgl. der zeitlichen Komponente, Ruppert, ZStW 2021, 522 (528).

[741] Hierzu gehören etwa gezielte Verletzungen von Beweiserhebungsvorschriften (BGHSt 51, 285), fehlende Belehrungen (BGHSt 38, 214; Roxin/Schünemann, § 24 Rn 37) sowie Verstöße gegen die Anordnungsvoraussetzungen bei Zwangsmitteln (BGH, Beschluss v. 21.04. 2016, 2 StR 394/15, StV 2016, 539).

[742] Zu den Grundlagen: Eisenberg, Rn 363, 373, 329.

[743] Zur Kritik: Heghmanns, ZIS 2016, 404 (407/8).

eine Harmonisierung der bereichsspezifischen Datenerhebung und Datenverwertung postuliert, herangezogen werden können. Darüber hinaus regelt das Beweisrecht den prozessualen Konflikt zwischen dem Interesse des Betroffenen an einer der justizförmigen Wahrung seiner Grundrechte verpflichteten Beweisführung und dem Interesse an der Tataufklärung und hat damit auch nur für diesen Konfliktausgleich Gültigkeit. Ferner liefern die Maßstäbe, die ein Beweisverwertungsverbot an die Verletzung einer Beweiserhebungsvorschrift knüpfen, nur eine Erklärung für eine rechtswidrige Datenerhebung, wohingegen mit dem Gedanken des hypothetischen Ersatzeingriffs auch ein Standard für die jeweils rechtmäßig erlangten Informationen gefunden werden soll.

Darüber hinaus lässt sich auch aus der Widerspruchslösung des BGH kein Schluss auf die Begründung des hypothetischen Ersatzeingriffs folgern. Während der 1. Senat des BGH die Widerspruchslösung aus der Dispositionsbefugnis seitens des Betroffenen abgeleitet hat,[744] begründet der 5. Senat die Rügepflicht, orientiert am Gedanken des subsidiären Rechtsschutzes, aus dem Interesse der Schonung von Justizressourcen.[745] Mit dem Verzicht auf ein Beweisverwertungsverbot bei Abweichungen von Datenerhebungsvoraussetzungen wird zum einen eine Anbindung der Verwendung an die Primärerhebung gerade ausdrücklich negiert, zum anderen ebenfalls auf die Entscheidung im Einzelfall reduziert. Auch die Rückführung auf den Gedanken des subsidiären Rechtsschutzes ist auf das strafgerichtliche Verfahren zugeschnitten und lässt sich nicht auf die nachrichtendienstliche Aufklärung übertragen. Denn diese bezweckt nicht die Offenlegung gegenüber dem Betroffenen, sondern überwiegend eine Verwertung im Informations- und Beobachtungskontext politischer Entscheidungen. Darüber hinaus sieht sich die Widerspruchslösung der rechtswissenschaftlichen Kritik an der Begründung und an der Einschränkung der Verfahrensrechte des Beschuldigten gegenüber.[746]

Die Überlegung, die Weiterverwendung als mittelbare Erkenntnisgewinnung anzusehen, führt zu einem weiteren Ansatz des Beweisrechts, der sogenannten Fernwirkung von Beweisverwertungsverboten. Fernwirkung bedeutet in diesem Zusammenhang, dass alle mittelbar gewonnenen Beweismittel, die auf Grund eines unzulässigen Beweismittels gefunden worden sind, unverwertbar sind. Dieser aus dem anglo-amerikanischen Rechtsraum stammende Gedanke der „Fruits of the poisonous

---

744 BGH, Beschluss v. 7.03.2006, 1 StR 316/05 Rn 8, NJW 2006, 1361.

745 BGH, Urteil v. 9.05.2018, 5 StR 17/18 Rn 9, NJW 2018, 2279 (2280); dazu kritisch Ruppert, ZStW 2021, 522 (533 ff).

746 Heghmanns, ZIS 2016, 404 (413/14); Ventzke, StV 1997, 543 (547).

tree doctrine“ wird in Deutschland weitgehend abgelehnt.[747] Der Leitsatz betrifft dem Ansatz nach aber nur den Umfang, nicht jedoch die Voraussetzungen einer Folgenutzung erhobener Daten und bietet damit keine Aussagekraft für die Erklärung des hypothetischen Ersatzeingriffs.

Auch aus den nachrichtendienstlichen Grundsätzen für die behördeninterne Datenverarbeitung kann nicht auf eine Rechtfertigung des hypothetischen Ersatzeingriffs geschlossen werden. Die Speicherung, Veränderung und Nutzung nachrichtendienstlicher Daten ist weitgehend zur Erfüllung der Aufgaben zulässig und wird nicht durch bereichsspezifische, sondern nur durch allgemeine Grundsätze, wie Datenschutz- und Verhältnismäßigkeitserwägungen, begrenzt.[748] Auch die sensibleren nach § 3 G10 erhobenen Daten dürfen zu dem in § 1 Abs. 1 Nr. 1 G10 genannten Aufklärungszweck verwendet werden und sind erst zu löschen, wenn sie hierzu nicht mehr erforderlich sind.[749] Die Überprüfungs-, Löschungs- und Verwendungsregelungen für die strategischen Überwachungsdaten nach § 6 Abs. 1 S. 1, 2 und Abs. 2 S. 3 G10 sowie § 8 Abs. 4 S. 1, 2 und 5 G10 sind weitgehend identisch mit den entsprechenden Vorschriften der Individualkontrolle, wobei jedoch auf den Zweck nach § 5 Abs. 1 S. 3 G10 und § 8 Abs. 1 G10 abzustellen ist.[750]

Die Grundprinzipien der Beweisverwertung können danach nicht als Begründung für die Schwellengleichheit von Primärerhebung und Sekundärnutzung dienen.

bb) Zufallsfunde

Eine dogmatische Begründung für die Idee des hypothetischen Ersatzeingriffs könnte ferner aus dem verfahrensinternen Umgang mit Zufallsfunden folgen.

Bei Zufallsfunden handelt es sich um Tatsachen, die sich nicht gezielt, sondern bei Gelegenheit der Auswertung ergeben und einen anderen Sachverhalt betreffen als den, der den Anlass zur Anordnung der Datenerhebung gebildet hat.[751] Die Daten können dabei entweder eine andere Person,

[747] BGHSt 34, 362 (364); ausführlich dazu: Ransiek/Lehnert, ZStW 2022, 674; kritisch Eisenberg, Rn 406; Bejahung der Fernwirkung durch Haffke, GA 1973, 65 (80); für eine Einzelfallbetrachtung Rogall, NStZ 1988, 385 (392); Heghmanns, ZJS 2011, 98 (99): allenfalls in Einzelfällen.

[748] § 8, § 13 BVerfSchG, spezielle Regelungen für die Datenverarbeitung in Dateien in § 10, § 12 BVerfSchG.

[749] § 4 Abs. 1 S. 1, 2, Abs. 2 S. 3 G10.

[750] Ähnlich Dietrich/Eiffler-Löffelmann, HB d. ND, VI § 4 D Rn 158.

[751] Reinbacher/Werkmeister, ZStW 2018, 1104 (1107).

einen anderen Gefahren- bzw. Straftatbestand oder eine Kombination beider Alternativen betreffen.

Die Behandlung von Zufallsfunden in den präventiven und repressiven Zuständigkeitsbereichen zeigt kein einheitliches Bild.

Im Nachrichtendienstrecht wird die Verwendung erlangter Daten weitgehend zur Erfüllung aller in der allgemeinen Aufgabennorm umschriebenen Tätigkeitsbereiche zugelassen. Lediglich bei eingriffsintensiven Maßnahmen ist die Verwendung auf die in der Überwachungsregelung genannten Aufklärungsziele beschränkt. Dies bedeutet aber, dass die weitere Speicherung und Nutzung der durch die Individualkontrolle erlangten Daten nur eine regelmäßige zweckbindende Bedarfsprüfung, jedoch nicht die für die erstmalige Erhebung qualifizierte Bedrohungslage des § 3 Abs. 1 S. 1 G10 und die entsprechenden Anordnungsvoraussetzungen und -modalitäten erfordert.[752]

Strafprozessuale personenbezogene Daten, die nicht mit eingriffsintensiven Maßnahmen erhoben worden sind, können bereichsintern ebenfalls weitgehend voraussetzungslos verwendet werden.[753] Für die Verwendung von Daten aus Zugriffen auf die Telekommunikation werden zum einen mit § 479 Abs. 2 StPO durch den Verweis auf § 161 Abs. 3 StPO die streitig diskutierten Anforderungen[754] an eine Zweitnutzung externer Informationen auch auf die bereichsinterne Verwendung übertragen. Zum anderen enthält § 100e Abs. 6 StPO eine spezielle Regelung, der im Vergleich zu § 479 Abs. 2 StPO ein strengerer Maßstab zugeschrieben wird, da jene nicht nur für eine Verwendung zu Beweiszwecken, sondern auch für die Nutzung als Spurenansatz für weitere Ermittlungshandlungen Anwendung findet.[755]

Dabei betreffen die genannten Verwertungsbestimmungen Erkenntnisse, die zwar von den ursprünglichen Überwachungsgründen abweichen, jedoch von der Behörde selbst im Rahmen ihres eigenen Aufgaben- und Befugnisbereichs erhoben worden sind. Die zufällig erlangten Informationen sind damit auf Grund einer Anordnung gewonnen worden, die den formellen und materiellen Voraussetzungen sowie dem Zweck des Verwertungszusammenhangs entspricht. Im Unterschied dazu sind die durch Übermittlung erlangten Daten von einer anderen Behörde in einem anderen Zuständigkeitszusammenhang mit einer anderen Zielsetzung erhoben

752 Für die Speicherung: Dietrich/Eiffler-Löffelmann, HB d. ND, VI § 4 D Rn 72.

753 §§ 474 ff StPO, insbesondere §§ 474 Abs.1, 477, 483, 487 StPO.

754 Zu den Voraussetzungen des hypothetischen Ersatzeingriff: i.E. unter B. II.; auch SK/StPO-Puschke/Weßlau, § 479 Rn 31.

755 Meyer-Goßner/Schmitt-Köhler, § 100e Rn 23.

worden. Die Voraussetzungen für einen Überwachungseingriff seitens der Behörde, die die Daten nachnutzen soll, sind somit noch nicht zugrunde gelegt worden.

Überdies lassen sich den nach der Eingriffstiefe der Maßnahme differenzierenden bereichsspezifischen Vorschriften, deren Inhalt und Reichweite zudem unterschiedlich ausgelegt werden, keine einheitlichen Vorgaben entnehmen. Fernerhin sollen die Regelungen teilweise gerade dem Prinzip des hypothetischen Ersatzeingriffs Rechnung tragen[756] und können damit ihrerseits nicht als Begründung für den Grundsatz dienen.

Aus diesen Gründen kommt eine Diskussion zur Notwendigkeit des hypothetischen Ersatzeingriffs auf der Basis der Behandlung von Zufallsfunden nicht in Betracht.

c) Datenschutzrechtliche Grundsätze

Eine Ableitung des hypothetischen Ersatzeingriffs könnte in den allgemeingültigen Grundsätzen des Datenschutzes gefunden werden.

aa) Gebot der Zweckbindung

Eines der zentralen Datenschutzprinzipien ist der Grundsatz der Zweckbindung, der auch als „Grundstein des Datenschutzrechts"[757] bezeichnet wird und sowohl im nationalen als auch im supranationalen Recht verankert ist. Neben den Garantien der Art. 8 GRCh und 16 Abs. 1 AEUV bestimmen insbesondere Art. 5 Abs. 1 lit b) DS-GVO[758] und Art. 4 Abs. 1 lit b) RL (EU) 2016/680[759] das Prinzip der Zweckbindung. Danach müssen personenbezogene Daten für festgelegte, eindeutige und rechtmäßige Zwecke erhoben werden und dürfen nicht in einer mit diesen Zwecken nicht

[756] BT-Drs. 19/4671, S. 45 zu § 479 Abs. 2 S. 1 StPO-E, § 161 Abs. 3 und 4 StPO-E.

[757] Article 29 Data Protection Working Party, Opinion 03/2013 on purpose limitation, 00569/13/EN WP 203, S. 4, Stand 2.04.2013, abrufbar unter: https://ec.europa.eu/justice/article-29/documentation/opinion-recommendation/files/2013/wp203_en.pdf (abgerufen am 29.09.2022).

[758] Verordnung (EU) 2016/679 des Europäischen Parlaments und des Rates vom 27.04.2016 zum Schutz natürlicher Personen bei der Verarbeitung personenbezogener Daten, zum freien Datenverkehr und zur Aufhebung der RL 95/46/EG (Datenschutz-Grundverordnung), ABL. (EU) L 119/1 vom 4.05.2016.

[759] RL (EU) 2016/680 des europäischen Parlaments und des Rates vom 27.04.2016 zum Schutz natürlicher Personen bei der Verarbeitung personenbezogener Daten durch die zuständigen Behörden zum Zwecke der Verhütung, Ermittlung, Aufdeckung oder Verfolgung von Straftaten oder der Strafvollstreckung sowie zum freien Datenverkehr und zur Aufhebung des Rahmenbeschlusses 2008/977/JI des Rates, ABl. (EU) L 119/89 vom 4.05.2016.

zu vereinbarenden Weise weiterverarbeitet werden. Eine fast wortgleiche Normierung ist mit dem Datenschutz-Anpassungs- und Umsetzungsgesetz EU vom 30. Juni 2017[760] für das neugefasste Bundesdatenschutzgesetz in § 47 Nr. 2 BDSG verabschiedet worden. Mit dieser Novellierung erfolgte die Umsetzung der Richtlinie (EU) 2016/680, die parallel zur Datenschutzgrundverordnung für den von der Verordnung ausgenommenen Anwendungsbereich Regelungen vorsieht, die bei der Verarbeitung personenbezogener Daten zum Zwecke der Verhütung, Ermittlung, Aufdeckung oder Verfolgung von Straftaten oder der Strafvollstreckung, einschließlich des Schutzes vor und der Abwehr von Gefahren für die öffentliche Sicherheit zu berücksichtigen sind.

Die Zweckbindung zerfällt dem Wortlaut nach in die Zweckfestlegung und die damit zu vergleichende Zweckbindung im engeren Sinne als Zulässigkeitsvoraussetzung für eine Sekundärnutzung von einmal erhobenen Daten. Danach dürfen die erlangten Daten dem Grundsatz nach nur zu dem Zweck verwendet werden, zu dem sie erhoben worden sind.[761] Jede Weitergabe oder Weiterverwendung zu einem von der Erhebung abweichenden Zweck stellt danach eine Durchbrechung des Zweckbindungsgrundsatzes dar und ist nur unter besonderen Voraussetzungen zulässig. Dementsprechend sehen Teile der rechtswissenschaftlichen Literatur die Problematik eines umfangreichen Informationsaustausches zwischen präventiven und repressiven Sicherheitsbehörden auch im Gedanken der Zweckbindung begründet.[762]

Voraussetzung für eine Umwidmung der Daten zur Weiterverwendung in einem geänderten Kontext ist die Einhaltung der mit der „Vereinbarkeit“ der Zwecke umschriebenen Vorgaben. Wann der Zweck der Sekundärnutzung danach mit dem Erhebungszweck vereinbar ist, wird für die DS-GVO in Art. 6 Abs. 4 DS-GVO konkretisiert. Art. 6 Abs. 4 DS-GVO zählt, nicht abschließend, verschiedene Kriterien auf, die für die Beurteilung herangezogen werden können. Zu berücksichtigen sind danach beispielsweise jede Verbindung zwischen den Zwecken, für die die Daten erhoben wurden,

[760] Gesetz zur Anpassung des Datenschutzrechts an die Verordnung (EU) 2016/679 und zur Umsetzung der RL (EU) 2016/680 (Datenschutz- Anpassungs- und -Umsetzungsgesetz EU - DSAnpUG-EU) v. 30.06.2017, BGBl. I 2017, S. 2097.

[761] BVerfG, Beschluss v. 7.12.2011, 2 BvR 2500/09 Rn 133, NJW 2012, 907 (911); Lisken/Denninger-Schwabenbauer, HB d. PolR, 7. Auflg. 2021, Kap G Rn 23.

[762] Zöller, S. 310; wohl auch Lisken/Denninger-Petri, HB d. PolR, 4. Auflg. 2007, Kap H Rn 309, 310; Zweckbindung als Grundlage für den hypothetischen Ersatzeingriff: Reinbacher/Werkmeister, ZStW 2018, 1104 (1117); ähnlich Rehbein, S. 234; allgemein als Grundlage für strafprozessuale Regelungen zur Datenverarbeitung: Singelnstein, ZStW 2008, 854 (855).

und den Zwecken der beabsichtigten Weiterverarbeitung, der Zusammenhang, in dem die Daten erhoben wurden, sowie die möglichen Folgen der beabsichtigten Weiterverwendung für die Betroffenen.

Im Zusammenhang mit den Anforderungen an die Zulässigkeit einer Weiterverarbeitung auf der Grundlage der DS-GVO ist Vieles umstritten.[763] Überwiegend wird jedoch davon ausgegangen, dass mit dem Wortlaut des Art. 6 Abs. 4 DS-GVO ein Zielwechsel sowohl durch die Kompatibilität der Zwecke als auch durch eine Einwilligung des Betroffenen oder eine neue Rechtsvorschrift gerechtfertigt werden kann.[764] Die Rechtsvorschrift der Union oder eines Mitgliedstaates muss danach in einer demokratischen Gesellschaft eine notwendige und verhältnismäßige Maßnahme zum Schutz der in Art. 23 Abs. 1 DS-GVO genannten Ziele darstellen. Auch EG 50 S. 7 zur DS-GVO unterstreicht ausdrücklich, dass der Verantwortliche die personenbezogenen Daten ungeachtet der Vereinbarkeit der Zwecke sollte weiterverarbeiten dürfen, wenn die betroffene Person ihre Einwilligung erteilt oder die Verarbeitung auf Unionsrecht oder dem Recht der Mitgliedstaaten beruht, was in einer demokratischen Gesellschaft eine notwendige und verhältnismäßige Maßnahme zum Schutz insbesondere wichtiger Ziele des allgemeinen öffentlichen Interesses darstellt. Darüber hinaus sieht auch Art. 6 Abs. 3 DS-GVO i.V.m. EG 50 S. 3 die Möglichkeit zu Zweckfestlegungen bei der Wahrnehmung von Aufgaben im öffentlichen Interesse oder in Ausübung öffentlicher Gewalt vor. Hierzu gehören auch die Sicherheit der Mitgliedstaaten und die Strafverfolgung.

Ähnlich verweist Art. 4 Abs. 2 RL (EU) 2016/680 ebenfalls auf Befugnisnormen, die eine erforderliche und verhältnismäßige Verarbeitung zu einem neuen Zweck erlauben, wobei diese jedoch auf den Anwendungsbereich der Richtlinie beschränkt bleiben.[765]

In mehreren Gesetzen zur Anpassung und Umsetzung der europäischen Vorgaben hat der Gesetzgeber das BDSG novelliert und die

---

[763] Zur Frage der Notwendigkeit einer Rechtsgrundlage bei Vereinbarkeit der Zwecke: Kühling/Buchner-Herbst, Art. 5 DS-GVO Rn 48; Simitis/Hornung/Spiecker-Roßnagel, Art. 6 Abs. 4 DS-GVO Rn 12; zu Art. 6 Abs. 4 als Öffnungsklausel: Simitis/Hornung/Spiecker-Roßnagel, Art. 6 Abs. 4 DS-GVO Rn 18; für eine Zweckkompatibilität neben dem einschlägigen Erlaubnistatbestand für eine Weiterverarbeitung personenbezogener Daten: Kühling/Buchner-Herbst, Art. 5 DS-GVO Rn 28 (auch unter Bezugnahme auf die Rechtsprechung des BVerfG); zur Kompatibilitätsprüfung bei Fehlen einer verfassungsgemäßen Rechtsgrundlage für öffentliche Behörden: Taeger/Gabel-Taeger, Art. 6 DS-GVO Rn 170.

[764] Auch Simitis/Hornung/Spiecker-Roßnagel, Art. 6 Abs. 4 DS-GVO Rn 20, 22, 32; Plath-Plath, Art. 5 DS-GVO Rn 8; Auernhammer, Art. 5 DS-GVO Rn 30.

[765] Auernhammer, RL (EU) 2016/680 Rn 18.

bereichsspezifischen Regelungen geändert.[766] Damit sind auf nationaler Ebene die Öffnungsklauseln durch gesetzliche Verarbeitungsregelungen ausgefüllt worden. Zu nennen sind hiernach insbesondere die §§ 23, 25 BDSG sowie §§ 161 Abs. 3 und 479 Abs. 2, 3 StPO; wobei die relevanten beiden letztgenannten Bestimmungen inhaltlich bereits vor Inkrafttreten der RL (EU) 2016/680 Bestand hatten.

Für die nachrichtendienstliche Datenverarbeitung, die nach Art. 4 Abs. 2 EU-Vertrag als eine die nationale Sicherheit betreffende Arbeit nicht den Unionsakten unterfällt, gelten national die bereichsspezifischen Regelungen vorrangig vor den allgemeinen Bestimmungen des BDSG. Hiernach ist die Zweckbindung in § 4 Abs. 2 S. 3, § 6 Abs. 2 S. 3 und § 8 Abs. 4 S. 5 G10 für die Eingriffsmaßnahmen des G10 bestimmt.

Damit verfolgt der deutsche Gesetzgeber eine Regelungstechnik, wonach für die Zweckvereinbarkeit durch die Normierung von Befugnistatbeständen zur Datenverarbeitung im Hinblick auf einen geänderten Zweck Voraussetzungen für einen konkreten Sachzusammenhang festgelegt werden.[767]

Das Bundesverfassungsgericht sah die Prüfung der Unvereinbarkeit der geänderten Nutzung mit der ursprünglichen Zwecksetzung in mehreren Entscheidungen zunächst als Maßstab für die Verhältnismäßigkeit einer Zweckänderung an. Diese Rechtsprechung ist, wie oben dargelegt, in der Entscheidung zum Einsatz von heimlichen Überwachungsmethoden seitens des Bundeskriminalamts durch das Kriterium der hypothetischen Datenneuerhebung konkretisiert und ersetzt worden. Das Merkmal der Datenneuerhebung gilt danach allerdings nicht schematisch abschließend und erfordert nicht, dass alle Einzelanforderungen, die für die Datenerhebung erforderlich sind, in gleicher Detailliertheit für die Übermittlung der Daten gelten.[768] Die im Rahmen der Verhältnismäßigkeit angesiedelte

---

766 Gesetz zur Anpassung des Datenschutzrechts an die Verordnung (EU) 2016/679 und zur Umsetzung der RL (EU) 2016/680 (Datenschutz- Anpassungs- und -Umsetzungsgesetz EU - DSAnpUG-EU) v. 30.06.2017, BGBl. I 2017, S. 2097; Zweites Gesetz zur Anpassung des Datenschutzrechts an die Verordnung (EU) 2016/679 und zur Umsetzung der RL (EU) 2016/680 (Zweites Datenschutz- Anpassungs- und Umsetzungsgesetz EU - 2. DSAnpUG-EU) v. 20.11.2019, BGBl. I 2019, S. 1626; Gesetz zur Umsetzung der Richtlinie (EU) 2016/680 im Strafverfahren sowie zur Anpassung datenschutzrechtlicher Bestimmungen an die Verordnung (EU) 2016/679 v. 20.11.2019, BGBl. I 2019, S. 1724; Gesetz zur Neuregelung der Telekommunikationsüberwachung und anderer verdeckter Ermittlungsmaßnahmen sowie zur Umsetzung der RL 2006/24/EG v. 21.12.2007, BGBl. I 2007, S. 3198.

767 Kühling/Buchner-Herbst, Art. 5 DS-GVO Rn 25 zur Umsetzung der DSRL.

768 BVerfG, Urteil v. 20.04.2016, 1 BvR 966/09 Rn 287, NJW 2016, 1781 (1801/1802).

Prüfung der hypothetischen Datenneuerhebung ist in der Urteilsbegründung aber gleichermaßen dem Obersatz zur Zweckbindung und Zweckänderung unterstellt.[769] Das Gericht gestaltet hiernach mit dem Richtsatz der hypothetischen Betrachtung den datenschutzrechtlichen Grundsatz der Zwecklimitation aus und betont dabei weiterhin, dass das Erfordernis einer Gleichgewichtigkeit der ursprünglichen und der neuen Nutzung unberührt bleibt.[770]

Da im öffentlichen Sicherheitsrecht nach den europäischen Vorgaben zweckändernde Weiterverarbeitungen auf der Grundlage von verhältnismäßigen und erforderlichen Erlaubnisnormen möglich sind und die Zweckvereinbarkeit eine wertende Betrachtung erfordert, dürfte, entgegen den in der Literatur teilweise geäußerten Zweifeln[771], eine Konformität des höchstrichterlichen Verständnisses mit den EU-Normierungen gegeben sein.[772] Selbst die Aufstellung der Kriterien für eine Vereinbarkeit nach Art. 6 Abs. 4 DS-GVO lässt jede, inhaltlich nicht näher eingegrenzte Verbindung der Zwecke zu und ist überdies nicht abschließend.[773]

Die Begründung des Leitsatzes des hypothetischen Ersatzeingriffs kann nach alledem nicht auf das datenschutzrechtliche Prinzip der Zweckbindung zurückgeführt werden, weil Abweichungen zwischen den Vorschriften für die Ersterhebung und die Sekundärnutzung im Rahmen einer verhältnismäßigen Beurteilung danach möglich bleiben.

bb) Gebot der Datenminimierung

Neben dem zentralen Prinzip der Zweckbindung ist der Datenschutz durch weitere Grundsätze,[774] wie die Verarbeitung nach Treu und Glauben, die Transparenz, die Rechtmäßigkeit, die Datensparsamkeit, die Speicherbegrenzung sowie die Richtigkeit, Integrität und Vertraulichkeit, geprägt.[775] Von den bestimmenden Leitlinien könnten dem Datenminimierungsgebot inhaltliche Vorgaben zu den hypothetischen Datenneuerhebungsvoraussetzungen entnommen werden. Nach der in Art. 5 Abs. 1 lit c) DS-GVO

---

769 BVerfG, Urteil v. 20.04.2016, 1 BvR 966/09 Rn 276, 284, 286, NJW 2016, 1781 (1800, 1801).

770 BVerfG, Urteil v. 20.04.2016, 1 BvR 966/09 Rn 287, NJW 2016, 1781 (1802).

771 Lisken/Denninger-Schwabenbauer, HB d. PolR, 6. Auflg. 2018, Kap G Rn 188.

772 Roßnagel, ZD 2018, 339 (342) sieht die stabile Dogmatik in der gefestigten Rechtsprechung des BVerfG als Kompensation für die Abstraktheit des Grundsatzes.

773 Roßnagel, ZD 2018, 339 (342): Vereinbarkeit der Zwecke kaum eindeutig festzustellen; Simitis/Hornung/Spiecker-Roßnagel, Art. 6 Abs. 4 DS-GVO Rn 35: Kriterien für Vereinbarkeit extrem abstrakt und konturlos.

774 Zu den Grundsätzen: Roßnagel, ZD 2018, 339 ff.

775 Art. 5 Abs. 1 DS-GVO; ähnlich Art. 4 Abs. 1 RL (EU) 2016/680.

niedergelegten Maxime ist die Datenverarbeitung auf das dem Zweck angemessene, erhebliche und notwendige Maß zu beschränken.[776]

Mit diesen Vorgaben kommt das Prinzip im Wesentlichen dem deutschen Verhältnismäßigkeitsgrundsatz nahe[777] und bietet damit keinen weitergehenden eigenständigen Begründungsansatz für die Rechtsfigur des hypothetischen Ersatzeingriffs.

d) Verfassungsrechtliche Grundsätze

Kann die Rechtsfigur des hypothetischen Ersatzeingriffs somit nicht als Konsequenz aus den allgemeingültigen Datenschutzgrundsätzen abgeleitet werden, so bleibt im Weiteren zu untersuchen, ob das Harmonisierungsgebot für die Eingriffsvoraussetzungen der Primärerhebung und des Datenempfangs auf verfassungsrechtliche Prinzipien zurückgeht. Das Regelungsmodell könnte sich dabei auf Maßstäbe der Zuständigkeitsordnung, der Amtshilfe und des Trennungsgebots sowie der Verhältnismäßigkeit und des Grundsatzes des fairen Verfahrens gründen. Daneben kommt auch eine Verankerung des Leitgedankens des hypothetischen Ersatzeingriffs in den Grundrechten in Betracht.

aa) Zuständigkeitsordnung

Das mit der Datenübermittlung verbundene Auseinanderfallen der Zuständigkeiten für die Ursprungserhebung und für die Anschlussverwendung im Aufgabenbereich des Empfängers führt zunächst zu der Überlegung, dass die Erforderlichkeit der Anforderungen des hypothetischen Ersatzeingriffs auf den Grundlagen der staatlichen Zuständigkeitsverteilung beruhen könnte.

Die Einhaltung der Zuständigkeiten dient zum einen der Vermeidung von Doppelarbeit, Reibungsverlusten und Kompetenzschwierigkeiten, zum anderen der Transparenz des Handelns gegenüber dem Bürger.[778] Insbesondere im Sicherheitsrecht sind Kompetenzbegrenzungen zugleich auch Schutz vor einer Eingriffskonzentration und gleichzeitig der Rahmen für die datenschutzrelevanten Zweckbestimmungen.[779]

Grundsätzlich gilt das Prinzip der „Ausschließlichkeit" der Zuständigkeitsordnung. Dies bedeutet, dass sich eine Behörde weder über die für

---

776 Entsprechend auch für Art. 4 Abs. 1 lit c) RL (EU) 2016/680 in EG (26).

777 Lisken/Denninger-Petri, HB d. PolR, 6. Auflg. 2018, Kap G Rn 521; zur Verhältnismäßigkeit als Grundlage für den hypothetischen Ersatzeingriff unter B. I. 3.) d) dd).

778 Maurer/Waldhoff, § 21 Rn 46; ähnlich Siegel, § 13 II 1 Rn 470.

779 I.E. Gärditz, HB d. StaatsR, Bd. IX, § 189 Rn 30, 31 zur verfassungsrechtlichen Kompetenzverteilung.

sie geltenden Zuständigkeitsbestimmungen hinwegsetzen noch auf sie verzichten darf.[780] Eine Durchbrechung der Zuständigkeitsverteilung kommt in Form der Delegation, der Eilzuständigkeit und des Selbsteintrittsrechts in Betracht.[781] Hierbei handelt es sich jedoch um Fälle der Übertragung der Zuständigkeit eines Organs auf ein anderes. Die Zulässigkeit der Weiterverwendung der in einem anderen Kompetenzbereich erhobenen Daten, um deren inhaltlichen Voraussetzungen es bei der Figur des hypothetischen Ersatzeingriffs geht, betrifft jedoch keine Übertragung oder Übernahme fremder Zuständigkeiten. Die präventiv tätigen Behörden werden nicht für repressive Aufgaben zuständig und umgekehrt, sondern nutzen lediglich die in fremder Zuständigkeit erworbenen Erkenntnisse, um eigene und nicht verfahrensfremde Ziele zu erreichen. Soweit ihnen dies faktisch fremde Kompetenzen verschafft, lässt sich hieraus ebenfalls keine letztverbindliche Begründung ableiten.[782]

bb) Amtshilfe

Einen Erklärungsansatz könnte im Weiteren das Amtshilfeinstitut bilden, da die Datenübermittlung eine Form der Amtshilfe darstellt.[783] Nach dem in Art. 35 Abs. 1 GG normierten Rechtsgrundsatz leisten sich alle Behörden des Bundes und der Länder gegenseitig Rechts- und Amtshilfe.[784] Der Sinn und Zweck besteht in der Gewährleistung eines Mindestmaßes an gegenseitigen Unterstützungshandlungen als Ausdruck einer einheitlichen Staatsgewalt.[785]

Art. 35 GG statuiert jedoch nur einen Grundsatz ohne die Voraussetzungen, den Umfang und die Grenzen der Amtshilfe näher zu bestimmen. Mangels Konkretisierung kann das Prinzip nicht zu einer Erweiterung oder Veränderung von Zuständigkeiten und Eingriffsbefugnissen führen.[786] Im Bereich der Amtshilfe durch behördenüberschreitende personenbezogene Information stellen die Datenschutzgrundsätze und das Grundrecht auf informationelle Selbstbestimmung für alle bereichsspezifisch konkretisierenden Übermittlungs- bzw. Verwertungsbefugnisse inhaltliche Anforderungen an die Regelungen, so dass die Hilfeleistung hierdurch begrenzt

---

780 Achterberg, AllgVerwR, § 13 Rn 29; Maurer/Waldhoff, § 21 Rn 52.

781 Achterberg, AllgVerwR, § 13 Rn 29.

782 Vgl. oben unter B. I. 2.) a).

783 BVerfG, Beschluss v. 24.01.2012, 1 BvR 1299/05 Rn 147, NJW 2012, 1419 (1425).

784 Entsprechend ähnlich auch die einfachgesetzlichen Regelungen in § 4 VwVfG und die gleichartigen landesrechtlichen Vorschriften.

785 Stelkens/Bonk/Sachs-Schmitz, § 4 Rn 2.

786 Stelkens/Bonk/Sachs-Schmitz, § 4 Rn 7; Meyer-Teschendorf, JuS 1981, 187 (189).

ist.[787] Datenübermittlungen können danach entgegen einer noch früher vertretenen Meinung nicht mehr auf die allgemeinen Vorschriften zur Amtshilfe gestützt werden.[788] Darüber hinaus setzt die Amtshilfe ein Ersuchen voraus,[789] so dass sich hieraus keine Grundlage für eine Initiativübermittlung ableiten lässt.

In Folge dessen kann die verfassungsrechtliche Bestimmung der Amtshilfe auch keine Begründung für eine konkrete Ausgestaltung der Weitergabe und Verwendung von Telekommunikationsdaten im Sinne des Leitgedankens des hypothetischen Ersatzeingriffs bieten.

cc) Trennungsgebot

Einen teils in dem Rechts- und Bundesstaatsprinzip, teils in den Grundrechten verorteten unumgehbaren Grundsatz im Verhältnis der Sicherheitsbehörden bildet das Trennungsgebot,[790] das damit ebenfalls Basis für die Anforderungen der hypothetischen Zulässigkeitsbetrachtung einer Datenverarbeitung sein könnte.[791]

Das Trennungsgebot hat seine historischen Wurzeln in den Erfahrungen mit der politisch gelenkten „Gestapo“ im Nationalsozialismus und dem Polizeibrief der alliierten Militärgouverneure. Es bestimmt eine organisatorische und befugnisrechtliche Trennung, wonach die Nachrichtendienste einerseits und die Polizei- und Strafverfolgungsbehörden andererseits[792] nicht einander unter- oder nachgeordnet werden und den Geheimdiensten keine polizeirechtlichen Befugnisse übertragen werden dürfen. Das Trennungsgebot besteht grundsätzlich auch als eine

---

787 Ebenso für das Datenschutzrecht Lisken/Denninger-Petri, HB d. PolR, 6. Auflg. 2018, Kap. G Rn 486; für das Recht auf informationelle Selbstbestimmung Stelkens/Bonk/Sachs-Schmitz, § 4 Rn 8.

788 Lisken/Denninger-Schwabenbauer, HB d. PolR, 6. Auflg. 2018, Kap. G Rn. 175; dasselbe dürfte auch für den Gedanken des allgemein rechtfertigenden Notstands gelten.

789 Achterberg, AllgVerwR, § 13 Rn 50.

790 Zur Verankerung des Grundsatzes: Lisken/Denninger-Bäcker, HB d. PolR, 7. Auflg. 2021, Kap B Rn 245, 245a.

791 In diese Richtung wohl Schünemann, GA 2008, 314 (326), der von der materiellen Komponente des Trennungsgebots im Zusammenhang mit dem Grundsatz der hypothetischen Neuerhebung spricht; der Verfassungsrang des Trennungsgebots ist streitig, dazu: Petri, ZD 2013, 3 (5).

792 Auch im Verhältnis zu den Strafverfolgungsbehörden, so ausdrücklich Bundesnachrichtendienst, Die Arbeit – Kooperationen, abrufbar unter: https://www.bnd.bund.de/DE/Die_Arbeit/Kooperationen/kooperationen_node.html (abgerufen am 17.04.2021); Schünemann, GA 2008, 314 (325).

informationelle Trennung.[793] Weitgehend anerkannt ist hierzu einerseits, dass das Trennungsgebot durch eine informationelle Zusammenarbeit der Behörden in seinem Bestand nicht beeinträchtigt wird.[794] Die Zusammenarbeit wird vielmehr als Notwendigkeit angesehen, da den Nachrichtendiensten eigenständige operative Reaktionen auf die erkannten Gefahren gerade nicht zustehen.[795] Mit dem Trennungserfordernis unvereinbar ist jedoch andererseits ein Informationstransfer, der in der Form einer Instrumentalisierung der Behörde eine Umgehung der oben genannten Befugnisbeschränkungen zur Folge hat.[796]

Das Bundesverfassungsgericht hat in der Entscheidung zum Antiterrordateigesetz das informationelle Trennungsprinzip mit den besonderen verfassungsrechtlichen Anforderungen der hypothetischen Datenneuerhebung ausgefüllt.[797] Wegen der befugnisrechtlichen und aufgabenspezifischen Unterschiede gilt für die Nutzung nachrichtendienstlicher Informationen durch Polizei- und Strafverfolgungsbehörden ein gesteigerter Anspruch an die Voraussetzungen für einen Datenaustausch. Dies entspricht dem Erfordernis eines herausragenden öffentlichen Interesses und hinreichend konkreter und qualifizierter Übermittlungsschwellen, wie es das Gericht auch für die Wohnraumüberwachung und die Online-Durchsuchung vorgegeben hat.[798]

Auf Grund der Gleichsetzung mit den Anforderungen der hypothetischen Datenneuerhebung bleibt damit eine Abwägung auch unter dem Gesichtspunkt des informationellen Trennungsgebots maßgeblich für die Zulässigkeit des Informationsaustausches. Überdies bestimmt das Gebot nur das Verhältnis der Nachrichtendienste zu den exekutiv tätigen Sicherheitsbehörden und würde nicht auch die Übermittlung dieser untereinander, wie beispielsweise zwischen der präventiv tätigen Polizei und den Strafverfolgungsorganen, erfassen, so dass eine allgemeingültige Aussage für den Informationsaustausch zwischen präventiv und repressiv tätigen Behörden nicht aus dem Trennungsprinzip abgeleitet werden könnte.

---

793 Dazu BVerfG, Urteil v. 24.04.2013, 1 BvR 1215/07 Rn 123, NJW 2013, 1499 (1505); dazu: Unterreitmeier, DÖV 2021, 659.

794 Dazu: Soria, in: Berliner Online-Beiträge zum Europarecht, Nr. 44, S. 1 (9)

795 Nehm, NJW 2004, 3289 (3293).

796 Bsp. bei Soria, in: Berliner Online-Beiträge zum Europarecht, Nr. 44, S. 1 (10).

797 BVerfG, Beschluss v. 10.11.2020, 1 BvR 3214/15 Ls 1, NVwZ 2021, 226; zur Entscheidung, insbesondere zur Einordnung und Inhaltsbestimmung des informationellen Trennungsprinzips als Rechtsprinzip und im Vergleich zum klassischen Trennungsgebot: Gusy, GSZ 2021, 141.

798 BVerfG, Beschluss v. 10.11.2020, 1 BvR 3214/15 Rn 105, NVwZ 2021, 226 (233).

dd) Verhältnismäßigkeit

Da der Grundrechtsschutz der von der Überwachung betroffenen Kommunikationsinhalte nicht dadurch verlorengeht, dass bereits eine andere Stelle davon Kenntnis erlangt hat, ist die Weiterverwendung von Daten zu einem geänderten Zweck an dem Grundrecht zu messen, unter dessen Durchbrechung sie erhoben worden sind.[799] Die in der Weiterverwendung der Informationen für den geänderten Zweck liegende Grundrechtsbeeinträchtigung unterliegt danach neben den tatbestandlichen Vorgaben, die die betroffenen Grundrechte aufstellen, auch den weiteren verfassungsrechtlichen Anforderungen an eine formell und materiell verfassungsmäßige Eingriffsgrundlage. Das bedeutet, dass eine gesetzliche Regelung zur Verwendung der Daten insbesondere auch dem Verhältnismäßigkeitsprinzip gerecht werden muss. Auch die Ausführungen des Bundesverfassungsgerichts zur Zulässigkeit einer Umwidmung zweckgebundener Daten haben den verfassungsrechtlichen Grundsatz der Verhältnismäßigkeit als Anknüpfungspunkt.[800] Mit den Vorgaben der Geeignetheit, Erforderlichkeit und Verhältnismäßigkeit im engeren Sinne bestimmt das Verfassungsprinzip[801] die inhaltliche Ausgestaltung einer Vorschrift zur Weiterverwendung der Daten und kommt damit ebenfalls als Begründungsansatz des dem Rechtsgedanken des hypothetischen Ersatzeingriffs entsprechenden Übermittlungsmaßstabs in Betracht.

Für die Umwidmung der durch eine Telekommunikationsüberwachung gewonnenen Daten bedeuten die Verhältnismäßigkeitsanforderungen, dass die tatbestandlichen Voraussetzungen der Abwägung zwischen dem Rechtsgut, zu dessen Schutz die erhobenen Informationen verwendet werden sollen, und dem Fernmeldegeheimnis bzw. dem IT-Grundrecht gerecht werden müssen. Diese Abwägungsentscheidung zwischen dem Gewicht und der Dringlichkeit des Rechtsgutschutzes, zu dem die Telekommunikationsdaten herangezogen werden dürfen, und dem grundrechtlich betroffenen Interesse hat der Gesetzgeber für den konkreten Aufgabenbereich und die Verfahrensordnung mit der Ausgestaltung der Eingriffsbefugnis bei der jeweiligen Primärerhebung in einer Überwachungsvorschrift getroffen. Insbesondere bei den besonders eingriffsintensiven Datenerhebungen mit besonderen Mitteln soll namentlich die Verhältnismäßigkeit durch

[799] BVerfG, Urteil v. 20.04.2016, 1 BvR 966/09 Rn 285, NJW 2016, 1781 (1801).

[800] BVerfG, Urteil v. 20.04.2016, 1 BvR 966/09 Rn 286, 287; NJW 2016, 1781 (1801); Möstl/Kugelmann-Arzt, POR NRW, § 23 PolG Rn 27; als Grundlage SK/StPO-Puschke/Weßlau, § 479 Rn 22.

[801] Nur v. Münch/Kunig-Kotzur, Art. 20 GG Rn 163.

zahlreiche Kautelen, vor allem auch in den grundrechtssichernden Verfahrensvorschriften gewahrt werden.[802]

Lässt man nunmehr die Verwendung der unter anderen Voraussetzungen erhobenen Daten zu, so werden gerade die in den unterschiedlichen Eingriffsschranken zum Ausdruck gebrachten spezifischen Grundprinzipien und Abwägungsentscheidungen des jeweiligen Sachzusammenhangs missachtet. Als Begründung für die Notwendigkeit einer Angleichung der Übermittlungs- bzw. Verwendungsvoraussetzungen an die jeweiligen Primärbefugnisse im Sinne der Idee des hypothetischen Ersatzeingriffs kann dieses Argument jedoch nur insoweit dienen, als dadurch zwingende Anforderungen an den Grundrechtseingriff unerfüllt blieben. Dies ist etwa für die unter Eingriff in das Grundrecht des Fernmeldegeheimnisses erlangten Erkenntnisse in Bezug auf die Wertungen des Art. 10 Abs. 2 GG sowie beim Schutz der Unverletzlichkeit der Wohnung hinsichtlich der Art. 13 Abs. 3 und 4 GG anzunehmen. Hierzu dürfte auch ein grobes Missverhältnis zwischen dem Aufklärungsziel und den Bedingungen des Überwachungsmittels gehören, wie es beispielsweise bei einer verdachtslosen strategischen Telekommunikationsüberwachung zu Strafverfolgungszwecken gegeben wäre.[803] Dies bildet zugleich einen Unterfall der Konstellationen, in denen die Verhältnismäßigkeitsabwägung ergibt, dass nur eine Regelungsmöglichkeit eine zulässige tatbestandliche Ausgestaltung für einen Grundrechtseingriff begründen kann. Dazu zählt auch die denkbare Variante, wonach nur eine dem behördenzugehörigen Abhörtatbestand in formeller und materieller Hinsicht entsprechende Befugnis zur Folgenutzung bereichsfremder Überwachungsdaten verhältnismäßig ist.

Soweit jedoch nicht zwingende Vorgaben für die verfassungsmäßige Ausgestaltung der Vorschriften betroffen sind, ist zu bedenken, dass durchaus auch andere Gestaltungen der Eingriffstatbestände als die des Primäreingriffs möglich sind, mit denen die in der Verwertung liegende Grundrechtsbeeinträchtigung gerechtfertigt werden kann. Die Verfassungsmäßigkeit der Regelungen ergibt sich aus dem Zusammenspiel der zum Eingriff berechtigenden Tatbestandskomponenten. Die Angemessenheit der Norm hängt dabei insbesondere von der kumulativen Begrenzungswirkung der Elemente, der Straftatenkataloge bzw. Rechtsgutgefahr, Verdachtsgrundlage sowie der zeitlichen Erstreckung des Überwachungsanlasses,

---

802 BVerfG, Urteil v. 27.02.2008, 1 BvR 370/07 Rn 257, 242, 228, NJW 2008, 822 (832, 830/831, 829).

803 Arg. aus BVerfG, Urteil v. 14.07.1999, 1 BvR 2226/94 Rn 261, 277, NJW 2000, 55 (65, 66).

ab.[804] Im Rahmen dieser Abwägung stehen dem Gesetzgeber grundsätzlich verschiedene Möglichkeiten bei der Auswahl und Kombination für die Gestaltung eines rechtmäßigen Eingriffstatbestands zu. So können beispielsweise niedrige Anforderungen an die Tatsachengrundlage durch eine Beschränkung der Anlasstaten und ein geringerer Erforderlichkeitsmaßstab durch einen höheren Verdachtsgrad ausgeglichen werden.

Die Weiterverwendungsvoraussetzungen können unter Verhältnismäßigkeitserwägungen - von den zwingenden Abwägungsentscheidungen abgesehen - danach auch dann zulässig sein, wenn sie von den jeweils entsprechenden Datenerhebungstatbeständen der Empfangsbehörde abweichen.

Der Grundsatz der Proportionalität kann daher keine allumfassende Begründungsgrundlage für den hypothetischen Ersatzeingriff bilden.

ee) Grundsatz des fairen Verfahrens

Die Legitimation des hypothetischen Ersatzeingriffs könnte im Recht auf ein faires Verfahren liegen, da die Verwertung von Erkenntnissen aus Überwachungsmaßnahmen hieran zu messen ist.[805]

Das Recht auf ein faires Verfahren hat seine Wurzeln im Rechtsstaatsprinzip in Verbindung mit den Freiheitsrechten und Art. 1 Abs. 1 GG.[806] Das fair-trial-Prinzip orientiert sich an der Gesamtschau des Verfahrensrechts, auch in der Ausprägung, die es durch die Fachgerichte erhalten hat, und ist erst verletzt, wenn danach rechtsstaatlich zwingende Folgerungen nicht gezogen werden oder rechtsstaatlich Unverzichtbares preisgegeben wird.[807]

Das Elementarrecht enthält jedoch keine in allen Einzelheiten bestimmte Ge- oder Verbote.[808] Darüber hinaus ist es gegenüber speziellen verfassungsrechtlichen Gewährleistungen subsidiär[809] und durch die Ausrichtung an der fachgerichtlichen Auslegung und Anwendung Veränderungen unterworfen.

---

804 BVerfG, Urteil v. 14.07.1999, 1 BvR 2226/94 Rn 277, 279, NJW 2000, 55 (66/67).

805 Vgl. dazu BVerfG, Beschluss v. 7.12.2011, 2 BvR 2500/09 Rn 110, NJW 2012, 907 (909).

806 BVerfG, Beschluss v. 7.12.2011, 2 BvR 2500/09 Rn 111, NJW 2012, 907 (909).

807 BVerfG, Beschluss v. 7.12.2011, 2 BvR 2500/09 Rn 112, NJW 2012, 907 (909).

808 BVerfG, Beschluss v. 7.12.2011, 2 BvR 2500/09 Rn 112, NJW 2012, 907 (909); ausführlich zum fair-trial-Prinzip: Jugl, S. 30 ff; zum Recht auf Waffengleichheit als Maßstab für Beweisverwertungsverbote zur Vermeidung eines Verteidigungsnachteils, Knebel, S. 1 ff, 223.

809 BVerfG, Beschluss v. 7.12.2011, 2 BvR 2500/09 Rn 111, NJW 2012, 907 (909).

Eine vollständige Erklärung des hypothetischen Ersatzeingriffs kann der rechtsstaatliche Standard, auch nachrangig gegenüber den Grundrechten, somit nicht erwarten lassen.

ff) Grundrechte des Grundgesetzes[810]

Es könnte sich jedoch eine Herleitung der Rechtsfigur des hypothetischen Ersatzeingriffs aus den Grundrechten, die einen Schutz der Telekommunikationsdaten vermitteln, sowie aus dem allgemeinen Gleichheitssatz ergeben.

(1) Allgemeines Persönlichkeitsrecht (Art. 2 Abs. 1 i.V.m. Art. 1 Abs. 1 GG)

Eine Angleichung der Weiterverwendungsvoraussetzungen an die Befugnisse zur originären Datenerhebung könnte denklogisch auf Grund des Allgemeinen Persönlichkeitsrechts in der höchstrichterlichen Ausprägung des Rechts auf informationelle Selbstbestimmung sowie der Gewährleistung der Sicherheit und Vertraulichkeit informationstechnischer Systeme geboten sein, da diese von den Datenverarbeitungsschritten betroffen sein können.

Das vom Bundesverfassungsgericht im Volkszählungsurteil entwickelte Recht auf informationelle Selbstbestimmung gewährleistet das Recht des Einzelnen grundsätzlich selbst über die Preisgabe und Verwendung seiner persönlichen Daten zu bestimmen. Es bietet dabei Schutz vor einer unbegrenzten Weitergabe und Verwendung personenbezogener Daten.[811]

Die inhaltlichen Anforderungen des hypothetischen Ersatzeingriffs an eine regelnde Norm zur Nachnutzung von Daten aus einer Telekommunikationsüberwachung können jedoch hieraus nicht abgeleitet werden. Dies ergibt sich aus zwei Gründen. Zum einen ist das Recht auf informationelle

---

810 Die Frage, inwieweit die Grundrechte der Europäischen Union, wie vor allem die Grundrechtecharta, und ihre Auslegung, die sie durch den EuGH gefunden haben, als Maßstab heranzuziehen sind, soll hier ausgeklammert werden, da damit der Umfang der Arbeit überdehnt würde; zur Anwendung der Unionsgrundrechte: Britz, NJW 2021, 1489; zur unionsrechtlichen Überformung sicherheitsbehördlicher Datenverarbeitung durch die RL 2016/680 (EU) und die daraus folgenden Anforderungen: Müller/Schwabenbauer, NJW 2021, 2079 (2084); darüber hinaus sind die unionsrechtlichen Datenverarbeitungsvorgaben nicht auf die nachrichtendienstliche Arbeit anwendbar, da diese, als die nationale Sicherheit betreffend, außerhalb des Anwendungsbereichs des Unionsrechts liegt. (Art. 4 Abs. 2 EUV; Art. 2 Abs. 2 lit a) DSGVO und EG 16; Art. 2 Abs. 3 lit a) RL 2016/680 und EG 14).

811 BVerfG, Urteil v. 15.12.1983, 1 BvR 209/83 Rn 147, NJW 1984, 419 (422).

Selbstbestimmung als Ausprägung des Grundrechts nach Art. 2 Abs. 1 i. V. m. Art. 1 Abs. 1 GG bei einer Überwachung der laufenden Kommunikation gegenüber dem spezielleren Recht aus Art. 10 GG subsidiär.[812] Der Schutz des Fernmeldegeheimnisses nach Art. 10 GG ist nicht auf den reinen Kommunikationsvorgang begrenzt, sondern besteht an dem erhobenen Datenmaterial fort, so dass auch die Weitergabe der durch die Überwachung erlangten Daten umfasst ist.[813] Der zweite Grund folgt aus den Beschränkungsmöglichkeiten des Grundrechts aus Art. 2 Abs. 1 i. V. m. Art. 1 Abs. 1 GG. Da die sog. Schrankentrias des Art. 2 Abs. 1, 2. HS GG keine speziellen Voraussetzungen beinhaltet, müssen für die Verfassungsmäßigkeit einer gesetzlichen Ermächtigung nur die allgemeinen formellen und materiellen Rechtmäßigkeitsvoraussetzungen des Grundgesetzes[814], wie insbesondere die Normenbestimmtheit und der allgemeine Grundsatz der Verhältnismäßigkeit, erfüllt sein. Der Datenaustausch zwischen den präventiv und repressiv tätigen Überwachungsbehörden soll einer effektiven Aufgabenerfüllung des jeweils anderen Sicherheitsbereichs mit den erhobenen Daten dienen. Sowohl die präventive Gefahrenabwehr als auch die repressive Strafverfolgung bilden anerkannte Ziele eines funktionierenden Gemeinwohls, die die Eingriffe in das Recht auf informationelle Selbstbestimmung rechtfertigen können.[815] Die konkrete Ausgestaltung einer Einschränkung beruht damit auf der Abwägung zu einem geeigneten, erforderlichen und verhältnismäßigen Tatbestand für die Weiterverwendung der erlangten Daten und stellt damit keine weiteren, über die Verhältnismäßigkeit hinausgehenden, speziellen Anforderungen.

Gleichermaßen kann auch aus dem Recht auf Integrität und Vertraulichkeit informationstechnischer Systeme keine Rechtfertigung für den Harmonisierungsgedanken des hypothetischen Ersatzeingriffs abgeleitet werden.

Das vom Bundesverfassungsgericht in seiner Entscheidung zur landesrechtlichen Online-Durchsuchung entwickelte Recht, das außerhalb der laufenden Telekommunikation nicht von Art. 10 GG verdrängt wird,[816] unterliegt als Ausprägung des allgemeinen Persönlichkeitsrechts ebenfalls

812 V. Münch/Kunig-Martini, Art. 10 GG Rn 232.

813 Vgl. nur BVerfG, Urteil v. 20.04.2016, 1 BvR 966/09 Rn 285, NJW 2016, 1781 (1801).

814 V. Münch/Kunig-Kämmerer, Art. 2 GG Rn 38, Rn 86, 87: insbesondere auch die Wahrung des letzten unantastbaren Bereichs privater Lebensgestaltung.

815 Legitime Ziele für einen Eingriff in Art. 10 GG, v. Münch/Kunig-Martini, Art. 10 GG Rn 117.

816 BVerfG, Urteil v. 27.02.2008, 1 BvR 370/07 Rn 185, 187, NJW 2008, 822 (825).

den allgemeinen Beschränkungen einer verfassungsmäßigen gesetzlichen Grundlage[817] und bleibt damit einer Abwägung zugänglich.

(2) Fernmeldegeheimnis (Art. 10 GG)

In Bezug auf den Schutz der laufenden Kommunikation könnte danach eine Rückführung der Rechtsfigur auf den vorrangig anwendbaren Art. 10 GG in Betracht kommen.

Das Fernmeldegeheimnis des Art. 10 GG schützt die Übertragung räumlich distanzierter individueller Kommunikation durch unkörperliche Signale.[818] Die öffentliche Gewalt soll grundsätzlich nicht die Möglichkeit haben, sich Kenntnis vom Inhalt des über die Telekommunikationsanlagen vermittelten Informations- und Gedankenaustausches zu verschaffen.[819] Mit der grundrechtlichen Sicherung der Unverletzlichkeit des Fernmeldegeheimnisses soll vermieden werden, dass der Meinungsaustausch durch Fernmeldeanlagen deswegen unterbleibt oder in Form und Inhalt verändert abläuft, weil die Gesprächsteilnehmer damit rechnen müssen, dass sich staatliche Stellen in die Kommunikation einschalten und Zugriff auf den Inhalt und die Verbindung der Kommunikation nehmen.[820] Die freie Telekommunikation, die Art. 10 GG schützt, wird auch dann beeinträchtigt, wenn zu befürchten ist, dass die staatlichen Stellen die Kenntnisse vom Fernmeldeinhalt in anderem Zusammenhang zum Nachteil der Kommunikationsteilnehmer verwerten.[821] Art. 10 GG entfaltet daher seinen Schutz nicht nur gegenüber der ersten staatlichen Kenntnisnahme, sondern erstreckt seine Schutzwirkung auch auf den Informations- und Datenverarbeitungsprozess, der sich an die Kenntnisnahme der geschützten Kommunikationsvorgänge anschließt, und den Gebrauch, der von den erlangten Kenntnissen gemacht wird.[822] In jeder Weitergabe von Kommunikationsdaten liegt damit ein Grundrechtseingriff, weil sich der Kreis derer erweitert, die die Kommunikation kennen und aus dieser Kenntnis - teilweise mit größeren Beeinträchtigungen als beim Ersteingriff - Nutzen ziehen können.

---

817 BVerfG, Urteil v. 27.02.2008, 1 BvR 370/07 Rn 207, NJW 2008, 822 (827).

818 V. Münch/Kunig-Martini, Art. 10 GG Rn 61.

819 Sachs-Pagenkopf, Art. 10 GG Rn 7a; BVerfG, Urteil v. 14.07.1999, 1 BvR 2226/94 Rn 160, NJW 2000, 55 (56).

820 BVerfG, Urteil v. 14.07.1999, 1 BvR 2226/94 Rn 162, NJW 2000, 55 (57).

821 BVerfG, Urteil v. 14.07.1999, 1 BvR 2226/94 Rn 163, NJW 2000, 55 (57); Sachs-Pagenkopf, Art. 10 GG Rn 7a.

822 Sachs-Pagenkopf, Art. 10 GG Rn 7a; BVerfG, Urteil v. 14.07.1999, 1 BvR 2226/94 Rn 163, NJW 2000, 55 (57).

Eine Rechtfertigung für einen Eingriff in Art. 10 GG ist jedoch auf der Grundlage eines allgemeinen Gesetzesvorbehalts möglich, so dass das Gesetz selber keinen weiteren als den verfassungsrechtlichen Schranken gerecht werden muss und Lockerungen nach Art. 10 Abs. 2 S. 2 GG zulassen darf. Zu berücksichtigen sind danach insbesondere die Verhältnismäßigkeit, die Bestimmtheit, die Zweckbindung sowie die Benachrichtigungspflichten.[823]

Der Maßstab des hypothetischen Ersatzeingriffs kann sich demnach aber nicht in einem weitergehenden Umfang auf Art. 10 GG stützen als es das Verhältnismäßigkeitsprinzip vorgibt.

(3) Gleichheitssatz (Art. 3 GG)

Eine Legitimation des hypothetischen Ersatzeingriffs könnte aus dem Gleichheitssatz des Art. 3 GG abgeleitet werden.

Der allgemeine Gleichheitssatz des Art. 3 Abs. 1 GG gebietet dem Gesetzgeber wesentlich Gleiches gleich und wesentlich Ungleiches ungleich zu behandeln.[824]

(a) Ungleichbehandlung

Eine Ungleichbehandlung liegt vor, wenn zwei Tatbestände, Personen- oder Vergleichsgruppen unterschiedlich behandelt werden, obwohl sie in einer auf die Art der Behandlung relevanten Hinsicht gleich sind.[825]

Für die Sicherheitsbehörden bestehen bei der Telekommunikationsüberwachung unterschiedliche Tatbestands- und Verfahrensvoraussetzungen. Würde man eine Datenweiterverwertung präventiv erhobener Daten zu repressiven Zwecken und repressiver Informationen zu präventiven Zwecken zulassen, ohne dass im Sinne des Harmonisierungsgebots die Anordnungsvoraussetzungen der jeweils im Verwendungszusammenhang bestehenden Überwachungsbefugnisse gegeben sind, so hätte das zur Folge, dass der Erhalt der Daten, die durch Übermittlung seitens einer anderen Behörde erlangt worden sind, und der Daten, die durch eine Primärüberwachung erhoben worden sind, von verschiedenen Voraussetzungen abhängen würde.

---

[823] BVerfG, Urteil v. 14.07.1999, 1 BvR 2226/94 Rn 169, NJW 2000, 55 (57): Benachrichtigungsanspruch abgeleitet aus dem Gebot des effektiven Grundrechtsschutzes; v.Münch/Kunig-Martini, Art. 10 GG Rn 137: Benachrichtigungsanspruch abgeleitet aus dem Umkehrschluss aus Art. 10 Abs. 2 S. 2 GG.

[824] St.Rspr. BVerfG, Beschluss v. 21.06.2011, 1 BvR 2035/07 Rn 76, NVwZ 2011, 1316; BK-Kingreen, Art. 3 GG Rn 244; Jarass-Jarass, Art. 3 GG Rn 12.

[825] V. Münch/Kunig-Boysen, Art. 3 GG Rn 62.

Damit ist verbunden, dass sich auch die Betroffenen den unter unterschiedlichen Voraussetzungen in den Verarbeitungsprozess des jeweiligen Befugnisbereichs gelangten Daten gegenübersehen würden. Auch der in der Verwendung der Daten liegende Eingriff in die Grundrechte der Betroffenen unterläge damit bei primär erhobenen und übermittelten Daten jeweils unterschiedlichen Anforderungen. Dabei könnte sich die Differenzierung in zweifacher Hinsicht auswirken. Zum einen könnten gegen einen Betroffenen in einem Verfahren ein unter unterschiedlichen Voraussetzungen erlangtes Datenmaterial aus Telekommunikationsüberwachungen eingesetzt werden. Zum anderen würden verschiedene Betroffene innerhalb eines Sicherheitsbereichs unterschiedlich behandelt, wenn gegen eine Zielperson Telefongespräche aus einer Primärüberwachung verwendet und gegen eine andere Person sekundär genutzte Kommunikationsdaten herangezogen werden.

Dabei ist eine Abweichung unabhängig davon gegeben, ob der Erhalt übermittelter Daten strengeren oder geringeren Voraussetzungen unterliegt.[826] Lediglich wird das Ausmaß der bestehenden Ungleichbehandlung geringer, je weiter sich die Einlassvoraussetzungen für die übermittelten Daten an die jeweiligen Erhebungsvoraussetzungen angleichen.

Differenzierungskriterium im jeweiligen Verwendungszusammenhang ist nach dem Gesagten die Art und Weise der Erlangung der Daten seitens der Verwertungsbehörde durch Direkterhebung einerseits und Datenübermittlung andererseits.

Diese Unterscheidung kann jedoch nicht pauschal den Maßstab für den Vergleich bilden, sondern muss im Weiteren angesichts der Vielzahl möglicher Datenbestände und Überwachungsmittel weiter differenziert werden.

Der Ansatz einer Konkurrenz nachrichtendienstlich und strafprozessual erhobener Telekommunikationsdaten impliziert zunächst eine Beschränkung des Vergleichs auf erhobene und übermittelte Telekommunikationsdaten. Diese Vergleichsgruppenbildung wäre vordergründig durch die Anknüpfung an das betroffene Grundrecht bei der Erfassung der Daten, Art. 10 GG, gerechtfertigt. Aber schon die erweiterte Quellen-TKÜ

---

826 Eine Benachteiligung des Betroffenen ist nach überwiegender Ansicht nicht erforderlich. Ein materieller Verstoß gegen den Gleichheitssatz liegt danach in jeder nicht gerechtfertigten Ungleichbehandlung, vgl. BVerfG, Beschluss v. 21.06.2011, 1 BvR 2035/07 Rn 76, NVwZ 2011, 1316; Epping-Kischel, Art. 3 GG Rn 58; a.A. Jarass-Jarass Art. 3 GG Rn 14; als Grundlage für die gegen den Betroffenen gerichtete Ermittlungs- und Beobachtungstätigkeit bleibt die den unterschiedlichen Voraussetzungen unterliegende Datenverarbeitung, aber auch nach der engeren Ansicht, stets belastend, so dass das Erfordernis eines Nachteils als unproblematisch anzusehen ist; so für insgesamt belastende Regelungen Sachs-Nußberger, Art. 3 GG Rn 86.

nach § 100a Abs. 1 S. 3 StPO und § 11 Abs. 1a S. 2 G10 macht deutlich, dass mit der Erhebung von Telekommunikationsdaten durchaus auch in andere grundrechtliche Gewährleistungen eingegriffen wird, so dass die Art der Daten allein kein taugliches Kriterium für eine Spezifizierung der Vergleichsbildung ist.

Allerdings bietet auch die Eingrenzung auf den berührten grundrechtlichen Schutzbereich kein taugliches Einteilungskennzeichen, da dies der Eingriffstiefe der verschiedenen Überwachungsverfahren nicht gerecht würde. Insbesondere Art. 10 GG ist durch Abhörtechniken, wie die Individualkontrolle, die strategische Beschränkung und die einfache Quellen-TKÜ, betroffen, die sich hinsichtlich ihrer Streubreite und ihres Ergebnisumfangs erheblich unterscheiden.

Weitere Merkmale für die Bestimmung der gegenüberzustellenden Gruppen könnten demnach ferner die Anzahl der von den Daten Betroffenen, die Datenkategorien, wie persönliche oder offene Daten, aber auch der Umfang und die Verknüpfungsmöglichkeiten der Erkenntnisse sowie die Überwachungsmethode bilden.[827]

Die Eingriffstiefe der Überwachungsmaßnahmen wird grundlegend durch die Methode bestimmt, durch die die Erkenntnisse erhoben worden sind. Aus den Charakteristika der Abhörmittel ergibt sich, welche Daten von wie vielen Betroffenen auf welche Art dem Zugriff der Behörden unterliegen können. Die Art der Überwachungsmethode bestimmt damit die Eingriffsschwere der Maßnahme und gibt die Maßstäbe vor, die für die Zulässigkeit und Voraussetzungen des jeweiligen Eingriffs im konkreten Aufgabenzusammenhang abzuwägen sind. So hat auch das Bundesverfassungsgericht im Rahmen der Überprüfung der Rechtmäßigkeit der strategischen Beschränkung ausdrücklich festgestellt, dass sich diese Eingriffsstruktur nur auf Grund der spezifischen Aufgaben der Nachrichtendienste rechtfertige.[828] Eine Anknüpfung an die Erhebungsmethode entspricht ebenfalls der Regelungssystematik aller Verfahrensordnungen, die speziell für die jeweiligen Überwachungsmethoden gesonderte Eingriffstatbestände geschaffen haben, in denen die jeweiligen Tatbestandsvoraussetzungen, Verfahrensanforderungen und Verwendungsregelungen für das Eingriffsmittel durch den Gesetzgeber abgewogen worden sind. Zugleich sind damit eine Definition und Abgrenzung der Erhebungsmaßnahmen vorgenommen worden. Den spezifischen Eigenschaften, die mit dem Überwachungsmittel verbunden

---

827 Für eine Berücksichtigung dieser Kategorien zur Einordnung der Maßnahmen im Anwendungsbereich des hypothetischen Ersatzeingriffs: Hefendehl, GA 2011, 209 (228, 231).

828 BVerfG, Urteil v. 14.07.1999, 1 BvR 2226/94 Rn 261, NJW 2000, 55 (65).

sind, wie der Zahl der möglichen Betroffenen und dem Datenvolumen sowie weiteren übergreifenden Attributen, wie beispielsweise der Höchstpersönlichkeit der Daten und ihrer Verknüpfungsarten, ist damit Rechnung getragen worden. Soweit weitere Umstände im Einzelfall Berücksichtigung finden sollen, können diese keine allgemeingültige Vergleichsanalyse zur Rückführung des hypothetischen Ersatzeingriffs bieten, der einen einheitlichen, im Vorhinein bestimmbaren Maßstab gewährleisten soll.

Abzustellen ist demnach auf die Differenzierung zwischen primär erhobenen und zur Sekundärnutzung übermittelten Daten aus einer strukturell in den jeweiligen Verfahrensordnungen vorgesehenen identischen Überwachungsart.[829]

(b) Rechtfertigung der Differenzierung

Fraglich ist damit, ob diese Differenzierung verfassungsrechtlich gerechtfertigt sein kann.

Der Maßstab für die Rechtfertigung einer Ungleichbehandlung reicht nach der Rechtsprechung des Bundesverfassungsgerichts vom bloßen Willkürverbot über eine Bindung an die Verhältnismäßigkeitsanforderungen, die das Gericht mit der sog. „neuen Formel“[830] umschreibt, bis zur geltenden Integration der Willkürformel in die Verhältnismäßigkeitsprüfung.[831] Während eine Verletzung des Gleichheitssatzes auf Grund des Willkürverbots nur bejaht wird, wenn sich ein vernünftiger, sich aus der Natur der Sache ergebender oder sonst sachlich einleuchtender Grund für die Differenzierung nicht finden lässt,[832] verlangt die Verhältnismäßigkeitsprüfung eine relativierende Abwägung allgemeiner und individueller Interessen. Nach der integrativen Formel bedürfen Differenzierungen danach stets der Rechtfertigung durch Sachgründe, die dem Differenzierungsziel und dem Ausmaß der Ungleichbehandlung angemessen sind.[833] Art. 3 Abs. 1 GG verlangt dabei für das Maß der Differenzierung einen inneren Zusammenhang zwischen den vorgefundenen Verschiedenheiten und der

[829] Zu der Frage, was dies für Daten aus Maßnahmen bedeutet, die nicht in der Verfahrensordnung auf Empfängerseite gegeben sind, unter B. II. 1.).

[830] Zur sog. „neuen Formel“: BK-Kingreen, Art. 3 GG Rn 326 ff und zur weiteren Ausdifferenzierung Rn 330 ff.

[831] BVerfG, Beschluss v. 21.06.2011, 1 BvR 2035/07 Rn 77, NVwZ 2011, 1316; BK-Kingreen, Art. 3 GG Rn 321 ff; Epping-Kischel, Art. 3 GG Rn 28; v. Münch/Kunig-Boysen, Art. 3 GG Rn 104.

[832] BVerfG, Urteil v. 23.10.1951, 2 BVG 1/51, NJW 1951, 877 (878/879); BK-Kingreen, Art. 3 GG Rn 322 auch zu späteren Konkretisierungen und Variationen; Epping-Kischel, Art. 3 GG Rn 28.

[833] BVerfG, Beschluss v. 21.06.2011, 1 BvR 2035/07 Rn 77, NVwZ 2011, 1316.

differenzierenden Regelung, der sich als sachlich vertretbarer Unterscheidungsgesichtspunkt von hinreichendem Gewicht erweist.[834] Es gilt ein stufenloser, am Grundsatz der Proportionalität orientierter verfassungsrechtlicher Standard, dessen Inhalt und Grenzen sich nach den jeweils betroffenen unterschiedlichen Sach- und Regelungsbereichen bestimmen lässt.[835] Danach prüft das Bundesverfassungsgericht, ob Unterschiede von solcher Art und solchem Gewicht bestehen, dass sie die Ungleichbehandlung rechtfertigen können.[836] Im Unterschied zur Verhältnismäßigkeitsprüfung bei Eingriffen in Freiheitsrechte handelt es sich hierbei um eine Abwägung aus der Vergleichsperspektive,[837] bei der die Schwere und das Ausmaß der Ungleichbehandlung zu den maßgeblichen Gründen und Zielen der Differenzierung ins Verhältnis gesetzt werden.

(aa) Prüfungsmaßstab

Ob die aus dem allgemeinen Gleichheitsgebot folgenden Grenzen für den Gesetzgeber nach dem Willkürverbot oder auf der Grundlage der Integrationsformel zu bestimmen sind, richtet sich nach dem jeweiligen Regelungsgegenstand und seinen Differenzierungsmerkmalen.[838] Kriterien für eine strengere Kontrolle sind dabei betroffene Freiheitsrechte, die Verfügbarkeit der Differenzierungsmerkmale und die Anknüpfung an Persönlichkeitsmerkmale, ähnlich denen des Art. 3 Abs. 3 GG.[839]

Verschärfende verfassungsrechtliche Anforderungen ergeben sich zunächst aus dem Gesichtspunkt, dass die Differenzierungen für den Einzelnen nicht verfügbar sind. Auch wenn sich die Unterscheidung nach der Art und Weise der Erlangung von Daten, der Übermittlung einerseits und der Primärerhebung andererseits, nicht den Persönlichkeitsmerkmalen des Art. 3 Abs. 3 GG annähert, so betrifft sie doch verschiedene Personen und Personengruppen[840] sowie personenbezogene Daten, die unter dem

[834] BVerfG, Beschluss v. 21.06.2011, 1 BvR 2035/07 Rn 77, NVwZ 2011, 1316 (1317).

[835] BVerfG, Beschluss v. 21.06.2011, 1 BvR 2035/07 Rn 78, NVwZ 2011, 1316 (1317); Sachs-Nußberger, Art. 3 GG Rn 31.

[836] BVerfG, Beschluss v. 21.06.2011, 1 BvR 2035/07 Rn 77, NVwZ 2011, 1316 (1317); v. Münch/ Kunig-Boysen, Art. 3 GG Rn 54.

[837] Jarass-Jarass, Art. 3 GG Rn 21.

[838] BVerfG, Beschluss v. 21.06.2011, 1 BvR 2035/07 Rn 78, NVwZ 2011, 1316 (1317); BK-Kingreen, Art. 3 GG Rn 332.

[839] BVerfG, Beschluss v. 21.06.2011, 1 BvR 2035/07 Rn 78, NVwZ 2011, 1316 (1317); BK-Kingreen, Art. 3 GG Rn 332; Sachs-Nußberger, Art. 3 GG Rn 32.

[840] Es ist davon auszugehen, dass eine Unterscheidung zwischen personen- und sachbezogenen Differenzierungen, wonach für letztere eine weitgehende Freiheit des Gesetzgebers für eine unterschiedliche Behandlung besteht, erledigt ist, BK-Kingreen, Art. 3

besonderen nationalen und internationalen rechtlichen Datenschutz stehen. Ferner hat der Betroffene keine Einflussmöglichkeit darauf, ob die ihn betreffenden Daten unmittelbar bei ihm oder durch Übermittlung von einer anderen Behörde erlangt werden. Auch die für die nachrichtendienstliche und strafprozessuale Überwachung denkbare Erwägung, dass der Betroffene es durch sein Verhalten vermeiden könnte, den Verdacht einer Gefahrverursachung oder Straftat zu bieten, führt zu keiner anderen Beurteilung. Eine solche Argumentation bildet mit der Differenzierung keinen sachlichen Zusammenhang und bedeutet eine unzulässige Außerkraftsetzung der Unschuldsvermutung und des Grundrechtsschutzes, der bis zur Feststellung der Verwirkung nach Art. 18 S. 2 GG für jeden gilt. Überdies kann die Erfassung durch eine strategische Kontrolle durch den BND unabhängig von einem individuellen Anlassverdacht erfolgen.

Entscheidend für die Anwendbarkeit der integrativen Formel auf eine Ungleichbehandlung übermittelter und originär erhobener Daten ist jedoch die grundrechtliche Beeinträchtigung. Nach der höchstrichterlichen Rechtsprechung kommen die verschärften Grenzen der Gleichheitsformel insbesondere dann zur Anwendung, wenn sich die in Frage stehende Ungleichbehandlung auf die Wahrnehmung der grundrechtlich geschützten Freiheitsrechte nachteilig auswirkt.[841] Sowohl die Erhebung der Telekommunikationsdaten als auch die weiteren Datenverarbeitungsschritte, wie die Datenübermittlung und ihre Verwertung, stellen einen Eingriff in das Grundrecht aus Art. 10 GG und das Recht auf Vertraulichkeit und Integrität informationstechnischer Systeme dar, da sich der Schutz an den einmal erlangten Informationen fortsetzt.[842] Die verschärfende Auswirkung auf die Gleichheitsprüfung besteht dabei unabhängig davon, ob durch die inhaltliche Ausgestaltung der gesetzlichen Grundlage für die Zulässigkeit einer Weiterverwendung von Abhörerkenntnissen die Freiheitsgewährleistung verletzt wird.[843]

Eine vom Gedanken des hypothetischen Ersatzeingriffs abweichende inhaltliche Ausgestaltung der Datenverwertungsbestimmungen ist demgemäß nach den strengen Anforderungen daran zu messen, ob eine Unterscheidung zwischen der Erlangung übermittelter und originär erhobener Daten durch Differenzierungsgesichtspunkte aufgewogen werden kann.

GG Rn 334; ähnlich Britz, NJW 2014, 346 (348).

841 BK-Kingreen, Art. 3 GG Rn 350; Sachs-Nußberger, Art. 3 GG Rn 32.

842 BVerfG, Urteil v. 20.04.1999, 1 BvR 966/09 Rn 285, NJW 2016, 1781 (1801).

843 Grundsätzlich BK-Kingreen, Art. 3 GG Rn 351; Epping-Kischel, Art. 3 GG Rn 50.

(bb) Gleichheitsrechtliche Abwägung

Ein Indiz für die Verletzung des Gleichheitssatzes kann die Abweichung von der Systemgerechtigkeit bilden, die durch die Normierungen und Wertungen der einzelnen Rechtsgebiete bestimmt wird.[844]

Mit den jeweiligen Überwachungstatbeständen hat der Gesetzgeber die Eingriffsvoraussetzungen festgelegt, die für eine Erhebung von Telekommunikationsdaten gelten sollen. Wie dargestellt, sind die Befugnisse eingebettet in die Prinzipien und Zielsetzungen des jeweiligen Regelungszusammenhangs, die wiederum auch die Ausgestaltung des Tatbestands bestimmen. Berücksichtigt werden diese Rahmenbedingungen zum einen bei der Verhältnismäßigkeit der Eingriffstiefe, die durch die Art der Überwachung sowie die Auswahl der relevanten Überwachungsanlässe und verfahrenssichernden formellen Voraussetzungen festgelegt wird. Zum anderen knüpfen die Überwachungstatbestände an bereichsspezifische Begriffe, wie den Beschuldigten oder die Gefahr, an. Überdies sind die Befugnisse zur Erlangung der Kommunikationsdaten Bestandteil eines abgestuften Systems von Eingriffstatbeständen. Wie die tatbestandlichen Anforderungen in den Subsidiaritätsklauseln verdeutlichen, hat der Gesetzgeber bei der Einführung von heimlichen Überwachungsmethoden eine Rangfolge statuiert, die sich nach der Bewertung und Eingriffsintensität der verschiedenen Methoden im Verhältnis zueinander bestimmt. So wird insbesondere die Wohnraumüberwachung im Vergleich zur Telekommunikationsüberwachung und zu anderen heimlichen Methoden nur als letztes Mittel zugelassen. Auch ist es das erklärte Ziel gesetzlicher Änderungen des § 100a StPO, Wertungswidersprüche zu anderen Überwachungsvorschriften zu beseitigen.[845] Ebenso stehen die Maßnahmen im Kontrollsystem der Nachrichtendienste in einem abgestuften Verhältnis, das überdies den Einsatz der Online-Durchsuchung ausnimmt.

Fernerhin legen die Verfahrensordnungen Bindungen für die weitere Verarbeitung der jeweils erhobenen Daten fest, die mit den jeweiligen Erhebungsvorschriften abgestimmt sein müssen. Denn das Bundesverfassungsgericht hat bereits im Volkszählungsurteil herausgestellt, dass erst die Verknüpfungs- und Verwendungsmöglichkeiten der Daten eine Beurteilung zur Zulässigkeit der Erhebung zulassen.[846]

Mit dem jeweiligen System zugelassener Befugnisse zu Eingriffen in das Grundrecht aus Art. 10 GG und das Recht auf Vertraulichkeit und Integrität informationstechnischer Systeme wird auch sichergestellt, dass alle

844 BVerfG, Beschluss v. 10.10.2001, 1 BvL 17/00 Rn 41, DVBl 2002, 189 (190).

845 Im Verhältnis zu § 100c StPO: BT-Drs. 16/5846, S. 40.

846 BVerfG, Urteil v. 15.12.1983, 1 BvR 209/83 Rn 151, NJW 1984, 419 (422).

Betroffenen des Verfahrens- bzw. Aufklärungsbereichs unter den gleichen Voraussetzungen den Überwachungsmethoden unterworfen sind.

Insoweit wird das System verhältnismäßiger und untereinander in Relation gesetzter Eingriffsbefugnisse durchbrochen, wenn ein Zugang zu den methodenspezifischen Überwachungsdaten unabhängig vom Vorliegen der Erhebungsvoraussetzungen des konkreten Verwendungszusammenhangs eröffnet ist, und erlaubt damit in der Folge die Feststellung eines Anzeichens für einen Gleichheitsverstoß.

Eine Rechtfertigung der Ungleichbehandlung, die auch der Indizwirkung des Systembruchs entgegenstehen würde, könnte durch die unterschiedlichen Merkmale begründet sein, die mit der Art der Datenerlangung verbunden sind. Es müsste sich dazu um Unterschiede handeln, die von solchem Gewicht sind, dass sie eine Ungleichbehandlung übermittelter und primär erhobener Daten rechtfertigen.

Ein Unterschied besteht zunächst darin, dass die übermittelten Daten von einer anderen Sicherheitsbehörde an den Empfänger gelangen, wohingegen die unmittelbar erhobenen Daten bei dem Betroffenen selbst gewonnen werden. Zu berücksichtigen ist hierbei jedoch, dass auch die von dem Überwachungskonkurrenten übermittelten Daten aus einem Eingriff gegenüber dem Betroffenen resultieren. Die Weiterverwendung stellt eine Fortsetzung bzw. Folge des Primäreingriffs dar, der maßgebend bleibt. Dies zeigt sich daran, dass durch die Ersterhebung der Schutzbereich des betroffenen Grundrechts und die Überwachungsmethode festgelegt werden, woran die weiteren Datenverarbeitungsschritte zu messen sind.[847] Darüber hinaus kennen die Sicherheitsaufklärungen durchaus auch die Verwendung von Erkenntnissen, die durch Außenstehende gewonnen werden. Neben den Telekommunikationsunternehmen, denen insbesondere im Rahmen der Vorratsdatenspeicherung mit dem anlasslosen Sammeln der Daten eine gewisse selbständige Funktion zugedacht worden war, sind vor allem Aufzeichnungen von Privatpersonen zu nennen, deren Verwendung überwiegend anerkannt und ebenfalls im Hinblick auf den aktuellen Zusammenhang gewertet wird.[848]

Gleichermaßen bestehen auch zwischen dem Datenverarbeitungsvorgang des Erhebens und der Übermittlung selbst keine Unterschiede von solchem Gewicht, dass sie eine Ungleichbehandlung begründen können.

---

847 BVerfG, Urteil v. 20.04.2016, 1 BvR 966/09 Rn 285, NJW 2016, 1781 (1801).

848 Zu den Grenzen der Verwertung privater Ermittlungen im Strafverfahren: Eisenberg, Rn 395 bis 402; zu Gewährspersonen und Informanten im Nachrichtendienstrecht: Dietrich/Eiffler-Dietrich, HB d. ND, VI § 2 B Rn 25 ff; zu Vertrauensleuten: § 9b BVerfSchG.

Die Erhebung von Daten bezeichnet das Beschaffen von Daten über die betroffene Person.[849] Der Definition nach können die Daten dabei entweder von dem Betroffenen oder bei einem Dritten erhoben werden.[850] Als erforderlich wird jedoch ein aktives Tun der erhebenden Stelle verlangt, durch welche diese Kenntnis oder Verfügungsmacht erhält.[851] Danach stellt ein vom Empfänger ausgehendes Ersuchen um Übermittlung ebenfalls unzweifelhaft ein Erheben dar und entspricht damit, der Art des Erlangungsakts nach, der eigenen Primärerhebung. Aber auch eine Initiativübermittlung, die auf Grund einer Übermittlungsbefugnis oder -verpflichtung erfolgt und nicht vom Empfänger veranlasst worden ist, bewirkt zumindest dann eine Erhebung, wenn die Daten gezielt für einen Zweck entgegengenommen werden.[852] Schon im Hinblick auf die Regelungen zur Zweckbindung, die eine Nutzung der übermittelten Erkenntnisse zumeist nur zu dem übermittelten Zweck erlauben, wird eine Nutzungsbestimmung überwiegend gegeben sein. Selbst wenn diese nicht oder nicht mit der hinreichenden Konkretisierung erfolgt, so ist eine Erhebung spätestens in dem Zeitpunkt zu bejahen, in dem den Daten ein Zweck zugeordnet wird. Zudem wird den Adressaten mit der Mitteilung der Informationen, wie bei einer eigenen Überwachungsmaßnahme, gerade die staatliche Kenntnisnahme der Kommunikation ermöglicht, vor der die Betroffenen geschützt werden sollen und die die besondere Gefahr für das Kommunikationsverhalten der Bevölkerung begründet.[853]

Der spezifische Charakter des Datentransfers, wonach die übermittelten Daten in einem anderen Aufgabenbereich zu einem von der Sekundärnutzung abweichenden Zweck erhoben worden sind, könnte ebenfalls für eine Differenzierung erheblich sein. Entscheidend ist jedoch, dass die übermittelten Daten wie auch die durch eigene Abhörmaßnahmen gewonnenen Daten nunmehr im selben Aufgabenbereich verwendet werden sollen und damit denselben Prinzipien, Verfahrensanforderungen und Sanktionen unterliegen. Die verfassungsrechtliche Zulässigkeit und Verhältnismäßigkeit der Eingriffsmaßnahmen sind an dem konkreten Zweck und der Aufgabe zu messen, zu deren Erfüllung sie benötigt werden.[854] Für die

---

849 Taeger/Gabel-Arning/Rothkegel, Art. 4 DSGVO Rn 70.

850 Taeger/Gabel-Arning/Rothkegel, Art. 4 DSGVO Rn 70 mit Fn 159 zur Ablehnung der abweichenden Ansicht.

851 Däubler-Weichert, § 3 BDSG a.F. Rn 31; Taeger/Gabel-Arning/Rothkegel, Art. 4 DSGVO Rn 72, 71.

852 Däubler-Weichert, § 3 BDSG a.F. Rn 31.

853 Zum Schutz: BVerfG, Urteil v. 14.07.1999, 1 BvR 2226/94 Ls 1, Rn 162, 163, NJW 2000, 55 (57).

854 BVerfG, Urteil v. 15.12.1983, 1 BvR 209/83 Rn 153, NJW 1984, 419 (422).

Rechtmäßigkeit eines Eingriffs in das betroffene Grundrecht ist daher auf den konkreten Verwendungszusammenhang, dem die relevanten Erkenntnisse dienen sollen, abzustellen. Hierbei bedarf es der Abwägung zwischen den Interessen der Betroffenen und den Interessen, denen die Weiterverwendung dient. Erfolgt die Erlangung der Daten durch Übermittlung zur Erfüllung derselben Aufgabe wie die Gewinnung durch Direkterhebung seitens der Empfangsbehörde, so kann eine unterschiedliche Abwägung danach nicht durch den vorausgehenden Zusammenhang des Primäreingriffs gerechtfertigt werden. Unabhängig von dem Verfahren und den Sanktionen des ursprünglichen Erhebungszusammenhangs der übermittelten Daten schließen sich in dem neuen Verwendungsbereich die gleichen Nachteile an wie bei einer Ersterhebung. So können die repressiv erlangten Daten nachrichtendienstliche Gefahrenabwehrmaßnahmen stützen und die präventiv erhobenen Daten können im Bereich der Strafverfolgung die Grundlage einer Anklageerhebung und späteren Verurteilung bilden. Mit der Verhängung einer Strafe bieten sie dann Anlass für die eingriffsintensivste Sanktion, die es staatlicherseits gibt.

Ebenso rechtfertigt der Gesichtspunkt, dass die übermittelten Daten im Unterschied zu den unmittelbar erhobenen Informationen nicht gezielt für den späteren neuen Verwendungszusammenhang erhoben worden sind, sondern zufällig bekannt geworden sind, keine Unterscheidung. Auch insoweit ist der konkrete Verwendungszusammenhang maßgebend, dem die Erlangung der Erkenntnisse durch die Weitergabe dient und dem eine unmittelbare Überwachung im Verwendungsbereich der Behörde entspricht. Die Charakterisierung der übermittelten Daten als Zufallsprodukte ergibt sich überdies nur aus der vergleichenden Betrachtung zum Erhebungszweck der Primärerhebung, der für die weitere Verwendung der Daten gerade nicht mehr von Bedeutung ist. Eine andere Beurteilung könnte allenfalls gerechtfertigt sein, wenn es sich um Zufallsfunde derselben Verfahrensordnung handelt, da diese bereits unter den Voraussetzungen des Verwendungszusammenhangs erhoben worden sind.

Darüber hinaus kann auch der Umstand, dass mit der Übermittlung der Daten an die Empfangsbehörde zugleich eine selektive Auswertung dahingehend getroffen worden ist, dass den Erkenntnissen zumindest eine gewisse Relevanz für den Verwertungsbereich zukommen kann, keine unterschiedliche Behandlung übermittelter und direkt erhobener Daten rechtfertigen. Ein unterschiedliches Eingriffsgewicht zwischen einer Datenerhebung und der Datenübermittlung ist hieraus nicht abzuleiten.[855] Auch die unmittelbare Überwachungsdurchführung muss auf die

[855] A.A. Unterreitmeier, DÖV 2021, 659 (666).

Gewinnung relevanter Informationen gerichtet sein, da die Maßnahme anderenfalls nicht erforderlich und damit unzulässig wäre.[856] Fernerhin sind nicht nur bei der Bewertung, sondern auch bei der Erhebung Schutzvorschriften zur Aussonderung höchstpersönlicher Sachverhalte zu beachten.

Ebenso wie bei der Direkterhebung die Erwartung der Erkenntnisse gleichwohl mit einer gewissen Unsicherheit behaftet ist, kann auch die Einschätzung der übermittelnden Behörde zur Notwendigkeit der Erkenntnisse für die Aufgabenerfüllung der Empfangsbehörde nur auf einer rudimentären Annahme beruhen. Der Absenderbehörde obliegt allein die Erfüllung ihrer Aufgaben, so dass ihr keine detaillierten Kenntnisse über die Arbeitsweise und den Ermittlungsbedarf anderer Sicherheitsbehörden zukommt. Die Zuständigkeit für die letztgültige Beurteilung der Erforderlichkeit einer Anschlussnutzung kann somit, wie bei der Primärerhebung, nur durch die Empfangsbehörde selbst erfolgen.

Eine Rechtfertigung für eine zulässige Differenzierung zwischen den übermittelten und den primär erhobenen Daten kann auch nicht in einem Ansatz gefunden werden, den das Bundesverfassungsgericht in seiner ersten Entscheidung zur Antiterrordatei anführt. Danach wird zur Gewichtung ausgeführt, dass die Schwere des Eingriffs durch die Beschränkung auf bereits erhobene Daten gemindert sei.[857] Diese Aussage, die nachfolgend wiederholt, aber nicht weiter ausgeführt wird,[858] findet sich auch in den teilweise vom Urteil abweichenden richterlichen Einzelmeinungen. Der Anknüpfung an das „Vorhandensein" der Erkenntnisse scheint die Erwägung zugrunde zu liegen, dass die übermittelten Daten bereits beim Betroffenen erhoben worden sind und damit ohne weiteres zugänglich sind. Dem ist jedoch entgegen zu halten, dass die Erkenntnisse eben noch nicht in dem Verwendungszusammenhang zur Verfügung stehen, in dem sie nun zweitgenutzt werden sollen. Die verschiedenen Behörden sind selbständige, getrennte Funktionseinheiten mit unterschiedlichen Aufgaben und Befugnissen, die nicht als einheitliches Sicherheitsgefüge angesehen werden können. Ferner werden die Daten durch einen in der Übermittlung liegenden Eingriff in das primär betroffene Grundrecht erlangt, der, wie ein Erstzugriff, ohne Wahrnehmung des Betroffenen erfolgt. Dieser kann auch nicht als von geringerem Gewicht angesehen werden, da sich im neuen

---

856 Für die Erforderlichkeit der Verhältnismäßigkeit der TKÜ im Einzelfall: LR-Hauck, § 100a Rn 57.

857 BVerfG, Urteil v. 24.04.2013, 1 BvR 1215/07 Rn 111, NJW 2013, 1499 (1503).

858 BVerfG, Urteil v. 24.04.2013, 1 BvR 1215/07 Rn 169, 175, 182, NJW 2013, 1499 (1511, 1512, 1513).

Verwendungszusammenhang größere Beeinträchtigungen für den Betroffenen anschließen können als bei der Ersterhebung.

Ebenso kann sich die Übertragung der vorhandenen Daten aus Sicht des Empfängers nicht als eine Vorratsdatenspeicherung durch die Erhebungsstelle darstellen und damit anderen Grundsätzen unterworfen sein. Denn die Vorratsdatenspeicherung erfolgt anlasslos durch die Telekommunikationsunternehmen[859] und nicht zweckgebunden für zunächst eigene Aufgaben der Ausgangsbehörde wie bei einer Datenübermittlung. Werden die Daten vor der Überführung gespeichert, so muss auch diese Bevorratung zu bestimmten Zwecken erfolgen und bleibt damit Teil der Zweckänderung im Kompetenzbereich des Erhebungsverfahrens.[860] Im Hinblick auf die Übermittlung der Daten an den verfahrensexternen Empfänger und die Vergleichbarkeit zur eigenen Datenerhebung durch ihn stellt sich die zweckändernde Bevorratung nur als eine zeitlich gestreckte bzw. verzögerte Datenübermittlung dar[861] und führt für die Unterscheidungsmerkmale im Rahmen der Vergleichsbetrachtung somit zu keinen abweichenden Erwägungen.[862]

Neben den Unterscheidungsmerkmalen können auch die Intention sowie sonstige Gründe, die mit der Differenzierung verbunden sind, bei der Gewichtung und Bewertung im Rahmen der gleichheitsrechtlichen Abwägung von Bedeutung sein.[863]

Rechtfertigungen für eine Ungleichbehandlung könnten daher im Weiteren in den Gründen für eine Datenübermittlung liegen. Als Sinn und Zweck der Weiterverwendung von Daten lässt sich die Vermeidung von Doppelerhebungen anführen.[864] Der Behörde soll erspart werden, Erkenntnisse für ihre Aufgabenerfüllung erheben zu müssen, obgleich diese bereits an anderer Stelle vorhanden sind. Hierbei ist jedoch erneut zu bedenken, dass die staatlichen Sicherheitsbehörden eben keine Einheit, sondern von

859 Zu § 113a TKG a.F. BVerfG, Pressemitteilung Nr. 11/2010 zum Urteil v. 2.03.2010, 1 BvR 256/08, abrufbar unter: https://www.bundesverfassungsgericht.de/SharedDocs/Pressemitteilungen/ DE/2010/bvg10-011.html, (abgerufen am 29.09.2022).

860 Für Daten der Polizeibehörde: Lisken/Denninger-Bäcker, HB d. PolR, 7. Auflg. 2021, Kap. B Rn 202.

861 Für Daten der Polizeibehörde: Lisken/Denninger-Bäcker, HB d. PolR, 7. Auflg. 2021, Kap. B Rn 202.

862 Die Frage, unter welchen Voraussetzungen eine solche (Zwischen-) Speicherung im Aufgabenbereich der Erhebungsstelle zulässig sein kann, müsste gesondert betrachtet werden und kann hier daher nicht weiter verfolgt werden.

863 Epping-Kischel, Art. 3 GG Rn 35.2; Sachs-Nußberger, Art. 3 GG Rn 22.

864 Als Argument zur Nutzung vorhandener Daten für andere Strafverfahren, BT-Drs. 13/9718, S. 30.

einander abgegrenzte Funktionseinheiten sind. Die Begründung der Vermeidung einer Doppelerhebung zeigt vielmehr, dass die Datenweitergabe den Ersatz für eine eigentlich erforderliche eigene Datenerhebung seitens der Empfangsbehörde darstellen soll und damit an deren Stelle tritt. Diese wäre aber gerade nur unter den jeweiligen Voraussetzungen der Überwachungsbefugnis möglich. Insoweit macht dieser Gesichtspunkt eine Angleichung der Behandlung übermittelter und unmittelbar erhobener Daten besonders deutlich.

Auch das Argument, dass der Betroffene durch eine Weitergabe vorhandener Daten weniger belastet würde als durch eine erneute Erhebung,[865] ist zur Rechtfertigung der Abweichung ungeeignet. Sowohl die Datenübermittlung als auch die Datenverwendung stellen einen Eingriff in das Grundrecht des Betroffenen dar und können in dem jeweiligen Verwendungszusammenhang dieselben Ermittlungsfolgen nach sich ziehen wie eine Direkterhebung im entsprechenden Aufgabenzusammenhang.

Es sind damit letztlich Praktikabilitätserwägungen, die sich jedoch in der eigentlichen Datenweitergabe erschöpfen. Beruht der Datentransfer auf der Erwägung, eine möglichst effektive Aufgabenerfüllung seitens des Staates zu ermöglichen, so trifft diese Aussage allenfalls darauf zu, dass eine Datenübertragung überhaupt zulässig sein darf, nicht aber unter welchen Voraussetzungen sie erfolgen kann. Sind Informationen bekannt, die für staatliche Sicherheitsinteressen von Bedeutung sein können, so sollen die Behörden nicht daran gehindert sein, diesen mit Hilfe der bekanntgewordenen Daten zu entsprechen. Dies macht erneut deutlich, dass es bei den übermittelten Daten und den unmittelbar erhobenen Daten um die Erfüllung der Ziele und Aufgaben des jeweiligen Verwendungszusammenhangs geht. Überdies gilt die Erwägung einer effektiven Aufgabenerfüllung genauso für die entsprechende Primärerhebung und könnte Erleichterungen für einen Zugriff auf die Daten in gleicher Weise auch für diese begründen.

Eine Differenzierung hinsichtlich der inhaltlichen Anforderungen der Datenerlangung kann daher auch nicht aus dieser Zielsetzung abgeleitet werden.

Würde man auf eine Angleichung der Datenerlangungsvoraussetzungen verzichten und einen unbeschränkten oder nur teilweise begrenzten Datenfluss zulassen, so würden überdies auch die untereinander bestehenden landesrechtlichen Unterschiede in den Bereich bundeseinheitlicher

---

[865] BVerfG, Urteil v. 24.04.2013, 1 BvR 1215/07 Rn 175, NJW 2013, 1499 (1512), wonach die Nutzung bereits vorhandener Daten im Unterschied zur Erhebung neuer als weniger gewichtig angesehen wird.

Gesetze getragen. Bereits ein oberflächlicher Blick auf die Überwachungsbefugnisse zeigt, dass den Landesverfassungsschutzbehörden (und Polizeien) die Abhörbefugnisse unter unterschiedlichen Voraussetzungen eingeräumt sind.

Sowohl die Gesichtspunkte im Einzelnen als auch in ihrer Gesamtheit können demnach eine maßnahmebezogene Unterscheidung zwischen einer Erlangung von Überwachungsdaten durch Übermittlung und Direkterhebung nicht rechtfertigen, da sie letztendlich alle auf eine Gleichartigkeit dieser Grundrechtseingriffe zurückzuführen sind.

e) Zusammenfassung

Die Darstellung der Rechtsprechung des Bundesverfassungsgerichts zum Datenaustausch zwischen den Sicherheitsbehörden sowie die Erörterung der bereichsspezifischen, datenschutz- und verfassungsrechtlichen Grundsätze haben gezeigt, dass das Regelungsmuster des hypothetischen Ersatzeingriffs als Ausprägung des Gebots zur Harmonisierung der Voraussetzungen für die Übermittlung bereichsfremder Überwachungsdaten mit den Anforderungen des entsprechenden Primäreingriffs des Informationsempfängers aus Art. 3 Abs. 1 GG partiell zusammenfallend mit dem Verhältnismäßigkeitsprinzip abgeleitet werden kann.

Es konnte danach festgestellt werden, dass der Grundsatz der Verhältnismäßigkeit eine Angleichung der Voraussetzungen für die Erlangung von Überwachungsdaten durch Übermittlung und Primärerhebung nur hinsichtlich der verfassungsrechtlich zwingend einzuhaltenden Wertentscheidungen und Abwägungsschranken begründen kann. Dies wird auch durch die an das Verhältnismäßigkeitsprinzip anknüpfende Rechtsprechung entsprechend verdeutlicht, wonach grundsätzlich keine Detailgleichheit zwischen der Datenerhebungsbefugnis und der für die Datenübermittlung geltenden Vorschriften gefordert wird. Demgemäß können auch die weiteren Maßstäbe, wie die datenschutzrechtlichen Prinzipien, die ebenfalls eine verhältnismäßige Regelung zur bereichsfremden Sekundärnutzung der Daten ausreichen lassen und kein weitergehendes Schutzniveau voraussetzen, keinen generellen Erklärungsansatz für den hypothetischen Ersatzeingriff als Harmonisierungsgebot bilden.

Eine allumfassende Begründung für die Erforderlichkeit der Rechtsfigur lässt sich danach nur aus dem allgemeinen Gleichheitssatz des Art. 3 Abs. 1 GG herleiten, wonach voneinander abweichende Eingriffstatbestände für den Datenempfang und die Primärerhebung weder durch die Unterschiede bei der Erlangung der Daten noch durch die Gründe und Ziele für eine Differenzierung gerechtfertigt werden können.

Hiervon ausgehend ist im Weiteren zu untersuchen, welche Folgen aus der Herleitung für die inhaltliche Ausgestaltung der Rechtsfigur des hypothetischen Ersatzeingriffs gezogen werden können.

II. Inhalt der Rechtsfigur des hypothetischen Ersatzeingriffs

Dem Standard der Rechtsfigur des hypothetischen Ersatzeingriffs ist immanent, dass der für die Zulässigkeit der Datenübermittlung seitens einer anderen Sicherheitsbehörde zugrunde zu legende Vergleichsmaßstab der eigenen Primärbefugnis nur anhand eines fiktiven Ermittlungsverlaufs zu beurteilen ist, da eine originäre Überwachung rein tatsächlich nicht stattgefunden hat. Dies wirft zunächst die Frage nach dem Bestehen einer entsprechenden Eingriffsbefugnis und dem Vorliegen ihrer Voraussetzungen auf.

Zu klären ist weiterhin die Art und Weise der Erkenntnisbetrachtung, die maßgebende Erkenntnisgrundlage, der erforderliche Prognosemaßstab für das Vorliegen der Voraussetzungen sowie die Erforderlichkeit einer rechtmäßigen Ersterhebung und Datenübermittlung. Ferner sind der Zeitpunkt der Beurteilung und der Umfang der Verwendung sowie die Auswirkungen einer Einwilligung des Betroffenen auf die Anforderungen des hypothetischen Ersatzeingriffs zu betrachten.

1.) Entsprechung der Eingriffsbefugnis

Die das Institut des hypothetischen Ersatzeingriffs umschreibende Konjunktivform, wonach die Empfangsbehörde der Daten diese „hätte erheben können bzw. dürfen", lässt eine Weiterverwendung dem Wortlaut nach auch dann zu, wenn eine entsprechende Erhebungsbefugnis im sekundären Verwendungsbereich zwar nicht vorhanden ist, der Eingriff aber verfassungsrechtlich zulässig wäre. Weitergehend soll auch die Existenz einer andersartigen Eingriffsmöglichkeit ausreichen können.[866]

Gegen diese Annahme spricht jedoch, dass mit der Zweckänderung ein Grundrechtseingriff verbunden ist, der auf Grund des Gesetzesvorbehalts und des Bestimmtheitsgebots einer gesetzlichen Regelung bedarf, die den Zweck, den Anlass und die Grenzen des Eingriffs normenklar und präzise bestimmt. Fehlt es an einer entsprechenden Überwachungsbefugnis, so fehlt auch eine entsprechend eindeutige Bezugsnorm für die hypothetische Datenneuerhebung, die durch die pauschale Verweisung auf eine

[866] BVerfG, Urteil v. 14.07.1999, 1 BvR 2226/94 Rn 262, NJW 2000, 55 (65) zur verdachtslosen Fernmeldeüberwachung des BND.

Ersatzvornahme damit nicht hinreichend präzisiert ist. Auch die Bezugnahme auf eine nur vergleichbare Überwachungsmethode würde dem hypothetischen Ersatzeingriff mit der erforderlichen Äquivalenzbeurteilung eine Wertentscheidung vorschalten, die keine Entsprechung bei der Primärerhebung hätte und überdies hinsichtlich der Vielzahl technischer und rechtlicher Vergleichsbedingungen nicht hinreichend bestimmt und vorhersehbar wäre.

Da es im Fall einer fehlenden Primärbefugnis innerhalb des Verwertungszusammenhangs zu keiner Ungleichbehandlung der Betroffenen der jeweiligen Verfahrensordnung kommen könnte, wäre eine Zulässigkeit der Datenübermittlung danach allenfalls auf Grund einer gesonderten Vorschrift denkbar, die, wie bei einer Primärbefugnis, detaillierte formelle und materielle Voraussetzungen vorsieht. Hierbei hätte der zuständige Gesetzgeber für den Import der Daten insbesondere zu berücksichtigen, dass eine entsprechende Überwachungsmethode gerade nicht erlaubt ist und somit verfassungsrechtlich zwingende Vorgaben für diese nicht umgangen werden dürfen.

Auf der Grundlage des Rechtsgedankens des hypothetischen Ersatzeingriffs können jedenfalls nur die Datenübermittlungen gerechtfertigt werden, für die dieselben Überwachungsarten bestehen.[867]

2.) Voraussetzungen der entsprechenden Eingriffsbefugnis

Welche Voraussetzungen der entsprechenden Eingriffsbefugnis für den Nachweis der Zulässigkeit einer hypothetischen Datenneuerhebung gegeben sein müssen, wird in der Rechtsdiskussion unterschiedlich beurteilt. Nach überwiegender Ansicht wird auf der Basis einer Angleichung an die Primärbefugnis des Datenempfängers mit jedoch unterschiedlicher Auswahl das Vorliegen der materiellen und formellen Voraussetzungen des entsprechenden Eingriffstatbestandes gefordert.[868] Fraglich ist hierbei insbesondere die fiktive Einhaltung der personellen Anforderungen und der verfahrensrechtlichen Anforderungen, wie vorwiegend des Richtervorbehalts.

[867] Zu den teils entsprechenden Literaturmeinungen: Engelhardt, S. 154.

[868] Reinbacher/Werkmeister, ZStW 2018, 1104 (1132/3): für § 477 StPO Prüfung aller Voraussetzungen, jedoch die Subsidiarität nur annäherungsweise; Singelnstein, ZStW 2008, 854 (881/2): soweit sie grundrechtsbezogene Beschränkungen darstellen; Meyer-Goßner/Schmitt-Köhler, § 161 Rn 18c: nur Verdacht einer Katalogtat; MK/StPO-Kölbel, § 161 Rn 47: Anforderungen des Straftatenkatalogs; Mitsch, NJW 2017, 3124 (3126): Einhaltung eines Richtervorbehalts bei dem Ersteingriff; BGH, Urteil v. 26.04.2017, 2 StR 247/16 Rn 38, NJW 2017, 3173 (3177): nur materiell-rechtliche, nicht formelle Voraussetzungen; ebenso KMR-Noltensmeier-von Osten, § 161 Rn 28.

a) Überwachungsanlass

Für die Gewährleistung einer Gleichbehandlung bedarf es dazu aller materiellen Voraussetzungen der artentsprechenden Überwachungsmaßnahme. So müssen unter sachlichen Gesichtspunkten nicht nur die geforderte Verdachtslage für den Überwachungsanlass, sondern auch die weiteren Tatbestandselemente, wie die besondere Schwere der Tat im Einzelfall und die konkrete Verhältnismäßigkeit, gegeben sein.[869]

b) Personenbezogene Voraussetzungen

Die Tatbestandsvoraussetzungen des § 100a StPO beinhalten auch personenbezogene Beschränkungen, wonach nur Anschlüsse des Beschuldigten, seiner Nachrichtenmittler und der Anschlussüberlasser überwacht werden dürfen. Auch die nachrichtendienstliche Individualkontrolle enthält entsprechende Vorgaben. Dass diese Grenzen auch bei einer hypothetischen Betrachtung einzuhalten sind, wird teilweise abgelehnt.[870] Dies lässt sich damit begründen, dass bei Vorliegen der materiellen Tatbestandsvoraussetzungen in Bezug auf den Betroffenen dieser hätte nach den Überwachungsbefugnissen immer überwacht werden können.[871]

Ob diese Annahme jedoch ausreicht, um die erforderliche Gleichstellung nicht nur hinsichtlich der materiellen Voraussetzungen, sondern auch bezüglich der vorgegebenen Zulässigkeitsvoraussetzungen für den betroffenen Personenkreis einer Ersterhebung zu gewährleisten, ist zweifelhaft. Die besondere Struktur der Telekommunikationsüberwachung wird dadurch bestimmt, dass auf Grund der Flüchtigkeit des Wortes eine Wiederholung nicht möglich ist. Entscheidend ist daher die konkrete Gesprächssituation, aus der die Erkenntnisse stammen, da die Kommunikation nicht nochmals erlangt werden kann.

Dem kann mit der datenschutzrechtlichen Einordnung auch nicht entgegengehalten werden, dass bei einer Verwertung von Erkenntnissen aus der Überwachung gegen einen an dem Fernmeldeverkehr nicht beteiligten

---

869 Bezüglich der materiellen Voraussetzungen SK/StPO-Wohlers/Deiters, § 161 Rn 45; SK/StPO-Puschke/Weßlau, § 479 Rn 31; als grundrechtsbezogene Voraussetzungen der Erhebungsnorm MK/StPO-Singelnstein, § 477 Rn 37/8.

870 In Bezug auf die Verwendung von Zufallsfunden BGHSt 26, 298 (302); Schroth, JuS 1998, 969 (978) auch für dritte Personen; dagegen Knauth, NJW 1978, 741 (742): Dritte nur als Nachrichtenmittler betroffen; Welp, Jura 1981, 472, (482/483): Verwertbarkeit nur bei Beschuldigtem oder Nachrichtenmittler; Wolter, ZStW 1995, 793 (818) für eine Deliktskreisbeschränkung zusätzlich zum qualifizierten hypothetischen Ersatzeingriff bei unvermeidbar Betroffenen.

871 BGHSt 26, 298 (302).

Dritten kein Eingriff in dessen Grundrecht aus Art. 10 GG vorliege.[872] Denn der Eingriff der Abhörmaßnahme in Art. 10 GG setzt sich in der weiteren Datenverarbeitung insoweit fort, als die Datenübermittlung ebenfalls an dem ursprünglich betroffenen Grundrecht zu messen ist.

Bei einer Primärerhebung mittels einer Telekommunikationsüberwachung wird durch die Individualisierung bestimmter Telekommunikationsanschlüsse bzw. informationstechnischer Systeme und die spezifische Verbindung möglicher Adressaten der Maßnahme zum Betroffenen eine Begrenzung auf bestimmte Konstellationen von Gesprächsbeteiligungen vorgenommen. Da Unterschiede zwischen den nachrichtendienstlichen und strafprozessualen Überwachungsbefugnissen auch bei den personellen Grenzen bestehen, könnten bei Außerachtlassung dieser Voraussetzungen Daten erlangt werden, die nicht durch eine Primärerhebung erhoben werden könnten.[873] Würde somit nicht beachtet, ob von dem nunmehr Betroffenen in der konkreten Gesprächssituation Daten hätten erlangt werden dürfen, sondern stattdessen auf die grundsätzliche Zulässigkeit der Überwachung Verdächtiger verwiesen, so würden die Betroffenen gegenüber einer Ersterhebung benachteiligt, da die personenbezogenen Anforderungen als Bestandteil des jeweiligen Eingriffstatbestandes auch die Gestaltung und Verhältnismäßigkeit wesentlich mitbestimmen. Unter dem Gesichtspunkt der personellen Voraussetzungen ist somit zu fragen, ob gerade die Personenzusammensetzung des konkreten Gesprächs hätte überwacht werden dürfen. Damit scheidet im Strafprozess beispielsweise eine Verwendung von Daten eines nicht am Gespräch Beteiligten aus, wenn die Gesprächspartner keine Nachrichtenmittler oder Anschlussüberlasser des neuen Beschuldigten sind.[874]

c) Verfahrensrechtliche Voraussetzungen

Zu den zu beachtenden Voraussetzungen gehören auch die verfahrensrechtlichen Bedingungen, da diese, neben den materiellen Anforderungen, ebenfalls die Abwägung zur Zulässigkeit der jeweiligen Eingriffsbefugnis und zu ihrer Ausgestaltung beeinflussen.

Im Vordergrund der Frage zur Wahrung der formellen Vorgaben steht der Anordnungsvorbehalt. Die Einhaltung der kompetenzrechtlichen Anforderungen wird insbesondere in Bezug auf den strafprozessualen Richtervorbehalt diskutiert, wenn außerstrafprozessual erlangte Daten verwendet werden sollen, die aus Gefahrenabwehrmaßnahmen ohne eine

[872] So zum Ausgangspunkt: Schünemann, NJW 1978, 406 (407); auch Pelz, S. 196.
[873] So auch Engelhardt, S. 207.
[874] Engelhardt, S. 208.

solche Bedingung resultieren. Während hierbei nach einer Auffassung[875] die formellen Voraussetzungen außer Betracht gelassen werden, verlangt die Gegenansicht, dass auch dem auf anderer Grundlage durchgeführten Eingriff eine richterliche Anordnung vorausgegangen sein muss.[876]

Die Annahme der erstgenannten Meinung, wonach es allein entscheidend ist, dass ein Richter bei hypothetischer Betrachtung eine entsprechende Anordnung auf strafprozessualer Grundlage zweifelsfrei erlassen hätte,[877] führt mit dem Ausreichen eines fiktiven Beschlusses stets zu einer Umgehung der richterlichen Kompetenz. Die zweitgenannte Betrachtungsweise würde bedeuten, dass Daten, die durch G10-Maßnahmen erhoben worden sind, grundsätzlich von einer strafprozessualen Verwendung ausgeschlossen wären, da die nachrichtendienstlichen Telekommunikationsüberwachungen keine richterliche Beteiligung vorsehen. Entscheidender ist bei diesem Standpunkt jedoch, dass mit der Bedingung einer vorausgegangenen richterlichen Anordnung auf die Primärerhebung abgestellt wird. Dies berücksichtigt jedoch nicht die grundsätzliche Eigenständigkeit der Datenübermittlung als Grundrechtseingriff. Die Erwägungen zum Gleichbehandlungsgrundsatz haben gezeigt, dass die Vorgaben für eine Datenübermittlung an den Empfänger der Datenerhebung durch diesen gleichzustellen sind. Zur Einhaltung der Anordnungskompetenz ist damit eine richterliche Entscheidung über das Vorliegen der Voraussetzungen der hypothetischen Telekommunikationsüberwachung vor der Erlangung - und damit vor dem Import -[878] der Erkenntnisse erforderlich. Nur so kann die Wahrung der Rechte des Betroffenen und der Zuständigkeiten durch den präventiven Schutz eines Anordnungsvorbehalts vor dem maßgeblichen Eingriffszeitpunkt verwirklicht werden. Die Einhaltung der Kompetenz bei der Erstanordnung kann insoweit nicht erheblich sein, weil die Prüfung nur auf die bereichsfremden Anordnungsvoraussetzungen bezogen ist.

Es geht danach nicht um die Anordnung der Primärerhebung der Ausgangsbehörde, sondern um die Rechtmäßigkeit des Grundrechtseingriffs der zweckändernden Übermittlung zur Zweitnutzung der Daten in dem neuen Zusammenhang als hypothetische Datenerhebung. Hier ist die - nicht nur richterliche - Zuständigkeitsbestimmung ein Bestandteil der

---

875 BGH, Urteil v. 26.04.2017, 2 StR 247/16 Rn 38, NJW 2017, 3173 (3177); KK-Griesbaum, § 161 Rn 35a.

876 Mitsch, NJW 2017, 3124 (3126): beim Ersteingriff, Ausnahme nur bei Gefahr im Verzug; Jahn/Dallmeyer, NStZ 2005, 297 (304): für eine Gleichbehandlung aller materiellen und formellen Tatbestandsvoraussetzungen.

877 BGH, Urteil v. 26.04.2017, 2 StR 247/16 Rn 40, NJW 2017, 3173 (3177).

878 Zum maßgeblichen Zeitpunkt je nach dem Übermittlungsanlass - Initiativübermittlung oder Ersuchen, oben unter B. I. 3.) d) ff) (3) (b) (bb).

tatbestandlichen Zulässigkeit des entsprechenden Überwachungseingriffs und daher in der Regel vor dem Eingriff durch die Zielbehörde einzuhalten. Ausnahmen bestimmen sich nur nach den jeweiligen Regelungen zur Eilkompetenz.

Wie bei der Betrachtung der personenbezogenen Beschränkungen ist auch für die mögliche Dauer einer Maßnahme auf die konkrete Überwachungssituation abzustellen, da anderenfalls im Zeitpunkt der Übermittlung alle erlangten Daten unabhängig davon, in welchem Zeitraum sie erhoben worden sind, uneingeschränkt übergeben werden könnten. Der Sinn einer zeitlich dem Anordnungszeitraum für eine eigene Überwachung vergleichbaren Begrenzung könnte anderenfalls nicht erreicht werden. Die Festlegung eines Anordnungszeitpunkts ist dabei insbesondere auch für die Befugnisse zu Eingriffen in informationstechnische Systeme von Bedeutung, die zwischen der laufenden TKÜ, der nach dem Erlass gespeicherten Daten und allen weiteren im System vorhandenen Informationen differenzieren.

Ferner sind alle weiteren formellen Anforderungen, wie die Benachrichtigungspflichten und Rechtsschutzgewährleistungen, die für den Datenempfänger gelten, einzuhalten.

3.) Konkrete Betrachtungsweise

Aus der Erforderlichkeit des Vorliegens aller Voraussetzungen, wie insbesondere auch der Subsidiaritätsbedingungen, ergibt sich bereits folgerichtig, dass die hypothetische Rechtmäßigkeit auf der Grundlage einer konkreten Betrachtungsweise zu beurteilen ist.[879] Im Unterschied zur abstrakten Sichtweise, wonach auf die grundsätzliche Möglichkeit zur Datenerlangung abzustellen wäre,[880] so dass hierbei beispielsweise der Verdacht einer Katalogtat nach § 100a StPO ausreichen würde, ist die konkrete Betrachtung auf alle gegebenen Umstände des Einzelfalls bezogen.

Da bei einem Erstzugriff die Voraussetzungen und die Verhältnismäßigkeit im konkreten Fall festgestellt werden müssen, folgt hieraus ebenfalls, dass auch die Datenübermittlung nicht nach einem abstrakten Maßstab, sondern ihre Zulässigkeit und Eingriffsschwere konkret individuell zu beurteilen ist. Für die strafprozessualen Regelungen wird dies ferner aus dem Wortlaut abgeleitet, für den gerade kein allein rechtsgutbezogener

[879] Zu den strafprozessualen Regelungen: SK/StPO-Puschke/Weßlau, § 479 Rn 31; SK/StPO-Wohlers/Deiters, § 161 Rn 45; Eisenberg, Rn 358; Brandt, S. 200; Allgayer/Klein, wistra 2010, 130 (132); Reinbacher/Werkmeister, ZStW 2018, 1104 (1132); Singelnstein, ZStW 2008, 854 (881).

[880] Zur Hypothesenbildung: Engelhardt, S. 141.

Ansatz, sondern die Zulässigkeit der hypothetischen Neuerhebung gewählt worden sei.[881]

4.) Erkenntnisgrundlage

Die gedankliche Überprüfung der formellen und materiellen Voraussetzungen für einen Ersatzeingriff wirft die Frage nach der maßgeblichen Erkenntnisgrundlage auf. Dieser Aspekt, der darauf abzielt, ob der Überwachungstatbestand der gedachten Maßnahme unabhängig von den übermittelten Daten oder unter Hinzuziehung dieser Erkenntnisse begründet werden kann, wird unterschiedlich beurteilt.[882]

Für die Berücksichtigung auch der übermittelten Informationen lässt sich anführen, dass anderenfalls eine Verwertung der Funde oftmals ausgeschlossen oder stark beschränkt sein könnte.[883] Soweit eine Entsprechung zu § 108 StPO oder die Behandlung im Rahmen von Zufallsfunden diskutiert wird,[884] ist jedoch deren fehlende Vergleichbarkeit bei der bereichsübergreifenden Datenübermittlung anzuführen, die bereits oben ausgeführt wurde. Überdies führt die Einbeziehung der Erkenntnisse zu einem Zirkelschluss, wonach gerade diejenigen Daten zur Begründung herangezogen werden, deren Übermittlung auf ihre Zulässigkeit geprüft werden soll.[885] Etwas anderes kann auch nicht aus der zulässigen Verwertung der Überwachungsergebnisse bei Verlängerungen der strafprozessualen Abhörmaßnahmen geschlossen werden,[886] da hier bereits eine bereichsspezifische Ersterhebung erfolgt ist. Ferner handelt es sich nicht um eine Überprüfung der Rechtmäßigkeit erlangter Daten, sondern um eine gleichermaßen neue Zulässigkeitsanordnung für eine Ersterhebung durch den Datenempfänger. Das entscheidende Argument folgt jedoch - auch hier - aus der Herleitung des hypothetischen Ersatzeingriffs aus Art. 3 GG. Auf Grund der Gleichstellung der Datenübermittlung mit der je zulässigen Ersterhebung, die sich ebenfalls danach beurteilt, dass im Zeitpunkt der Anordnung bereits

---

881 SK/StPO-Puschke/Weßlau, § 479 Rn 31 für § 479 Abs. 2 S. 1 i.V.m. § 161 Abs. 3 S. 1 StPO.

882 BVerfG, Urteil v. 20.04.2016, 1 BvR 966/09 Rn 289, NJW 2016, 1781 (1802): „aus den Daten"; Substitution durch die übermittelten Erkenntnisse: SK/StPO-Wohlers/Deiters, § 161 Rn 45; zur Berücksichtigung gewonnener Erkenntnisse auch Allgayer/Klein, wistra 2010, 130 (132); a.A. für § 161 StPO, jedoch mit Ausnahme für die Polizei: Engelhardt, S. 216, 217.

883 In diese Richtung: Kelnhofer, S. 233 f.

884 Kelnhofer, S. 234; Rogall, NStZ 1988, 385 (391).

885 So für die Zufallsfunde, die erst die Einleitung eines Ermittlungsverfahrens ermöglichen: Singelnstein, ZStW 2008, 854 (882).

886 KK-Bruns, § 100e Rn 3.

Erkenntnisse vorliegen, aus denen sich die Tatbestandsvoraussetzungen der Überwachungsnorm begründen lassen, sind die übermittelten Informationen bei der Beurteilung außer Acht zu lassen.

5.) Prognosemaßstab

Die für die Rechtsfigur des Ersatzeingriffs verwendete Umschreibung in der Konjunktivform ist vom Ansatz her offen für eine Prüfung der Voraussetzungen der hinzugedachten Erhebung auf der Grundlage eines Prognosemaßstabs, der von einer Sicherheit der Annahme über verschiedene Abstufungen eines Wahrscheinlichkeitsgrades bis hin zur entfernten Möglichkeit reichen kann.[887] Danach könnte bereits die Wahrscheinlichkeit oder Möglichkeit dafür genügen, dass die Daten von der Behörde hätten erhoben werden können.

Eine dahingehende Relativierung der Vorgaben verbietet sich jedoch, da die zu beurteilende Datenüberführung gleichermaßen die verfahrensspezifische Eigenerhebung ersetzt. Die erforderliche Gleichbehandlung ist nur gegeben, wenn, wie bei einer entsprechenden Ersterhebung, die geforderte Aufklärungs- und Ermittlungslage bejaht werden kann. Die Hypothese bezieht sich somit nur darauf, dass die Erkenntnisse tatsächlich nicht von der Empfangsbehörde erhoben worden sind und diese Erhebung daher hinzugedacht werden muss. Diese Betrachtung soll das Fehlen der Datenerhebung durch den Empfänger kompensieren, indem der Abwägungsentscheidung des Gesetzgebers entsprochen wird. Sie führt aber gerade nicht dazu, die Anforderungen im Vergleich zur entsprechenden Datenerhebungserlaubnis abzusenken. Zweifel an der Feststellung der formellen und materiellen Voraussetzung der Überwachungsbefugnis, die über die für das spezifische Verfahren geltenden Maßstäbe hinausgehen, kommen somit auf der Grundlage der Hypothesenbildung nicht in Betracht.

6.) Rechtmäßigkeit der Ersterhebung

Mit der Zulässigkeit der Datenübermittlung verbunden ist die Frage zur Bedingung der Rechtmäßigkeit des Primäreingriffs, die im Zusammenhang mit der gesetzlichen Ausgestaltung des Rechtsprinzips des hypothetischen Ersatzeingriffs streitig diskutiert wird.[888] Vorherrschend wird dabei für alle Verfahrensordnungen davon ausgegangen, dass eine rechtswidrige Datenerhebung nicht automatisch zu einem Verwertungsverbot führt und

---

887 Zu dem Prognosemaßstab im Rahmen des hypothetisch rechtmäßigen Alternativverhaltens: Gimbernat, GA 2018, 65; Schlüchter, JR 1984, 517 (520): überwiegende Wahrscheinlichkeit; Rogall, NStZ 1988, 385 (392): höchstwahrscheinlich.

888 Zur Verwertung von Erkenntnissen ausländischer Behörden: Pauli, NStZ 2021, 146.

demnach auch die Zulässigkeit der Übermittlung bzw. der Entgegennahme von einer Abwägung zwischen dem Gewicht der Rechtsverletzung und der Bedeutung des Aufklärungsanlasses abhängig ist.[889] Hieraus wird überwiegend gefolgert, dass für die Anwendung des hypothetischen Ersatzeingriffs im Strafprozessrecht die Rechtmäßigkeit einer nachrichtendienstlichen Überwachungsmaßnahme vorauszusetzen ist.[890] Für den umgekehrten Fall wird demgegenüber eine Übermittlung zu Zwecken der Gefahrenabwehr bei Rechtsgütern von überragender Bedeutung als zulässig angesehen.[891] Die Begründungen für die überwiegend vertretenen Auffassungen sind unterschiedlich. So wird einesteils auf den abschließenden Charakter des Erhebungstatbestands,[892] anderenteils auf die Abwägungsgrundlagen, wie den Grundsatz des fairen Verfahrens, sowie auf die Verletzung von Grundrechten und den grundrechtlichen Folgenbeseitigungsanspruch abgestellt.[893] Einschränkungen können weiterhin zum einen auf die Annahme eines grundsätzlichen Verbots einer Zweckänderung bei einer rechtswidrigen Ersterhebung,[894] zum anderen auf eine eigenständige Abwägung für das neue Verfahren zurückgeführt werden.[895] Denkbar wäre auch ein Ansatz, wonach die Weiterverwendung im Sinne einer verfahrensübergreifenden Fernwirkung an die Verwertbarkeit im Ausgangsverfahren geknüpft wird.

---

889 Lisken/Denninger-Schwabenbauer, HB d. PolR, 7. Auflg. 2021, Kap G Rn 276; Dietrich/Eiffler-Gärditz, HB d. ND, VI § 1 C Rn 85; Meyer-Goßner/Schmitt-Köhler, § 161 Rn 18c; SK/StPO-Wohlers/Deiters, § 161 Rn 47: mit hypothetischer Rechtmäßigkeitsprüfung.

890 Lisken/Denninger-Schwabenbauer, HB d. PolR, 7. Auflg. 2021, Kap G Rn 276 für § 161 Abs. 3 S. 1 StPO; SK/StPO-Puschke/Weßlau, § 479 Rn 34; MK/StPO- Kölbel, § 161 Rn 46 aus dem Wortlaut der Vorschrift ableitend; Gazeas, S. 432 für die G10-Erkenntnisse; Singelnstein, ZStW 2008, 854 (888/89) hält jedoch eine gesetzliche Regelung für die Verwertung rechtswidrig erhobener Daten für möglich; a.A. Rehbein, S. 232, wonach es nicht auf die Rechtmäßigkeit der Datenerlangung ankommt; für eine Abwägung: KK-Griesbaum, § 161 Rn 40a; Griesbaum, FS für Breidling, S. 121 (138); BGHSt 54, 69 (88/89).

891 Dietrich/Eiffler-Gärditz, HB d. ND, VI § 1 C Rn 85; so wohl auch Lisken/Denninger-Schwabenbauer, HB d. PolR, 7. Auflg. 2021, Kap G Rn 280 für die Datenübermittlung an Polizeibehörden.

892 Gazeas, S. 432.

893 Zu den Grundlagen: Lisken/Denninger-Schwabenbauer, HB d. PolR, 7. Auflg. 2021, Kap G Rn 277.

894 Ausnahme nur bei ausdrücklicher Regelung für eine Verwertung rechtswidrig erhobener Daten, Singelnstein, ZStW 2008, 854 (889); auch SK/StPO-Puschke/Weßlau, § 479 Rn 34, 16.

895 Reinbacher/Werkmeister, ZStW 2018, 1104 (1136, 1138); Löffelmann, JR 2010, 455 (456); KK-Griesbaum, § 161 Rn 40a; BVerfG, Beschluss v. 7.12.2011, 2 BvR 2500/09 Rn 121, NJW 2012, 907 (910).

Auch kann allgemein auf die verfassungsrechtlich verankerte Bindung staatlicher Organe an Gesetz und Recht verwiesen werden.

Für die Bedingung der Rechtmäßigkeit der Ersterhebung streitet das Gleichbehandlungsgebot in Zusammenschau mit der datenschutzrechtlichen Überlagerung bei Fragestellungen der Datenverarbeitung.[896] Zu berücksichtigen ist danach, dass die Weiterverwendung der Daten, die durch eine Grundrechtsverletzung erlangt worden sind, eine größere Intensivierung des Grundrechtseingriffs aufweist, als wenn die staatlichen Stellen auf rechtmäßige Weise an die Informationen gelangt sind.[897] Würden somit rechtswidrig erhobene Daten importiert, wäre der in der Übermittlung liegende Grundrechtseingriff in Relation zu einer entsprechenden Primärüberwachung schwerwiegender. Die festgestellte Entsprechung, die eine Gleichbehandlung fordert, aber auch rechtfertigt, wäre insoweit nicht gegeben.

Auch eine verwendungserhaltende Abwägung bei einer verfahrensübergreifenden Verwertung zwischen dem Gewicht der Verletzung der Erhebungsnorm und dem Verwendungsinteresse ist abzulehnen, da hierbei die Bedeutung verfahrensfremder Tatbestandsvoraussetzungen mit dem neuen Verfahrenszweck verknüpft wird. Die Erforderlichkeit der jeweiligen Eingriffsvoraussetzungen - und damit auch die Wertung ihrer Verletzung - bestimmt sich aber gerade aus ihrem Zusammenspiel und der Gesamtsystematik des einzelnen Regelungskontexts, so dass es bei einer übergreifenden Abwägung zu Verschiebungen kommen würde. Danach würden Befugnisregeln mit Verfahrenszielen ins Verhältnis gesetzt, die dafür gar nicht vorgesehen werden dürfen und daher auch keinen Maßstab bilden können. So müsste beispielsweise das Fehlen der Beteiligung der G10-Gremien mit dem Interesse an einer Strafverfolgung ins Verhältnis gesetzt werden.

Die Zulässigkeit der Übermittlung von rechtswidrig erhobenen Daten ist unter den Voraussetzungen des hypothetischen Ersatzeingriffs nach alledem abzulehnen.

7.) Rechtmäßigkeit der Datenübermittlung

Hinsichtlich der Rechtmäßigkeit der Datenübermittlung ist zwischen den Anforderungen auf Seiten des Übermittelnden und den Vorgaben des hypothetischen Ersatzeingriffs für den Empfang und die Verwendung der Daten durch den Empfänger zu unterscheiden.

---

896 Für eine ursprüngliche Rechtmäßigkeit der Datenerhebung auf Grund unionsrechtlicher Überformung: Müller/Schwabenbauer, NJW 2021, 2079 (2084).

897 Singelnstein, NStZ 2012, 593 (604); a.A. SK/StPO-Wohlers/Deiters, § 161 Rn 47.

Die Übermittlungsvoraussetzungen im Regelungszusammenhang der Primärerhebung müssen schon deshalb eingehalten werden, weil die Zulässigkeit der Überwachungsbefugnis auch durch die Festlegung und Beschränkung der späteren Verwendung der Daten beeinflusst ist, die der Gesetzgeber für diesen Zuständigkeitsbereich bestimmt hat. Ein Verstoß hiergegen würde damit die getroffene Abwägungsentscheidung für die Ursprungserhebung verschieben. Der Import der Erkenntnisse in den neuen Verwendungszusammenhang würde daneben zu einer Ungleichbehandlung im Vergleich zur Nutzung der auf einer rechtmäßigen Übermittlung beruhenden Erkenntnislage führen. Gleichzeitig wäre damit, wie bei einem Verstoß gegen die Ersterhebungsvoraussetzungen, auf Grund der Eingriffsintensivierung die Gleichbehandlung mit der entsprechenden Eigenüberwachung im Sekundärbereich nicht gegeben.

Zusammenfassend ist danach festzuhalten, dass die Einhaltung der im Befugnisbereich der übermittelnden Behörde getroffenen Erhebungs- und Übermittlungsvorgaben für die verfahrensexterne Verwendung vorauszusetzen ist.

Die Beachtung der Übertragungsschwelle des hypothetischen Ersatzeingriffs zur Angleichung erhobener und übermittelter Daten im Zuständigkeitsbereich des Empfängers ist konsequenterweise den jeweiligen Verfahrensregelungen bei Nichterfüllung einzelner Erhebungsvoraussetzungen für Primäreingriffe zu unterstellen. Da Art. 3 Abs. 1 GG keine Ungleichbehandlung von Datenerhebungen durch Überwachung und Übermittlung zulässt, sind entsprechend auch bei Nichtvorliegen der Voraussetzungen die gleichen Maßstäbe anzuwenden. Dies gilt unabhängig davon, ob man die Vorgaben des hypothetischen Ersatzeingriffs als Übermittlungsschwelle oder Verwendungsvoraussetzung einordnet.
Auch wenn dies die strengen Bedingungen der Rechtsfigur der hypothetischen Datenneuerhebung relativiert, so werden dadurch nur die Abweichungen zugelassen, die auch für die jeweilige Ersterhebung gelten. Dies bedeutet zumeist, dass bei fehlenden Befugnisvoraussetzungen für bestimmte Fallgruppen eine Abwägung mit dem Interesse des Sachgebiets stattfindet. Vorbehalte gegen diese Gültigkeitsbeschränkungen können nur gleichermaßen auch für die Erhebungsanforderungen diskutiert werden und betreffen daher nicht die spezifische Situation des Datentransfers.

8.) Zeitpunkt der Beurteilung

Die Basis des hypothetischen Ersatzeingriffs gibt auch den Zeitpunkt vor, für den das Vorliegen der Voraussetzungen festzustellen ist. Denkbar sind grundsätzlich der Zeitpunkt der tatsächlichen Erhebung und der der Datenübermittlung.

Die Überlegungen zu Art. 3 GG haben gezeigt, dass die Datenübermittlung einer Primärerhebung des Empfängers vergleichbar ist und für sie an deren Stelle tritt. Für die Erlangung der Daten auf der Grundlage eines eigenen Erhebungsrechts ist der gegenwärtige Ermittlungsstand maßgebend. Die erforderliche Gleichbehandlung gebietet danach, dass für die Zulässigkeit der Datenübermittlung ebenfalls auf den Zeitpunkt bei der Einführung der Informationen in den Verwendungszusammenhang abzustellen ist.[898]

Auch die übergreifend geltenden datenschutzrechtlichen Vorgaben, konkret das Zweckbindungsgebot, stützen die Maßgeblichkeit des Übermittlungszeitpunkts. Zwar ist die Primärerhebung als erster relevanter Schritt im Verarbeitungsprozess der Daten entscheidend sowohl für die Bestimmung des betroffenen Grundrechts als auch für die Feststellung eines rechtmäßigen Zwecks, an dem alle weiteren Verwendungen zu messen sind. Für die Zulässigkeit einer Zweitnutzung ist dann aber gerade die mit der Ersterhebung zu vergleichende Intentionsänderung richtungsweisend,[899] die durch den Transfer in den neuen Verwendungszusammenhang und damit im Zeitpunkt der Datenübermittlung entsteht. Die Zweckänderung ist dabei zwar eingebettet in den Verarbeitungsverlauf, als solche aber ein eigenständiger Eingriff,[900] dessen Rechtsgrundlage mit dem Ziel der Folgenutzung abzuwägen ist. Dem steht auch nicht entgegen, dass für die personellen Voraussetzungen der Erhebungsnorm auf die konkrete Gesprächssituation abgestellt wird, da hierdurch die Gleichheit hinsichtlich der personenbezogenen Beteiligungskonstellation an dem unwiederbringlichen Gespräch hergestellt wird, nicht jedoch von der Maßgeblichkeit des Übermittlungszeitpunkts abgewichen wird. Wer als Verdächtiger, gegen den die übermittelten Daten verwendet werden sollen, in Rede steht, beurteilt sich, wie bei den übrigen Voraussetzungen, nach der Verdachtslage im Zeitpunkt der Datenübermittlung.

---

898 MK/StPO-Singelnstein, § 477 Rn 39: Zeitpunkt der Zweckumwidmung; SK/StPO-Puschke/Weßlau, § 479 Rn 33: Zeitpunkt der Übermittlung; wohl auch Knierim, StV 2008, 599 (602); BGH, Urteil v. 27.11.2008, 3 StR 342/08 Rn 13, NJW 2009, 791 (792): Zeitpunkt der Datenverwendung bei bereichsinternen Zufallsfunden; krit. Bäcker, S. 487; SK/StPO-Wohlers/Deiters, § 161 RN 45: Zeitpunkt der Verwendung; weitergehend, Vorliegen der Voraussetzungen der Zweckänderung auch bis zum Abschluss des Verfahrens: Singelnstein, ZStW 2008, 854 (882/83).

899 Art. 5 Abs. 1 lit b) DS-GVO.

900 BVerfG, Urteil v. 20.04.2016, 1 BvR 966/09 Rn 285, NJW 2016, 1781 (1801); Lisken/Denninger-Schwabenbauer, HB d. PolR, 7. Auflg. 2021, Kap G Rn 229; Welp, NStZ 1995, 602 (603).

Der Relevanz des ursprünglichen Überwachungszeitpunkts ist ferner entgegenzuhalten, dass die Voraussetzungen einer Eingriffsvollmacht nachträglich wegfallen können und es damit zu einer Verwendung von Daten käme, deren Legitimationskriterien bereits im Zeitpunkt des Imports in den neuen Verfahrenszusammenhang nicht mehr gegeben wären.[901]

9.) Umfang der Verwendung

Die bestehenden strafprozessrechtlichen Regelungen zum hypothetischen Ersatzeingriff zeichnen ein uneinheitliches Bild, in dem sie die Anwendung der Formel teilweise auf eine unmittelbare Verwendung als Beweismittel, anderenteils auch auf die Verwendung als Spurenansatz erstrecken.[902] Diese ohnehin nur auf die strafrechtliche Verfahrensordnung zugeschnittene Differenzierung korrespondiert mit der nicht unbestrittenen, überwiegend in der Literatur und Rechtsprechung vertretenen Ansicht zur Reichweite von Beweisverboten bei Verstößen gegen Anordnungsvoraussetzungen der Telekommunikationsüberwachung. Danach können gewonnene Erkenntnisse, trotz Unverwertbarkeit als Beweis, zumindest als Ermittlungsansatz dienen.[903] Teilweise wird darüber hinaus auch eine Verwertung zur Begründung von Zwangsmaßnahmen befürwortet.[904] Können danach die Überwachungsdaten trotz fehlender vergleichbarer Anordnungsvoraussetzungen zumindest zur Rechtfertigung weiterer Ermittlungen genutzt werden, so erscheint es konsequent, auch bei der der Datenerhebung gleichgestellten Datenübermittlung eine weitergehende Nutzung zuzulassen.[905]

Eine solche pauschale Nutzungskategorisierung ist jedoch insofern nicht stringent, als die Datenverwendung als Anknüpfungspunkt für Ermittlungen auf einer Auffassung aufbaut, die bezüglich der Verwertbarkeit erlangter Erkenntnisse zwischen den verschiedenen Fehlern bei den formellen und materiellen Erhebungsvoraussetzungen unterscheidet. Insofern müsste zumindest diese Behandlung nach Fallgruppen aufgegriffen werden.

Entscheidend ist unter dem Gesichtspunkt des Verwendungsumfangs jedoch, dass der Eingriff in das betroffene Grundrecht nicht weniger schwer

---

901 Zu diesem Aspekt: SK/StPO-Puschke/Weßlau, § 479 Rn 33.

902 § 161 Abs. 3 StPO einerseits, § 100e Abs. 6 Nr. 1 StPO andererseits.

903 Zu der an die Diskussion angelehnte Behandlung von Zufallserkenntnissen: Allgayer, NStZ 2006, 603 (604 f).

904 Auch Erlass eines Durchsuchungsbeschlusses: KK-Griesbaum, § 161 Rn 36.

905 KMR-Gemählich, § 479 Rn 3; Meyer-Goßner/Schmitt-Köhler, § 161 Rn 18d; MK/StPO-Kölbel, § 161 Rn 45; grundsätzlich SK/StPO-Wohlers/Deiters, § 161 Rn 49.

wiegt, wenn die Erkenntnisse auch zu weiteren Beweismitteln führen können.[906] Denn diese können wiederum eine Verurteilung des Betroffenen nach sich ziehen, so dass die Ursprungsinformation ebenfalls ursächlich ist. Damit stellt die Verwertung als Spurenansatz ebenso eine Verwertung als Beweismittel dar.[907] Insofern ist eine entsprechende Belastungswirkung für den Betroffenen gegeben.

Dem entspricht auch die Rechtsprechung des Bundesverfassungsgerichts, nach der davon auszugehen ist, dass bei einer Zweckänderung die gleichen verfassungsrechtlichen Maßstäbe unabhängig davon gelten, ob es sich um eine Verwendung als Beweismittel oder als Ermittlungsansatz handelt.[908] So hat das Gericht im Hinblick auf § 161 Abs. 2 StPO a.F. ausdrücklich festgestellt, dass eine Verwendung als Spurenansatz zur Aufklärung aller möglichen Straftaten die verfassungsrechtliche Begrenzung der geänderten Nutzung auf einen gleichwertigen Rechtsgüterschutz nicht sicherstellt.[909] Darüber hinaus weisen auch die Regelungen der StPO selbst ein uneinheitliches Bild auf, da beispielsweise bei der Nummer 1 des § 100e Abs. 6 StPO eine Beschränkung nicht gegeben ist.

Für die Ausdehnung des Rechtsgedankens des hypothetischen Ersatzeingriffs auf alle Nutzungsarten spricht ferner, dass die Datenerhebungsbefugnisse, und damit auch die ihnen gleichgestellten Datenübermittlungen, an die Art der Überwachungsmethode und die Qualität der Informationen als Telekommunikationsdaten und nicht an ihre potentiellen Nutzungsmöglichkeiten innerhalb des Verfahrens anknüpfen. Auch ist die mit der Datenübermittlung verbundene datenschutzrechtliche Zweckänderung zwischen den präventiven und repressiven Zielsetzungen unabhängig davon gegeben, wie die jeweiligen Erkenntnisse durch den Empfänger nachgenutzt werden. Eine Umgehung der jeweiligen Eingriffsgrenzen wäre in beiden der überdies schwer abgrenzbaren Fälle vorhanden.[910]

10.) Einwilligung des Betroffenen

Die Formulierung „ohne Einwilligung“ in der Regelung des § 161 Abs. 3 StPO ermöglicht eine Verwendung verfahrensfremder Informationen ohne die Voraussetzungen der hypothetischen Datenneuerhebung und lenkt die

[906] A.A. SK/StPO-Wohlers/Deiters, § 161 Rn 49.

[907] SK/StPO-Puschke/Weßlau § 479 Rn 36.

[908] BVerfG, Urteil v. 20.04.2016, 1 BvR 966/09 Rn 285, NJW 2016, 1781 (1801); SK/StPO-Puschke/Weßlau, § 479 Rn 37.

[909] BVerfG, Urteil v. 20.04.2016, 1 BvR 966/09 Rn 315, NJW 2016, 1781 (1804).

[910] Singelnstein, ZStW 2008, 854 (885).

Erörterung damit auf die Frage, ob die Beschränkungen der Rechtsfigur zur Disposition des Betroffenen gestellt werden können.

Eine explizite Einwilligung in die Verwertung der Daten ohne die Rechtfertigung einer gesetzlichen Eingriffsnorm bedeutet einen Verzicht auf den Grundrechtsschutz des Art. 10 GG bzw. des Rechts auf Vertraulichkeit und Integrität informationstechnischer Systeme, dem die Ausgestaltung der Übermittlungs- und Erhebungstatbestände dient. Die Zulässigkeit eines Grundrechtsverzichts wird streitig diskutiert. Während eine Ansicht dies grundsätzlich ablehnt, lassen andere Auffassungen eine solche Erklärung grundsätzlich oder nach den betroffenen Grundrechten differenzierend zu.[911] Die Annahme der Disponibilität des Art. 10 GG kann sich auf eine Entscheidung des VG Bremen[912] stützen, die jedoch die weitere Frage aufwirft, ob es hierfür der Zustimmung aller oder eines der Gesprächsteilnehmer und Betroffenen bedarf. Auch mit der Widerspruchslösung des BGH kennt das Strafverfahren eine Verwertung von Erkenntnissen in Abhängigkeit vom Willen des Betroffenen.

Dem ist jedoch entgegenzuhalten, dass insbesondere die Garantie des Art. 10 GG als Menschenrecht ausgestaltet ist und damit ein objektives Prinzip der Rechtsordnung enthält, das der Verfügbarkeit durch den Einzelnen entzogen ist.[913] Da der Grundsatz des hypothetischen Ersatzeingriffs überdies nicht auf die Beweisverwertung gestützt ist, ist er auch nicht als ein reines Belastungsverbot zu verstehen.[914] Darüber hinaus ist zu berücksichtigen, dass Art. 8 der RL (EU) 2016/680 für die Datenverarbeitung im Strafverfahren im Unterschied zu Art. 6 Abs. 1 lit a) DS-GVO - sowie zur einfachgesetzlichen Regelung im deutschen Recht nach § 51 BDSG - keine Rechtfertigungsmöglichkeit durch eine Einwilligung vorsieht. Dahinter steht die Wertung, dass der Betroffene über eine Einwilligung gegenüber einer Sicherheitsbehörde niemals autonom entscheiden wird.[915]

Die Möglichkeit, eine Einwilligung vorzusehen, ist im Zusammenhang mit den Anforderungen des hypothetischen Ersatzeingriffs daher abzulehnen.

---

911 Unzulässig Bussfeld, DÖV 1976, 765 (771); grundsätzlich zulässig, weitergehend differenzierend: Bleckmann, JZ 1988, 57 (59); Jarass-Jarass, Vorb. Art. 1 Rn 35; je nach Einzelfall zulässig: Fischinger, JuS 2007, 808 (810).

912 VG Bremen, Urteil v. 15.06.1977, I A 39/77, NJW 1978, 66 (67) zu Art. 10 GG.

913 BVerfG, Beschluss v. 20.06.1984, 1 BvR 1494/78 Rn 96, NJW 1985, 121 (125).

914 Nach Erb, GA 2017, 113 (129), sind strafprozessuale Beweisverwertungsverbote durchweg als reine Belastungsverbote zu begreifen.

915 Bäcker/Hornung, ZD 2012, 147 (149).

11.) Zusammenfassung

Die Herleitung des hypothetischen Ersatzeingriffs aus dem Grundrecht des Art. 3 Abs. 1 GG bedingt danach die Einhaltung aller formellen und materiellen Anforderungen einer bestehenden artentsprechenden Überwachungsbefugnis des Empfängers von übermittelten Telekommunikationsdaten, wobei sowohl die personenbezogenen als auch die zeitlichen Voraussetzungen anhand der konkreten Gesprächssituation der Ersterhebung zu beurteilen sind. Maßgeblich ist dabei, dass eine konkrete Betrachtungsweise des Erkenntnisstandes unbeeinflusst von den übermittelten Informationen die Voraussetzungen der Überwachungsnorm im Zeitpunkt des Datenempfangs ergibt. Die rechtmäßig erhobenen und übermittelten Daten unterliegen dabei unabhängig von der Nutzungsweise im Verfahren und einer Einwilligung des Betroffenen den Regelungen des jeweiligen Aufgabenbereichs des Datenempfängers.

Inwieweit diese aus der Begründung der Rechtsfigur des hypothetischen Ersatzeingriffs abgeleiteten Voraussetzungen und Modalitäten für die Datenüberführung erhobener Telekommunikationsdaten in den jeweils anderen Aufgabenbereich in den bestehenden Datenübertragungsregelungen des Nachrichtendienst- und Strafprozessrechts umgesetzt sind, soll nachfolgend in einer summarischen Untersuchung ermittelt werden.

C. Nachrichtendienstliche und strafprozessuale Datenübermittlungsregelungen - im Überblick

Bereits ein kurzer Überblick über die bestehenden zentralen Übermittlungs- und Verwertungsregelungen zeigt, dass die geltende Rechtslage den aus dem Gleichbehandlungsgebot folgenden Anforderungen, die die Rechtsfigur des hypothetischen Ersatzeingriffs verkörpert, nicht vollumfänglich entspricht.

Nach dem Modell der „doppelten Tür“[916] sind für den Datentransfer die Voraussetzungen der auf Übermittler- und Empfängerseite bestehenden Bestimmungen zu beachten.

Für die Übermittlung der nachrichtendienstlich durch G10-Maßnahmen erlangten Daten an die Strafverfolgungsbehörden gelten auf der Abgabeseite für die Informationen aus einer Individualüberwachung § 4

[916] BVerfG, Beschluss v. 27.05.2020, 1 BvR 1873/13 Rn 93, NJW 2020, 2699 (2704); zu den Anforderungen im Einzelnen: Lisken/Denninger-Bäcker, HB d. PolR, 7. Auflg. 2021, Kap B Rn 191 ff; Bäcker, in: HB Sicherheit und Staatsschutz, § 29 Rn 6 ff, 28; zu den noch nicht abschließend geklärten Fragen des Doppeltür-Modells: Lisken/Denninger-Schwabenbauer, HB d. PolR, 7. Auflg. 2021, Kap G Rn 234.

Abs. 4 S. 1 Nr. 2 G10, für die Ergebnisse der strategischen Kontrolle § 7 Abs. 4 S. 2 G10 und bei den Beschränkungen des § 8 G10 dessen Absatz 6 Satz 2, der auf Straftaten im Zusammenhang mit dem Überwachungstatbestand des Absatzes 1 verweist. Die Verwertung der Daten durch die Adressaten zu repressiven Zwecken ist einheitlich nach § 161 Abs. 3 StPO zu beurteilen.

§ 4 Abs. 4 S. 1 Nr. 2 G10 übernimmt durch den Verweis auf Nummer 1 und die Weiterverweisung auf § 3 Abs. 1, 1a und § 7 Abs. 4 S. 1 G10 den Verdachtsgrad und den Straftatenkatalog des § 100a StPO, erweitert diesen jedoch um die §§ 83, 89b StGB, § 20 Abs. 1 Nr. 1 bis 4 VereinsG, § 316b Abs. 3 StGB mit der entsprechenden nachrichtendienstlichen Zielsetzung, § 95 Abs. 1 Nr. 8 AufenthG sowie die Straftaten gegen die Sicherheit der in Deutschland stationierten NATO-Truppen. Erfasst werden im Unterschied zu § 100a StPO ferner das Verschaffen und Verändern von Daten, § 152a Abs. 1 und 2 StGB, die fahrlässigen Außenwirtschafts- und Kriegswaffenkontrollrechtsverstöße wie auch § 3 Abs. 1 S. 2 G10.

Weitere an § 100a StPO angeglichene materielle und formelle Voraussetzungen im Sinne der Vorgaben des hypothetischen Ersatzeingriffs sieht § 4 Abs. 4 G10 nicht vor. Sowohl die allgemeine Erforderlichkeit zur Aufgabenerfüllung als auch die verfahrensrechtlichen Sicherungsvorkehrungen, die neben den Zweckbindungs-, Protokollierungs- und Kennzeichnungspflichten auch einen Entscheidungsvorbehalt zugunsten eines Bediensteten mit der Befähigung zum Richteramt vorsehen,[917] bieten kein Äquivalent für die Anordnungskompetenz der StPO, da bei dem Beschäftigten nicht dieselbe Unabhängigkeit wie beim Richtervorbehalt gegeben ist und der Umfang der zu prüfenden Anforderungen für die Übermittlung hinter denen des § 100a StPO zurückbleibt.

Eine Anpassung an die Eingriffsbefugnisse des § 100a StPO kann damit nur durch die strafprozessuale Regelung des § 161 Abs. 3 StPO auf der Empfangsseite erfolgen. Inwieweit hierdurch eine Harmonisierung im Sinne der Gleichbehandlung der übermittelten mit den direkt erhobenen Daten erfolgt, hängt dabei davon ab, inwieweit § 161 Abs. 3 StPO den hypothetischen Ersatzeingriff umsetzt. Die Ausführungen zur inhaltlichen Ausgestaltung der Rechtsfigur haben gezeigt, dass vielfach gerade im Hinblick auf den Anwendungsbereich des § 161 Abs. 3 StPO verschiedene Ansichten zu Einzelfragen der Voraussetzungen und ihrem Umfang vertreten werden. Überdies trifft § 161 Abs. 3 StPO die Regelung nur für die Verwendung zu Beweiszwecken und nicht für die Nutzung als Spurenansatz. Abweichungen von dem hier vertretenen Verständnis der Vorschrift

[917] § 4 Abs. 4, Abs. 5 S. 2 und 4, Abs. 6 G10.

bedeuten zugleich eine Einschränkung des Harmonisierungsgedankens des hypothetischen Ersatzeingriffs und damit eine Ungleichbehandlung von übermittelten und primär erhobenen Telekommunikationsdaten sowie der davon Betroffenen.

Auch wenn die Übermittlungsermächtigungen des G10 im Vergleich zu § 100a StPO vereinzelt sogar zusätzliche Beschränkungen für den Durchlass der Daten errichten,[918] ist danach eine Gleichstellung im Sinne des hypothetischen Ersatzeingriffs hinsichtlich der durch die nachrichtendienstliche Individualkontrolle erlangten Erkenntnisse für das Strafverfahren nicht vollumfänglich gegeben.

Für die Erkenntnisse aus der strategischen Kontrolle des BND eröffnet das G10 in § 7 Abs. 4 S. 2 G10 eine Übermittlungsbefugnis zur Verfolgung von Straftaten. Nach dem Verständnis, das dem geltenden hypothetischen Ersatzeingriff in § 161 Abs. 3 StPO zugrunde gelegt wird, wird die Übernahme dieser Daten in den strafprozessualen Zusammenhang entsprechend den Voraussetzungen des § 100a StPO als zulässig angesehen.[919] Nach den obigen Ausführungen ist eine Datenzugänglichkeit für den repressiven Befugnisbereich jedoch auf Grund des Gleichheitssatzes nicht erlaubt, da eine vergleichbare Überwachungsmethode hier fehlt. Dasselbe gilt für die in § 8 Abs. 6 S. 2 G10 bestehende Übermittlungsbefugnis hinsichtlich der Daten aus Maßnahmen nach § 8 Abs. 1 G10, da diese ebenfalls einen Anwendungsbereich der strategischen Kontrolle eröffnen, für die die StPO kein Äquivalent vorsieht.

Der umgekehrte Fall, die Übermittlung repressiver Daten zu nachrichtendienstlichen Zwecken, wird in der StPO insbesondere durch die §§ 474 Abs. 2 S. 2, 479 Abs. 2 S. 2 geregelt. Soweit man dem allgemeinen Verweis auf § 18 BVerfSchG eine tatbestandliche Bezugnahme auf dessen Absatz 6 entnimmt, so ist die Übermittlung danach dann erlaubt, wenn tatsächliche Anhaltspunkte dafür bestehen, dass jemand eine der in § 3 Abs. 1 G10 genannten Straftaten plant, begeht oder begangen hat.[920] Eine Weiterübermittlung ist nach § 18 Abs. 6 S. 2 BVerfSchG wieder nach § 4 Abs. 4 G10 zulässig.

---

918 Z.B. Beschränkung auf die Begehung der genannten Straftaten in § 4 Abs. 4 S. 1 Nr. 2 G10.

919 KK-Griesbaum, § 161 Rn 35a; zur Zulässigkeit: BVerfG, Urteil v. 20.04.2016, 1 BvR 966/09 Rn 287, NJW 2016, 1781 (1801/2); BVerfG, Urteil v. 14.07.1999, 1 BvR 2226/94 Rn 262, NJW 2000, 55 (65).

920 Nach § 10 Abs. 4 BNDG ist § 18 Abs. 6 BVerfSchG auch für die Übermittlung der nach § 100a StPO bekanntgewordenen Daten an den BND entsprechend anzuwenden, obgleich diesem mit den strategischen Beschränkungsmöglichkeiten weitergehende Überwachungsbefugnisse zustehen.

Die Vorschrift entspricht damit nur im Ansatz dem Prinzip des hypothetischen Ersatzeingriffs, in dem sie nur die Anlasstaten und den Verdachtsgrad der entsprechenden Ersterhebung als Bedingung für die Übermittlung bestimmt. Eine Schwellengleichheit aller weiteren materiellen und formellen Tatbestandsvoraussetzungen der Individualkontrolle des G10 wird hingegen hier nicht gefordert. Damit fehlt eine Angleichung insbesondere bei der Subsidiarität, die von jeweils anderen bereichsspezifischen Erwägungen geprägt ist, sowie bei den formellen Voraussetzungen der Anordnungskompetenz. Auch wenn man den strafprozessualen Richtervorbehalt als strengere Anforderung ansieht, ist damit keine der Primäranordnung identische Zuständigkeit gewahrt, die die Erwägung nachrichtendienstlicher Aufgaben berücksichtigt. Auch bei den weitgehend ähnlichen Bestimmungen zur Zielperson bleiben die oben dargelegten Unterschiede bei der Datenübertragung bestehen. Überdies müsste sichergestellt werden, dass die Benachrichtigungs- und Rechtsschutzgewährleistungen eingehalten werden.

Ebenso müsste gewährleistet sein, dass die aus der Online-Durchsuchung der Strafverfolgungsbehörden erlangten Erkenntnisse nicht an die Nachrichtendienste gelangen, denen eine solche Überwachungsart nicht zur Verfügung steht. Hierbei bietet auch die Sonderregelung des § 100e Abs. 6 Nr. 2 StPO mit den Verwendungsmöglichkeiten zur Gefahrenabwehr, die sogar die nach § 100d Abs. 5 S. 1, 2. HS StPO unverwertbaren Daten umfassen,[921] keinen hinreichenden Nutzungsausschluss.

Die geltende Rechtslage gewährt damit keine vollständige und unumstrittene Angleichung der Ermächtigungen zur Erhebung von Telekommunikationsdaten durch Übermittlung und Primärüberwachung wie sie auf der Grundlage des aus Art. 3 GG hergeleiteten hypothetischen Ersatzeingriffs vorgegeben ist.

D. Fazit und Ausblick

Nicht zuletzt im Hinblick auf die Kritik an der Rechtsfigur des hypothetischen Ersatzeingriffs ist abschließend festzuhalten, was das Prinzip leisten kann und muss. Auf Grund der Herleitung des Ansatzes aus dem Gebot des Art. 3 GG ergibt sich, dass der hypothetische Ersatzeingriff die Gleichbehandlung von übermittelten und direkt erhobenen Daten entsprechender Überwachungsmethoden gewährleisten und mit der Anpassung der Datenübermittlungsregelungen an die im Empfangsbereich bestehenden Voraussetzungen für eine entsprechende Datenerhebung sichern soll. Erreicht

[921] Meyer-Goßner/Schmitt-Köhler, § 100e Rn 24.

wird damit, dass alle mit der gleichen Überwachungsmethode erlangten Daten, die innerhalb einer Zuständigkeit verwendet werden sollen, unabhängig davon, ob sie durch Übermittlung oder Primärerhebung in den Bereich eingeführt worden sind, denselben Voraussetzungen unterliegen. Der Leitgedanke des hypothetischen Ersatzeingriffs sichert auf der Empfängerseite der Daten die Gleichbehandlung der von den jeweils vergleichbaren Informationen Betroffenen.

Dies gilt für alle Erkenntnisse, die tatsächlich in den jeweiligen Aufgabenzusammenhang gelangen. Welche Daten zu welchem Zweck jedoch aus einem Aufgabengebiet in den jeweils anderen Verwendungsbereich gelangen dürfen und sollen, ist eine Grenze, die der Gesetzgeber für den Primäreingriff festzulegen hat. Dies folgt daraus, dass die jeweilige Verhältnismäßigkeit und Eingriffstiefe einer Ersterhebung auch vom Umfang der anschließenden Verwendung der erlangten Daten abhängt und daher bei der Einführung und Änderung der Erhebungsbefugnis jeweils mitberücksichtigt werden muss.[922] Hierbei können insbesondere auch Kriterien, wie die Schwere der spezifischen Methoden und Umstände der Erhebung sowie die Art der Daten, berücksichtigt werden.

Voraussetzung dafür, dass die Rechtsfigur des hypothetischen Ersatzeingriffs die Gleichbehandlung der Daten, die durch Übermittlung einerseits und Primärerhebung andererseits in den Aufgabenbereich der Strafverfolgung bzw. des Nachrichtendienstrechts gelangen, sowie die der von den Erkenntnissen Betroffenen gewährleisten kann, ist eine Angleichung der Übermittlungsschwelle an die formellen und materiellen Tatbestände der je entsprechenden Ersterhebung. Dies bedarf in der StPO einer ausdrücklichen Klarstellung für die inhaltliche Ausgestaltung der bestehenden Vorschrift des § 161 Abs. 3 StPO, um Streitfragen zu den Anforderungen zu klären. Im Nachrichtendienstrecht ist eine entsprechende Neubestimmung im Sinne des hypothetischen Ersatzeingriffs angeraten.

Obgleich die Ausführungen vor dem Hintergrund der präventiv-nachrichtendienstlichen und der repressiv-strafverfahrensrechtlichen Telekommunikationsüberwachungsformen stehen, erscheint es dem Grundsatz nach durchaus denkbar, das Regelungsmodell auch weitergehend für den Datentransfer zwischen anderen Aufgabenbereichen und für andere Ermittlungsmethoden heranzuziehen.[923]

---

922 Zu dieser Regelungskompetenz: BVerfG, Beschluss v. 10.11.2020, 1 BvR 3214/15 Rn 82, NVwZ 2021, 226 (230).

923 Für § 23 Abs. 2 PolG NRW: Möstl/Kugelmann-Arzt, POR NRW, § 23 Rn 5; für eine Ausdehnung der Rechtsfigur unter erweiterten Kriterien auch Hefendehl, GA 2011, 209 (228); auch Zöller, Zusammenarbeit, S. 79 (94).

Literaturverzeichnis

Achterberg, Norbert, Allgemeines Verwaltungsrecht – Ein Lehrbuch, 2. Auflage, Heidelberg 1986
(zit.: Achterberg, AllgVerwR, §)

Albrecht, Hans-Jörg/ Dorsch, Claudia/ Krüpe-Gescher, Christiane, Rechtswirklichkeit und Effizienz der Überwachung der Telekommunikation und anderer verdeckter Ermittlungsmaßnahmen, Max-Planck-Institut für ausländisches und internationales Strafrecht, Jahrbuch, Freiburg 2003/4, (abrufbar unter: https://www.mpg.de/866359/forschungs-Schwerpunkt.pdf), (abgerufen am 29.09.2022)

Allgayer, Peter, Die Verwendung von Zufallserkenntnissen aus Überwachung der Telekommunikation gem. §§ 100a f. StPO (und anderen Ermittlungsmaßnahmen) – Zugleich eine Anmerkung zu den Entscheidungen des BVerfG vom 3.3.2004 (NJW 2004, 999) und vom 29.6.2005 (NJW 2005, 2766) sowie des OLG Karlsruhe vom 3.6.2004 (NStZ 2004, 2687) –, NStZ 2006, 603

Allgayer, Peter/ Klein, Oliver, Verwendung und Verwertung von Zufallserkenntnissen, wistra 2010, 130

Amelung, Knut, Probleme des Rechtsschutzes gegen strafprozessuale Grundrechtseingriffe, NJW 1979, 1687

Amelung, Knut, Grundfragen der Verwertungsverbote bei beweissichernden Haussuchungen im Strafverfahren, NJW 1991, 2533

Arndt, Claus, Zum Begriff „Post- und Fernmeldeverkehrsbeziehungen“ in § 3 G10, RuP 1980, 42

Arndt, Claus, Die „strategische Kontrolle“ von Post- und Fernmeldeverkehrsbeziehungen, NJW 1985, 107

Arndt, Claus, Die Fernmeldekontrolle im Verbrechensbekämpfungsgesetz, NJW 1995, 169

Arndt, Claus, Grundrechtsschutz bei der Fernmeldeüberwachung, DÖV 1996, 459

Arndt, Claus, Zum Abhörurteil des BVerfG, NJW 2000, 47

Auernhammer, Herbert, Datenschutz-Grundverordnung, Bundesdatenschutzgesetz und Nebengesetze – Kommentar, 7. Auflage, Hürth 2020
(zit.: Auernhammer, Art.)

Bäcker, Matthias/ Hornung, Gerrit, EU-Richtlinie für die Datenverarbeitung bei Polizei und Justiz in Europa – Einfluss des Kommissionsentwurfs auf das nationale Strafprozess- und Polizeirecht, ZD 2012, 147

Bäcker, Matthias, Kriminalpräventionsrecht – Eine rechtsetzungsorientierte Studie zum Polizeirecht, zum Strafrecht und zum Strafverfahrensrecht, Tübingen 2015
(zit.: Bäcker, S.)

Becker, Christian/ Baser-Dogan, Zehra, Zwischen Telekommunikationsüberwachung und heimlicher Beschlagnahme – Neues zum Zugriff auf beim Provider gespeicherte E-Mails, StV 2022, 459

Bender, Rene/ Gauto, Anna/ Greive, Martin/ Hildebrand, Jan/ Votsmeier, Volker, „Gangster´s Paradise" – wie Deutschland zur Hochburg für Geldwäsche wurde, Handelsblatt vom 25.07.2018, abrufbar unter: https://www.handelsblatt.com/politik/deutschland/illegale-zahlungsfluesse-gangsters-paradise-wie-deutschland-zur-hochburg-fuer-geldwaesche-wurde/22843400.html, (abgerufen am 30.07.2022)

Bergemann, Nils, Verdeckte Ermittlung á la StPO: Ein unzureichender Regelungsversuch, DuD 2007, 581

Bergmann, Jan/ Dienelt, Klaus, Ausländerrecht - Aufenthaltsgesetz, Freizügigkeitsgesetz/EU und ARB 1/80 (Auszug), Europäische Menschenrechtskonvention (Auszug), Grundrechtecharta und Artikel 16a GG, Asylgesetz – Kommentar, 14. Auflage, München 2022
(zit.: Bergmann/Dienelt-Bearbeiter, §)

Beulke, Werner/ Ruhmannseder, Felix, Strafprozessuale Zwangsmaßnahmen in der Verteidigungssphäre (Teil 1), StV 2011, 180

Beulke, Werner/ Swoboda, Sabine, Strafprozessrecht, 15. Auflage, Heidelberg 2020
(zit.: Beulke/Swoboda, §)

Blechschmitt, Lisa, Zur Einführung von Quellen-TKÜ und Online-Durchsuchung, StraFo 2017, 361

Bleckmann, Albert, Probleme des Grundrechtsverzichts, JZ 1988, 57

Böhme, Frank/ Röske, Marcus, Überwachung der Telekommunikation gemäß § 100a StPO bei fortgesetzt begangenen Straftaten – Eine Untersuchung am Beispiel des § 298 StGB, NStZ 2014, 69

Bonner Kommentar zum Grundgesetz, (Hrsg.: Kahl, Wolfgang/ Waldhoff, Christian/ Walter, Christian), 218. Aktualisierung, Heidelberg 2022
(zit.: BK-Bearbeiter, Art.)

Borgs-Maciejewski, Hermann/ Ebert, Frank, Das Recht der Geheimdienste: Kommentar zum Bundesverfassungsschutzgesetz (Gesetz über die Zusammenarbeit des Bundes und der Länder in Angelegenheiten des Verfassungsschutzes) sowie zum G10 (Gesetz zur Beschränkung des Brief-, Post- und Fernmeldegeheimnisses – Gesetz zu Artikel 10 Grundgesetz), Stuttgart 1986
(zit.: Borgs-Maciejewski/Ebert, §)

Brandt, Karsten, Das Bundesamt für Verfassungsschutz und das strafprozessuale Ermittlungsverfahren – Die Mitwirkung des Bundesamtes für Verfassungsschutz in strafprozessualen Ermittlungsverfahren vor dem Hintergrund des sog. Trennungsgebots, Berlin 2015
(zit.: Brandt, S.)

Britz, Gabriele, Der allgemeine Gleichheitssatz in der Rechtsprechung des BVerfG – Anforderungen an die Rechtfertigung von Ungleichbehandlungen durch Gesetz, NJW 2014, 346

Britz, Gabriele, Kooperativer Grundrechtsschutz in der EU – Aktuelle Entwicklungen im Lichte neuerer Rechtsprechung des BVerfG, NJW 2021, 1489

Brodowski, Dominik, Strafprozessualer Zugriff auf E-Mail-Kommunikation – zugleich Besprechung zu BVerfG, Beschl. v. 16.6.2009 – 2 BvR 902/06 sowie zu BGH, Beschl. vom 31.3.2009 – 1 StR 76/09 –, JR 2009, 402

Buermeyer, Ulf, Zum Begriff der „laufenden Kommunikation" bei der Quellen-Telekommunikationsüberwachung („Quellen-TKÜ") – Ein Beitrag zu den gebotenen legislativen Konsequenzen aus der Online-Durchsuchungs-Entscheidung des BVerfG –, StV 2013, 470

Bussfeld, Klaus, Zum Verzicht im öffentlichen Recht am Beispiel des Verzichts auf eine Fahrerlaubnis, DÖV 1976, 765

Claus, Susanne, Zur Modernisierung des Strafverfahrens, NStZ 2020, 57

Conen, Stefan, Zur Disziplinierung der Strafverfolgungsorgane durch Beweisverwertungsverbote, in: Festschrift für Ulrich Eisenberg zum 70. Geburtstag, (Hrsg.: Müller, Henning Ernst/Sander, Günther M./ Válková, Helena), München 2009, S. 459
(zit.: Conen, FS für Eisenberg, S.)

Däubler, Wolfgang, Bundesdatenschutzgesetz – Kompaktkommentar zum BDSG, 5. Auflage, Frankfurt am Main 2016
(zit.: Däubler-Bearbeiter, §)

Degenhart, Christoph, Staatsrecht I, Staatsorganisationsrecht – Mit Bezügen zum Europarecht, 37. Auflage, Heidelberg 2021
(zit.: Degenhart, StaatsR I, Rn)

Dencker, Friedrich, Verwertungsverbote und Verwendungsverbote im Strafprozeß, in: Strafverfahrensrecht in Theorie und Praxis, Festschrift für Lutz Meyer-Goßner zum 65. Geburtstag (Hrsg.: Eser, Albin/ Goydke, Jürgen/ Maatz, Kurt Rüdiger/ Meurer, Dieter), München 2001, S. 237
(zit.: Dencker, FS für Meyer-Goßner, S.)

Denninger, Erhard, Verfassungsschutz, Polizei und die Bekämpfung der Organisierten Kriminalität, KritV 1994, 232

Denninger, Erhard, Verfassungsrechtliche Grenzen des Lauschens - Der „große Lauschangriff“ auf dem Prüfstand der Verfassung, ZRP 2004, 101
Der Spiegel, Eigener Bericht der Zeitung, Der Spiegel, Heft 15/1993, S. 65
De Wall, Heinrich, Der Schutz des Seelsorgegeheimnisses (nicht nur) im Strafverfahren, NJW 2007, 1856
Dietrich, Jan-Hendrik/ Eiffler, Sven-R., Handbuch des Rechts der Nachrichtendienste, Stuttgart 2017
(zit.: Dietrich/Eiffler-Bearbeiter, HB d. ND, Teil)
Dietrich, Jan-Hendrik/ Fahrner, Matthias/ Gazeas, Nikolaos/ von Heintschel-Heinegg, Bernd, Handbuch Sicherheits- und Staatsschutzrecht, München 2022
(zit.: Bearbeiter, in: HB Sicherheit und Staatsschutz, §)
Drews, Bill/ Wacke, Gerhard/ Vogel, Klaus/ Martens, Wolfgang, Gefahrenabwehr, Allgemeines Polizeirecht (Ordnungsrecht) des Bundes und der Länder, 9. Auflage, Köln 1986
(zit.: Drews/Wacke/Vogel/Martens, Gefahrenabwehr, S.)
Droste, Bernadette, Handbuch des Verfassungsschutzrechts, Stuttgart 2007
(zit.: Droste, Verfassungsschutzrecht, S.)
Eckhardt, Jens, Die Neuregelung der Telekommunikationsüberwachung und anderer verdeckter Ermittlungsmaßnahmen – Ein kritischer Überblick über die geplanten Änderungen in der StPO zur Umsetzung der Cybercrime Convention, CR 2007, 336
Eisenberg, Ulrich, Beweisrecht der StPO, Spezialkommentar, 10. Auflage, München 2017
(zit.: Eisenberg, Rn)
Eisenberg, Ulrich, Ermittlungsmaßnahmen gemäß § 100a StPO und § 163f StPO wegen mitgliedschaftlicher Beteiligung an einer kriminellen Vereinigung (§129 StGB) ohne Anfangsverdacht, JA 2017, 462
Engelhardt, Lena, Verwendung präventivpolizeilich erhobener Daten im Strafprozess – Eine Untersuchung am Beispiel der Telekommunikationsüberwachung, Berlin 2011
(zit.: Engelhardt, S.)
Epping, Volker/ Hillgruber, Christian, Grundgesetz – Kommentar, 3. Auflage, München 2020
(zit.: Epping-Bearbeiter, Art.)
Erb, Volker, Beweisverwertungsverbote zum Nachteil des Beschuldigten? – Bemerkungen zu einem rechtsstaatlich gefährlichen Irrweg, GA 2017, 113
Erbs, Georg/ Kohlhaas, Max, Strafrechtliche Nebengesetze, Band 2, 238. Ergänzungslieferung (Stand September 2021), München 2021
(zit.: Bearbeiter, in: Erbs-Kohlhaas, §)

Fehn, Bernd Josef, Nochmals: Geheimdienstliche Außenwirtschaftskontrolle?, ZfZ 1995, 347

Fezer, Gerhard, Rechtsschutz gegen erledigte strafprozessuale Zwangsmaßnahmen – Dargestellt an den Beispielen der Beschlagnahme und Durchsuchung – (1. Teil), Jura 1982, 18; (Schluß), Jura 1982, 126

Fischer, Thomas, Strafgesetzbuch mit Nebengesetzen, 69. Auflage, München 2022
(zit.: Fischer, §)

Fischinger, Philipp S., Der Grundrechtsverzicht, JuS 2007, 808

Freiling, Felix/ Safferling, Christoph/ Rückert, Christian, Quellen-TKÜ und Online-Durchsuchung als neue Maßnahmen für die Strafverfolgung: Rechtliche und technische Herausforderungen, JR 2018, 9

Gärditz, Klaus F., Verfassungsschutzverfassungsrecht und Datenübermittlung – Zugleich eine Besprechung von BVerfG, Urt. v. 26.4.2022 – 1 BvR 1619/17 = GSZ 2022, 137 ff, GSZ 2022, 161

Gazeas, Nikolaos, Übermittlung nachrichtendienstlicher Erkenntnisse an Strafverfolgungsbehörden (Kölner Kriminalwissenschaftliche Schriften, Bd. 61), Berlin 2014
(zit.: Gazeas, S.)

Genzel, Herbert, Zulässigkeit des Rechtswegs gegen Maßnahmen der Staatsanwaltschaft nach § 81a StPO, NJW 1969, 1562

Gercke, Björn, Überwachung der Telekommunikation – von der Ausnahme zur Regel, StraFo 2014, 94

Gercke, Björn/ Julius, Karl-Peter/ Temming, Dieter/ Zöller, Mark, Strafprozessordnung, 6. Auflage, Heidelberg 2019
(zit.: Gercke/Julius/Temming/Zöller-Bearbeiter, §)

Gercke, Björn/ Jahn, Matthias/ Paul, Theresa, Sorgenkind außer Kontrolle: Paradigmenwechsel der Geldwäsche-„Bekämpfung“ mit der Neufassung des § 261 StGB, StV 2021, 330

Gimbernat, Enrique, Das rechtmäßige Alternativverhalten (Teil I), GA 2018, 65

Gitter, Rotraud/ Marscholleck, Dietmar, Gesetz zur Anpassung des Verfassungsschutzrechts – Punktuelle Lösungen ohne Gesamtansatz, GSZ 2021, 191

Glaser, Michael/ Gedeon, Bertolt, Dissonante Harmonie: Zu einem zukünftigen „System“ strafprozessualer verdeckter Ermittlungsmaßnahmen, GA 2007, 415

Götz, Volkmar/ Geis, Max-Emanuel, Allgemeines Polizei- und Ordnungsrecht, Ein Studienbuch, 17. Auflage, München 2022
(zit.: Götz/Geis, POR, §)

Graf, Jürgen Peter, Strafprozessordnung – mit Nebengesetzen, Kommentar, 4. Auflage, München 2021
(zit.: Graf-Bearbeiter, §)
Graulich, Kurt, Befugnisse und Kontrolle des Bundesnachrichtendienstes bei der Fernmeldeaufklärung, GSZ 2021, 121
Griesbaum, Rainer, Die Verwendung nachrichtendienstlicher Erkenntnisse für die Verfolgung terroristischer Straftaten, in: Festschrift für Ottmar Breidling zum 70. Geburtstag am 15. Februar 2017, (Hrsg.: Bockemühl, Jan/ von Heintschel-Heinegg, Bernd/ Lang, Ricarda/ Nagler, Axel), Berlin 2017, S. 121
(zit.: Griesbaum, FS für Breidling, S.)
Grimm, Dieter, Verfassungsrechtliche Anmerkungen zum Thema Prävention, KritV 1986, 38
Gröpl, Christoph, Die Nachrichtendienste im Regelwerk der deutschen Sicherheitsverwaltung: Legitimation, Organisation und Abgrenzungsfragen, Berlin 1993
(zit.: Gröpl, S.)
Großmann, Sven, Zur repressiven Online-Durchsuchung, GA 2018, 439
Großmann, Sven, Telekommunikationsüberwachung und Online-Durchsuchung: Voraussetzungen und Beweisverbote, JA 2019, 241
Guckelberger, Annette, Zum Grundrechtsschutz ausländischer juristischer Personen, AöR 2004, 618
Güllich, Gerhard, „Staubsauger im Äther“, Der Spiegel, Heft 15/1993, S. 65
Günther, Ralf, Telekommunikationsüberwachung und Auskunftsersuchen über Telekommunikationsverbindungen – Zur Divergenz der Fristberechnung, Kriminalistik 2006, 683
Gusy, Christoph, Beobachtung Organisierter Kriminalität durch den Verfassungsschutz?, StV 1995, 320
Gusy, Christoph, Informationelle Selbstbestimmung und Datenschutz: Fortführung oder Neuanfang?, KritV 2000, 52
Gusy, Christoph, Lauschangriff und Grundgesetz, JuS 2004, 457
Gusy, Christoph, Das Trennungsprinzip zwischen Informationen von Nachrichtendiensten und Polizei, GSZ 2021, 141
Haas, Günter, Der „Große Lauschangriff“ – klein geschrieben, NJW 2004, 3082
Haedge, Karl-Ludwig, Das neue Nachrichtendienstrecht für die Bundesrepublik Deutschland – Ein Leitfaden mit Erläuterungen, Heidelberg 1998
(zit.: Haedge, S.)

Haffke, Bernhard, Schweigepflicht, Verfahrensrevision und Beweisverbot, GA 1973, 65

Hauck, Pierre, Heimliche Ermittlungsmaßnahmen im Prozessrecht der internationalen Strafgerichtsbarkeit (EU- und Völkerstrafrecht), ZStW 2012, 473

Hefendehl, Roland, Die Entfesselung des Strafverfahrens über Methoden der Nachrichtendienste – Bestandsaufnahme und Rückführungsversuch, GA 2011, 209

Heghmanns, Michael, Strafbare Beitragsvorenthaltung ohne Lohnzahlung – Zugleich Anmerkung zum Urteil des BGH vom 16.5.2000 (VI ZR 90/99) – wistra 2000, 422, wistra 2001, 51

Heghmanns, Michael, Die prozessuale Rolle der Staatsanwaltschaft, GA 2003, 433

Heghmanns, Michael/ Scheffler, Uwe, Handbuch zum Strafverfahren, München 2008
(zit.: Bearbeiter, in: Heghmanns/Scheffler, HB zum Strafverfahren, Kap)

Heghmanns, Michael, Heimlichkeit von Ermittlungshandlungen, in: Festschrift für Ulrich Eisenberg zum 70. Geburtstag, (Hrsg.: Müller, Henning Ernst/Sander, Günther M./ Válková, Helena), München 2009, S. 511
(zit.: Heghmanns, FS für Eisenberg, S.)

Heghmanns, Michael, Computersabotage, in: Vergleichende Strafrechtswissenschaft - Frankfurter Festschrift für Andrzej J. Szwarc zum 70. Geburtstag, (Hrsg.: Joerden, Jan C./ Scheffler, Uwe/ Sinn, Arndt/ Wolf, Gerhard), Berlin 2009, S. 319
(zit.: Heghmanns, FS für Szwarc, S.)

Heghmanns, Michael, Entscheidungsanmerkung zu BGH - Beschluss vom 14.09. 2010 (3 StR 573/09, NJW 2011, 1523), ZJS 2011, 98

Heghmanns, Michael, Die „Fremdheit" von Daten, in: Festschrift für Klaus Tolksdorf zum 65. Geburtstag, (Hrsg.: Dencker, Friedrich/ Galke, Gregor/ Voßkuhle, Andreas), Köln 2014, S. 271
(zit.: Heghmanns, FS für Tolksdorf, S.)

Heghmanns, Michael, Strafverfahren – Strafrecht für alle Semester, Grund- und Examenswissen kritisch vertieft, Berlin 2014
(zit.: Heghmanns, Strafverfahren, Rn)

Heghmanns, Michael, Beweisverwertungsverbote, ZIS 2016, 404

Heghmanns, Michael, Entscheidungsanmerkung zu BGH - Urteil vom 6.10.2016, (2 StR 46/15, NJW 2017, 1332), ZJS 2017, 499

Heise, Gerd/ Tegtmeyer, Henning, Polizeigesetz Nordrhein-Westfalen mit Erläuterungen, 7. Auflage, Stuttgart 1990
(zit.: Heise/Tegtmeyer, PolG NRW, §)

Hetzer, Wolfgang, Strafrechtspflege durch Geheimdienste?, StV 1999, 165
Hetzer, Wolfgang, Neuregelung der Telekommunikationsüberwachung, Herstellung eines verfassungsmäßigen Zustandes oder Umsturzversuch?, Kriminalistik 2001, 347
Hocke, Ernst/ Sachs, Bärbel/ Pelz, Christian, Außenwirtschaftsrecht, 2. Auflage, Heidelberg 2020
(zit.: Hocke/Sachs/Pelz-Bearbeiter, §)
Hölscher, Christiane, Der Rechtsschutz und die Mitteilungspflichten bei heimlichen strafprozessualen Zwangsmaßnahmen, Frankfurt (a.M.) 2001
(zit.: Hölscher, S.)
Holzner, Thomas, Die drohende Gefahr – Neue Gefahrenkategorie oder verfassungswidrige Vorverlagerung von Eingriffsbefugnissen?, DÖV 2018, 946
Huber, Bertold, Post aus Pullach – Das G 10 - Urteil des BVerfG vom 14.7.1999, NVwZ 2000, 393
Huber, Bertold, Das neue G 10-Gesetz, NJW 2001, 3296
Huber, Bertold, Die Reform der parlamentarischen Kontrolle der Nachrichtendienste und des Gesetzes nach Art. 10 GG, NVwZ 2009, 1321
Huber, Bertold, Die strategische Rasterfahndung des Bundesnachrichtendienstes – Eingriffsbefugnisse und Regelungsdefizite, NJW 2013, 2572
Isensee, Josef/ Kirchhof, Paul, Handbuch des Staatsrechts der Bundesrepublik, Band IV, Aufgaben des Staates, 3. Auflage, Heidelberg 2006; Band IX, Allgemeine Grundrechtslehren, 3. Auflage, Heidelberg 2011
(zit.: Bearbeiter, HB d. StaatsR, Bd., §)
Jahn, Matthias/ Dallmeyer, Jens, Zum heutigen Stand der beweisrechtlichen Berücksichtigung hypothetischer Ermittlungsverläufe im deutschen Strafverfahrensrecht, NStZ 2005, 297
Jarass, Hans D./ Kment, Martin, Grundgesetz für die Bundesrepublik Deutschland – Kommentar, 17. Auflage, München 2022
(zit.: Jarass-Bearbeiter, Art.)
Jasch, Michael, Neue Sanktionspraktiken im präventiven Sicherheitsrecht, KJ 2014, 237
Jugl, Benedikt, Fair trial als Grundlage der Beweiserhebung und Beweisverwertung im Strafverfahren – Ein Beitrag zu der Lehre von den Beweisverboten am Beispiel des Auskunftsverweigerungsrechts nach § 55 StPO, Baden-Baden 2017
(zit.: Jugl, S.)
Kaiser, Eberhard, Das Postgeheimnis und seine erlaubte Durchbrechung, NJW 1969, 18

Kanein, Werner, Ausländergesetz mit den übrigen Vorschriften des Fremdenrechts und den einschlägigen arbeitsrechtlichen Bestimmungen, 3. Auflage, München 1980
(zit.: Kanein, §)

Karlsruher Kommentar, Kommentar zur Strafprozessordnung mit GVG, EGGVG und EMRK, (Hrsg.: Hannich, Rolf), 8. Auflage, München 2019
(zit.: KK-Bearbeiter, §)

Kelnhofer, Evelyn, Hypothetische Ermittlungsverläufe im System der Beweisverbote, Berlin 1994
(zit.: Kelnhofer, S.)

Kerner, Hans-Jürgen/ Rixen, Stephan, Ist Korruption ein Strafrechtsproblem? – Zur Tauglichkeit strafgesetzlicher Vorschriften gegen die Korruption –, GA 1996, 355

Kingreen, Thorsten/ Poscher, Ralf, Polizei- und Ordnungsrecht mit Versammlungsrecht, 12. Auflage, München 2022
(zit.: Kingreen/Poscher, POR, §)

Kinzig, Jörg, Die Telefonüberwachung in Verfahren organisierter Kriminalität: Fehler bei der richterlichen Anordnung, Mängel des Gesetzes, StV 2004, 560

Klein, Hans H., Die grundrechtliche Schutzpflicht, DVBl. 1994, 489

Knauth, Alfons, Beweisrechtliche Probleme bei der Verwertung von Abhörmaterial im Strafverfahren, NJW 1978, 741

Knebel, Benjamin, Unselbstständige Beweisverwertungsverbote als Ausprägung waffengleicher Verfahrensteilhabe im Strafprozess, Baden-Baden 2022
(zit.: Knebel, S.)

Knemeyer, Franz-Ludwig, Polizei- und Ordnungsrecht – Lehr- und Arbeitsbuch mit Anleitungen für die Klausur, 11. Auflage, München 2007
(zit.: Knemeyer, POR, Auflage, Rn)

Knierim, Thomas C., Fallrepetitorium zur Telekommunikationsüberwachung nach neuem Recht, StV 2008, 599

Kniesel, Michael, Neue Polizeigesetze contra StPO? – Zum Regelungsstandort der vorbeugenden Bekämpfung von Straftaten und zur Verfassungsmäßigkeit polizeilicher Vorfeldaktivitäten, ZRP 1987, 377

Kötter, Matthias, Novellierung der präventiven Wohnraumüberwachung? – Konsequenzen aus der Lauschangriff-Entscheidung des BVerfG -, DÖV 2005, 225

Kolz, Alexander, Das Selbstgespräch im Krankenzimmer und der „Große Lauschangriff“, NJW 2005, 3248

Kommentar zur Strafprozessordnung – KMR – StPO, (Hrsg.: von Heintschel-Heinegg, Bernd/ Bockemühl, Jan), Köln, 110. Lieferung, Stand: März 2022
(zit.: KMR-Bearbeiter, §)

Krings, Günter, Die Reform des Verfassungsschutzes, DRiZ 2015, 124

Kruse, Björn/ Grzesiek, Mathias, Die Online-Durchsuchung als „digitale Allzweckwaffe" – Zur Kritik an überbordenden Ermittlungsmethoden, KritV 2017, 331

Kudlich, Hans, Telefonate von Krankheit, Sex und Tod – zum Kernbereich privater Lebensgestaltung bei der TKÜ, in: Festschrift für Thomas Fischer, (Hrsg.: Barton, Stephan/ Eschelbach, Ralf/ Hettinger, Michael/ Kempf, Eberhard/ Krehl, Christoph/ Salditt, Franz), München 2018, S. 723
(zit.: Kudlich, FS für Fischer, S.)

Kühl, Kristian/ Heger, Martin, Strafgesetzbuch, Kommentar, 29. Auflage, München 2018
(zit.: Kühl/Heger, §)

Kühling, Jürgen/ Buchner, Benedikt, Datenschutz-Grundverordnung, Bundesdatenschutzgesetz – Kommentar, 3. Auflage, München 2020
(zit.: Kühling/Buchner-Bearbeiter, Art.)

Kühne, Hans-Heiner, Strafprozessrecht – Eine systematische Darstellung des deutschen und europäischen Strafverfahrensrechts, 9. Auflage, Heidelberg 2015
(zit.: Kühne, StrafprozessR, Rn)

Kutscha, Martin/ Roggan, Fredrik, Großer Lauschangriff im Polizeirecht – Konsequenzen des Karlsruher Richterspruchs, in: Lauschen im Rechtsstaat – Zu den Konsequenzen des Urteils des Bundesverfassungsgerichts zum großen Lauschangriff, Gedächtnisschrift für Hans Lisken, (Hrsg.: Roggan, Fredrik), Berlin 2004, S. 25
(zit.: Kutscha/Roggan, GS für Lisken, S.)

Kutscha, Martin, Verfassungsrechtlicher Schutz des Kernbereichs privater Lebensgestaltung – nichts Neues aus Karlsruhe?, NJW 2005, 20

Lampe, Joachim, Die Schwierigkeiten mit der Rechtfertigung nachrichtendienstlicher Tätigkeit, NStZ 2015, 361

Leipziger Kommentar, Strafgesetzbuch, Großkommentar, (Hrsg.: Cirener, Gabriele/ Radtke, Henning/ Rissing-van Saan, Ruth/ Rönnau, Thomas/ Schluckebier, Wilhelm), 8. Band, §§ 123 bis 145d, 13. Auflage, Berlin 2021
(zit.: LK-Bearbeiter, §)

Leisner-Egensperger, Anna, Polizeirecht im Umbruch: Die drohende Gefahr, DÖV 2018, 677

Leutheusser-Schnarrenberger, Sabine, Der Gesetzentwurf der Bundesregierung zum „großen Lauschangriff" – Anmerkung zu § 100c StPO und dem Versuch, verfassungsrechtlich geforderte Überwachungsverbote zu umgehen, ZRP 2005, 1

Lindemann, Michael, Der Schutz des „Kernbereichs privater Lebensgestaltung" im Strafverfahren, JR 2006, 191

Lindner, Josef Franz/ Unterreitmeier, Johannes, Beobachtung durch den Verfassungsschutz, DVBl 2019, 819

Linzbach, Karoline Maria, Beobachtung von Einzelpersonen durch das Bundesamt für Verfassungsschutz, GSZ 2022, 7

Lisken, Hans/ Denninger, Erhard, Handbuch des Polizeirechts, Gefahrenabwehr – Strafverfolgung – Rechtsschutz, 4. Auflage, München 2007; 5. Auflage, München 2012; 6. Auflage, München 2018; 7. Auflage, München 2021
(zit.: Lisken/Denninger-Bearbeiter, HB d. PolR, Auflg., Kap)

Löffelmann, Markus, Die Neuregelung der akustischen Wohnraumüberwachung, NJW 2005, 2033

Löffelmann, Markus, Anmerkung zu BGH, Urteil v. 14.08.2009, 3 StR 552/08, JR 2010, 455

Löffelmann, Markus, Die Umsetzung des Grundsatzes der hypothetischen Datenneuerhebung – Schema oder Struktur?, GSZ 2019, 16

Löffelmann, Markus/ Zöller, Mark A., Nachrichtendienstrecht, 1. Auflage, Baden-Baden 2022
(zit.: Löffelmann/Zöller, NachrichtendienstR, Rn)

Löwe, Ewald/ Rosenberg, Werner, Die Strafprozeßordnung und das Gerichtsverfassungsgesetz, Großkommentar, (Hrsg.: Becker, Jörg-Peter/ Erb, Volker/ Esser, Robert/ Graalmann-Scheerer, Kirsten/ Hilger, Hans/ Ignor, Alexander), Zweiter Band, §§ 48-93, 27. Auflage, Berlin 2017; Dritter Band, Teilband 1, §§ 94-111a, 27. Auflage, Berlin 2019
(zit.: LR-Bearbeiter, §)

Mahnkopf, Hans-Jürgen/ Döring, André, Telefonüberwachungsmaßnahmen bei Opfern von Schutzgelderpressungen ohne deren Einwilligung, NStZ 1995, 112

Marscholleck, Dietmar, Das Gesetz zur Verbesserung der Zusammenarbeit im Bereich des Verfassungsschutzes, NJW 2015, 3611

Maurer, Hartmut/ Waldhoff, Christian, Allgemeines Verwaltungsrecht, 20. Auflage, München 2020
(zit.: Maurer/Waldhoff, §)

Meixner, Kurt/ Martell, Jörg-Michael, Gesetz über die öffentliche Sicherheit und Ordnung des Landes Sachsen-Anhalt (SOG LSA) mit Erläuterungen und ergänzenden Vorschriften, 3. Auflage, Stuttgart 2001

(zit.: Meixner/Martell, SOG LSA, §)
Merten, Karlheinz/ Merten, Heike, Vorbeugende Verbrechensbekämpfung – Rechtsweg- und Standortfragen, ZRP 1991, 213
Meyer-Goßner, Lutz/ Schmitt, Bertram, Strafprozessordnung, Gerichtsverfassungsgesetz, Nebengesetze und ergänzende Bestimmungen, 65. Auflage, München 2022
(zit.: Meyer-Goßner/Schmitt-Bearbeiter, §)
Meyer-Teschendorf, Klaus, Die Amtshilfe, JuS 1981, 187
Mitsch, Wolfgang, Strafverfolgung durch legendierte Verkehrskontrollen – Präventivpolizeiliches Eingreifen zur Erlangung strafprozessual verwertbarer Erkenntnisse, NJW 2017, 3124
Möstl, Markus, Polizeibefugnisse bei drohender Gefahr – Überlegungen zu Reichweite und Verfassungsmäßigkeit des neuen Art. 11 Abs. 3 PAG, BayVBl. 2018, 156
Möstl, Markus/ Kugelmann, Dieter, Polizei- und Ordnungsrecht Nordrhein-Westfalen – Kommentar, München 2020
(zit.: Möstl/Kugelmann-Bearbeiter, POR NRW, §)
Münchener Kommentar zum Strafgesetzbuch, (Hrsg.: Erb, Volker/ Schäfer, Jürgen), Band 3, §§ 80-184k, 4. Auflage, München 2021
(zit.: MK/StGB-Bearbeiter, §)
Münchener Kommentar zur Strafprozessordnung, Band 1, §§ 1-150 StPO, (Hrsg.: Kudlich, Hans), München 2014; Band 2, §§ 151-332 StPO, (Hrsg.: Schneider, Hartmut), München 2016; Band 3/1, §§ 333-499 StPO, (Hrsg.: Knauer, Christoph), München 2019
(zit.: MK/StPO-Bearbeiter, §)
Müller, Michael W./ Schwabenbauer, Thomas, Unionsgrundrechte und Datenverarbeitung durch nationale Sicherheitsbehörden, NJW 2021, 2079
Muthorst, Olaf, Das Beweisverbot – Grundlegung und Konkretisierung rechtlicher Grenzen der Beweiserhebung und der Beweisverwertung im Zivil-, Straf- und Verwaltungsverfahren, Tübingen 2009
(zit.: Muthorst, S.)
Nehm, Kay, Das nachrichtendienstliche Trennungsgebot und die neue Sicherheitsarchitektur, NJW 2004, 3289
Nelles, Ursula, Telefonüberwachung bei Kidnapping, in: Beiträge zur Rechtswissenschaft – Festschrift für Walter Stree und Johannes Wessels zum 70. Geburtstag, (Hrsg.: Küper, Wilfried/ Welp, Jürgen), Heidelberg 1993, S. 719
(zit.: Nelles, FS für Stree und Wessels, S.)
Neuhaus, Ralf, Die strafprozessuale Überwachung der Telekommunikation (§§ 100a, 100b, 101 StPO) – Zum gegenwärtigen Stand der Erosion

eines Grundrechts, in: Festschrift für Peter Riess zum 70. Geburtstag am 4. Juni 2002, (Hrsg.: Hanack, Ernst-Walter/ Hilger, Hans/ Mehle, Volkmar/ Widmaier, Gunter), Berlin 2002, S. 375
(zit.: Neuhaus, FS für Riess, S.)

Nöding, Toralf, Die Novellierung der strafprozessualen Regelung zur Telefonüberwachung, StraFo 2007, 456

Paeffgen, Hans-Ullrich, „Verpolizeilichung“ des Strafprozesses – Chimäre oder Gefahr?, in: Zur Theorie und Systematik des Strafprozessrechts, (Hrsg.: Wolter, Jürgen), Neuwied 1995, S. 13
(zit.: Paeffgen, Zur Theorie und Systematik des Strafprozessrechts, S.)

Paeffgen, Hans-Ullrich, Das Urteil des Bundesverfassungsgerichts zum G 10 in der Fassung des Verbrechensbekämpfungsgesetzes 1994, StV 1999, 668

Paeffgen, Hans-Ullrich, „Vernachrichtendienstlichung“ von Strafprozeß- (und Polizei-) recht im Jahr 2001, Weitere grundsätzliche Anmerkungen zur deutschen „Sicherheitsrechts“-Entwicklung bis zum TerrorismusbekämpfungsGesetz, StV 2002, 336

Pauli, Gerhard, Zur Verwertbarkeit der Erkenntnisse ausländischer Ermittlungsbehörden – EncroChat, NStZ 2021, 146

Pelz, Christian, Beweisverwertungsverbote und hypothetische Ermittlungsverläufe, München 1993
(zit.: Pelz, S.)

Petersen, Niels, Auf dem Weg zur zweckrationalen Relativität des Menschenwürdeschutzes, KJ 2004, 316

Petri, Thomas B., Das Urteil des Bundeverfassungsgerichts zur „Online-Durchsuchung“, DuD 2008, 443

Petri, Thomas, Die Antiterrordatei – Prototyp für verfassungswidrig ausgestaltete Verbunddateien?, ZD 2013, 3

Plath, Kai-Uwe, DSGVO/ BDSG – Kommentar zu DSGVO, BDSG und den Datenschutzbestimmungen von TMG und TKG, 3. Auflage, Köln 2018
(zit.: Plath-Bearbeiter, Art.)

Porzner, Konrad, Der Bundesnachrichtendienst im Gefüge der öffentlichen Verwaltung, Die Verwaltung 1993, 235

Porzner, Konrad, Nach dem Kalten Krieg: Braucht Bonn überhaupt noch Pullach?, Gespräch mit Konrad Porzner, geführt von: Josef Joffe, SZ v. 10.07.1993, S. 9

Puschke, Jens, Die kumulative Anordnung von Informationsbeschaffungsmaßnahmen im Rahmen der Strafverfolgung – Eine Untersuchung unter rechtlichen, rechtstatsächlichen und kriminologischen Aspekten, Berlin 2006
(zit.: Puschke, S.)

Puschke, Jens/ Singelnstein, Tobias, Telekommunikationsüberwachung, Vorratsdatenspeicherung und (sonstige) heimliche Ermittlungsmaßnahmen der StPO nach der Neuregelung zum 1.1.2008, NJW 2008, 113

Radtke, Henning/ Hohmann, Olaf, Strafprozessordnung – Kommentar, München 2011
(zit.: Radtke-Bearbeiter, §)

Ransiek, Andreas/ Lehnert, Marc, Die „Fruit of the Poisonous Tree"-Doktrin – Gleichzeitig ein Beitrag zum Nutzen der Rechtsvergleichung, ZStW 2022, 674

Rehbein, Mareike, Die Verwertbarkeit von nachrichtendienstlichen Erkenntnissen aus dem In- und Ausland im deutschen Strafprozess, Berlin 2011
(zit.: Rehbein, S.)

Reinbacher, Tobias/ Werkmeister, Andreas, Zufallsfunde im Strafverfahren – Zugleich ein Beitrag zur Lehre von den Verwendungs- und Verwertungsverboten, ZStW 2018, 1104

Riegel, Reinhard, Zur Suche nach Rechtsgrundlagen für die Fernmeldeaufklärung oder strategische Rasterfahndung durch den Bundesnachrichtendienst (BND), ZRP 1993, 468

Riegel, Reinhard, Gesetz zur Beschränkung des Brief-, Post- und Fernmeldegeheimnisses (Gesetz zu Artikel 10 Grundgesetz) (G10) mit Ausführungsvorschriften der Länder, München 1997
(zit.: Riegel, §)

Rieß, Peter, Über Subsidiaritätsverhältnisse und Subsidiaritätsklauseln im Strafverfahren, in: Gedächtnisschrift für Karlheinz Meyer, (Hrsg.: Geppert, Klaus/ Dehnicke, Diether), Berlin 1990, S. 367
(zit.: Rieß, Meyer-GS, S.)

Rieß, Peter, Über die Aufgaben des Strafverfahrens, JR 2006, 269

Ritter, Falko, Die geheimen Nachrichtendienste der Bundesrepublik Deutschland: Rechtsgrundlagen – Aufgaben – Arbeitsweise – Koordinierung – Kontrolle, Heidelberg 1989
(zit.: Ritter, S.)

Roewer, Helmut, Nachrichtendienst der Bundesrepublik Deutschland: Kommentar und Vorschriftensammlung für die Praxis der Verfassungsschutzbehörden, des Bundesnachrichtendienstes und des Militärischen Abschirmdienstes, Köln 1987
(zit.: Roewer, §)

Rogall, Klaus, Hypothetische Ermittlungsverläufe im Strafprozeß – Ein Beitrag zur Lehre der Beweiserhebungs- und Beweisverwertungsverbote, NStZ 1988, 385

Roggan, Fredrik/ Bergemann, Nils, Die „neue Sicherheitsarchitektur" der Bundesrepublik Deutschland – Anti-Terror-Datei, gemeinsame Projektdateien und Terrorismusbekämpfungsergänzungsgesetz, NJW 2007, 876

Roggan, Fredrik, Die „Technikoffenheit" von strafprozessualen Ermittlungsbefugnissen und ihre Grenzen – Die Problematik der Auslegung von Gesetzen über ihren Wortlaut oder Wortsinn hinaus, NJW 2015, 1995

Roggan, Fredrik, Straf- und strafprozessrechtliche Aspekte des Einsatzes von Verdeckten Mitarbeitern und V-Leuten nach dem neuen Bundesverfassungsschutzgesetz – Über die Privilegierung geheimdienstlicher Tätigkeit gegenüber strafverfolgender Aufgabenerfüllung, GA 2016, 393

Roggan, Fredrik, Die strafprozessuale Quellen-TKÜ und Online-Durchsuchung: Elektronische Überwachungsmaßnahmen mit Risiken für Beschuldigte und die Allgemeinheit, StV 2017, 821

Roßnagel, Alexander, Datenschutzgrundsätze – unverbindliches Programm oder verbindliches Recht? – Bedeutung der Grundsätze für die datenschutzrechtliche Praxis, ZD 2018, 339

Rottmeier, Christian/ Eckel, Philipp, Die Entschlüsselung biometrisch gesicherter Daten im Strafverfahren, NStZ 2020, 193

Roxin, Claus, Prävention, Tadel und Verantwortung – Zur neuesten Strafzweckdiskussion, GA 2015, 185

Roxin, Claus/ Greco, Luís, Strafrecht – Allgemeiner Teil, Band I, Grundlagen – Der Aufbau der Verbrechenslehre, 5. Auflage, München 2020
(zit.: Roxin/Greco, Strafrecht AT, §)

Roxin, Claus/ Schünemann, Bernd, Strafverfahrensrecht – Ein Studienbuch, 30. Auflage, München 2022
(zit.: Roxin/Schünemann, §)

Rüscher, Daniel, Alexa, Siri und Google als digitale Spione im Auftrag der Ermittlungsbehörden? – Zur Abgrenzung von Quellen-TKÜ, Onlinedurchsuchung und akustischer Wohnraumüberwachung, NStZ 2018, 687

Ruppert, Felix, Das Ende der Widerspruchslösung nach der Rechtsprechung, ZStW 2021, 522

Rupprecht, Reinhard, Die Kunst, Aufgaben sinnvoll zu teilen – Zur Aufklärung von Strukturen Organisierter Kriminalität durch Nachrichtendienste, Kriminalistik 1993, 131

Sachs, Michael, Grundrechte: Fernmeldegeheimnis und Unverletzlichkeit der Wohnung, JuS 2012, 374

Sachs, Michael, Grundgesetz – Kommentar, 9. Auflage, München 2021
(zit.: Sachs-Bearbeiter, Art.)

Sankol, Barry, Überwachung von Internet-Telefonie – Ein Schatten im Lichte der §§ 100a ff. StPO, CR 2008, 13

Schaefer, Christoph, Strafverfolgung und Verfassungsschutz, NJW 1999, 2572

Scharmer, Sebastian, Die Neuregelungen des Bundesverfassungsschutzgesetzes und ihre Auswirkungen auf den Strafprozess: Eine kritische Übersicht, StV 2016, 323

Schenke, Wolf-Rüdiger, Rechtsschutz bei strafprozessualen Eingriffen von Staatsanwaltschaft und Polizei, NJW 1976, 1816

Schenke, Wolf Rüdiger, Rechtsschutz gegen doppelfunktionale Maßnahmen der Polizei, NJW 2011, 2838

Schenke, Wolf-Rüdiger/ Graulich, Kurt/ Ruthig, Josef, Sicherheitsrecht des Bundes, 2. Auflage, München 2019
(zit.: Bearbeiter, in: SicherheitsR, §)

Schenke, Wolf-Rüdiger, Polizei- und Ordnungsrecht, 11. Auflage, Heidelberg 2021
(zit.: Schenke, POR, §)

Schlüchter, E., Anmerkung zu BGH, Urteil v. 24.08.1983, 3 StR 136/83, JR 1984, 517

Schmidt, Rolf, Polizei- und Ordnungsrecht sowie Grundzüge des Versammlungsrechts und des Verwaltungsvollstreckungsrechts, 22. Auflage, Grasberg bei Bremen 2022
(zit.: Schmidt, POR, Rn)

Schnarr, Karl Heinz, Gehören Vorbereitungshandlungen nach § 30 StGB zum Deliktsbereich von Katalogtaten?, NStZ 1990, 257

Schnarr, Karl Heinz, Die Verwendung präventiv erhobener Daten zu repressiven Zwecken, StraFo 1998, 217

Schneider, Franziska, Die Hypothetische Datenneuerhebung – Begriff ohne Konzept, GSZ 2022, 1

Schönke, Adolf/ Schröder, Horst, Strafgesetzbuch, Kommentar, 30. Auflage, München 2019
(zit.: Sch/Sch-Bearbeiter, §)

Schroth, Ulrich, Beweisverwertungsverbote im Strafverfahren – Überblick, Strukturen und Thesen zu einem umstrittenen Thema, JuS 1998, 969

Schünemann, Bernd, Prolegomena zu einer jeden künftigen Verteidigung, die in einem geheimdienstähnlichen Strafverfahren wird auftreten können, GA 2008, 314

Schünemann, Bernd, Risse im Fundament, Flammen im Gebälk: Die Strafprozessordnung nach 130 Jahren, ZIS 2009, 484

Schünemann, Wolfgang B., Die strafprozessuale Verwertbarkeit von Zufallserkenntnissen bei der Telefonüberwachung, NJW 1978, 406

Shirvani, Foroud, Paradigmenwechsel im Polizeirecht? – Die neue Rechtsfigur der „drohenden Gefahr", DVBl. 2018, 1393

Siegel, Thorsten/ Peine, Franz-Joseph, Allgemeines Verwaltungsrecht – Mit ebook: Lehrbuch & Entscheidungen, 14. Auflage, Heidelberg 2022 (zit.: Siegel, §)

Simitis, Spiros/ Hornung, Gerrit/ Spiecker genannt Döhmann, Indra, Datenschutzrecht – DSGVO mit BDSG, Baden-Baden 2019 (zit.: Simitis/Hornung/Spiecker-Bearbeiter, Art.)

Singelnstein, Tobias/ Stolle, Peer, Entwicklungen in der Telekommunikationsüberwachung und der Sicherheitspolitik – zur Novellierung des TKG, StraFo 2005, 96

Singelnstein, Tobias, Strafprozessuale Verwendungsregelungen zwischen Zweckbindungsgrundsatz und Verwertungsverboten – Voraussetzungen der Verwertung von Zufallsfunden und sonstiger zweckentfremdender Nutzung personenbezogener Daten im Strafverfahren seit dem 1. Januar 2008, ZStW 2008, 854

Singelnstein, Tobias, Rechtsschutz gegen heimliche Ermittlungsmaßnahmen nach Einführung des § 101 VII 2-4 StPO, NStZ 2009, 481

Singelnstein, Tobias, Möglichkeiten und Grenzen neuerer strafprozessualer Ermittlungsmaßnahmen – Telekommunikation, Web 2.0, Datenbeschlagnahme, polizeiliche Datenverarbeitung & Co, NStZ 2012, 593

Singelnstein, Tobias/ Putzer, Max, Rechtliche Grenzen strafprozessualer Ermittlungsmaßnahmen – Aktuelle Bestandsaufnahme und neue Herausforderungen, GA 2015, 564

Singelnstein, Tobias/ Derin, Benjamin, Das Gesetz zur effektiveren und praxistauglicheren Ausgestaltung des Strafverfahrens – Was aus der StPO-Reform geworden ist, NJW 2017, 2646

Sinn, Arndt, Stellungnahme zum Entwurf eines Gesetzes zur Änderung des Strafgesetzbuchs, des Jugendgerichtsgesetzes, der Strafprozessordnung und weiterer Gesetze BT-Drs. 18/11272 sowie zur Formulierungshilfe der Bundesregierung für einen Änderungsantrag zum o.g. Gesetzentwurf (Ausschussdrucksache 18(6)334), Osnabrück, 30.05.2017, (abrufbar unter: https:// www.bundestag.de/resource/blob/509050/6f72dd42df72be6f-2da6a024475 b3f8a/sinn-data.pdf), (abgerufen am 29.09.2022) (zit.: Sinn, Stellungnahme, S.)

Soria, José Martínez, Nachrichtendienste und Polizei – Die Zusammenarbeit in Deutschland und in der EU im Lichte des Trennungsgebots –, in: Berliner Online-Beiträge zum Europarecht v. 4.05.2006, Nr. 44, S. 1, abrufbar unter: https://www.jura.fu-berlin.de/forschung/europarecht/bob/berliner_ online_ beiträge/Paper 44-Martinez-Soria/Paper44---Nachrichtendienste-und-Polizei---Die-Zusammenarbeit-in-Deutschland-und-in-der-EU-im-Lichte-des-Trennungsgebots.pdf, (abgerufen am 29.09.2022)

Staff, Ilse, Sicherheitsrisiko durch Gesetz, Anmerkung zum Urteil des Bundesverfassungsgerichts zum G 10 – Gesetz, KJ 1999, 586

Stavenhagen, Lutz, „Geheimniskrämerei übertrieben“, Der Spiegel, Heft 21/ 1991, S. 28

Stelkens, Paul/ Bonk, Heinz Joachim/ Sachs, Michael, Verwaltungsverfahrensgesetz – Kommentar, 9. Auflage, München 2018
(zit.: Stelkens/Bonk/Sachs-Bearbeiter, §)

Stern, Klaus, Das Staatsrecht der Bundesrepublik Deutschland, Band 1 - Grundbegriffe und Grundlagen des Staatsrechts, Strukturprinzipien der Verfassung, 2. Auflage, München 1984
(zit.: Stern, StaatsR I, §)

Systematischer Kommentar zur Strafprozessordnung – mit GVG und EMRK, (Hrsg.: Wolter, Jürgen), Band II §§ 94-136a StPO, 5. Auflage, Köln 2016; Band III, §§ 137-197 StPO, 5. Auflage, Köln 2016; Band VIII, §§ 374-500, 5. Auflage, Köln 2020; Band VIII, §§374-495 StPO, 4. Auflage, Köln 2013
(zit.: SK/StPO-Bearbeiter, §)

Systematischer Kommentar, Kommentar zum Strafgesetzbuch, (Hrsg.: Wolter, Jürgen), Band III, §§ 80-173 StGB, 9. Auflage, Köln 2019
(zit.: SK/StGB-Bearbeiter, §)

Taeger, Jürgen/ Gabel, Detlev, DSGVO – BDSG – TTDSG, Kommentar, 4. Auflage, Frankfurt am Main 2022
(zit.: Taeger/Gabel-Bearbeiter, Art.)

Unterreitmeier, Johannes, Es ist wieder da – das „informationelle Trennungsprinzip“ – zugleich Bemerkungen zu BVerfG, Beschl. v. 10.11.2020, 1 BvR 3214/15 (Antiterrordateigesetz II) –, DÖV 2021, 659

Unterreitmeier, Johannes, Informationen der Nachrichtendienste:“… Schweigen ist Gold“? – Zum Stand der Übermittlungsdogmatik in der Rechtsprechung des BVerfG (Teil 1), GSZ 2022, 251

Ventzke, Klaus-Ulrich, Die Widerspruchslösung des Bundesgerichtshofs – viel Getu um nichts?, StV 1997, 543

Von Münch, Ingo/ Kunig, Philip, Grundgesetz, Kommentar, Band 1, 7. Auflage, München 2021
(zit.: v. Münch/Kunig-Bearbeiter, Art.)

Walden, Marcus, Zweckbindung und -änderung präventiv und repressiv erhobener Daten im Bereich der Polizei, Berlin 1999
(zit.: Walden, S.)

Walker, Michael, Abstrakte und konkrete Gefahr, Entwicklung und Abgrenzung der polizeirechtlichen Gefahrenarten, Tübingen 1994
(zit.: Walker, S.)

Weinrich, Maximilian, Die Novellierung des bayerischen Polizeiaufgabengesetzes, Drohende Gefahr für die Verfassung in Bayern?, NVwZ 2018, 1680

Welp, Jürgen, Nachrichtendienstliche und strafprozessuale Eingriffe in das Post- und Fernmeldegeheimnis, DÖV 1970, 267

Welp, Jürgen, Die strafprozessuale Überwachung des Post- und Fernmeldeverkehrs, Heidelberg 1974
(zit.: Welp, S.)

Welp, Jürgen, Zufallsfunde bei der Telefonüberwachung, Jura 1981, 472

Welp, Jürgen, Abhörverbote zum Schutz der Strafverteidigung – Zugleich Besprechung des BGH-Urteils vom 5.11.1985 - 2 StR 279/85 –, NStZ 1986, 294

Welp, Jürgen, Der SPD-Entwurf eines Zweiten Gesetzes zur Bekämpfung der organisierten Kriminalität, StV 1994, 161

Welp, Jürgen, Anmerkung zu BGH, Beschluss v. 7.06.1995, 2 BJs 127/93, NStZ 1995, 602

Welp, Jürgen, Zur Legalisierung der Rasterfahndung, in: Recht der Persönlichkeit, (Hrsg.: Erichsen, Hans-Uwe/ Kollhosser, Helmut/ Welp, Jürgen), Berlin 1996, S. 389
(zit.: Welp, Rasterfahndung, S.)

Welp, Jürgen, Überwachung und Kontrolle: Telekommunikationsdaten als Gegenstand strafprozessualer Ermittlungen, Berlin 2000
(zit.: Welp, Überwachung und Kontrolle, S.)

Werthebach, Eckart/ Droste-Lehnen, Bernadette, Organisierte Kriminalität, ZRP 1994, 57

Wessels, Johannes/ Beulke, Werner/ Satzger, Helmut, Strafrecht Allgemeiner Teil – Die Straftat und ihr Aufbau, 52. Auflage, Heidelberg 2022
(zit.: Wessels/Beulke/Satzger, AT, §)

Wollweber, Harald, Die G10 – Novelle: Ungeahnte Folgen eines Richterspruchs, ZRP 2001, 213

Wolter, Jürgen, Datenschutz und Strafprozeß – Zum Verhältnis von Polizeirecht und Strafprozeßrecht, ZStW 1995, 793

Wolter, Jürgen, Alternativen zum Regierungs-Entwurf 2007 zur Neuregelung der Ermittlungsmaßnahmen – Heike Jung zum 65. Geburtstag, GA 2007, 183

Zimmermann, Till, Das Selbstgespräch und der Kernbereich privater Lebensgestaltung – Zugleich Besprechung von BGH, Urteile vom 10.8.2005 und 22.12. 2011, GA 2013, 162

Zimmermann, Till, Der strafprozessuale Zugriff auf E-Mails, JA 2014, 321
Zöller, Mark Alexander, Informationssysteme und Vorfeldmaßnahmen von Polizei, Staatsanwaltschaft und Nachrichtendiensten – Zur Vernetzung von Strafverfolgung und Kriminalitätsverhütung im Zeitalter von multimedialer Kommunikation und Persönlichkeitsschutz, Heidelberg 2002
(zit.: Zöller, S.)
Zöller, Mark, Heimlichkeit als System, StraFo 2008, 15
Zöller, Mark Alexander, Der Rechtsrahmen für die Übermittlung personenbezogener Daten unter Beteiligung der Nachrichtendienste, in: Nachrichtendienste im demokratischen Rechtsstaat – Kontrolle – Rechtsschutz – Kooperationen, (Hrsg.: Dietrich, Jan-Hendrik/ Gärditz, Klaus Ferdinand/ Graulich, Kurt/ Gusy, Christoph/ Warg, Gunter), Tübingen 2018, S. 185
(zit.: Zöller, Rechtsrahmen für die Übermittlung, S.)
Zöller, Mark A., Die Zusammenarbeit der Nachrichtendienste mit den Strafverfolgungsbehörden, in: Nachrichtendienste in vernetzter Sicherheitsarchitektur, (Hrsg.: Dietrich, Jan-Hendrik/ Gärditz, Klaus Ferdinand/ Graulich, Kurt/ Gusy, Christoph/ Warg, Gunter), Tübingen 2020, S. 79
(zit.: Zöller, Zusammenarbeit, S.)
Zöller, Mark, Die Entscheidung des BVerfG zum Bayerischen Verfassungsschutzgesetz und ihre Auswirkungen auf das Sicherheitsrecht, StV 2022, 693